Anette Baumann

Karten vor Gericht

Anette Baumann

Karten vor Gericht

Augenscheinkarten der Vormoderne als Beweismittel

wbg Academic

Gefördert durch

Deutsche
Forschungsgemeinschaft

und das Hessische Ministerium der Justiz

Die Deutsche Nationalbibliothek verzeichnet diese Publikation
in der Deutschen Nationalbibliographie; detaillierte bibliographische
Daten sind im Internet über www.dnb.de abrufbar

wbg Academic ist ein Imprint der wbg

Die Herausgabe des Werkes wurde durch die
Vereinsmitglieder der wbg ermöglicht.
Lektorat: Daphne Schadewaldt
Umschlaggestaltung: Satzweiss.com Print, Web, Software GmbH
Umschlagsabbildungsnachweis: Collenbergischer Jagdbezirk, BayHStA München,
PlSlg 10705, 58 × 270 cm, Christoph Ussleben (Ursleber), 1612.
Satz und eBook: SatzWeise, Bad Wünnenberg
Gedruckt auf säurefreiem und
alterungsbeständigem Papier
Printed in Germany

Besuchen Sie uns im Internet: www.wbg-wissenverbindet.de

ISBN 978-3-534-27609-7

Elektronisch ist folgende Ausgabe erhältlich:
eBook (PDF): 978-3-534-27610-3

Inhalt

Für Peter

Vorwort

Augenscheinkarten begleiten mich schon mein Forscherleben lang. Zuerst kam ich mit ihnen in Kontakt, als ich als Doktorandin im Bayerischen Hauptstaatsarchiv München Reichskammergerichtsakten verzeichnete. Besonders spannend waren dabei immer die Karten des 16. Jahrhunderts. Sie ähnelten Wimmelbildern mit einem ganz besonderen ästhetischen Reiz. Was sie mit den maßstabsgerechten Karten des 18. Jahrhunderts gemeinsam haben sollten, blieb damals aber noch allen verborgen.

Die Deutsche Forschungsgemeinschaft sollte schließlich helfen, das Geheimnis zu entschlüsseln. Sie genehmigte das Projekt „Visualisierte Evidenz. Manuskriptkarten, Genealogien und Wappen als Beweismittel vor Gericht (1495–1806)“ und so wurden viele alte Kontakte wieder aktiviert. Eine besondere Hilfe war Dr. Manfred Hörner. Er kennt die Reichskammergerichtsakten wie kein Zweiter und machte Unmögliches möglich. Ganz besonders in Erinnerung werden mir die von ihm organisierten Biergartenrunden in München bleiben. Ein weiterer wichtiger Aktenexperte ist Dr. Raimund J. Weber. Er ermöglichte einen inspirierenden Tag im Magazin des Württembergischen Staatsarchivs in Stuttgart und nahm großen Anteil an dem Fortgang der Arbeit.

Daneben habe ich viele andere Archive im In- und Ausland besucht. Überall habe ich größtmögliche Unterstützung und Dialogbereitschaft sowie Improvisationsvermögen erlebt. Dr. Laetitia Puccio hat in Liège kurzerhand den Konferenzsaal für mich bereitstellen lassen und Dr. Pawel Gut hat mir in Stettin interessante Einblicke in die polnische Archivarbeit gewährt. Dort gäbe es noch viele Reichskammergerichtsschätze zu heben. Prof. Hans-Jürgen Bömelburg hatte dankenswerterweise den Kontakt vermittelt. Allen Helfern, Improvisateuren und Gesprächspartnern in den Archiven, die ich nicht namentlich nennen kann, sei hiermit ganz ausdrücklich gedankt.

Besonderer Dank gilt auch meinem Mann, dem ich dieses Buch widme. Er musste nicht nur lange Abwesenheiten von zuhause erdulden, sondern auch die Beschlagnahme der Wohnung als Kartengalerie. Ihm, dem promovierten Physiker, ist es auch zu verdanken, dass die Bemerkung „Oh, benutzten die auch schon einen Transversalmaßstab?“ ganz neue Überlegungen zum Verhältnis von Kunst, Recht und Naturwissenschaften anregte. Schließlich galt es zu bedenken, wie man eigentlich einen Beweis definiert.

Eine wichtige Rolle für die Diskussion meiner Ideen in verschiedenen Phasen des Forschungsprojekts spielten die Kunsthistorikerinnen Prof. Claudia Hattendorff und Prof. Sigrid Ruby. Sie und der übrige Akzentbereich „Visualitäten: Kontexte und Rahmungen“ an der Justus-Liebig-Universität in Gießen mit den Professorinnen Katharina Lorenz und Katharina Stornig sowie Prof. Markus Späth bestärkten mich in meinen Überlegungen. So entstand ein Buch, das eben nicht nur die Rechtsgeschichte und allgemeine Geschichte bedient, sondern auch Aspekte der Kunst- und Wissenschaftsgeschichte sowie der Kartographiegeschichte verarbeitet. Nicht ohne Grund ist eine Augenscheinkarte das Logo der Forschergruppe.

Dr. Evelien Timpener und Dr. Cristina Sasse waren ebenfalls gute Zuhörerinnen, streitbare und kreative Diskussionspartnerinnen. Ich denke gerne an diese Gesprächsrunden zurück. Unterstützt in vielerlei Hinsicht wurde ich auch durch die wissenschaftlichen Hilfskräfte Lena Frewer, Julia C. Hinze und Annalina Benner. Filip Schuffert versorgte mich mit polnischen Floskeln, um in Stettin nicht ganz sprachlos sein zu müssen.

Ein besonderer Dank gilt dem Vorstand der Gesellschaft für Reichskammergerichtsforschung e.V. in Wetzlar, der es mir ermöglicht, als Leiterin der Forschungsstelle agieren zu können. Die Forschungsstelle ist nach wie vor ein Ort der Inspiration. Gerade die Ausstellung über „Augenscheine. Karten und Pläne vor Gericht“, die die Gesellschaft finanzierte, gab den grundlegenden Impuls für den Antrag bei der DFG. Andrea Müller war in bewährter Weise für das Layout des Manuskriptes tätig. Auch ihr gilt mein Dank.

Eine maßgebende Rolle im Forscherleben spielt eine vertrauensvolle Arbeitsumgebung. Prof. Horst Carl und Prof. Alexander Jendorff haben hieran auf ganz unterschiedlichen Ebenen einen entscheidenden Anteil. Sie sind Ansprechpartner und Freunde. Eine zuverlässige und unermüdliche Unterstützung ist zudem Ingrun Berg. Sie übernahm die Kommunikation mit der Bürokratie an der JLU und bei der DFG.

Wichtig und anregend waren auch Vorträge u.a. am Lehrstuhl von Prof. Siegrid Westphal in Osnabrück, bei Prof. Arnd Reitemeier in Göttingen, bei Dr. Laetitia Puccio in Liège, anlässlich einer kunsthistorischen Tagung zum Wald in der Frühen Neuzeit bei Prof. Daniela Bohde in Stuttgart sowie beim Max-Planck-Institut für Rechtsgeschichte und Rechtstheorie in Frankfurt/Main, wo ich auf Einladung von Prof. Karl Härter sprechen durfte. Auch von Vorträgen auf den Tagungen des Arbeitskreises „Historische Kartographie“ in Marburg und Luxemburg profitierte ich sehr. Anregend war auch eine Teilnahme am Mediävistenkongress in Leeds auf Einladung von Prof. Felicitas Schmieder und Dr. Evelien Timpener.

Mein Dank gilt auch Herrn Dr. Jan-Pieter Forßmann für die hervorragende Betreuung im Verlag und vor allem auch Frau Daphne Schadewaldt für das sehr sorgfältige Lektorat.

Ihnen allen und vielen ungenannten Personen sei herzlich für das Interesse an meinen Forschungen gedankt! Es hat außerordentlich großen Spaß gemacht, an diesem Projekt zu arbeiten!

Friedberg im Januar 2022 *Anette Baumann*

I. Einleitung

1548 erhielt der Maler Christoph Amberger (1505–1562) von dem Augsburger Patrizier Hans von Baumgarten (1488–1552) einen ungewöhnlichen Auftrag: Er sollte ein Gelände mit dem Fluss Lech als Mittelpunkt visualisieren. Landschaften gehörten eigentlich nicht zum Repertoire des Malers, denn Amberger hatte sich im Laufe seiner Karriere auf Porträts spezialisiert und die Augsburger Oberschicht sowie die gelehrte und politische Elite des Heiligen Römischen Reiches als zahlungskräftige Kunden gewinnen können.[1] So malte er z.B. Kaiser Karl V., Sebastian Münster (1488–1552) – sein Porträt zierte einstmals die Hundertmarkscheine –, aber auch Mitglieder der Familien Fugger und Baumgarten. Warum Christoph Amberger sich dennoch darauf einließ und das Angebot Baumgartens annahm, ist unklar.

Ursache für die Heranziehung Ambergers war ein Streit zwischen Hans Baumgarten und dem Bischof von Augsburg um die Uferbefestigung des Lechs in der Nähe der Stadt Füssen.[2] Der Lech, Grenzstrom zwischen dem Territorium des Bischofs und der baumgartnerischen Herrschaft Hohenschwangau, floss wild und reißend und veränderte fast täglich seinen Lauf. Die Anrainer akzeptierten dies meist gezwungenermaßen, da der Fluss gab und nahm. Problematisch wurde die Situation immer dann, wenn die Anlieger versuchten, das Wasser mit Bauten nach ihrem Willen zu lenken.[3] Um klare Regelungen zu schaffen, hatten sich der Bischof von Augsburg und Baumgarten auf einen Vertrag geeinigt, der von den Hofräten Karls V. und Ferdinands ausgehandelt worden war. Die Vereinbarung befriedete die Parteien nur kurz. Ein Hochwasser im Sommer 1548 veranlasste die Stadt Füssen zu erneuten Uferbefestigungen. Hans Baumgarten wollte dies nicht akzeptieren und ging energisch gegen die Stadt vor.

Dies geschah in mehreren Schritten, sowohl durch Taten als auch durch Schriften, vor Gericht und am Ort des Geschehens selbst: Um seinen Protest deutlich zu machen, sandte Baumgarten seinen Anwalt am 3. Oktober 1548 persönlich an den Fluss. Dort beauftragte er einen Zimmermann, drei Steine aus einem neu ausgehobenen Graben zu nehmen und in den Lech zu werfen. Baumgarten wollte mit dieser rituellen Handlung den Bau der Füssener verurteilen und ein Verbot aussprechen.[4]

Der Augsburger Patrizier beließ es nicht bei diesem Akt. Er klagte auch vor dem Reichskammergericht, der ersten reichsweiten Instanz, bei der zivile Angelegenheiten verhandelt werden konnten. Das Reichskammergericht war wegen der religiösen Auseinandersetzungen im Reich rund vier Jahre geschlossen gewesen. Jetzt hatte es seine Pforten wieder geöffnet und Baumgarten klagte bei erster Gelegenheit auf Unterlassung der Baumaßnahmen und auf Einhaltung des vor den Hofräten Ferdinands und Karls V. geschlossenen Vertrages.[5]

Im Rahmen des Gerichtsverfahrens beantragten die Prokuratoren[6] jeweils eine Kommission, um Zeugen zu befragen und die strittigen Uferbauten in Augenschein zu nehmen. Die Ortsbegehung sollte zudem durch geeignete Maler, die von den Prozessparteien ausgewählt wurden, visualisiert werden. Während Baumgarten auf seinen Hausmaler Christoph Amberger zurückgriff, ist der Name des bischöflichen Malers unbekannt.[7]

Die Kommissionen wurden problemlos durchgeführt, die Zeugen vernommen, die Argumente der Parteien gehört, der strittige Lechabschnitt gemalt, über alles ein Protokoll gefertigt und schließ-

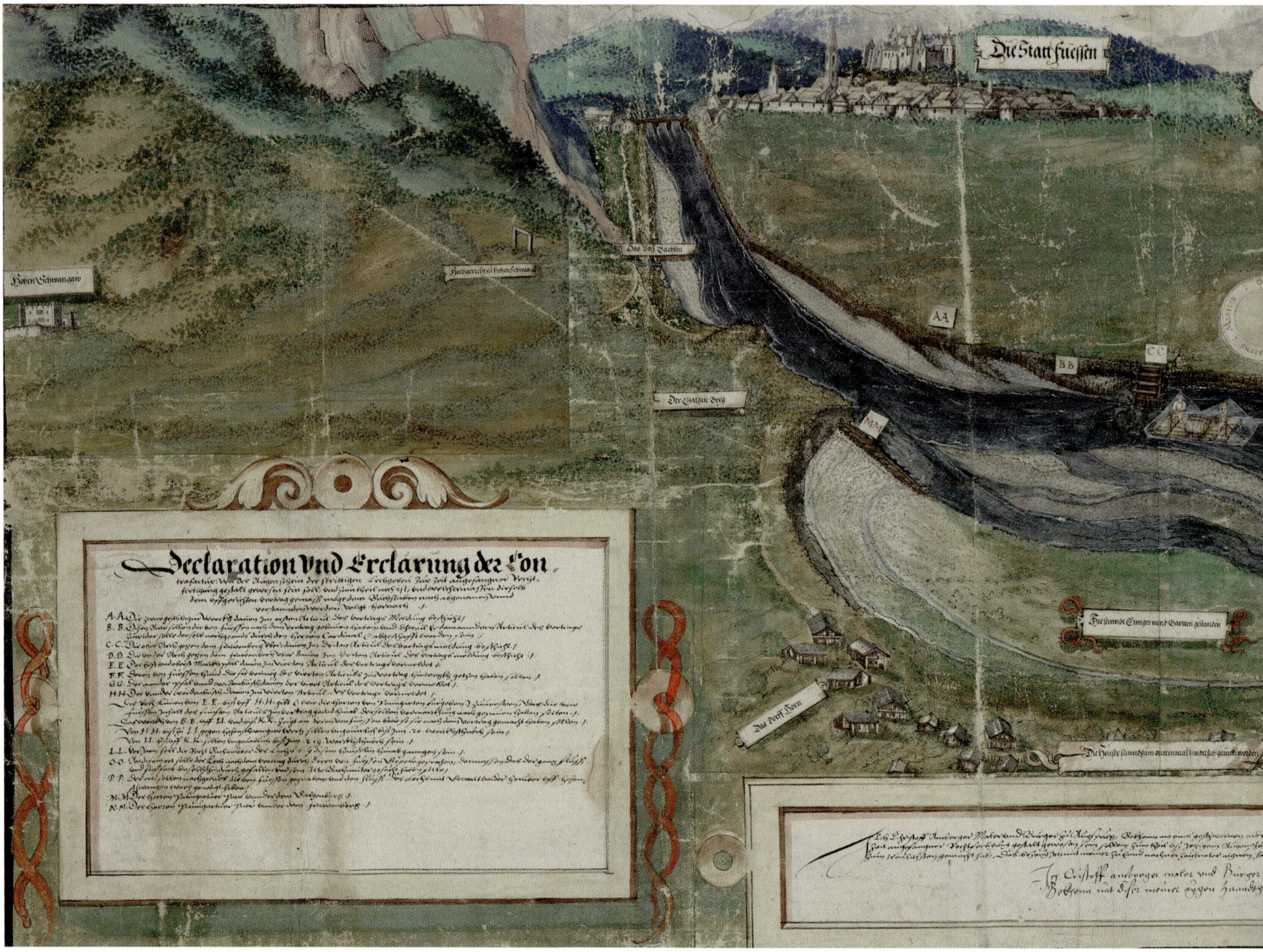

Abb. 1: Der Lech bei Füssen, Christoph Amberger, 1549, kolorierte Federzeichnung, 66 × 182 cm, BayHStA München, PlSlg 2601

lich dem Reichskammergericht in Speyer vorgelegt. Dort kam es zu weiteren Schwierigkeiten, die eine Zweitausfertigung der ambergischen Visualisierung notwendig machten: Der Kriegsunternehmer Albrecht Alcibiades von Brandenburg (1522–1557) hatte die Stadt Speyer angegriffen und Teile der Akten wurden geraubt.[8] Entgegen aller Erwartungen blieben beide Versionen erhalten.

Erst- und Zweitausfertigung Ambergers zeigen die Verzweigungen des Lechs, eingebettet in eine Wiesenlandschaft. Ober- und unterhalb des Flussbettes breiten sich Wiesen aus. Mühlen und auch

einige kleinere Dörfer, wie Waltenhofen, liegen lose verstreut. Am oberen linken Bildrand erscheint die Silhouette der Stadt Füssen. Eine Kartusche, die sparsam mit Schmuck umrahmt ist, enthält eine Erläuterung der Buchstaben. Amberger bestätigte seine Urheberschaft in einer weiteren Kartusche am unteren Rand und signierte mit seinem Petschaft, wobei er ausdrücklich erwähnte, dass er keinen Eid geleistet habe (Abb. 1).[9]

Ambergers Visualisierungen nehmen explizit Bezug auf den vor dem kaiserlichen Hofrat ausgehandelten Vertrag. Auf Füssener Uferseite finden

Abb. 2: Detail des Lechs bei Füssen, Christoph Amberger, 1549, kolorierte Federzeichnung, 66 × 182 cm, BayHStA München, PlSlg 2601

sich zahlreiche Verbauungen, die – jedenfalls nach Meinung Baumgartens – zu weit in den Fluss hineinragten. Einzelne Buchstaben auf weißem Grund machen dies deutlich. So wird eine Linie zwischen den Buchstaben FF, GG, und HH gezeigt, die Füssen bis zum Buchstaben KK unzulässig verlängert habe (Abb. 2).

Ambergers zweite Ausführung unterscheidet sich nur in Details und zeigt die Situation nach dem sommerlichen Hochwasser von 1548. Ein Teil der Uferbefestigungen ist zerstört. Zwei Flöße bewegen sich mühselig durch die aufgewühlten Wassermassen. Drei Männer sind damit beschäftigt, einen Graben auszuheben. Diese zweite Darstellung trägt den Titel „Contrafactur der strittigen Lechgebew zu Fuessen zur Zeit angefanngener Rechtferttigunng“[10] (Abb. 1), während die erste mit „Contrafactur des strittigen Lechgebew zur Zeit uffgehabner Kunndtschafft“[11] beschriftet ist (ohne Abb.). Es handelt sich hier also um die malerische Schilderung einer Vorher-Nachher-Situation.

Betrachten wir nun die Wiedergabe des Territoriums durch den unbekannten bischöflichen Maler: Auf den ersten Blick unterscheidet sie sich von Ambergers Version durch die Größe von insgesamt ca. 1 auf 3 m.[12] Das Bayerische Hauptstaatsarchiv hat sie zerschnitten, sodass ein Gesamtbild nur mithilfe der eigenen Vorstellungskraft zu erlangen ist (Abb. 3 und 4).

Auch in anderer Hinsicht stellt sie den heutigen Betrachter vor kognitive Herausforderungen: Denn er ist gezwungen, sich in den Flusslauf hinein-

zuprojizieren und sich dabei um die eigene Achse zu drehen. Nur so ist die Wiedergabe des Horizonts am unteren und oberen Bildrand zu erklären. Eine genaue Betrachtung zeigt auch: Die Uferverbauungen auf der Füssener Seite ragen weit weniger in den Lech, als dies in den Amberger Visualisierungen der Fall ist. Der unbekannte Maler hat zudem einen Maßstab angegeben. Die malerische Wiedergabe beschränkt sich auf das Wesentliche und gibt vor allem Stereotype wieder. Allen Visualisierungen gemeinsam ist eine Windrose.

Diese unterschiedlichen Darstellungsformen entfachten einen heftigen Streit der beiden Parteien vor Gericht. Es entstand eine grundsätzliche Diskussion um die Visualisierung von Raum als rechtliches Beweismittel und die Rolle des Herstellers. So bezeichnete der augsburgische Prokurator Amberger als parteiisch, da er als baumgartnerischer Maler nur zugunsten Baumgartens und zum Nachteil des Bischofs den Lech gemalt habe. Auch habe er keinen Eid geleistet. Der augsburgische Anwalt ging sogar so weit, die Ausführung Ambergers als „vermainte Contrafactur“[13] zu bezeichnen. Die Version seines Mandanten stamme dagegen von einem einfachen Mitbürger, der kein Maler sei. Trotzdem sei sie durch die Messungen Ambergers Karte weit überlegen. Der Abriss des unbekannten Malers sei Teil eines „wahrhafften onfeeligen Augenscheins, welche die höchst beweysung“[14] sei. Amberger habe zudem die Landschaft durch seine Malerei verändert.

Abb. 3: Der Lech bei Füssen, 1. Teil, unbekannter Maler, 1549, kolorierte Federzeichnung, 100 × 148 cm, BayHStA München, PlSlg 2603b

Der baumgartnerische Anwalt vermied eine Diskussion um die Darstellungsweise Ambergers. Er hielt dagegen, dass beim Ortstermin beide Parteien anwesend gewesen seien und die Nichtvereidigung Ambergers akzeptiert hätten. Deshalb sei die Karte als unparteiisch anzusehen. Der augsburgische Maler sei dagegen „unverstenndig“[15]. Letztlich drehte sich der Streit der Parteien um die Evidenz der Bilder.

Die Diskussionen zeigen eine grundsätzliche Meinungsverschiedenheit über die Funktion von Tatsache und Beweis in der Frühen Neuzeit und ihre Wiedergabemethoden. Performative Augenzeugenschaft, künstlerische Darstellung der Landschaft oder Vermessung des Territoriums wurden auf ihre Beweiskraft geprüft und diskutiert. In den 40er-Jahren des 16. Jahrhunderts war die Vermessung ein neues Verfahren, das viele Fragen der technischen Durchführbarkeit offenließ. Gleichzeitig garantierte es Nachprüfbarkeit. Klar wird auch: Die Visualisierung der Landschaft zu gerichtlichen Zwecken unterlag nicht einem unabhängigen, all-

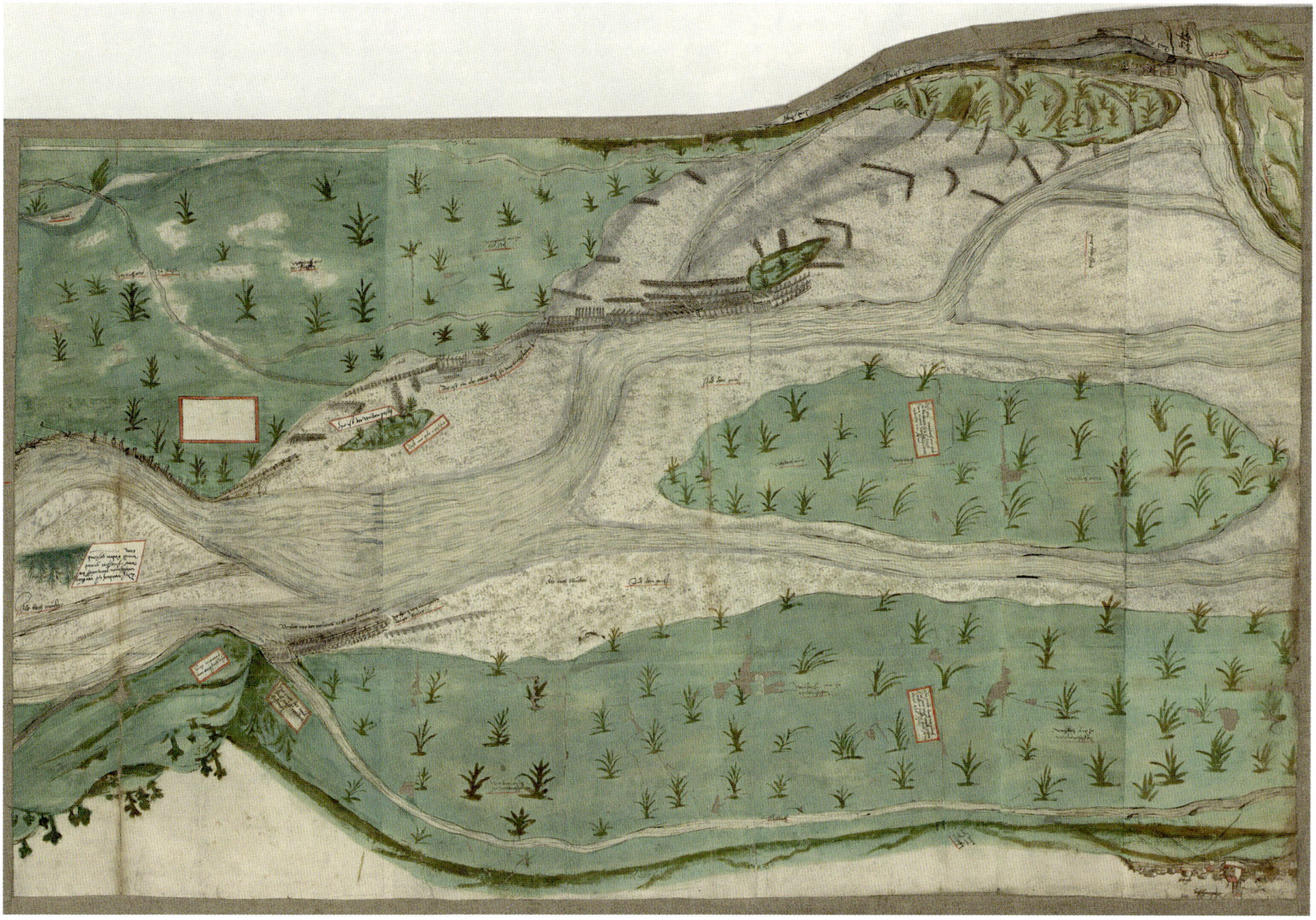

Abb. 4: Der Lech bei Füssen, 2. Teil, unbekannter Maler, 1549, kolorierte Federzeichnung, 100 × 153 cm, BayHStA München, PlSlg 2603a

gemein verbindlichen Kanon und bot so einen großen Interpretationsspielraum.

Die Richter des Gerichts mussten sich den unterschiedlichen Aussagen der Landschaftsbeschreibung ebenfalls stellen. Sie sahen sich nicht in der Lage, aufgrund der Augenscheinkarten – so der wissenschaftliche Analysebegriff der Visualisierungen – und der Argumente der Anwälte ein Urteil zu fällen. Deshalb beschlossen sie, eine neue Kommission mit neuen Malern[16] einzusetzen. Die Ergebnisse dieses Ortstermins sind nicht in den Akten überliefert. Es ist also unklar, wie der Streit ausging.[17]

Dieses Beispiel eines Verfahrens am Reichskammergericht mit seinen Kommissionen und der Generierung von Beweismitteln umreißt in groben Zügen das Thema des Buches. Die Darstellungsform dieser speziellen Bildgattung über die 300 Jahre der Existenz des Reichskammergerichts (1495–1806) von der Renaissance bis zur Aufklärung gilt es in Form einer Synopse näher zu untersuchen.

Visualisierungen von Raum zu gerichtlichen Zwecken in Augenscheinkarten sind eine bis jetzt nahezu unbekannte Bild- und Quellengattung, die zwischen Landschaftsmalerei und Kartographie changiert. Berühmte Maler wie Christoph Amberger, Hermann tom Ring (1521–1598) und Melchior Lorich (Lorick) (1527–1564) malten im Rahmen von Verfahren, aber auch Tilemann Stella (1525–1589), Arnold Mercator (1537–1587) und Friedrich Wilhelm Graf von Schmettau (1743–1806) vermaßen die Landschaft. Hinzu kommen viele Namen, die keiner mehr kennt. Es soll hier ausdrücklich nicht um eine weitere Kartographiegeschichte anhand einer neu entdeckten Quellengattung gehen. Das würde der speziellen Form der Augenscheinkarten nicht gerecht werden. Vielmehr kann und muss mit ihrer Hilfe die Frage nach dem grundsätzlichen Verhältnis zwischen Recht, Kunst und Naturwissenschaft gestellt werden und thematisiert werden, was ein Beweis ist und mit welchen Mitteln dieser erbracht werden kann.[18] Hierzu ist es erforderlich, im zweiten Kapitel die Augenscheinkarten als neue Bild- und Quellengattung zu definieren und ihren Überlieferungskontext im Archiv zu beschreiben.

Das dritte Kapitel dient der Untersuchung der Beweismittelherstellung. Es soll geschildert werden, wie Beweiskommissionen berufen wurden, welche Zusammensetzung sie hatten und welche Schwierigkeiten bei der Durchführung der Kommissionen entstehen konnten. Ein besonderes Augenmerk wird dabei auf die Maler und Geometer und ihre Herstellungspraktiken und Darstellungstechniken gerichtet. Außerdem müssen Wappen und Genealogien als Ausdrucksformen des sozialen Raumes eingeführt werden. Auch sie werden aufgrund ihrer Funktionalität als Augenscheinkarten definiert. Es gilt, der Generierung von Wappen und Genealogien nachzuspüren und zu fragen, wie geographischer und sozialer Raum miteinander verknüpft wurden. Zusätzlich soll über die Verfahrenspraktiken mit Augenscheinkarten am Gericht gesprochen werden.

Danach werden in einem vierten Kapitel die unterschiedlichen Darstellungsformen des geographischen Raumes vorgestellt. Es werden performative Augenzeugenschaft, Mehrfachhorizontenperspektive und Maßstabskarten erläutert und in den jeweiligen zeitlichen, rechtlichen sowie wissenschaftlichen Kontext eingebettet. Hinzu kommt die Darstellung von Ereignissen wie Mord und Gewalt. Auch Genealogien und Wappen als Text und Chiffre werden untersucht.

Ein fünftes Kapitel ist der Frage gewidmet, wie die Juristen des Reichskammergerichts die Augenscheinkarten in ihrer Funktionalität beurteilten. Es muss analysiert werden, welche Wertmaßstäbe die Zeitgenossen und Richter für Beweismittel überhaupt anlegten. Auch die Auftraggeber und die Streitgegenstände werden behandelt.

Das sechste Kapitel trägt die Überschrift „Von der Erfindung der Landschaft zur Vermessung der Welt?“. Hier sollen die zeitgenössischen Auffassungen über den Sehsinn und seine Verbindung zur Mathematik vorgestellt werden. Diskussionen um die Definition von Tatsache, Beweis und Evidenz anhand der Augenscheinkarten und des Verfahrens am Reichskammergericht sollen zudem in die allgemeine Rechts- und Wissensgeschichte der Frühen Neuzeit eingebettet werden. Zuletzt wird schließlich die Entwicklung vom Zeugen- zum Sachbeweis skizziert.

II. Grundlagen

Augenscheinkarten: Visualisierung von Raum als neue Bild- und Quellengattung

1616 stritten sich der Erzbischof von Mainz, Johann Schweikhard, und der Herzog von Württemberg um die Herrschaft im Herbolzheimer Forstwald und das Geleit zu Neudenau. Der Bischof beanspruchte die hohe, niedere, forstliche und jagdliche Obrigkeit in dem Gebiet. Den württembergischen Oberamtmann kümmerte dies wenig und er ließ eigenmächtig zwölf neue Marksteine zwischen dem Forstwald und den Markungen der württembergischen Gemeinden Kreßbach und Siglingen setzen. Ein Teil des vom Mainzer Erzbischof beanspruchten Waldes wurde so Siglingen und damit dem Herzogtum Württemberg zugeschlagen. Die Siglinger nutzten die neue Grenzziehung, indem sie den Wald zum Weiden von Schweinen und Holzfällen beanspruchten. Auf den Protest des mainzischen Verwaltungsbeamten reagierten die Württemberger mit seiner Gefangennahme und verschleppten ihn nach Möckmühl. Sie behaupteten, er habe versucht, die neuen Grenzsteine herauszureißen. Schließlich klagte der Mainzer Erzbischof vor dem Reichskammergericht.[1] Im Rahmen des Verfahrens entstand eine Visualisierung des Raumes, die sich näher zu betrachten lohnt (Abb. 5).

Der beauftragte Maler und Geometer Michael Hospin (1565–1618) hat die strittige Gegend zwischen Neudenau, Siglingen, Kreßbach und Herbolzheim mit den Burgen Herbolzheim und Domeneck in einem außerordentlichen Panorama festgehalten. Auch die umliegenden Wälder, Straßen, Wege sowie die Verläufe der Jagst und des Kreßbachs fehlen nicht.[2] Es entstand eine Visualisierung, die heute noch durch ihre leuchtenden Farben beeindruckt (Abb. 5).

Besonders interessant für unsere Zwecke ist die Kartusche, deren Rand mit Putti und reichlicher Ornamentik verziert ist. Zwei Wappenschilde weisen auf die Prozessgegner hin: zum einen das mainzische Rad, zum anderen die württembergischen Hirschstangen. In der Kartusche selbst ist vom „Augenschein“ in der kaiserlichen Kommissionssache zwischen dem Erzbischof und dem württembergischen Herzog die Rede. Es ist dabei für den heutigen Betrachter nicht ganz klar, ob damit die Handlung der Inaugenscheinnahme durch die Kommission gemeint ist oder die Visualisierung des besichtigten Raums durch den Maler (Abb. 6).

Ein Blick in das Deutsche Rechtswörterbuch verspricht Aufklärung. Dort definiert man den Augenschein so: „behördliche Besichtigung, der dazu bestimmte Zeitpunkt, Lokaltermin, Grenzgang“.[3] Der Begriff könne aber auch im Sinne von Beweisstück verwendet werden.[4] Ähnlich ist der Befund im Wörterbuch der Gebrüder Grimm. Dort heißt es: „im gericht, ein beweis auf augenschein durch augenschein, wie der augenschein (die evidenz der beweisführung) darthut“.[5] Unter „Augenscheinlichkeit“ wird zudem der Begriff „evidentia“ aufgeführt.[6] Bei beiden Wörterbüchern ist offensichtlich, dass die Bezeichnung „Augenschein“ eine Doppelbedeutung besitzt. Zum einen meint sie eine Handlung, nämlich die Begehung eines strittigen Ortes durch eine Kommission, und zum anderen eine Fixierung der Begehung durch Visualisierung, wobei das eine das andere nicht zwangsläufig ausschließt, sondern beides als Einheit gedacht werden muss. Ganz in diesem Sinne ist von dem berühmten Mecklenburger Kartographen Tilemann Stella

Abb. 5: Gebiet zwischen Jagst und Kreßbach, Michael Hospin, 1615, kolorierte Federzeichnung, 81 × 54 cm, WürttHStA Stuttgart, C 3 Bü 5403

Herboltzheimer Marckung
Augenschein
Deß Herboltzheimer Forstwaldts
In der Kais: Commission sachen Ad perpetuam rei memoriam
Deß Hochwürdigsten Fürsten und Herrn, Herrn Johan Schweickardts
Contra
Den Durchleüchtigen Hochgebornen Fürsten und Herrn, Herrn

Abb. 6: Detail Kartusche, Michael Hospin, 1615, kolorierte Federzeichnung, 81 × 54 cm, WürttHStA Stuttgart, C 3 Bü 5403

(1525–1589) für den sächsischen Kurfürsten August (1526–1586) eine zeitgenössische Definition überliefert: „ein rechter wolgegrünter und wahrhaftiger augenschein von einem lande […] ist nichts anders, dan das man dasselbige nach seinen […] grentzen, nach der lengde und breite. Item bergen, Tälern, brunnen, Seen, Schlössern, flecken, dorfschaften und Höffen, […] mit genugsamer erfahrung der rechten Geometrie, mit gebürlichen und nöttigennn instrumenten […] allenthalben abmisset und zum fleissigsten verzeichnet. Auch denselbigen ganzten bericht In eine verJüngung oder verkleinerung […] bringet und abreiset.“[7]

Neben „Augenschein“ werden in den Reichskammergerichtsakten auch die Bezeichnungen „Abriß“, „Riß“ und „Contrafactur“ für die bildnerische Darstellung des Raums verwendet. Diese Begriffe sind nicht doppeldeutig. Sie weisen auf das konkrete Objekt, also die Visualisierung hin. „Reißen“ bezeichnete im Verständnis der Zeitgenossen ein Tätigkeitsfeld, das sowohl die mathematischen Grundlagen der planisphärischen Projektion der Erdoberfläche wie auch die perspektivische Darstellung von Raum und Körpern im Raum integrierte.[8] Unter „contrafacere“ verstand man dagegen die einfache Nachahmung der Natur. Dabei wurde in Beischriften die Augenzeugenschaft des Künstlers zumindest unterstellt.[9]

Aber auch wenn die Visualisierungen von Raum unterschiedlich benannt werden, so haben sie alle eine gemeinsame Funktion, nämlich die subjektive Wahrnehmung der Prozessparteien in ein visuelles Medium zu übersetzen. Sie waren dadurch ein wesentlicher Bestandteil der Prozessführung und dienten den Prozessparteien als Entscheidungsvorlage für die Richter im Sinne von Evidenz. Deshalb scheint es gerechtfertigt, einen Analysebegriff zu wählen, der diese Gemeinsamkeiten in den Vordergrund stellt und möglichst nah mit dem Quellenbegriff arbeitet. Im Folgenden sollen deshalb alle Visualisierungen von geographischem und sozialem Raum im Zusammenhang mit dem Reichskammergericht als „Augenscheinkarten" bezeichnet werden.[10] Damit wird deutlich, dass auch eine gedruckte Karte, wie z. B. von Waldeck,[11] die vom Verlag Homannsche Erben herausgegeben wurde, sobald sie am Gericht eingereicht wurde, eine andere Qualität erhielt und ihre Funktion von der einfachen Kartendarstellung zu performativer Augenzeugenschaft wechselte (Abb. 7). Ähnlich sieht es bei Genealogien mit oder ohne Wappen aus. Als Visualisierung des sozialen Raums werden sie ebenfalls als „Augenscheinkarten" bezeichnet.

Augenscheinkarten stellen in ihrer Funktionalität zudem eine eigene Bild- und Quellengattung dar, die in ihrer Eigentümlichkeit der strikten Geheimhaltung unterlag. Sie hatten eine Vielzahl von Erzeugern und Darstellungsformen, die je nach Bedarf, Geschmack, finanziellen Möglichkeiten, Zeitgeist und Blickweise des Betrachters von den Prozessparteien ausgewählt wurden. Augenscheinkarten sind deshalb in ihrer Qualität und Ausfertigung höchst unterschiedlich und reichen von der einfachen handgezeichneten Skizze bis zum eigens angefertigten oder mehrfach verwendeten Kupferstich.

Das Reichskammergericht kannte neben der Augenscheinkarte, die auch als „Beweiskarte" bezeichnet werden kann, noch weitere Beweismittel wie den Urkunden- und den Zeugenbeweis. Diese drei Beweisarten besaßen eine unterschiedliche Gewichtung und werden verschieden häufig in den Akten des Reichskammergerichts erwähnt. Der Urkundenbeweis erforderte die Vorlage von notariellen und anderen Urkunden,[12] die von den Parteien eingereicht wurden. Diese Beweisform war die kostengünstigste Variante, weshalb sie am häufigsten vorkam. Teuer war dagegen der Zeugenbeweis. Die Zeugen wurden hierfür vor Ort durch eine Kommission vernommen.

Die Beweiskarte stand gerade in der Zeit vor dem Dreißigjährigen Krieg im engen Zusammenhang mit der Zeugenvernehmung. Hierzu begaben sich die Kommission und gelegentlich auch die Zeugen zusammen mit dem Maler zur weiteren Beweisaufnahme in das Gelände. Dort wurde dann in Absprache mit den Zeugen der Raum visualisiert.[13]

Zu den Augenscheinkarten sind bereits zahlreiche Veröffentlichungen erschienen. Sie beziehen sich meist nur auf eine oder wenige Augenscheinkarten in Verbindung mit einem konkreten Streitfall und benutzen in der Regel keinen einheitlichen Analysebegriff.[14] Theoretische Überlegungen zu Raumvisualisierungen, ihrer Beweiskraft und Bildsprache wurden bis jetzt nicht angestellt. Hinzu kommt, dass die Kartographie mit ihren begrifflichen Mitteln nicht in der Lage ist, Augenscheinkarten zu erfassen und zu erläutern.[15] Hintergrund hierfür ist, dass sie die Karten nicht in ihrer Funktion als eigene Bild- und Quellengattung erkannt und gewürdigt hat. Dies scheint sich jedoch in jüngster Zeit zu ändern.[16] Aber auch die Kunstgeschichte hat sich bis jetzt nicht damit beschäftigt. Die Gründe liegen wohl im Überlieferungszusammenhang im Archiv.[17]

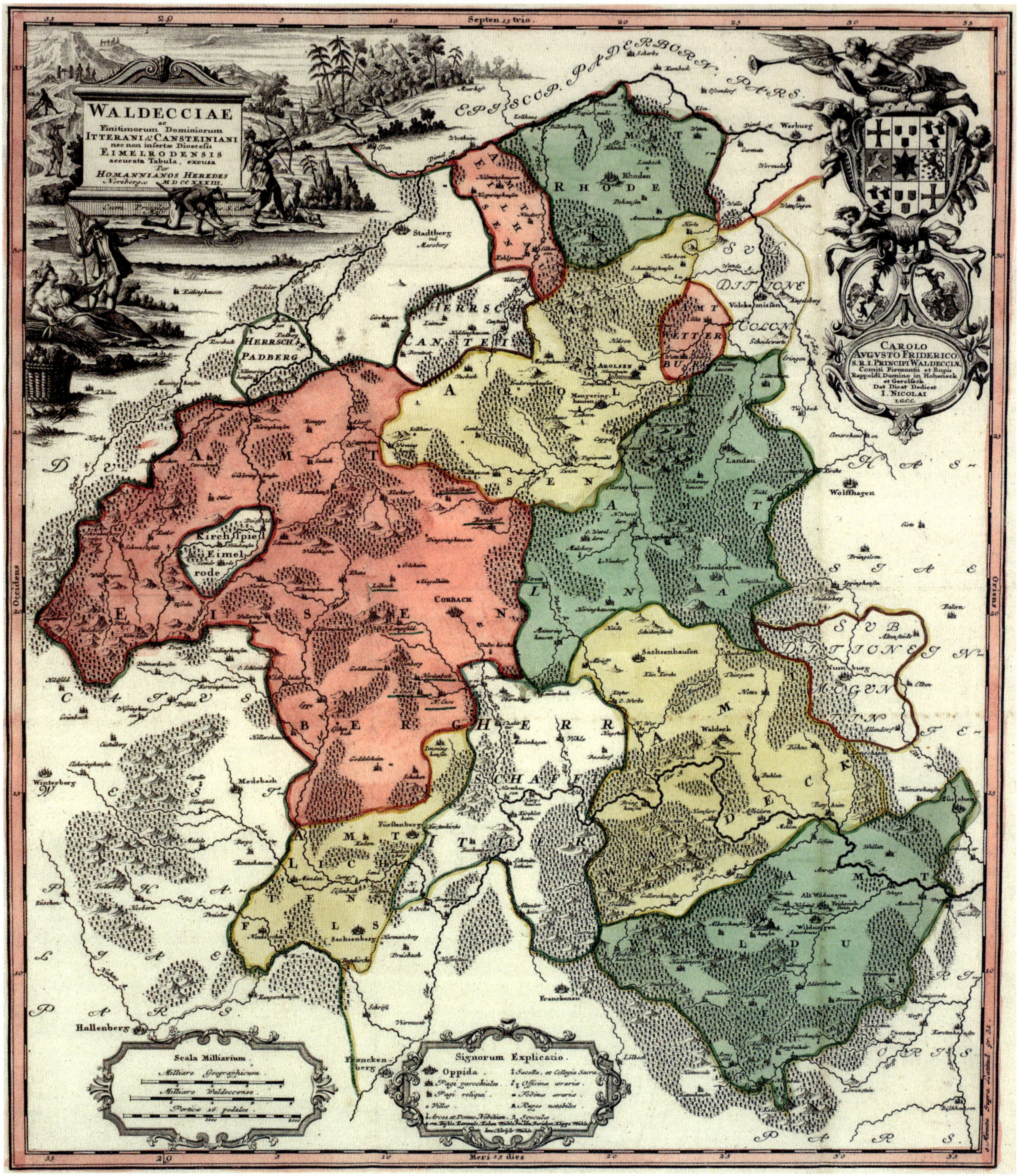

Abb. 7: Das Fürstentum Waldeck, Verlag Homannsche Erben, 1733, kolorierter Kupferstich, 65 × 55,3 cm, HessStA Marburg, Best. Karten P II 16189

Augenscheinkarten, Wappen und Genealogien im Überlieferungskontext

Die Suche nach Augenscheinkarten, Wappen und Genealogien ist auch im 21. Jahrhundert ein schwieriges Unterfangen. Denn sie sind nicht für alle sichtbar im Museum zur Schau gestellt und werden nicht in einer Bibliothek in einer geschlossenen Sammlung verwahrt. Vielmehr sind sie nur an einem einzigen Ort anzutreffen: im Archiv. Dort sind sie immer auf das Engste mit den jeweiligen Prozessakten des Reichskammergerichts verknüpft. Akte und Beweiskarten bilden eine unauflösliche Einheit. Das bedeutet auch: Ohne die Akten sind Augenscheinkarten nicht verständlich, ihre Aussagekraft ist verloren.

Hier ist nicht der Ort, auf die Bedeutung des Reichskammergerichts in großem Umfang einzugehen; eine kurze Skizze scheint im Zusammenhang mit den Augenscheinkarten ausreichend. Allgemein muss festgestellt werden, dass das Gericht in der Zeit seiner Existenz von über 300 Jahren eine sehr wechselhafte Beurteilung erfahren hat: Sie reichte von größtmöglicher Hochachtung bis zu völliger Missachtung, sowohl durch die Zeitgenossen wie den Kaiser und die Reichsstände als auch durch spätere Generationen. Die Sicht auf die Arbeit und Leistung des Reichskammergerichts war zudem lange Zeit durch die Vorstellungen des 19. Jahrhunderts über einen korrekten Gerichtsbetrieb verzerrt. Man hielt das Gericht für schwerfällig und plump, kombiniert mit einer oft übertriebenen spitzfindigen Jurisdiktion und großer Urteilsmüdigkeit. Den Zeitgenossen des 19. Jahrhunderts wurde das Reichskammergericht geradezu zu einem Sinnbild für ein mehr oder minder schlecht funktionierendes Staatssystem.[18]

Gleichwohl bildete das Reichskammergericht den Kern der Reichsreform, die Maximilian I. zusammen mit den Reichsständen 1495 auf den Weg brachte. Eine unabhängige Rechtsprechung entstand, die gemeinsam von Kaiser und Reich getragen wurde. Das Reichskammergericht wurde als feste Einrichtung gegründet, in der Beamte statt Laienrichter entschieden. Zudem tagte es unabhängig vom kaiserlichen Hoflager oder später von der kaiserlichen Residenz. Durch seine Funktion als Appellationsinstanz, seine Organisation des Prozessverfahrens und eine eigene neue Verwaltungsstruktur wurde es Vorbild für andere territoriale Gerichte.[19]

Heute zeugen von der Arbeit des Gerichts die Überreste eines systematischen Archivs, das trotz zahlreicher mehr oder minder chaotischer Umzüge[20] und unterschiedlicher Lagerorte die gerichtliche Tätigkeit zur Vermeidung von Fehden und der Regelung von hoheitsrechtlichen und privaten Streitigkeiten in mehr als 80 000 Prozessakten demonstrieren kann. Eine Zusammenführung der Akten aus den verschiedenen Archiven und Lagerungsorten erfolgte erst durch Fürstprimas Carl Theodor von Dalberg nach der Auflösung des Gerichts 1806, einzig aber zu dem Zweck, die Akten wieder auseinanderzureißen.[21]

Es ist müßig, die Geschichte dieser Zerstückelung noch ein weiteres Mal zu erzählen, denn sie ist Segen und Fluch zugleich. Fest steht, dass sich durch die Aufteilung die Akten des Reichskammergerichts heute in ca. 48 Archiven des In- und Auslandes befinden. Die Verteilung reicht von Metz bis Stettin und von Kopenhagen bis Wien. Ein Teil der Akten wurde nicht abgegeben, es handelt sich dabei z. B. um Gutachten und Voten der Richter, Register und weiteres nicht genau zuzuordnendes Material. Dieser Teil befindet sich heute im Untrennbaren Bestand im Bundesarchiv Berlin-Lichterfelde. Hinzu kommen die Aktenbestände der Visitationen des Reichskammergerichts im Mainzer Erzkanzlerarchiv und die Visitationsakten der Kaiser, die sich beide im Haus-, Hof- und Staatsarchiv zu Wien befinden.[22] Augenscheinkarten konnten in den Wiener Beständen erst jüngst (August 2022) gefunden werden.

Schließlich kam es ab den 1970er-Jahren zu einer breit angelegten Initiative, u. a. von Bernhard Diestelkamp, die eine Neuverzeichnung der Akten erreichte.[23] Jedes Archiv in der Bundesrepublik konnte nun mit den entsprechenden Geldern der Deutschen Forschungsgemeinschaft die Reichskammergerichtsprozessakten für die Forschung zugänglich machen. Heute sind rund 90 % der Akten neu verzeichnet. Die restlichen ungesichteten Akten befinden sich im Ausland (Österreich, Polen etc.) oder es besteht kein Interesse an einer Neuverzeichnung. Belgien hat in einem großartigen Projekt die im Krieg zerstörten Akten rekonstruiert und damit der Forschung wieder zugänglich gemacht.[24] Die Ergebnisse der Verzeichnungsarbeiten wurden teilweise gedruckt und sind heute in den entsprechenden Bänden und in den jeweiligen Archivportalen online auffindbar. Das Projekt einer Datenbank, in der alle verzeichneten Prozessakten vereinigt werden sollten,[25] ist nicht abgeschlossen (Stand 2021).[26]

Die Neuverzeichnung der Akten geschah in allen teilnehmenden Archiven einheitlich nach dem Prinzip der sogenannten Frankfurter Grundsätze, wonach auch Beweismittel, Zeugenaussagen und Augenscheine mit aufgenommen werden sollten. Der Doppeldeutigkeit des Begriffs „Augenschein“ war man sich jedoch zu dieser Zeit nicht bewusst. Das bedeutet, dass eine eindeutige Bezeichnung im Sachindex fehlt und bei weiteren Recherchen die Begriffe „Abriß“, „Augenschein“, „Karte“, „Plan“, „Riß“ etc. nebeneinander einbezogen werden müssen. Das hat zur Folge, dass Augenscheinkarten nach wie vor im Verborgenen liegen und nur sehr mühselig in den einzelnen gedruckten Repertorien oder in den Onlineportalen durch Sichtung jedes einzelnen Aktenregests herausdestilliert werden können. Hinzu kommen weitere Schwierigkeiten: Augenscheinkarten wurden in die Akten eingelegt oder -geheftet, je nach Größe auch getrennt in Büchsen oder Schachteln dem Gericht überreicht. Gerade bei der getrennten Aufbewahrung kam es schon früh zu Verlusten.

In den einzelnen neuen Archivstandorten wurden zudem zum vermeintlich besseren Schutz der Augenscheinkarten diese aus den Akten genommen, wobei jedoch häufig versäumt wurde, ihre eigentliche Herkunft sorgfältig aufzuzeichnen. Der Zusammenhang zwischen Prozessakte und Beweiskarte ging damit verloren und kann heute oft nicht mehr, oder nur mit einem beträchtlichen Aufwand, rekonstruiert werden.[27] Forschungen darüber sind daher nur sehr rudimentär möglich, zumal wenn die Parallelüberlieferung der Prozessparteien zu den Prozessakten am Gericht nicht mehr vorhanden ist.[28] Es bleibt nur, ihren ästhetischen Reiz zu bewundern.[29]

Insgesamt wurden von der Autorin mindestens 1825 Augenscheinkarten für den Zeitraum von 1495 bis 1806 in den Akten des Reichskammergerichts gefunden. Daraus wurden in einer Stichprobe rund 200 Karten aus allen Himmelsrichtungen des Reiches ausgewählt, im Norden aus den Archiven Lübeck und Hamburg, im Süden aus Karlsruhe, Stuttgart und München, im Westen aus den Archiven Münster, Duisburg und Lüttich und im Osten aus Stettin, Magdeburg – Standort Wernigerode und Schwerin sowie aus der Mitte aus den Archiven Marburg und Frankfurt/Main. So sollte gewährleistet sein, dass ein möglichst großes Spektrum an Augenscheinkarten unterschiedlicher Herkunft aus dem ganzen Zuständigkeitsgebiet des Reichskammergerichts erfasst wurde. Diese ausgewählten Karten allein bilden den Untersuchungsgegenstand. Prozessakten der Parteien und dort eventuell noch vorhandene Augenscheinkarten, die dem Gericht nicht vorlagen, wurden bei der Untersuchung nicht berücksichtigt. Das geschah aus arbeitsökonomischen Überlegungen. Aus all den oben genannten Gründen ist ohnehin von einer weit höheren Anzahl von produzierten Augenscheinkarten auszugehen (geschätzt ca. 3000 bei 80 000 Prozessakten = ca. 4 %). Wichtig ist zudem zu betonen, dass eine Prozessakte häufig mehrere Augenscheinkarten enthielt. In dem Prozess Rösing gegen Rösing sind es beispielsweise 38.[30]

Völlig unterschiedlich verhält es sich mit Wappen und Genealogien. Wappen finden sich nicht nur zusammen mit Genealogien zwischen Buchdeckeln und in Aktenkisten. Sie sind heute noch im öffentlichen Raum sichtbar, bevorzugt an Stadtmauern und Stadttoren, aber auch an Rathäusern und Kirchen.[31] Sie sind zudem nicht nur an und in Gebäuden zu finden, sondern auch an Kirchstühlen, Gebrauchsgegenständen und auf Gemälden. Wappen und Genealogien bildeten in der Frühen Neuzeit den sozialen Raum ab und sind in ihrer Funktionalität als Beweismittel den Augenscheinkarten gleichzustellen. Als Visualisierungen von Raum, wenn auch in stark genormter Art, werden sie im Folgenden ebenfalls Augenschein- oder Beweiskarten genannt.

III. Praktiken der Beweismittelherstellung und -verwaltung

Beweiskommissionen

Berufung und Zusammensetzung

Im Frühsommer des Jahres 1714 hatte sich der erste Senat des Reichskammergerichts unter der Leitung des Grafen von Solms-Laubach (1671–1723) versammelt, um über die Angelegenheit Rösing gegen Rösing zu beraten.[1] Es handelte sich um einen komplizierten Erbvergleich unter Brüdern und deren Nachkommen. Strittig war vor allem der Besitz der Güter Süderode und Besel, die beide am Harzrand lagen.[2] Der Prozess hatte seit 1694 die kurbrandenburgische Regierung in Halberstadt beschäftigt. Da ein Familienteil mit dem dortigen Urteil nicht zufrieden war, hatte er an das Reichskammergericht appelliert. 1714 baten die Parteien das Gericht um ein Endurteil. Weil innerhalb der Familie Schulden aufgerechnet werden mussten, konnten sich die Richter kein genaues Bild über die jeweiligen Anteile machen. Deshalb sah der erste Senat von einem Endurteil ab. Stattdessen beschlossen die Richter eine Kommission, die bei einem Ortstermin die Güter in Augenschein nehmen und geeignetes Kartenmaterial herbeischaffen sollte. Im Rahmen dieser Zusammenkunft sollten die Grundstücke neu vermessen werden. In der Diskussion im Senat zitierte der Richter Johann von Frantz, der als Korreferent fungierte, das Werk „Von den Kommissaren …" („De commissariis …") von Rutger Rulant (Ruland) (1568–1630), um die Notwendigkeit der Vermessung zu betonen und die Entscheidung des Senats zu bekräftigen.[3] Frantz musste das Buch nicht näher erläutern. Jeder Richter am Reichskammergericht kannte Rulants Buch, das 1597 zum ersten Mal erschienen war und das 1714 bereits in der 15. Auflage vorlag.[4] Noch 1792 lobte Egid Joseph Carl von Fahnenberg in seiner kommentierten Bibliographie über die Literatur des Reichskammergerichts das Buch ausdrücklich. Er nannte es „ein Buch ohne Beispiel strahlend und unvergleichlich" („opus sine exemplo illustre et incomparabile").[5]

Rutger Rulants Wertschätzung basierte auf seiner praktischen Erfahrung, da er viele Male als Kommissar tätig gewesen war und deshalb das Kommissionsgeschäft in allen seinen Facetten kannte. Der Advokat am Reichskammergericht kam ursprünglich aus Aachen. Er besaß einen Doktorgrad und war Syndikus der Reichsstadt gewesen. In den 1590er-Jahren siedelte er nach Hamburg um, wo er 1622 durch Kaiser Ferdinand II. geadelt wurde.[6]

Rulants Abhandlung, die die korrekte Durchführung einer Beweiskommission am Ende des 16. Jahrhunderts beschrieb, wurde im Laufe des 17. Jahrhunderts zu einem unübertroffenen Klassiker und blieb auch noch im 18. Jahrhundert eine allseits anerkannte Autorität. Deshalb scheint es gerechtfertigt, sein Werk als grundlegende Quelle für den ganzen Untersuchungszeitraum von 300 Jahren zu nutzen und im Folgenden speziell seine Ausführungen über Kommissionen, Ortstermine und ihre Visualisierung in Form von Augenscheinkarten etwas genauer zu analysieren.

Das Werk „Von den Kommissaren …"[7] besteht aus zwei Teilen, die in mehrere Bücher und Kapitel untergliedert sind: Im ersten Teil wird die Arbeit der Kommission in sachlicher und rechtlicher Hinsicht erörtert, im zweiten Teil werden Sonderformen von Kommissionen und spezielle Probleme besprochen.

Der Autor legt zuerst detailliert die Arbeit des Kommissars und die Qualifikationen dar, die für dieses Amt unentbehrlich waren, und erklärt, was die kaiserlichen Kommissare von anderen Kommissaren unterscheide.[8] Danach erläutert er, welche Kenntnisse und Eigenschaften die Kommissare für eine erfolgreiche Arbeit mitbringen müssten. Rulant betont, dass grundlegendes Wissen über Jurisprudenz, Arithmetik und Geometrie vorhanden sein müsse, und fordert Charaktereigenschaften wie Gerechtigkeitssinn, Tüchtigkeit, Erfahrung und Sorgfalt.[9] Es folgt die detaillierte Darstellung einer korrekten Durchführung einer Kommission durch Subdelegierte.

Außerdem beschäftigt sich Rulant mit dem Verfahren am Reichskammergericht und seinen Auswirkungen auf die Einberufung und den Ablauf einer Kommission.[10] Über Personen, die den Kommissar aufgrund ihrer besonderen Sachkenntnis in seiner Arbeit unterstützen sollen, wird ebenfalls ausführlich berichtet. Mediziner, Chirurgen und Hebammen, aber auch Feldmesser, Maler und Architekten sollen als Gutachter im Bedarfsfall herangezogen werden.

Einen weiteren Schwerpunkt des Werkes bildet die korrekte Abwicklung der Zeugenaussagen. Es geht um Befragungstechniken und richtige Formulierungen, die sich an den Streitgegenständen orientieren sollen.[11] Ein Kapitel ist den Gratifikationen der Kommissare während der Arbeit gewidmet. Sie werden in Form eines üppigen Picknicks oder Imbisses gelegentlich in einer Augenscheinkarte dokumentiert: So schildert der würzburgische Hofmaler Jakob Cay (nachweisbar 1566–1590) eine Szene, bei der mehrere Personen im Freien um ein am Boden liegendes weißes Tuch Platz genommen haben und speisen. Ein Transportwagen hat alle benötigten Utensilien gebracht (Abb. 42).[12]

Der zweite Teil des Buches widmet sich vorwiegend Sonderformen von Kommissionen. Einen großen Anteil nehmen die Kommissionen zum ewigen Gedächtnis („ad perpetuam rei memoriam") ein, die durchgeführt wurden, bevor es überhaupt zu einer Anklage am Reichskammergericht kam. Sie dienten dazu, sich gegen zukünftige Streitigkeiten abzusichern oder sie ganz zu vermeiden. Kommissionen zum ewigen Gedächtnis kamen vor allem im 16. Jahrhundert vor.[13] Ihnen lag die Vorstellung zugrunde, dass ein mehr oder weniger einheitliches und universelles Gedächtnis, die „Memoria", existierte, das über Generationen hinweg tradiert wurde und so einen allgemeingültigen Wissensschatz bildete. Die „Memoria" wurde als Macht- und Wissensspeicher begriffen, der auch für rechtliche Auseinandersetzungen dienlich sein konnte.[14]

Die Herbeischaffung von schriftlichen Dokumenten, die im reichskammergerichtlichen Verfahren das häufigste Beweismittel darstellten, beschreibt Rulant ebenfalls. Ein letztes Kapitel beschäftigt sich mit dem Aussehen von Grenzsteinen sowie ihren Erkennungsmerkmalen im Gegensatz zu Marksteinen.[15]

Die Hauptaufgabe der Kommissare bestand nach Meinung Rulants darin, eine Untersuchung im Rahmen der gestellten Beweisfragen durchzuführen. Den rechtlichen Hintergrund für die Beweiskommissionen bildete bis 1654 das sogenannte Artikelverfahren,[16] bei dem der Klagevortrag in einzelne nummerierte Sätze aufgeteilt und in Wahrheitsbehauptungen eingeteilt wurde. Aus den Klageartikeln und der daraus folgenden Klageerwiderung der Gegenpartei formulierten die Parteien die sogenannten „articules probatoriales" (Beweisartikel). Sie wurden dem Kommissar übergeben, der auf dieser Grundlage die Fragen an die Zeugen formulierte.[17] Nach 1654 änderte sich das Verfahren. Es wurde nun üblich, die Schilderung des Sachverhalts deutlich von den rechtlichen Erwägungen zu trennen.[18] Infolgedessen änderten sich auch die Zeugenkommissionen entscheidend.

Beweiskommissionen konnten von den einzelnen Prozessparteien beantragt werden. Jede Partei stellte einen oder mehrere Kommissare und bei einem Ortstermin zusätzlich jeweils einen Maler oder Geometer. Es kam aber auch vor, dass beide Parteien den gleichen Maler beauftragten, so z. B. im Streit zwischen Frankfurt und Hanau-Münzenberg. Bei dieser Gelegenheit malte Elias Hofmann († 1592) sowohl für Frankfurt als auch für Hanau-Münzenberg eine Beweiskarte.[19] Bei Kommissionen zum ewigen Gedächtnis einigten sich die Parteien häufig auf einen gemeinsamen Kommissar und einen gemeinsamen Maler. Eine dritte Möglichkeit bestand darin, dass das Reichskammergericht selbst eine Kommission beauftragte.[20]

Die bisherigen Forschungen zeigen, dass sich die Beweiskommissare am Ende des 16. und zu Beginn des 17. Jahrhunderts aus verschiedenen Berufsgruppen rekrutierten.[21] Anfänglich beriefen die Prozessparteien Notare, Vögte oder Stadt- und Amtsschreiber auf diesen Posten. Ständischen Parteien genügte dies bald nicht mehr: Sie griffen auf juristisch geschulte Regierungsmitglieder wie Syndici, Advokaten, Räte und Kanzler zurück. Je bedeutender der Prozessgegner, umso angesehener musste der Beweiskommissar sein.[22]

Um 1600 bestimmten gelehrte und graduierte Beweiskommissare das Bild im Reich. Zu diesem Zeitpunkt war – nicht zuletzt durch Rulants Buch – die zunehmende Formalisierung der Kommissionen zu einem ersten Endpunkt gelangt.[23] Während viele Kommissare nur einmalig tätig wurden, gab es auch einen Kreis von Juristen, die häufig als Beweiskommissare in Erscheinung traten. Aus dem süddeutschen Raum sind der Tübinger Universitätsnotar und Schwäbisch Haller Stadtschreiber M. Christophorus Khun (nachweisbar 2. Hälfte 16. Jahrhundert) sowie Johann Christoph Tafinger (1516–1600) und sein Sohn Johann Friedrich Tafinger (nachweisbar 1562–1615) bekannt.[24] Insgesamt führten Vater und Sohn Tafinger zwischen 1557 und 1615 27 Beweiskommissionen durch.[25] Johann Friedrich Tafinger arbeitete fast 35 Jahre als Beweiskommissar. Im Schnitt betreute er eine Kommission über zwei Jahre. Die Tafinger waren vor allem in Oberschwaben und in der Bodenseeregion aktiv. Auftraggeber für Johann Christoph waren meist Reichsstädte wie Lindau, Pfullendorf und Biberach,[26] während der gelehrte Sohn von freiherrlichen und gräflichen Häusern wie den Hohenzollern-Sigmaringen sowie dem Reichsstift Salem in Anspruch genommen wurde.[27] Die Einzugsgebiete der Kommissare waren beträchtlich. Am Beispiel der Familie Tafinger zeigt sich eine Distanz in Ost-West-Richtung von ca. 100 km und in Nord-Süd-Richtung von ca. 160 km. Die beträchtliche Reisetätigkeit entstand aus der Forderung, dass die Beweiskommissare unparteiisch und in keinem Dienst- oder Arbeitsverhältnis zu einer der Prozessparteien stehen sollten.[28] Das schloss geeignete Personen im näheren Umfeld aus. Wichtig bei der Ernennung war natürlich auch die Konfession des Kommissars.

Ein weiteres Beispiel eines gelehrten Kommissars ist Sebastian Röttinger (1537–1608). Röttinger ist vor allem als Kommissar in der Auseinandersetzung zwischen der Grafschaft Fraunhofen und dem Herzogtum Bayern um die Reichsunmittelbarkeit der Grafschaft bekannt.[29] Seine Unterschrift als Kommissar ist auf der hierfür angefertigten Augenscheinkarte verewigt.[30] Daneben war der Nördlinger Syndikus in zahlreichen Schiedsverfahren tätig, so z. B. im Streit zwischen den Freiherren von Grafeneck und dem Kurfürsten Ottheinrich von der Pfalz sowie Wolfgang von Pfalz-Neuburg.[31] Röttinger verfasste ebenso juristische Gutachten wie Verträge.[32] Er war auch im Mai 1584 in Speyer, um für die Reichsstädte das Reichskammergericht zu visitieren. In Röttinger und der Familie Tafinger wird eine Berufsgruppe erkennbar, die variantenreich ihr juristisches Wissen sowohl Kaiser wie Reich zur Verfügung stellte und deshalb als „Reichspersonal" bezeichnet werden kann.[33]

Die Anzahl der Kommissionsmitglieder belief sich meist auf zwei Kommissare, die entsprechenden Notare und Schreiber sowie – bei Bedarf – die Maler oder Geometer sowie die Zeugen. Die Treffpunkte zur Zeugeneinvernahme sollten möglichst neutral sein, um Einflüsse der Prozessparteien zu vermeiden.[34] Nach gemeinem Recht sollte der Ort sicher sein. Weitere Kriterien waren leichte Erreichbarkeit und die Eignung für einen eventuellen Augenschein.[35] Die Kommissare organisierten neben der Zeugeneinvernahme auch den Ortstermin. Im Streit zwischen Brandenburg-Bayreuth und der Kurpfalz um einen Wald bei dem Kloster Waldsassen entschloss sich der Kommissar, ein Privathaus in Eger als Versammlungsort auszuwählen.[36] Dies war ungewöhnlich, denn eigentlich zog man Gasthäuser vor. Ab den 1580er-Jahren wurden auch öffentliche Räume wie Forst-, Amts- und Rathäuser genutzt.[37] Dort trafen die Zeugen neben den Kommissaren auf Schreiber, die im Dienst bei den jeweiligen Prozessvertretern der Parteien standen und für die Dauer des Verhörs durch Eid als Helfer der Kommissare bestätigt worden waren. Die Zeugen wurden ihrer Treue gegenüber ihren Herren entbunden, um so nur der reinen Wahrheit verpflichtet zu sein.[38] Die Kommissare befragten dann nach einem mit den Prozessparteien abgestimmten Fragenkatalog die meist männlichen Zeugen zuerst zum Alter und zur persönlichen Situation und dann zu den strittigen Punkten im Verfahren.[39]

Ortstermine

Besonders intensiv widmet sich Rutger Rulant dem Ortstermin oder der Inaugenscheinnahme mit dem Argument, dass der Augenschein und die Sichtbarkeit der Tatsache das Gleiche seien.[40] Der Augenschein sei der Beweis, der alle anderen Beweise hinfällig mache.[41] Bei Appellationen seien Augenscheine besonders nützlich. Der Richter könne so ohne großen Aufwand allein durch eine Inspektion des Ortes das vorherige Urteil reformieren.[42] Der Ortstermin diene vor allem dazu, Grenzen und Grenzsteine zu beschreiben und das dort Geschriebene zu notieren. Er sei auch sehr nützlich, wenn ein Gegenstand nicht vor das Gericht gebracht werden könne, wie dies z.B. bei Epitaphien und Grabmälern der Fall sei.[43] Tatsächlich finden sich Abbildungen von Grabmälern in den Augenscheinkarten.[44] Vereinzelt wurden auch Objekte als Beweismittel in der Audienz in Speyer selbst vorgelegt und dort kopiert. So präsentierte man im Streit zwischen dem Bischof von Worms und der Kurpfalz „zween alte Fahnen" mit Wappen, die in Speyer abgemalt wurden (Abb. 41).[45]

Für die Durchführung der Ortstermine gab es verschiedene Möglichkeiten:

1. Der Kommissar und die beiden gegnerischen Prozessvertreter gingen in Begleitung oder Abwesenheit der Mandanten zusammen mit den Malern in das Gelände und brachten an dem strittigen Ort ihre Argumente vor. Daraus konnten dann die Fragen für die Zeugen formuliert werden. Aufgrund der Begehung wurde die Augenscheinkarte angefertigt, die den Zeugen später als Orientierung dienen konnte.
2. Der Kommissar ging mit den bereits vollständig ausformulierten Fragen und allen Beteiligten in das Gelände, um dort die Zeugen direkt vor Ort zu vernehmen. Die Augenscheinkarte entstand erst nach der Zeugenbefragung.

Einen besonders aufwendigen Ortstermin mit zahlreichen Kommissaren, Zeugen und Prozessvertretern gab es in dem Prozess zwischen dem Adeligen von Massow und dem Rat der Stadt Stolp/Słupsk in Pommern. Der Streit ging um 63 gefällte Eichenbäume und die korrekte Grenzziehung zwischen dem stolpischen und dem massowischen Territorium.[46] Das Reichskammergericht hatte in diesem Streitfall selbst eine Kommission einberufen und Räte der beiden Städte Schlage/Sława und Lauenburg/Lębork zu Kommissaren ernannt.[47] Die pompöse Zusammenkunft der zahlreichen Kommissionsbeteiligten dokumentierte der pommersche Hofmaler Thomas Netherus († 1594) aus Stettin/

Abb. 8: Kommission in Pommern, Thomas Netherus, 1584,
kolorierte Federzeichnung, 139,5 × 101,6 cm, Archiwum Państwowe w Szczecinie,
Sąd Kameralny Rzeszy, sygn. 912

Szczecin sorgfältig: Vier Kutschen, zahlreiche Reiter, mit Spießen bewaffnetes Fußvolk, Kommissare, Prozessparteien und der Maler trafen sich aus unterschiedlichen Himmelsrichtungen, um die fragliche Grenze zwischen den Gütern der Herren von Massow und der pommerschen Stadt Stolp zu besichtigen.[48] Treffpunkt war der Stein A, an dem ein Kompass angelegt wurde.[49] Oberhalb des Ausgangspunktes A zeigt die Augenscheinkarte zwei Personengruppen im Gespräch miteinander. Ein Reiter hat Papier und Feder in der Hand. Einem weiteren Reiter, der aus einem Dokument vorliest, hören zwei stehende Männer intensiv zu. Andere Kommissionsmitglieder oder Zeugen, die auf Pferden sitzen, beobachten das Geschehen aufmerksam (Abb. 8).

Ortstermine schlossen auch Schiffsfahrten mit ein. In der Gegend um Lüttich begab sich 1562 eine Kommission mit den Zeugen gemeinsam auf ein Schiff, um einen Termin auf der Meuse wahrzunehmen. Hier drehte sich der Streit um verschiedene Inseln, die sich im Fluss gebildet hatten. Aus der Akte sind insgesamt vier Augenscheinkarten überliefert, die von einem Glasermeister hergestellt wurden und die Kommissionsmitglieder dicht gedrängt auf einem Boot zeigen.[50]

Im Laufe des 17. Jahrhunderts wurden die Beweiskommissionen seltener und weniger aufwendig, auch wenn sie nie ganz verschwanden. Die Folge davon war, dass Kommunikationswege direkter und transparenter wurden. Ein Beispiel hierfür ist die Berufung der Kommissare: Während die Verhandlungen um die Eignung und Ernennung der Kommissare im 16. und 17. Jahrhundert in den überwiegenden Fällen direkt zwischen den Parteien ohne Beteiligung des Gerichts abliefen und deshalb nicht in den Gerichtsakten erscheinen, hatte sich das im 18. Jahrhundert grundlegend geändert. Jetzt fand die Wahl der Kommissare durch die Parteien vor den Augen und den Ohren des Gerichts und der Öffentlichkeit statt. Meist wurden auch keine fremden Juristen mehr berufen, sondern man griff auf die vereidigten Advokaten und Prokuratoren des Reichskammergerichts zurück. Schauplatz der Verhandlungen waren die für die Bevölkerung zugänglichen öffentlichen Sitzungen des Gerichts, die sogenannten Audienzen.[51] (Abb. 32) Dort erörterten die Prokuratoren mündlich die Berufung der Kommissare. Im Streit der Reichsstadt Frankfurt gegen Hanau-Münzenberg bzw. Hessen-Darmstadt[52] wird das Tauziehen um die geeigneten Personen besonders anschaulich: In der Audienz im Juni 1732 schlug der Frankfurter Vertreter den Prokurator Georg Friedrich Vergenius (1666 – mind. 1732) als Beweiskommissar vor. Da dieser aber verhindert war, sollte Vergenius durch Johann Jakob Zwierlein (1699–1750) ersetzt werden. Zusätzlich empfahl der Frankfurter Vertreter um alle von der gegnerischen Seite „gemachten dificultäten" auszuräumen –, die Prokuratoren Lt. Johann Melchior Deuren (1686–1750) und Lt. Johann Wilhelm Weylach (1696–1765) zu benennen.[53] Die Berufung Deurens stieß bei Hanau-Münzenberg auf Ablehnung, weshalb Frankfurt als Ersatz Dr. Johann Christoph Brand (1694 – nach 1765) oder Dr. Ludwig Ziegler (1652 – nach 1715) vorschlug. Brand wurde von Hanau-Münzenberg aber mit dem Argument abgewiesen, dass er bereits in einer anderen Sache für Hanau als Beweiskommissar aktiv sei. Als Ersatz wurde deshalb Dr. Ambros Joseph Stephani († 1721) vorgeschlagen. Danach ruhte die Angelegenheit für ein Jahr, jedenfalls finden sich in den Akten keine weiteren Vermerke. Im Sommer 1733 wurde die Diskussion um die geeigneten Kommissare in der Audienz fortgesetzt. Dieses Mal ergriff der hanau-münzenbergische bzw. hessen-darmstädtische Anwalt die Initiative. Er berief die Prokuratoren Dr. Johann Goy (1687–1745) und Dr. Johann Hermann Scheurer (1688–1778). Frankfurt lehnte jedoch Dr. Goy ab, da Goy Rat von Hessen-Kassel und damit parteiisch sei. Außerdem sei er in Kassel geboren und seine Mutter immer noch dort

„begütert".[54] Schließlich einigten sich die Parteien und das Gericht auf die bereits diskutierten Prokuratoren Stephani und Scheurer.

Im 18. Jahrhundert scheint zudem häufig das Gericht selbst die Berufung einer Kommission übernommen zu haben. Im Streit der Gemeinde Bornheim (heute ein Stadtteil von Frankfurt/Main) und der Reichsstadt Frankfurt war ebendies der Fall. Das Reichskammergericht ernannte die Advokaten Johann Justus Faber (1658–1735) und Johann Jakob Mantz (um 1733) zu Kommissaren. Faber und Mantz erhielten die explizite Vorgabe, nur bei Bedarf Zeugen zu vernehmen. Die etwaigen Zeugenaussagen sollten zudem mit entsprechenden Dokumenten verglichen werden. Viel entscheidender als die Zeugenaussagen war für das Gericht, dass ein vereidigter Maler das strittige Gelände „zur vollständigen Erkundigung der wahren Beschaffenheit der Sachen" visualisieren sollte.[55] Hierzu versammelten sich die ernannten Kommissare, die streitenden Parteien und die entsprechenden Experten wie „Untergänger, Feldmesser und Steinsetzer" vor Ort, um dort die von den Parteien eingereichten Augenscheinkarten mit den tatsächlichen Gegebenheiten zu vergleichen und eine neue Augenscheinkarte herzustellen.

Im Streit der Stadt Neuss gegen Braumann[56] ist ein ähnliches Vorgehen zu beobachten. Hier beschloss das Reichskammergericht, dass Dr. Johann Christoph Brand als Kommissar nach Neuss reisen sollte, um dort den Bau von Wasserwehren[57] zu besichtigen. Zusätzlich erhielt der Prokurator eine genaue Anweisung, wie vorzugehen sei: Brand sollte zuerst zwei unabhängige „Mühl- und Wasserbauverständige" verpflichten und vereidigen, die in Gegenwart der beiden Parteien die Archen inspizieren sollten. Danach sollte er einen „ordentlichen Abriss" durch einen Geometer anfertigen lassen. Die Richter definierten auch, was sie unter einem „ordentlichen Riß" verstanden. Es sollten genaue Abmessungen der Längen, Höhen und Breiten des Mauerwerks und der Holzverbauung vorgenommen werden. Zusätzlich sollten die beiden Sachverständigen dem Kommissar über den Ablauf des Wassers und die Möglichkeiten der Eindämmung berichten.[58]

Rutger Rulant hat sich in seinem Werk sehr ausführlich über den Sinn der Nutzung von Feldmessern und Malern geäußert. Er hielt ihre Hinzuziehung für gerechtfertigt, da die Richter aus der „Zeichnung" (delineatio) die Beschreibung des Ortes mit größerer Bequemlichkeit interpretieren könnten.[59] Dabei müssten sich die Richter freilich bewusst sein, dass der Maler sie – gleichwie die Nautik mithilfe einer Karte den Kurs des Schiffes dirigiere – durch das Bild führe. Rulant warnte deshalb den Richter eindringlich vor der Verführung.[60] Er empfahl, zwei Maler zu beauftragen, die von den Parteien bezahlt werden müssten. Dabei hielt er es für unproblematisch, wenn der Maler Untertan einer Partei war. Falls die gegnerische Partei dagegen protestieren sollte, könne ein anderer Maler aus einer nahen Reichsstadt hinzugezogen werden.[61] Tatsächlich vorgeschrieben war die Hinzuziehung von Malern etc. in der maßgeblichen Reichskammergerichtsordnung von 1555 nicht.

Die Unparteilichkeit des Malers war jedoch weit problematischer, als uns Rulant in seinem Werk glauben machen will. Die Eignung des Malers oder Geometers, seine Abhängigkeit von einer oder mehreren Streitparteien und ähnliche Aspekte mehr wurden häufig ausführlich zwischen den Parteien und ihren Anwälten diskutiert und hatten oft langwierige Vorverhandlungen zur Folge: So zog der Kommissar im Fall Hohenlohe gegen Würzburg den Kartographen Michael Hospin (1565–1618) nur unter erheblichen Bedenken hinzu.[62] Er hätte lieber einen fremden Maler beauftragt. Hospin – wohl ein Schüler des bekannten Festungsbaumeisters Daniel Specklin (1536–1589) – arbeitete nämlich als Registrator und Hofmeister des Grafen Wolfgang II. von Hohenlohe (1546–1610) und war unzweifelhaft von diesem abhängig und darum beeinflussbar.[63] Der Kommissar versuchte deshalb, Balthasar Katzenberger (um 1580–um 1627) aus Mergentheim für die Aufgabe zu gewinnen. Allerdings war dieser wegen einer Baumaßnahme an einer Kirche verhindert,[64] sodass dem Kommissar nichts anderes übrig blieb, als auf Hospin zurückzugreifen. Der Kommissar behalf sich, indem er Hospin ausdrücklich aus seinen Pflichten gegenüber Hohenlohe entband.[65]

Im Fall des Herzogs von Mecklenburg gegen den Adeligen Haan diskutierten die zu Kommissaren berufenen Greifswalder Professoren, ob es genüge, die Güter zu besichtigen, oder ob man sie auch vermessen müsse.[66] Schließlich einigten sie sich darauf, dass Magister Tilemann Stella (1525–1589) damit beauftragt werden sollte, das Gut Glasow wie auch die von Werner von Haan (nachweisbar um 1580) an das Amt Güstrow abgetretenen Güter zu messen und davon einen Abriss anzufertigen. Einen Eid des reichsweit bekannten Kartographen hielten sie für überflüssig, obwohl Stella für den Mecklenburger Herzog als Kartograph, Baumeister und Bibliothekar tätig war.[67] Interessenkonflikte waren vorhersehbar. Tatsächlich war der beklagte Haan mit der Wahl Stellas ganz und gar nicht einverstanden und protestierte heftig. Trotzdem erhielt Stella den Auftrag, die strittige Feldmark zu vermessen und „abzureissen".[68]

Aber nicht nur vor der Anfertigung der Augenscheinkarte konnte es zu Auseinandersetzungen um die Eignung des Malers kommen, auch nach dessen Vereidigung und der Verfertigung der Augenscheinkarte konnten die Parteien Bedenken gegen den Maler anmelden. Im Prozess des Bischofs Julius von Würzburg (1545–1617) gegen seinen Dompropst Neidhard von Thüngen (1545–1598) wird dies sogar in der Augenscheinkarte selbst festgehalten. Dort heißt es in einer Legende am unteren rechten Bildrand: „Edirt, furgelegt, recognosciert darwieder excipiert, protestiert und verantwort. Samstags, den 13. Septembris anno 1584" (Abb. 42).[69] Bei dem Streit ging es um einen alten Grenzzug, der aus speziell behandelten bzw. herangezogenen Grenzbäumen bestand. Unbekannte hatten sie zerhauen und abgeschlagen. Auch zwei Brunnen waren durch hineingeworfene Steine und Holz unbrauchbar gemacht worden.[70] Die von dem würzburgischen Hofmaler Jakob Cay (nachweisbar 1566–1590) angefertigte Augenscheinkarte wurde nach der Ausfertigung durch den thüngischen Anwalt in ihrer Korrektheit angezweifelt. Eine gekennzeichnete Stelle in der Augenscheinkarte war von den Zeugen und den Anwälten bei der Ortsbegehung nicht begutachtet worden. Um das Fortschreiten der Kommission nicht zu gefährden, rief der Kommissar die Parteien zusammen, um in Würzburg die vorgebrachten Bedenken zu besprechen und eventuell Veränderungen an der Augenscheinkarte vornehmen zu lassen. Hierzu erschien auch der Maler.[71] Bei diesem Besprechungstermin kam es zu keiner endgültigen Einigung. Thüngen hegte den Verdacht, dass der würzburgische Hofmaler parteiisch sei, und wollte selber einen unparteiischen Maler anstellen, um die Gegend „abreissen" zu lassen.[72] Die eigentliche Kommission mit der Zeugenbefragung schritt gleichzeitig weiter voran. Schließlich ließ es der Beklagte dabei bewenden, behielt sich aber vor, in Speyer dem „Abriss" zu widersprechen.

Der Eid

Wie aus den vorherigen Beispielen ersichtlich ist, spielte der Eid bei der Durchführung der Inaugenscheinnahme des Malers oder Geometers eine zentrale Rolle, obwohl er in der Reichskammergerichtsordnung von 1555 nicht aufgeführt wird. Erst das Konzept der Reichskammergerichtsordnung von 1613 nimmt die wichtigsten Bestandteile der in der alltäglichen Arbeit gebrauchten Eide auf. Der Maler sollte zu Gott und dem heiligen Evangelium schwören, dass er nicht zum Vor- oder Nachteil einer der Parteien arbeiten wolle. Außerdem hatte der Maler die Bereitschaft zu erklären, mit dem Kommissar zusammenzuarbeiten[73] sowie alle seine leiblichen Sinne einzusetzen, um eine korrekte Dokumentation des strittigen Ortes durchführen zu können.[74] In einem zweiten Teil des Eides, der in dem Konzept von 1613 nicht erwähnt wird, legte der Kommissar häufig fest, was abgezeichnet bzw. vermessen oder abgerissen werden sollte. In manchen Eiden verpflichtete sich der Maler zusätzlich, seine Darstellung nicht zu kopieren oder jemandem zugänglich zu machen, bevor das Reichskammergericht nicht offiziell die Einsicht in die Augenscheinkarte genehmigt hatte.[75]

Im Streit Lochinger gegen Brandenburg-Ansbach werden der Eid und die Praktik des Eides im Protokoll genau beschrieben. So sollte der Maler Eucharius Seefried (Seefridt) (um 1580) aus Rothenburg ob der Tauber mit aufrechten Fingern zu Gott und dem Evangelium schwören, dass er allein zur Beförderung der Wahrheit und keiner der beiden Parteien zum Nachteil mithilfe seiner erlernten Erfahrung alles mit seinen leiblichen Sinnen erkunden und „uff das fleißigste abconterfeien" wolle. Danach sollte der Abriss mit dem Augenschein verglichen und diskutiert werden, um so Irrtümer tilgen zu können. Im Zweifelsfall musste der Maler bereit sein, einen zweiten Abriss anzufertigen.[76]

Der Maler Christoph Usleber (Ussleben) (um 1612) aus Wertheim hat seinen eigenen Eid sogar visualisiert: In der Augenscheinkarte ist ein Mann abgebildet, der seine rechte Hand zum Schwur erhoben hat. In der linken Hand hält er eine Feder oder einen Pinsel und in die Armbeuge ist ein Tintenfass geklemmt.[77] Er stellt sich dabei als Teil einer Beweiskommission dar, der auch der Kommissar in schwarzem Gewand, die Prozessparteien und wohl ein Anwalt angehören. Die Gruppe ist um ein loderndes Lagerfeuer versammelt. Im Hintergrund sind auf einer Tischdecke zahlreiche Speisen erkennbar. Ein Diener reicht zudem einen Pokal, der mit Wein gefüllt ist (Abb. 9).

Der Eid war nicht zwingend, wie wir an den Beispielen von Christoph Amberger, Jakob Cay und Tilemann Stella gesehen haben. Allerdings konnte ein nicht vorhandener Eid oder die Wahl eines vermeintlich parteiischen Malers das ganze Kommissionsverfahren zum Scheitern bringen. Es wird in den Akten nicht explizit gesagt, warum man in dem einen oder anderen Fall auf einen Eid verzichtete. Es lässt sich aber beobachten, dass dies häufig bei überregional bekannten Malern oder Kartographen der Fall war.

An der Form der Eide änderte sich im Laufe des 17. und 18. Jahrhunderts nichts Grundsätzliches, wie der Eid des Lübecker Artilleriemeisters Jakob Seygerla († 1661) beweist.[78] Allerdings wurden die Maler als Eidableger von den Feld- oder Landmessern abgelöst.[79] Das hängt damit zusammen, dass Maler ab etwa Mitte des 17. Jahrhunderts kaum mehr für die Visualisierung des strittigen Raumes herangezogen wurden. So verpflichtete der Kommissar den Geometer Johann Ulrich Martin 1733 mit dem gleichen Eid, wie er in den Jahrhunderten zuvor für die Maler verwendet worden war.[80]

Die Schau durch die Jahrhunderte zeigt den Wechsel von Aushandlungspraktiken. Während anfangs die Parteien die Kommissare meist ohne die Kenntnis des Gerichts wählten, erledigten im 18. Jahrhundert die Parteien und das Gericht die Benennung von Kommissaren in der beschränkten Öffentlichkeit der Audienz häufig gemeinsam. Hinzu kam, dass das Gericht verstärkt eigene Kommissionen durchführen ließ und dabei immer mehr auf Juristen des Reichskammergerichts zurückgriff. Sie kannten die Vorgehensweise des Gerichts und hatten so in Zeiten schwindender Prozesseingänge und damit geringeren Verdienstes eine weitere Einnahmequelle.[81] Die Kommissionen selbst wurden nach dem Jüngsten Reichsabschied von 1654 im Gegensatz zur Zeit vor dem Dreißigjährigen Krieg mit möglichst wenig Aufwand betrieben. Zeugenaussagen wurden nun häufig vermieden und mach-

Abb. 9: Detail Picknick bei Prozelten, Christoph Usleber, 1612, kolorierte Federzeichnung, 58 × 270 cm, BayHStA München, PlSlg 10705

ten vermehrt Aussagen von Sachverständigen oder der alleinigen Präsentation von Augenscheinkarten Platz. Der Unparteilichkeit des Malers oder Geometers kam damit eine besondere Bedeutung zu.

Maler und Kartographen

Die Hersteller der Augenscheinkarten hatten im 16. und zu Beginn des 17. Jahrhunderts kein einheitliches Berufsprofil. Vielmehr waren zahlreiche Berufsgruppen wie Maler, Geometer, Mathematiker, Astronomen, Geographen, Juristen, Theologen, Festungsbauer, Handwerker aus mechanisch-technischen Berufszweigen und Kanzlisten vertreten.[82] Erst im Laufe des 17. Jahrhunderts und vor allem im 18. Jahrhundert wird eine Professionalisierung oder Verengung auf das Berufsfeld des Ingenieurs oder Feldmessers, der in staatlichen Diensten stand oder auf eigene Rechnung arbeitete, sichtbar. Im Folgenden soll es deshalb darum gehen, einige Augenscheinkartenhersteller, ihre berufliche Herkunft und Verflechtungen näher kennenzulernen. Dies soll dazu dienen, unsere Kenntnisse über unterschiedliche Wissensspeicher und ihre künstlerisch-technische Umsetzung zu erweitern und so den Vorgang der Implementierung von kartographischem Wissen in der Gesellschaft und damit auch im Rahmen des reichskammergerichtlichen Verfahrens einzuordnen. Dabei findet eine territoriale Perspektive Anwendung, die von dem Zentrum der Kartenmacher in Nürnberg über den Süden und Südwesten in die Mitte des Heiligen Römischen Reiches und von dort in den Westen und Osten sowie in den Norden führt. Zudem wird ein zeitlicher Schnitt angelegt, indem die Entwicklung vor und nach dem Dreißigjährigen Krieg getrennt betrachtet wird, um so die unterschiedlichen Herangehensweisen an die Herstellung von Augenscheinkarten besser kennenlernen zu können. Eine Vollständigkeit wird dabei nicht angestrebt. Sie kann aufgrund der Vielzahl des Materials auch nicht geleistet werden.

In Nürnberg hatten sich bereits im 15. Jahrhundert eine Reihe Humanisten, aber auch Instrumentenbauer, Druckverleger und Künstler getroffen, die sich für Landschaftsbeschreibungen in Form der Kartographie interessierten. Eine Kultur des wissenschaftlichen Arbeitens und die Handwerkskunst sowie die zentrale Verkehrslage Nürnbergs begünstigten diese Entwicklung. Wer sich für Kartographie interessierte, ließ sich in Nürnberg nieder oder korrespondierte mit dort ansässigen Kartographen.[83] Die Reichsstadt selbst profitierte in vielfältiger Hinsicht von diesem Wissen, so u.a. in ihren rechtlichen Auseinandersetzungen mit bedeutenden reichsständischen Nachbarn, vor allen im Dauerstreit mit den Markgrafen von Brandenburg. Im Streit um die Fraischliche Obrigkeit[84] zwischen den beiden Kontrahenten fertigte der Nürnberger Kastner und Kartograph Jörg Nöttelein (1525–1567) eine Augenscheinkarte des Stadtgebiets[85] an, um die Ansprüche der Stadt zu bekräftigen (Abb. 10, Abb. 11).

In der Prozessakte wird Nöttelein von Nürnberg als erfahrener Geograph bezeichnet, der die Distanzen zwischen den einzelnen Orten der Länge und Breite nach auf einer Tafel oder Karte visualisieren könne.[86] Die Aussage macht deutlich, dass sich die Reichsstadt Nürnberg sehr bewusst war, dass die Richter am Reichskammergericht kartographische Spitzenleistungen erwarteten. Bei dem Werk handelt es sich wahrscheinlich um eine überarbeitete Karte des Mathematikers Johann Schöner (1477–1547), die 1541 in zwei Exemplaren gefertigt wurde.

Der Formschneider Hans Weigel stellte davon einen Holzschnitt her, der in den Jahren 1562/63

Abb. 10: Stadtgebiet von Nürnberg, Jörg Nöttelein, nach 1563, Radierung, koloriert, stellenweise aquarelliert und mit Goldton gehöht, 84,5 × 89,5 cm, BayHStA München, PlSlg 10720

Abb. 11: Detail des Stadtgebiets von Nürnberg, Jörg Nöttelein, nach 1563, Radierung, koloriert, stellenweise aquarelliert und mit Goldton gehöht, 84,5 × 89,5 cm, BayHStA München, PlSlg 10720

durch Jörg Nöttelein flächenmäßig überarbeitet und als Kupferstich reproduziert wurde.[87] Nöttelein besaß viele Fertigkeiten: Neben seiner Tätigkeit als Kartograph arbeitete er in der städtischen Verwaltung und hatte zeitweilig als Organist an der St.-Lorenz-Kirche und an St. Sebald in Nürnberg sein Geld verdient.[88]

Nürnberger Kanzleipersonal mit seinem spezifischen kartographischen Wissen weckte auch das Interesse anderer Reichsstände. Schließlich wollten sie auf die bestmögliche Art und Weise Augenscheinkarten anfertigen lassen, um sie dann dem Gericht präsentieren zu können. So stellte Hieronymus Braun (1566–1620), Kanzleischreiber in Nürnberg, im Auftrag des Bamberger Bischofs Neidhard eine Augenscheinkarte her. Diese Karte aus dem Jahr 1603 ist weitgehend unbekannt.[89] Sie besticht durch die sorgfältige Zeichnung der Wappen und zeigt einmal mehr, welche Funktion Wappen im Raum besaßen. Braun, der bei dem berühmten Kartographen Paul Pfinzig d. Ä. in die Lehre gegangen war, fertigte auch Prunkverträge und Leichentafeln für die Kirchen aus Anlass des Todes der Kaiser Rudolph II. 1612 und Matthias 1619. Außerdem zeichnete er Münzen und fertigte Vorlagen für Formschneider.[90] In Braun wird die Bedeutung und Vielseitigkeit von Gebrauchsmalern im städtischen Verwaltungsleben besonders sichtbar.[91]

Aber nicht nur Nürnberger Verwaltungsbeamte wurden als Maler für Prozessparteien am Reichskammergericht tätig, sondern auch dort ansässige Künstler, die sich in der Darstellung von Raum versuchten. So kartierte der Nürnberger Paul Reinhard († 1586) die Zerstörung des Waldbestandes auf zwei

Gütern im Auftrag des Deutschen Ordens.[92] Baumstümpfe und öde Flächen zeigen augenscheinlich die Verwüstungen.[93] Reinhard war bis jetzt nur als Hersteller einer Rundkarte von der Nürnberger Landwehr – einer Verteidigungsanlage rund um die Stadt mit den Grundstücken der Anlieger[94] – bekannt. Eine Neuentdeckung ist auch, dass Basilius Held († 1614), ein weiterer bedeutender Nürnberger, 1604 Augenscheinkarten für Hans Sigmund von Crailsheim fertigte. Obgleich die Karten verloren sind, ist der Malereid überliefert.[95] Held war auch im Streit zwischen Nürnberg und Brandenburg auf der Seite Brandenburgs als Maler tätig.[96]

Die Nürnberger Herkunft eines Malerkartographen war jedoch kein Garant für die Qualität und Unanfechtbarkeit der Augenscheinkarte. Die Beweiskarte des Malers und Vergolders Alexius Lindner (1567–1617), welche er für Nürnberg im Streit mit Brandenburg anfertigte, bot jede Menge Angriffsflächen. In den Dokumenten zum Prozess werden die Mängel der Augenscheinkarte breit thematisiert. Sie selbst ist nicht mehr vorhanden, sodass kein Urteil darüber gefällt werden kann.[97]

Bedeutende fränkische Reichsstände, wie z. B. der Würzburger Bischof, bevorzugten dagegen meist ihre eigenen Hofmaler, auch wenn dies Unstimmigkeiten mit der gegnerischen Partei bedeuten konnte. Die Episode um den Hofmaler des Würzburger Bischofs, Jakob Cay (nachweisbar 1566–1590), im Streit zwischen dem Bischof und dem Reichsritter von Thüngen kennen wir bereits.[98] Jakob Cay malte nicht nur die bereits diskutierte Augenscheinkarte. Eine zweite Karte aus seiner Hand entstand 1588. Auch dieses Mal stritten sich der Würzburger Bischof und der Reichsritter von Thüngen (Abb. 12). In dieser Augenscheinkarte erweist sich Cay als versierter Wappenmaler.[99]

Ein weiterer Würzburger Hofmaler war Martin Seger (nachweisbar ca. 1544–1577). Seger war Mitglied der Lukasmalerzunft in Würzburg. Er ist vor allem als Illustrator der Bischofschronik des Magisters Lorenz Fries bekannt, wofür er 172 Miniaturen und 196 Wappen aus eigener Hand beisteuerte.[100] Der Hofmaler fertigte mindestens vier Augenscheinkarten für das Reichskammergericht an (Abb. 13).

Zwei Karten malte er allein für den Würzburger Bischof.[101] Einmal beauftragte ihn die Stadt Dettelbach im Streit mit dem Dorf Bibergau mit einer Augenscheinkarte.[102] In der Auseinandersetzung zwischen den Reichsrittern von Rosenberg und der Familie von Liechtenstein stellte Seger eine Augenscheinkarte her[103], wofür er insgesamt acht Taler erhielt.[104]

Ab der zweiten Hälfte des 16. Jahrhunderts wurden Karten verstärkt als Träger von Informationen über topographische und administrative Strukturen gebraucht. Bedeutende Reichsstände interessierten sich vermehrt für die neuen Techniken der Visualisierung und suchten geeignete Personen, die neben der Malerei die Regeln der Messkunst beherrschten. Das war nicht einfach. Besonders Bayern und die verschiedenen Pfalzgrafschaften, wie Pfalz-Zweibrücken und Pfalz-Neuburg, stachen hier hervor. In Pfalz-Neuburg schufen in einer ersten Phase von 1579 bis 1591 Friedrich Seefried (1549–1608) und Philipp Rehle d. Ä. (Renlin, Rehlin, Rehnle, Röhnle, Rehnlin) (1545–1598) Karten zu diesem Zweck. Nach einer mehrjährigen Unterbrechung wurde die Arbeit ab 1597 bis 1608 durch Christoph Vogel (1554–1608) und Matthäus Stang (1581/82 – nach 1625) fortgesetzt.[105] Bis auf Christoph Vogel produzierten alle diese Malerkartographen Augenscheinkarten für das Reichskammergericht:

Friedrich Seefried war Stadtmaler in Nördlingen und ein hochgefragter und begehrter Spezialist in Bezug auf die Herstellung von Karten (Abb. 14, Abb. 15).[106] Er betrieb zusammen mit seiner Frau ein Ladengeschäft in Nördlingen und besaß mehre-

Abb. 12: Schloss Büchold und Umgebung, Jakob Cay, 1588, kolorierte Federzeichnung, 135 × 113 cm, BayHStA München, PlSlg 1450

Abb. 13: Ippesheim und Gnötzheim, Martin Seger, 1569, kolorierte Federzeichnung, 42 × 57 cm, BayHStA München, PlSlg 10336

re Häuser. Seefried hat das Nördlinger Bürgerrecht 1571 erworben.[107] Neben seinen Aufgaben als Stadtmaler und Kartograph für Pfalz-Neuburg war er im Zeitraum von 1574 bis 1594 bei mindestens sieben Prozessen als Maler tätig. Er erhielt Aufträge u.a. von den Fuggern, den Erbmarschällen von Pappenheim und dem Herzog von Württemberg.[108] Es heißt, dass Seefried so hoch angesehen gewesen sei, weil er sogar Augenscheinkarten gemalt habe, die am Reichskammergericht in Speyer vorgelegt worden seien.[109]

Philipp Rehle d.Ä., Stadtmaler in Ulm,[110] wurde in zwei Prozessen als Hersteller von Augenscheinkarten berufen.[111] Es handelt sich um ästhetisch besonders ansprechende Exemplare, sodass eine Augenscheinkarte in das Württembergische Landesmuseum gelangte.[112] Rehle betätigte sich auch als Schauspieler und städtischer Torschließer.[113]

Matthäus Stang arbeitete als Maler für Kommissionen des Reichskammergerichts ausschließlich im Zeitraum von 1606 bis 1613. Auftraggeber waren Pfalz-Neuburg und Pfalz-Sulzbach.[114] Stang war Pfalz-Neuburger Verwaltungsmitarbeiter, weshalb es sich anbot, dass die Pfalzgrafen Stang für die Herstellung von Augenscheinkarten in ihrem Interesse nutzten.[115] Daneben kennen wir Stang als Graphiker, Baumeister und Vedutenmaler.[116]

Auch die Reichsstände Württemberg und Hohenzollern beteiligten sich an dem Trend zur Landesaufnahme und griffen auf versierte Kartographen zurück, die sowohl das Land vermaßen als auch für ihre Rechtsangelegenheiten Augenscheinkarten schufen. Georg Gadner (1522–1605) diente über 40 Jahre dem württembergischen Herzog, nachdem er zuvor für Pfalz-Neuburg tätig gewesen war. Neben seiner Arbeit als Landvermesser schrieb er eine württembergische Bau- und Bergordnung sowie eine Beschreibung und Geschichte des Herzogtums Württemberg. Gadner arbeitete auch als Architekt, denn er plante und organisierte von 1587 bis 1592 die Ausmalung des neuen Lusthauses in Stuttgart.[117] Gadners Schaffen zeigt die typischen Merkmale eines allumfassenden Gelehrten des 16. Jahrhunderts, der sich für die unterschiedlichsten Wissensgebiete interessierte und auch handwerkliche/künstlerische sowie technische Fähigkeiten besaß. Der Kartograph studierte Rechtswissenschaft in Ingolstadt, Löwen, Köln und Tübingen, diente aber auch kurzzeitig als Landsknecht und Büchsenmeister unter Graf Wilhelm von Fürstenberg und dem Kaiser. 1547 bis 1555 befand er sich als Hofprokurator des bayerischen Herzogs in Landshut. Danach war er vorwiegend für Württemberg tätig.[118] 1596 hat er eine Augenscheinkarte über den Heidenheimer Forst für den Herzog von Württemberg verfertigt. Der Abriss, der auf Pergament entstand, stellt wohl einen Ausschnitt aus der Karte des Heidenheimer Forsts dar.[119] Es wird vermutet, dass Gadner aus Anlass des Prozesses keine neuen Erhebungen im Gelände gemacht hat, sondern sich vielmehr auf bereits vorhandenes Material gestützt und nur ergänzende Erkundigungen eingeholt hat.[120] Hier zeigen sich erstmals Arbeitsstrategien von Künstlern und Prozessparteien (Abb. 16).

Auch Michael Hospin (1565–1618) gehört zu diesem Typ des praktischen Gelehrten. Er war nicht nur Kartograph und Verwaltungsbeamter für Hohenlohe, sondern auch Dichter und Künstler. Hospin ähnelt in seinem Berufsprofil Georg Gadner. Die Augenscheinkarte, die im Auftrag des Erzbischofs von Mainz und des Herzogs von Württemberg entstand, wurde erst 1996 im Hauptstaatsarchiv Stuttgart neu entdeckt (Abb. 5).[121]

Aber wenden wir uns von den fränkischen Landesaufnahmen ab und den schwäbischen und oberrheinischen Reichsstädten zu. Auch hier treffen wir auf ein breites Spektrum von Persönlichkeiten, die sich mit der Visualisierung von Landschaft im rechtlichen Kontext befassten und dazu sowohl praktische als auch gelehrte Voraussetzungen mitbrachten.

Abb. 14: Gebiet um Absberg, Friedrich Seefried, 1594, kolorierte Federzeichnung, 52 × 77,5 cm, BayHStA München, PlSlg 9764

Stockhaim
Griesmil
Spagenhoff
Entterndorff
Grien
Schielnhoff
Adelssperg
Absperg
kessel holtz
hohen warte
Fuchs löcher
Segmil
norder lise
lise
Neumil
Scher mil
sandt holtz
teusch herrische holtzer
Grauen mil
Bürcke mil
öffelins mil
teusch herrisch holtz
haid hof
hinder haid
inder weissen berg
teusch herische holtzer
ober haidt
weissen berg
Schnecken hof
Regelsperg
C. Strittige. 2. Morgen
D. Strittige. 4. Morgen

Abb. 15: Detail des Gebiets um Absberg, Friedrich Seefried, 1594, kolorierte Federzeichnung, 52 × 77,5 cm, BayHStA München, PlSlg 9764

Etwas geheimnisvoll ist der Aufenthalt von Peter Dorisy (nachweisbar 1566–1603) in Augsburg. Dorisy stammte aus Mecheln und erwarb 1566 die Malergerechtigkeit in Augsburg.[122] Ein von ihm gemaltes Porträt des Heerführers Kaiser Karls V., Konrads von Bemelburg (1494–1567), befindet sich heute im Kunsthistorischen Museum in Wien.[123] Daneben schuf Dorisy ein faszinierendes Winterpanorama der Reichsstadt Augsburg und der umgebenden Landschaft (Abb. 17). Die Augenscheinkarte entspricht stark der Tradition der niederländischen Landschaftsmalerei,[124] ein Umstand, der bei der Herkunft Dorisys nicht weiter verwundert. Der Blick fällt aus der Vogelperspektive auf das Gebiet zwischen Lech und Wertach, an dessen rechten Rand die Stadt Augsburg liegt. Über die ganze Breite des Vordergrundes zieht sich der Lech. Darüber befinden sich streifenartig angeordnet Wiesen und unbebaute Felder, die von Häusern mit starker Rauchentwicklung gesäumt sind (Abb. 18). Auf der Höhe begrenzen dunkle Nadelholzwälder die Wertach, die am oberen rechten Bildrand auf der Horizontlinie an Augsburg vorbei in den Lech fließt. Ein Drittel der Bildfläche ist der Darstellung des Himmels gewidmet. In der benachbarten Reichsstadt Ulm waren verschiedene Mitglieder der Malerfamilie Rieder von 1550 bis 1564 als Stadtmaler tätig. Georg Rieder d. Ä. (1510–1564) ist u. a. als Maler in einem Prozess zwischen der Reichsstadt Ulm und der Familie Fugger von Ulm beauftragt worden (Abb. 53).[125]

Ein weiterer berühmter Kartograph ist Daniel Specklin (1536–1589). Er arbeitete für Straßburg und verschiedene elsässische Reichsstände.[126] Specklin lernte das Handwerk der Seidenstickerei. Wanderjahre als Geselle führten ihn u. a. nach Ungarn.[127] Ab 1564 finden wir ihn als Geometer der Reichsstadt Straßburg. Dort erstellte er auf Betrei-

Abb. 16: Heidenheimer Forst, Georg Gadner, 1596, Federzeichnung auf Pergament, 63,8 × 58,5 cm, WürttHStA Stuttgart, C 3 Bü 1048

Abb. 17: Gegend bei Augsburg, Peter Dorisy, 1574, Gouachemalerei auf Leinwand, 69,5 × 153 cm, BayHStA München, PlSlg 10718

Abb. 18: Detail der Landschaft, Peter Dorisy, 1574, Gouachemalerei auf Leinwand, 69,5 × 153 cm, BayHStA München, PlSlg 10718

ben von Lazarus von Schwendi im Auftrag des Erzherzogs Ferdinand eine Elsasskarte,[128] die bereits 1577 von Hogenberg gedruckt und gestochen wurde.[129] Specklin fertigte auch Holzmodelle von Städten. Eine Augenscheinkarte, die im Stadtarchiv Straßburg überliefert ist, wurde in der Auseinandersetzung zwischen Philipp IV. Graf zu Hanau-Lichtenberg und Georg Johann I. von der Pfalz wegen Weidestreitigkeiten von dem versierten Kartographen gefertigt.[130] Specklin ist heute vor allem als Ingenieur und wegen seines Werkes „Architectura von Vestungen" von 1589 einem größeren Fachpublikum bekannt.[131]

Folgen wir dem Lauf des Rheins gen Norden, gelangen wir nach Speyer, dem Sitz des Reichskammergerichts von 1527 bis 1689/90. Speyer als Zentralort des Reiches hat in der Forschung erst jüngst mehr Aufmerksamkeit erfahren.[132] Die Reichsstadt war im 16. Jahrhundert Ort mehrerer bedeutender Reichstage. Die jährliche Evaluation des Reichskammergerichts in Form von Visitationen (1529–1588) machte die Stadt für wenige Wochen Anfang Mai zum zentralen Treffpunkt für juristische Gelehrte, bedeutende Reichsstände und weitere Personen in deren Gefolge. Zudem war die Universität Heidelberg nicht weit. Am Sitz dieser bedeutenden Reichsinstitution gab es auch einige Maler, die Beweiskarten herstellten. Mit Abstand die meisten Augenscheinkarten hat Wilhelm Besserer[133] (um 1539–1601) produziert. Die erste Karte, von der wir ein genaues Herstellungsdatum besitzen, stammt von 1571.[134] Besserer hatte damals schon einen ausgezeichneten Ruf, denn die Richter des Reichskammergerichts beauftragten ihn mit der Anfertigung einer dritten Augenscheinkarte, nachdem die bereits angefertigten beiden Augenscheinkarten der Parteien nicht dem Standard des Reichskammergerichts entsprochen hatten.[135] Besserer war für sehr viele unterschiedliche Reichsstände aktiv. Das Spektrum reicht von der Reichsstadt Schweinfurt[136] über den Erzbischof von Mainz[137] und den Deutschen Orden[138] bis zur Kurpfalz[139], für die er auch Rheinverlaufskarten anfertigte. Insgesamt schuf Besserer nach heutigem Forschungsstand mindestens 20 Augenscheinkarten, von denen nur neun erhalten bzw. eindeutig zuzuordnen sind. Hinzu kommen weitere Augenscheinkarten, die sich nicht in den Beständen des Reichskammergerichts befinden, sondern aus unbekannten Gründen bei den Prozessparteien verblieben sind.[140]

Ein weiterer Speyerer Bürger, der insgesamt wohl mindestens vier Augenscheinkarten fertigte, ist Christoph Hesel (nachweisbar 1552–1555). Von den vier Karten sind drei noch erhalten. Die Augenscheinkarte, die er im Streit zwischen dem Deutschen Orden und der Reichsstadt Wimpfen 1568 malte, ist verschollen. Hesel wurde wohl auch von Waldeck[141] beauftragt. Eine Waldgenossenschaft in der Pfalz[142] und das St.-Guido-Stift in Speyer[143] beanspruchten ebenfalls seine Dienste.

Noch spärlicher sind die Informationen zu Isaac König (Kuenig, Kiening) (um 1579). In der Literatur wird er als bischöflich speyerischer Hofmaler und Speyerer Bürger bezeichnet.[144] Er soll eine Augenscheinkarte in einem Rechtsstreit zwischen dem Hochstift Würzburg und den Grafen von Schwarzenberg um Jagdrechte gemalt haben. Die 1579 angefertigte Karte befindet sich heute im Bayerischen Staatsarchiv Würzburg.[145] Auch hierbei handelt es sich, wie schon für Besserer festgestellt, höchstwahrscheinlich um eine Karte, die von der Partei angefertigt wurde, aber nie am Reichskammergericht eingereicht wurde oder dort verloren ging. Im Bestand der Reichskammergerichtsakten werden dagegen vier Augenscheinkarten von König erwähnt.[146] Im Streit zwischen Speyer und der Familie von Frauenberg malten sowohl König als auch Besserer Augenscheinkarten für die Parteien. Leider ist ein direkter Vergleich zwischen den beiden Künstlern nicht möglich, da beide Anfertigungen verloren sind.[147] Auch die Pfalzgrafen Georg Johann I. und Johann I. beauftragten Isaac König. In einer Beweisaufnahme zum ewigen Gedächtnis sollte König das Gebiet um Kusel visualisieren, doch ist diese Augenscheinkarte gleichfalls verschollen.[148] Ein weiterer unbekannter Speyerer Maler ist der Bürger Jörg Wickram (um 1599). Von Wickram stammen keine Raumvisualisierungen. Er zeichnete mit großer Meisterschaft Siegel, u.a. im Streit zwischen den Herzögen von Holstein und der Reichsstadt Hamburg (Abb. 19).[149] Ob Wickram dafür bis in den Norden reiste oder aber die Siegel in Speyer vorgelegt wurden, ist unklar.

Elias Hofmann († 1592) war Frankfurter Bürger und arbeitete als Landvermesser für die Grafschaft Hanau. Hofmann produzierte für Hanau 1572, 1578 und 1581 Augenscheinkarten.[150] Eine der Karten zeigt ihn als hervorragenden Wappenmaler.[151] Hanau griff aber bei Bedarf auch auf andere Maler, wie z.B. Melchior Appel (nachweisbar 1575) aus Aschaffenburg, zurück.[152] Hier erweist sich einmal mehr, dass nicht alle Reichsstände fest angestellte Geometer oder Maler besaßen und auf besondere Qualität achteten.[153]

An dieser Stelle ist auch Gottfried Mascop (nachweisbar 1545 – ca. 1577) zu nennen. Er studierte an der Universität Köln und hielt sich danach in Frankreich auf, bevor er 1567 nach Hildesheim zog.[154] Mascop war zuerst kartographisch für Herzog Julius von Braunschweig-Wolfenbüttel (1528–1589) tätig. Nach Auseinandersetzungen mit dem Herzog über seine Kompetenz im korrekten Vermessen verließ er 1574 Norddeutschland und trat in die Dienste des Mainzer Erzbischofs Daniel Brendel von Homburg (1523–1582).[155] Mascop zeichnete eine Augenscheinkarte im Streit zwischen Graf Wolfgang von Isenburg (1560–1633) und Landgraf Georg von Hessen (1547–1596). Sie bildet den Raum zwischen Rhein, Main und Darmstadt-Arheiligen ab.[156] Leider ist die dazugehörige Akte vernichtet worden, sodass keine näheren Aussagen darüber getroffen werden können. Joist Moers (um 1540–1625) dagegen arbeitete seit 1569 wohl ständig für den hessischen Landgrafen Wilhelm IV. (1532–1592) und Moritz von Hessen-Kassel (1572–1632) sowie für Waldeck.[157] Es sind zwei Augenscheinkarten im Streit zwischen Hessen-Kassel und dem Herzog von Braunschweig überliefert.[158]

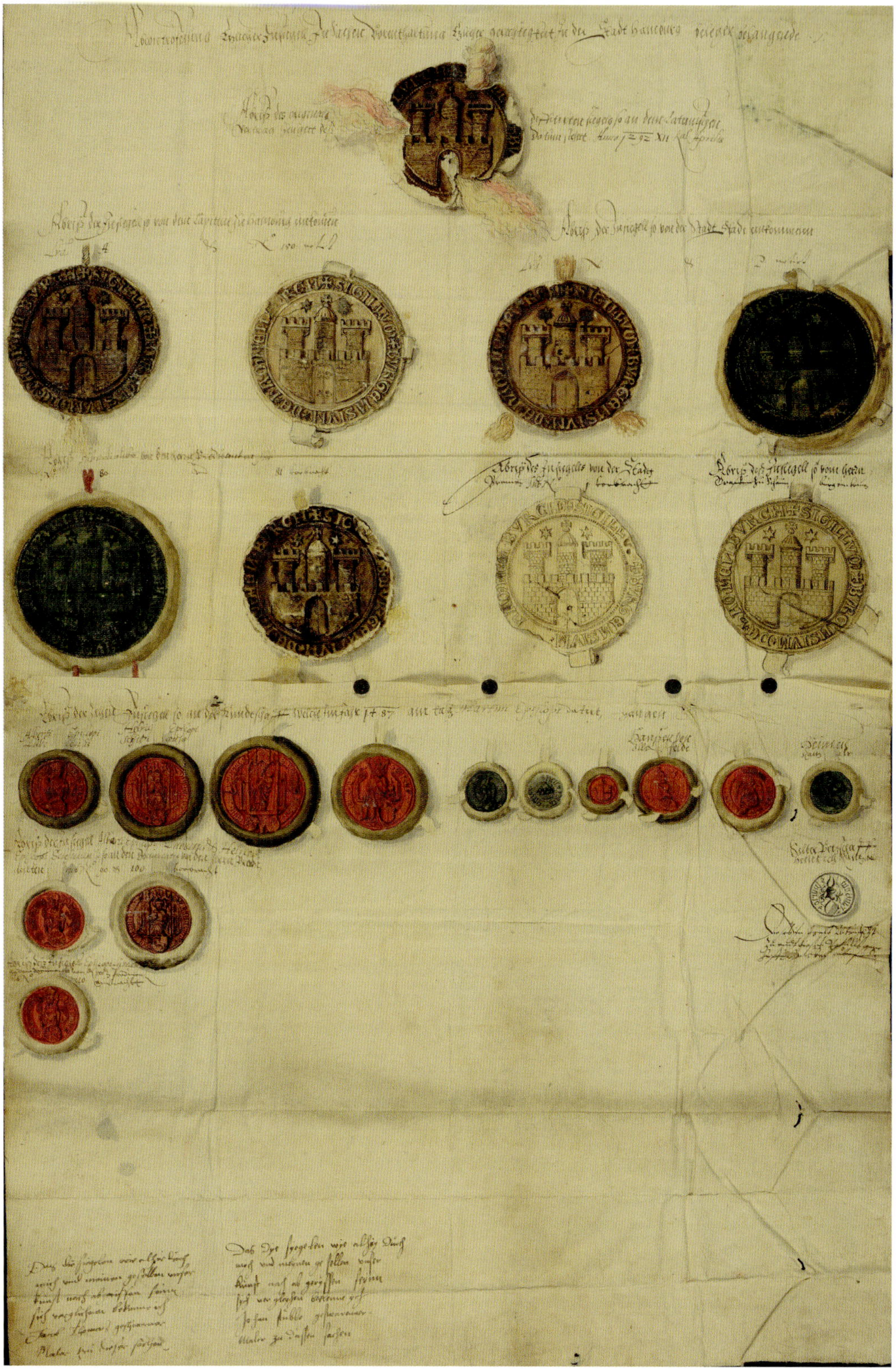

Abb. 19: Siegel der Reichsstadt Hamburg, Jörg Wickram, 1585, kolorierte Federzeichnung auf Pergament, 39,5 × 51 cm, StA der Freien und Hansestadt Hamburg, Plankammer 231–1

Der Blick in das westliche Reichsgebiet fällt auf einen besonderen Spezialisten, der in der Kategorie der professionellen Landvermesser anzusiedeln ist. Dies zeigt eindrücklich das Bestreben der Parteien, die Besten ihres Faches mit der Visualisierung von Raum im Rahmen eines Reichskammergerichtsprozesses zu beauftragen. Niemand Geringeres als Arnold Mercator (1537–1587), der Sohn des Erfinders der Mercatorprojektion Gerhard Mercator, ist hier zu nennen. Mercator wurde speziell vom Vater für seine Aufgabe ausgebildet. In Arnold Mercator vereinigten sich praktische Erfahrung mit dem neuesten akademischen Wissen der Zeit. Mercator tritt in der aktuellen Forschung vor allem als Kartenhersteller im Rahmen von Landesaufnahmen in Erscheinung, wie z. B. ab 1559 für den Trierer Erzbischof.[159] Er steht damit in der Tradition von Tilemann Stella für Pfalz-Zweibrücken und Mecklenburg sowie Vogel/Stang für Pfalz-Neuburg. 1570 fertigte Mercator den berühmten Stadtplan von Köln für die Reichsstadt. Der Erzbischof von Köln war der Auftraggeber einer Augenscheinkarte im Streit mit Anna von Waldeck 1572 (Abb. 64).[160] Auch der Herzog von Jülich griff auf die Kenntnisse von Mercator zurück, wenn es darum ging, ein Territorium für das Reichskammergericht zu visualisieren. 1581 reiste Mercator deshalb in die Nähe von Minden (Abb. 63).[161] Zwei Jahre später führte Mercator die Vermessung der neu erworbenen Niedergrafschaft Katzenelnbogen durch.[162] Kurze Zeit später verstarb Arnold Mercator im Jahr 1587.[163]

Eher lokale Bedeutung für die Produktion von Augenscheinkarten besaß die Münsteraner Malerfamilie tom Ring, die – wie Amberger – vor allem für ihre Porträts bekannt ist. Hermann tom Ring (1521–1596) hat sogar in einem Prozess für beide Parteien unterschiedliche Zeichnungen angefertigt. Einmal mehr zeigt sich das Verständnis der Zeitgenossen von der Inaugenscheinnahme als der Übersetzung der subjektiven Wahrnehmung der Prozessparteien.[164] Es zeigt aber auch, wie ernst die Prozessparteien die Vorgaben des Reichskammergerichts und der Kommission nahmen.

Der Mecklenburger Kartograph Tilemann Stella (1525–1589) ist – wie Arnold Mercator – zu den gelehrten Kartenherstellern zu zählen, die auch Landesaufnahmen durchführten.[165] Der zeitweilige Bibliothekar des Mecklenburger Herzogs wurde in Siegen geboren und hatte Mathematik, Astronomie und Erdkunde in Marburg und Wittenberg studiert.[166] Gefördert von Philipp Melanchthon erhielt er eine erste Anstellung bei Herzog Johann Albrecht von Mecklenburg (1525–1576). Dort war er an der Produktion von Karten und diversen Bauprojekten beteiligt. Ab 1561 trat er eine mehrjährige Reise in die Niederlande an.[167] Nach dem Tod Albrechts von Mecklenburg ging Stella nach Pfalz-Zweibrücken, um sich der Landesvermessung zu widmen.[168] Eine Kopie einer Augenscheinkarte Stellas wurde noch im 18. Jahrhundert am Reichskammergericht von den Fürsten von Salm präsentiert und spricht einmal mehr für das Ansehen des Meisters.[169]

Ein Blick in den Norden weist auf eine – vor allem in ihren Längenmaßen – äußerst spektakuläre Augenscheinkarte für das Reichskammergericht hin. Sie wurde von dem zeitweiligen dänischen Hofmaler Melchior Lorich (Lorick) (1527–1564) gemalt. Melchior Lorich war in Flensburg geboren worden und ging bei einem Goldschmied in die Lehre. Finanziert von König Christian III. von Dänemark, reiste Lorich um 1550 nach Italien. Auf der Reise knüpfte er u. a. Kontakte zu Christoph Amberger[170] und besuchte Nürnberg.[171] Später erhielt Lorich von Kaiser Rudolph II. den Auftrag, mit einer Gesandtschaft nach Konstantinopel zu reisen.[172] Dort entstanden eine spektakuläre Stadtansicht Konstantinopels sowie zahlreiche Studien zu den dort heimischen Menschen und Tieren, für die Lorich heute noch berühmt ist.

Die von Hamburg in Auftrag gegebene Augenscheinkarte ist in ihren Dimensionen von ca.

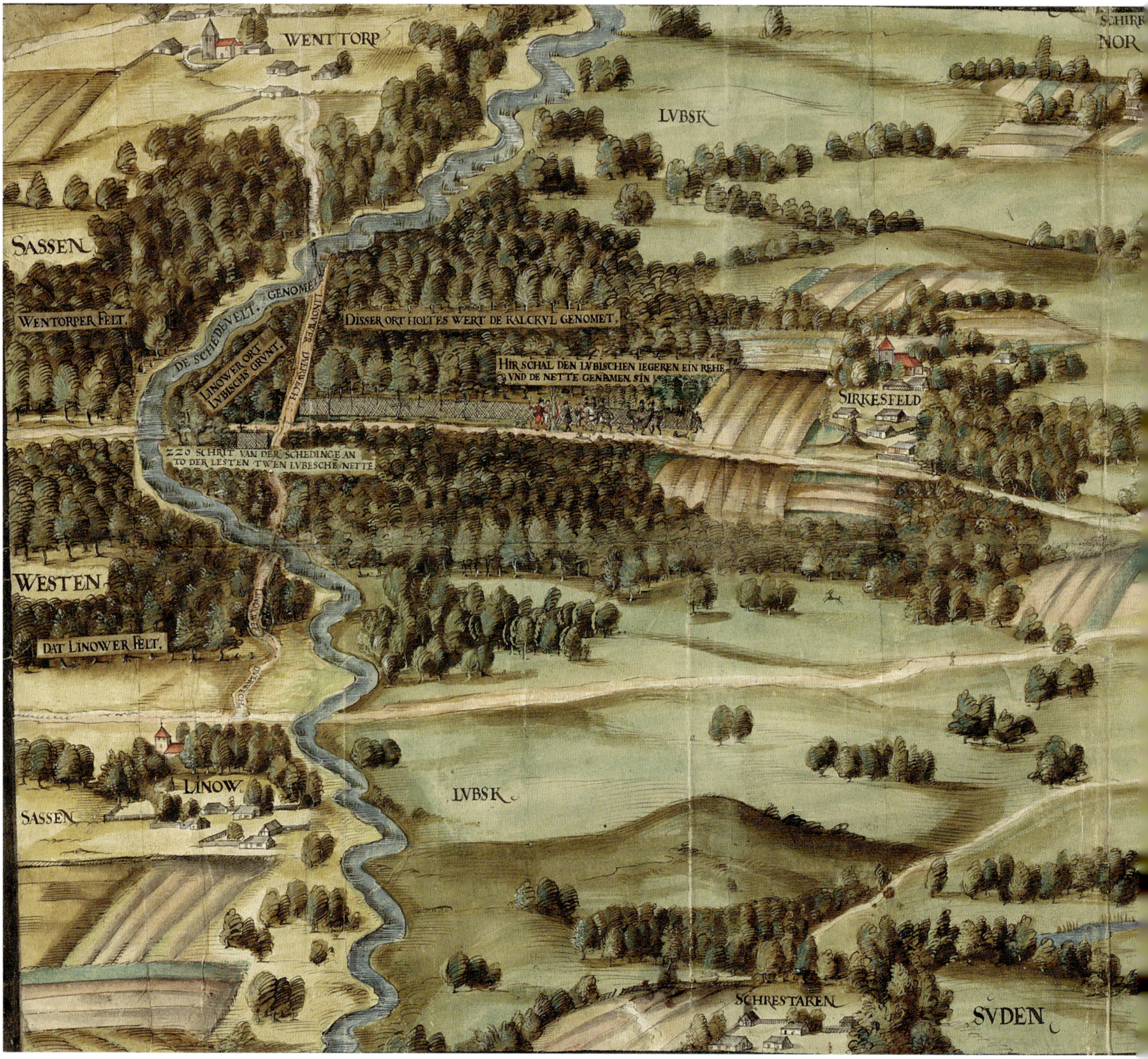

Abb. 20: Gegend um Sirksfelde, Daniel Frese, 1576, kolorierte Federzeichnung, 55,8 × 123,3 cm, LA Schleswig-Holstein, Abt. 402 B IV Nr. 105

DVVENSE
BARCH
POGGEN SEE
RITZEROW
OSTEN
LVTKE RITZEROW
NVSSE
Gerissen vnnd geconterfect
durch M. Danielen Frese
Malern zu Lunenburg.
A°. 1576.

100 × 1200 cm die größte bekannte Augenscheinkarte und hat damit etwa den gleichen Umfang wie das von Melchior Lorich verfertigte Prospekt Konstantinopels, das die orientalische Stadt in ihren Ausmaßen und ihrer ganzen Pracht anschaulich zeigt. Die Augenscheinkarte produzierte Lorich nach einer kurzzeitigen Tätigkeit als Hatschierer[173] für die Hansestadt Hamburg 1568. Lorich sollte im Auftrag des Hamburger Rates im Streit mit dem Herzog von Braunschweig die Elbe von Bergedorf bis zur Mündung in die Nordsee in Vogelperspektive malen.[174] Es ging dabei um Zoll- und Stapelrechte.

Eine zweite Augenscheinkarte Lorichs stammt von 1575 und beschreibt die Vierlande.[175] Ab 1579 verlieren sich die Spuren von Melchior Lorich. Weitere wichtige Maler im Norden sind Jakob Seygerla († 1661), ein Festungsbaumeister in Lübeck, und Daniel Frese (1540–1611), der zwar vor allem für den Lüneburger Rat tätig war, aber in zwei Prozessen Augenscheinkarten für Lübeck gegen Sachsen-Lauenburg im Streit um Jagdrechte anfertigte (Abb. 20).[176] Von Frese stammt auch die für Graf Adolf XIV. von Holstein-Schauenburg (1547–1601) gemalte Pinneberger Landtafel, die die Anteile der Schauenburger an Holstein zeigt.[177]

Geometer und Ingenieure

Die Augenscheinkartenproduktion kam im Dreißigjährigen Krieg fast vollständig zum Erliegen. Sie war zu aufwendig und kostspielig geworden. Der Krieg ließ andererseits Kenntnisse über Geländeformationen immer wichtiger werden und professionalisierte so die Kartographie und das Vermessungswesen. Immer mehr Territorien entwickelten ein gesteigertes Interesse an der Messkunst, wenn auch aus unterschiedlichen Beweggründen. Schweden spielte hier eine Vorreiterrolle, denn Gustav Adolf ließ bereits 1628 eine eigene Vermessungsbehörde einrichten.[178] Eine Folge davon war, dass Vorpommern – ab 1648 schwedisches Territorium geworden – komplett vermessen und kartiert wurde.[179] Da im Reich hierfür kein geeignetes Fachpersonal vorhanden war, wurden Geometer direkt aus Schweden geholt.

Auch in den anderen Territorien des Alten Reiches wuchs nach dem Ende des Dreißigjährigen Krieges das Bedürfnis, das Land zu kartieren, meist um neue und genauere Steuerregister erstellen zu können. Die Territorialherren hatten durch den Krieg enorme Schulden angehäuft und suchten nach neuen Einnahmen. Um die Steuererhebungen effizienter zu gestalten, vermaß man das Land. Waren die frühen Landesaufnahmen noch rein aus Prestigegründen erfolgt, erhielten die Karten nun eine andere Bestimmung. Während der Herzog von Kleve bei seinen Vermessungen auf die Erfahrung von Militärs zurückgriff,[180] gingen andere Territorien dazu über, eine eigene Behörde auszubilden. Hierzu mussten zunächst die entsprechenden Voraussetzungen geschaffen werden. Am Beispiel Hessens kann dies besonders anschaulich verdeutlicht werden: Landgraf Carl von Hessen (1654–1730) entschloss sich im Zusammenhang mit einer Steuerreform für die vollständige Vermessung seines Landes mit bestallten Geometern.[181] Die Schwierigkeiten bei der Durchführung des Vorhabens waren beträchtlich: So musste zuerst als Grundvoraussetzung ein einheitlicher Messfuß eingeführt werden. Außerdem galt es, dem Mangel an geeignetem Personal abzuhelfen. Hilfe bot das Collegium Carolinum in Kassel, das die angehenden Geometer ausbilden und ihr vorhandenes Wissen überprüfen sollte. Gleichzeitig mussten Vorkehrungen zur Sicherung der wirtschaftlichen Existenz der Geometer getroffen werden, um so ihre Unabhän-

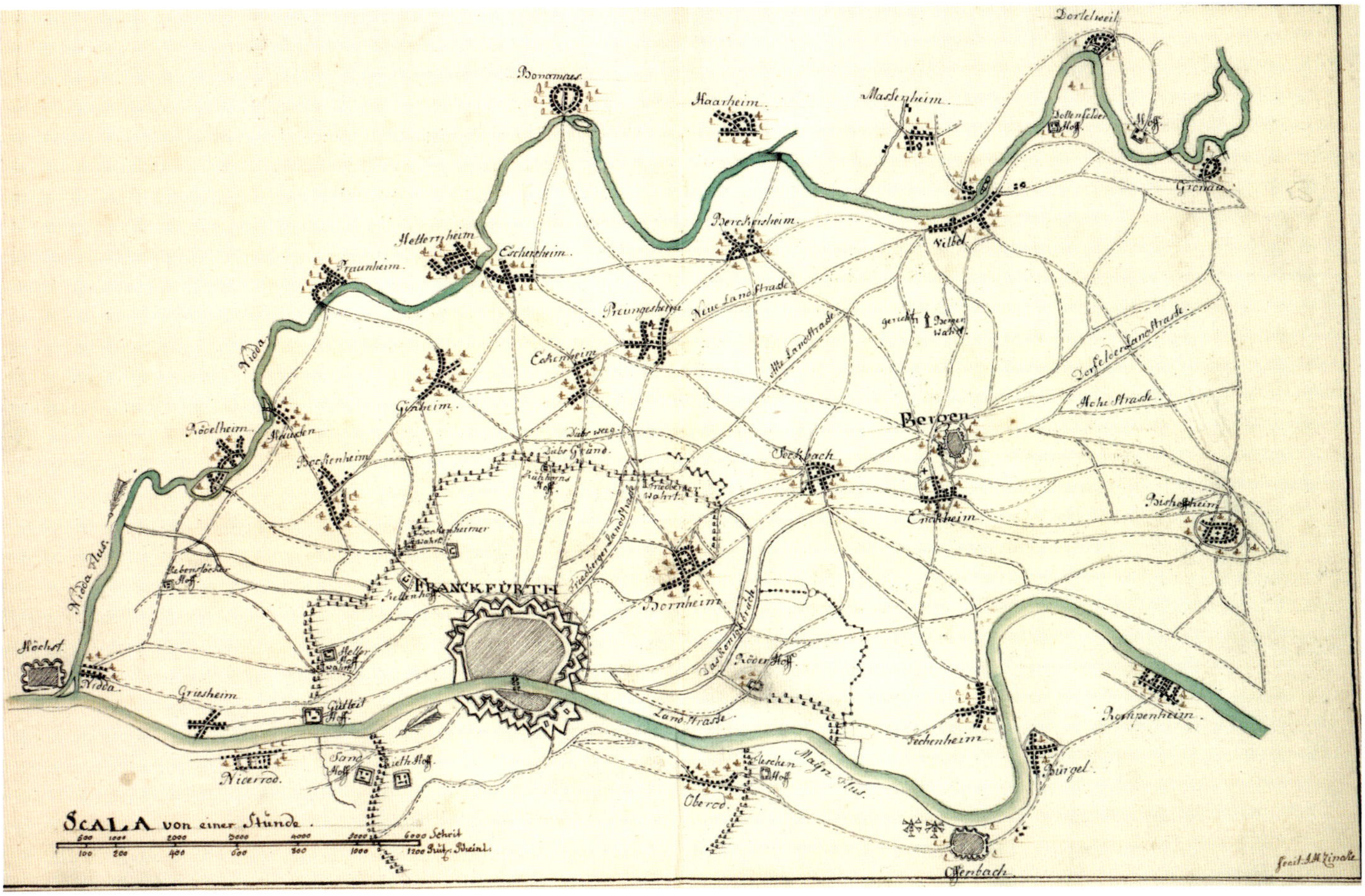

Abb. 21: Frankfurt und Umgebung, Johann Heinrich Zincke, o. J., kolorierte Federzeichnung, 43,6 × 29,9 cm, HessStA Marburg, Best. 255 Nr. F 27 III und IV Lit. A, Q9 2

gigkeit und Zuverlässigkeit zu gewährleisten.[182] Schließlich entstand eine Behörde, in der Messungen tatsächlich korrekt durchgeführt werden konnten. Ergänzend stellte die Behörde numerische Verzeichnisse von Parzellen auf und zeichnete Karten. Einer dieser hessischen Landmesser war Johann Heinrich Zincke (ca. 1752–1799). Er fertigte im Auftrag von Hessen-Kassel im Streit mit der Reichsstadt Frankfurt insgesamt drei Augenscheinkarten an (Abb. 21).[183] Eine weitere Augenscheinkarte für seinen Dienstherrn entstand im Streit mit Graf Hugo Damian Erwein von Schönborn. Hier ging es um die Landeshoheit und Gerichtsbarkeit zu Hüttengesäß.[184] Das Fürstbistum Fulda ging einen ähnlichen Weg wie Hessen-Kassel. Allerdings trennte die dortige Behörde das Mess- und das Zeichengeschäft.[185]

Auch Brandenburg-Ansbach bemühte sich früh um eine Art Katasterbehörde.[186] Dort bildete sich in Gestalt der Familie Vetter eine Dynastie heraus, die sich mit Kartographie intensiv beschäftigte. Es ist nur folgerichtig, dass die Familie Vetter ihre Kenntnisse auch für die Dauerauseinandersetzung Brandenburg-Ansbachs mit Nürnberg vor dem Reichskammergericht zur Verfügung stellte. Gleichzeitig wird hier eine neue Form von öffentlicher Diskussion und Lobbyarbeit mithilfe von Karten bei Streitigkeiten im Reich deutlich. Auch die Funktion des Reichskammergerichts als eine Art ständisches Reichsarchiv wird erkennbar. Johann Georg Vetter (1681–1745) fertigte eine Karte, die das Fürstentum Brandenburg-Ansbach direkt an die Mauern der Reichsstadt Nürnberg angrenzen ließ und damit das Nürnberger Landgebiet reduzierte, denn die Nürnberger Landwehr blieb in der Karte unsichtbar und damit unberücksichtigt. Die Karte lag 1719 in Form eines Kupferstichs vor.[187] Nürnberg protestierte gegen die Darstellung, weil der Rat der Stadt fürchtete, dass die Karte Fakten schaffen und als Beweis in Gerichtsverfahren dienen könnte.[188] Die Räte diskutierten ausgiebig darüber, was sie gegen Brandenburg unternehmen könnten: Ein Teil von ihnen schlug vor, eine Kopie der Karte zu erwerben und darin das Nürnberger Gebiet korrekt einzufärben. Die so korrigierte Karte könne dann als vorbeugende Maßnahme beim Reichskammergericht hinterlegt werden.[189] Alternativen wie die Neuanfertigung einer eigenen Karte oder die Neuauflage einer älteren Karte wurden ebenfalls diskutiert. Schließlich kamen die Nürnberger Räte überein, dass die Kartierung eines Herrschaftsraumes in der Form gar nicht möglich sei, da sich in Franken die Herrschaften in vielen Ortschaften überschnitten.[190] Hier zeigen sich deutlich unterschiedliche Auffassungen von Raum und seiner Visualisierung. Während Brandenburg-Ansbach das Konglomerat an Herrschaftsrechten und ihre Verflechtung ignorierte und ein geschlossenes Territorium anstrebte, lag dies dem Nürnberger Rat fern. Die Räte erkannten die Gefahr der Öffentlichkeit einer solchen Karte, vertrauten aber auf das Reichskammergericht als Hüter und Garant der alten Ordnung. Die Räte waren einerseits nicht gewillt, eine Propagandaschlacht mithilfe einer Karte zu schlagen, waren sich aber andererseits des Potenzials der Visualisierung von Raum durchaus bewusst.

Weitere Landmesser in ansbachischen Diensten waren neben Johann Georg Vetter sein Bruder Johann Ludwig Peter Vetter (* 1691) und seine Neffe Christoph Ludwig Vetter (* 1759). Nur von Christoph Ludwig Vetter, der nach dem Tod seines Onkels dessen Aufgaben übernahm,[191] wissen wir, dass er im Auftrag von Brandenburg-Ansbach Augenscheinkarten für das Reichskammergericht schuf. Gegner waren u.a. die Grafenfamilie Oettingen-Oettingen[192] und der Rat der Reichsstadt Rothenburg ob der Tauber.[193]

Auch das Bistum Würzburg ging dazu über, ständige Feldmesser zu beschäftigen. So wird der Augenscheinmaler Johann Kaspar Balling (1737–1805) als würzburgischer Landvermesser und Ingenieur bezeichnet. Er malte insgesamt drei Augenscheinkarten, wobei nicht alle im Territorium des Würzburger Bischofs entstanden.[194] Zwei Karten sind dem Herrschaftsgebiet des Speyerer Bistums bzw. Domkapitels zuzurechnen.[195]

Das Bistum Speyer und die Reichsstadt Speyer hatten im Pfälzischen Erbfolgekrieg besondere Verluste erlitten. Infolge der Verwüstungen in der Stadt war es dem Reichskammergericht nicht mehr möglich, seine Arbeit in der Stadt am Rhein fortzuführen. Nach längerem Suchen wurde Wetzlar schließlich neuer Sitz des Reichskammergerichts.[196] Zahlreiche Wiederaufbauarbeiten waren in der vollkommen zerstörten Stadt Speyer notwendig, die u.a. von Johann Clemens Froimont (um 1689–1741) ausgeführt wurden. Froimont arbeitete für den Speyerer Bischof als Schlossbaumeister und war von 1720 bis 1726 auch am Bau des Mannheimer Schlosses beteiligt gewesen. Er scheint für die Stadt Speyer auch in Reichskammergerichtsprozessen tätig gewesen zu sein.[197] Ein Kollege Froimonts war der Geometer und Stadtschreiber Speyers, Philipp Heinrich Blum (1750–1775). Blum hat auch die Zerstörung des Speyerer Ratshofes, des ehemaligen Sitzes des Reichskammergerichts, in einer Zeichnung von 1754 dokumentiert.[198]

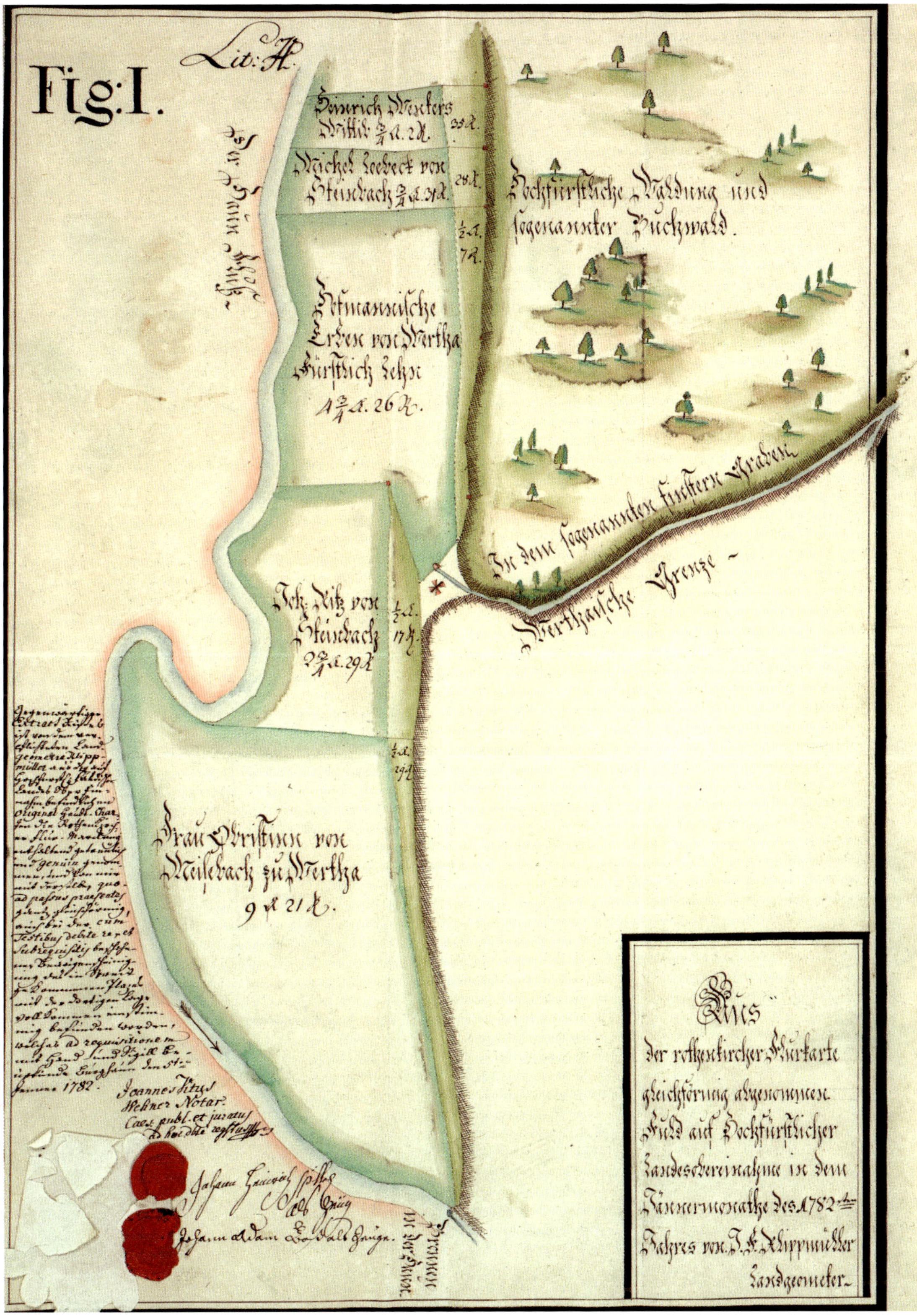

Abb. 22: Flurkarte, J. F. Rippmüller, 1782, kolorierte Federzeichnung, 35,1 × 51,6 cm, HessStA Marburg, 255 T 63, f. 106

Die Einführung eigener Vermessungsämter und fest angestellter Geometer in den Territorien führte dazu, dass die Augenscheinkarten oft weit weniger aufwendig produziert wurden, als dies im 16. Jahrhundert der Fall gewesen war. Indizien hierfür sind nicht nur das Vermeiden von aufwendigen Kommissionen mit Zeugen und die Berufung von Kommissaren in den öffentlichen Sitzungen des Gerichts, sondern auch entsprechende Vermerke auf den Augenscheinkarten selbst. Sie berichten, dass die vor dem Reichskammergericht vorgelegten Augenscheinkarten Auszüge bzw. Kopien von größeren, für andere Zwecke angefertigten Karten seien. Diese Karten wurden als Grundlage für die Inaugenscheinnahme der Kommission benutzt. So heißt es im Streit des Adeligen Trumbach gegen das Fürstbistum Fulda, dass der vereidigte Landgeometer J. F. Rippmüller (um 1785) aus der bei der hochfürstlichen „Landesobereinnahme befindlichen original Haubtcharten" eine Kopie genommen und mithilfe der Kopie und der Zeugen eine „Beaugenscheinung" vor Ort vorgenommen habe.[199] Der Abgleich zwischen Zeugenaussagen und „original Haubtcharten" bildete die neue Augenscheinkarte (Abb. 22).

In einem Prozess zwischen Hamburger Bürgern wurde eine bereits gedruckte Karte ebenfalls als Grundlage für eine Augenscheinkarte benutzt. Der Stadtplan Hamburgs diente dazu, den eigentlichen Streitgegenstand – den Wohnsitz eines Hamburger Juden – exakt einzeichnen zu können.[200] Der Grundriss stammte von dem sächsischen Offizier Friedrich August von Lawrence (1761–1810), gestochen wurde er von Thomas Albrecht Pingeling (1727–1803) 1791.[201] Die Karte selbst ist sehr detailliert, da sie nicht nur Straßen, sondern auch Gänge und Twieten sowie Hinterhöfe zeigt. Der Anwalt des Juden hatte damit eine besonders kostengünstige Variante des Augenscheins gewählt, indem er den Umstand nutzte, dass im Laufe des 18. Jahrhunderts immer mehr Karten gedruckt wurden und so einem größeren Kreis an Personen billig zur Verfügung standen.

Beim Druck von Karten war Nürnberg auch im 18. Jahrhundert führend. Dort entstand mit dem Homannschen Verlag, der von 1702 bis 1848 existierte, eine Institution, die bis 1723 als der einzige „kartographische Spezialverlag im deutschen Raum"[202] angesehen wurde. Die Bedeutung des Verlages spiegelt sich indirekt auch am Reichskammergericht wider. Denn in mindestens fünf Prozessen griffen die Parteien direkt auf die von Homann oder seinen Nachfolgern produzierten Karten zurück. Dabei handelte es sich sowohl um kleine Gemeinden als auch um bedeutende Reichsstände sowie Reichsstädte bzw. deren Verwaltung oder Zünfte.[203] Bei der hier gezeigten Augenscheinkarte[204] handelt es sich um die Abbildung des Nürnberger Landgebiets (Abb. 23).

Der Registrator des Landpflegamts, Christoph Scheurer, hat sie entworfen. Gestochen wurde sie am 12. Dezember 1692 durch Johann Baptist Homann (1664–1724). Es handelt sich hier um die erste homannsche Karte, die noch entstanden ist, bevor er 1702 seinen später in ganz Europa bekannten Verlag gründete. Die Karte wird flankiert von Bandwerken mit den Wappen der einzelnen Ämter, die von Putti gehalten werden. Die Karteninschrift ist von drei wilden Männern umgeben, die die Nürnberger Grenzwässer symbolisieren. Der Nymphe Noris als Symbol der Reichsstadt wird von dem Reichsadler mit Zepter und Schwert flankiert. Noris selbst hält Merkur als Sinnbild des Handels und einen Hut, welcher durch eine Stange emporgehoben wird, in den Händen.[205] Die zwischen Brandenburg und Nürnberg strittigen Gebiete sind farblich gekennzeichnet.

Der Rückgriff auf bereits vorhandene Karten war nicht nur auf die homannschen Kartenwerke beschränkt. Im Streit zwischen dem Herzogtum Mecklenburg und der Reichsstadt Lübeck verwendete die mecklenburgische Partei eine als Kupfer-

Abb. 23: Umgebung von Nürnberg, Johann Baptist Homann, ca. 1692, kolorierte Federzeichnung, 69 × 58 cm, BayHStA München, KSlg 354

stich heute noch in zahlreichen Exemplaren vorhandene Karte des Herzogtums Mecklenburg. Hersteller der Karte war Friedrich Wilhelm Carl Graf von Schmettau (1743–1806), der als ein „aufgeklärter – wissenschaftlich ausgebildeter Offizier und herausragender Kartograph“[206] bezeichnet wird. Der Preuße Schmettau schlug zuerst eine militärische Laufbahn ein, interessierte sich jedoch auch – beeinflusst durch seinen Vater – sehr früh für die Kartographie.[207] Schmettau fertigte bereits ab 1763 im

Abb. 24: Detail der Karte des Landes Mecklenburg, Friedrich Wilhelm Carl von Schmettau, 1795, Kupferstich, 64 × 95,5 cm, Archiv der Hansestadt Lübeck, RKG M 22

Auftrag des Kronprinzen Friedrich Wilhelm, aber auf eigene Rechnung, eine Landesaufnahme preußischer Provinzen östlich der Weser an. Der Kronprinz wollte Schmettau ursprünglich die entstandenen Kosten nach seiner Thronbesteigung erstatten.[208] Schmettau hatte jedoch während des Bayerischen Erbfolgekrieges ernste Differenzen mit dem preußischen König Friedrich II., die 1776 in seiner Entlassung mündeten. Der Offizier zog sich daraufhin auf seine Güter zurück und widmete sich der Militärschriftstellerei und der Gartenkunst, während seine kartographischen Tätigkeiten ruhten. Schmettaus Ruf als Kartograph beeindruckte den Herzog von Mecklenburg jedoch so, dass er ihn aus kameralistischen Gründen bat, ein Landkartenwerk zu erarbeiten. Grundlage der Karte bildeten bereits durchgeführte frühere Vermessungen.[209] Es entstand ein Meisterwerk der Kartenkunst, das heute noch in mehreren Exemplaren überliefert ist (Abb. 24).

Dieser Kupferstich Mecklenburgs, der als Augenscheinkarte in einem Reichskammergerichtsprozess verwendet wurde, bildet heute einen besonderen Schatz des Lübecker Stadtarchivs.[210] Die Karte diente als Beweismittel des Mecklenburger Herzogs im Streit mit dem Lübecker Rat um Fischereirechte. In dem Prozess wurde die Karte ausdrücklich deshalb als Augenscheinkarte verwendet, „weil die Charte selbst lange in dem ganzen Mecklenburgischen Lande mit Beyfall und ohne öffentliche Zensurirung und Widerspruch … herumgegangen und in mehreren litteralischen Recensionen wegen ihrer accuratesse belobet worden" war.[211] Damit zeigt sich einmal mehr, dass die zweckfremde gedruckte und gemessene Karte Autorität im rechtlichen Kontext erhielt.[212]

Die geschilderten Vorgänge machen deutlich: Bereits vorhandene Karten wurden gegen Ende des 17. Jahrhunderts und im Laufe des 18. Jahrhunderts in ihrer Funktionalität erweitert und als Augenscheinkarten in Reichskammergerichtsprozessen genutzt. Es entstanden im Zuge dessen Auszüge von Karten oder in die existierenden Karten wurden Erklärungen oder Anmerkungen eingezeichnet. Berühmte Maler oder Geometer, die Unikate speziell für die Auseinandersetzung am Reichskammergericht anfertigten, findet man kaum mehr. Sie wurden von Meistern der Ingenieurs- und Feldmesskunst abgelöst, die meist für einen größeren Markt produzierten, oder die Arbeit wurde örtlichen, bei den Reichsständen bediensteten Geometern überlassen.

Die Herstellung von Augenscheinkarten

Das vorausgehende Kapitel hat uns gezeigt, dass Personen mit sehr unterschiedlichen Voraussetzungen die Augenscheinkarten produzierten. Das macht die Frage nach dem eigentlichen Herstellungsprozess umso spannender. Die Quellen hierfür sind rar, da in den Kommissionsrotuli und auf den Augenscheinkarten die Erstellung im Dunkeln gehalten wird. Deshalb geht es hier vor allem darum, die wenigen Spuren in den Akten und den Augenscheinkarten selbst zu sammeln und sie mit bereits bekannter Forschungsliteratur zu ergänzen.

Die erste Darstellung eines Produzenten in einer Augenscheinkarte selbst stammt aus dem Jahr 1537.[213] Ein mit einer roten Kappe bekleideter Mann sitzt auf einem Hügel auf dem nackten Boden unter einem entlaubten Baum. Der unbekannte Maler hat die Knie angezogen, auf denen eine Art Kladde liegt. Er beugt sich darüber und zeichnet mit der rechten Hand das sich vor ihm ausbreitende Flusstal (Abb. 25).

Eine ähnliche Darstellung stammt aus dem Jahr 1783. Auch hier sitzt der Hersteller – diesmal kein unbekannter Maler, sondern der hochfürstlich löwensteinische Ingenieur J. G. H. Kahl – auf einem Hügel. Er skizziert das Städtchen Wertheim von Nordwesten. Die Ausführung in der Akte ist allerdings kein Aquarell, sondern ein Kupferstich.[214] Beide Darstellungen verraten uns nichts darüber, ob die Gegend vermessen wurde. Es geht nur um die Dokumentation des Abbildens an sich (Abb. 26).

Eine Augenscheinkarte von 1581 lüftet das Geheimnis des Entstehungsprozesses wenigstens partiell, indem der Vorgang des Messens selbst dokumentiert wird. Hierzu hat sich der Maler in der Augenscheinkarte gleich zweimal dargestellt, um so den Vorgang des Vermessens der Landschaft genau schildern zu können. Er zeigt sich einmal auf der höchsten Geländeerhebung in Begleitung zweier Bauern, die ihm über die Landschaft Auskunft geben sollen. Hinzu kommt an einer weiteren Stelle die Darstellung des Malers mit einem übergroßen,

Abb. 25: Detail Mann mit roter Kappe als Maler bezeichnet, unbekannter Maler, 1537, kolorierte Federzeichnung, 97 × 63 cm, WürttHStA Stuttgart, C 3 Bü 822

auf dem Boden liegenden Feld- oder Stechzirkel, dem gegen Ende des 16. Jahrhunderts üblichen Instrument zur Vermessung einer Landschaft (Abb. 27).[215]

Stechzirkel waren aus Metall gefertigt und hatten eine Spannweite von rund einem Meter. Um das schwere und unhandliche Gerät gebrauchen zu können, musste der Feldmesser auf dem Boden zwischen den Schenkeln des Zirkels knien.[216] Es wird vermutet, dass der Feldzirkel nur für kleinere Distanzen benutzt wurde, da er auf große Strecken an Genauigkeit missen ließ.[217] Die wohl prominenteste Abbildung eines Feldzirkels stammt von Elias Hofmann. Er hat sich zusammen mit einem Feldzirkel auf der sogenannten Rieneckkarte verewigt.[218]

Eine weitere Messmethode arbeitete mit sogenannten Messketten.[219] Das waren Ketten, die aus einzelnen sehr langen Gliedern aus Metall bestanden.[220] Im Prinzip waren sie genauso unhandlich und unpraktisch wie ein Feldzirkel. Trotzdem scheinen sie am häufigsten zur Vermessung der Landschaft gebraucht worden zu sein. Eine besonders unrühmliche Rolle spielte eine Messkette in dem Erbschaftsprozess Rösing gegen Rösing. Der Feldmesser hatte die einzelnen Felder falsch gemessen und musste deshalb seine Arbeit wiederholen. In der Akte befindet sich eine preußische „Instruktion" für Feldmesser von 1704,[221] die den Feldmessern befiehlt, die Messkette gut zu verwahren; auch dürfe sie nicht mit „allerhand Bindzeug/wiewool zu geschehen pfleget/an einander gefüget werden/damit nicht durch ungebührliche Verkürtzung oder Verlängerung derselben eine unrichtige Maaß entstehe"[222]. Außerdem werden die Feldmesser in der Anordnung ermahnt, mit der Arbeitskraft der Personen zu haushalten, die die Kette schleppen mussten, und die Messergebnisse möglichst am gleichen

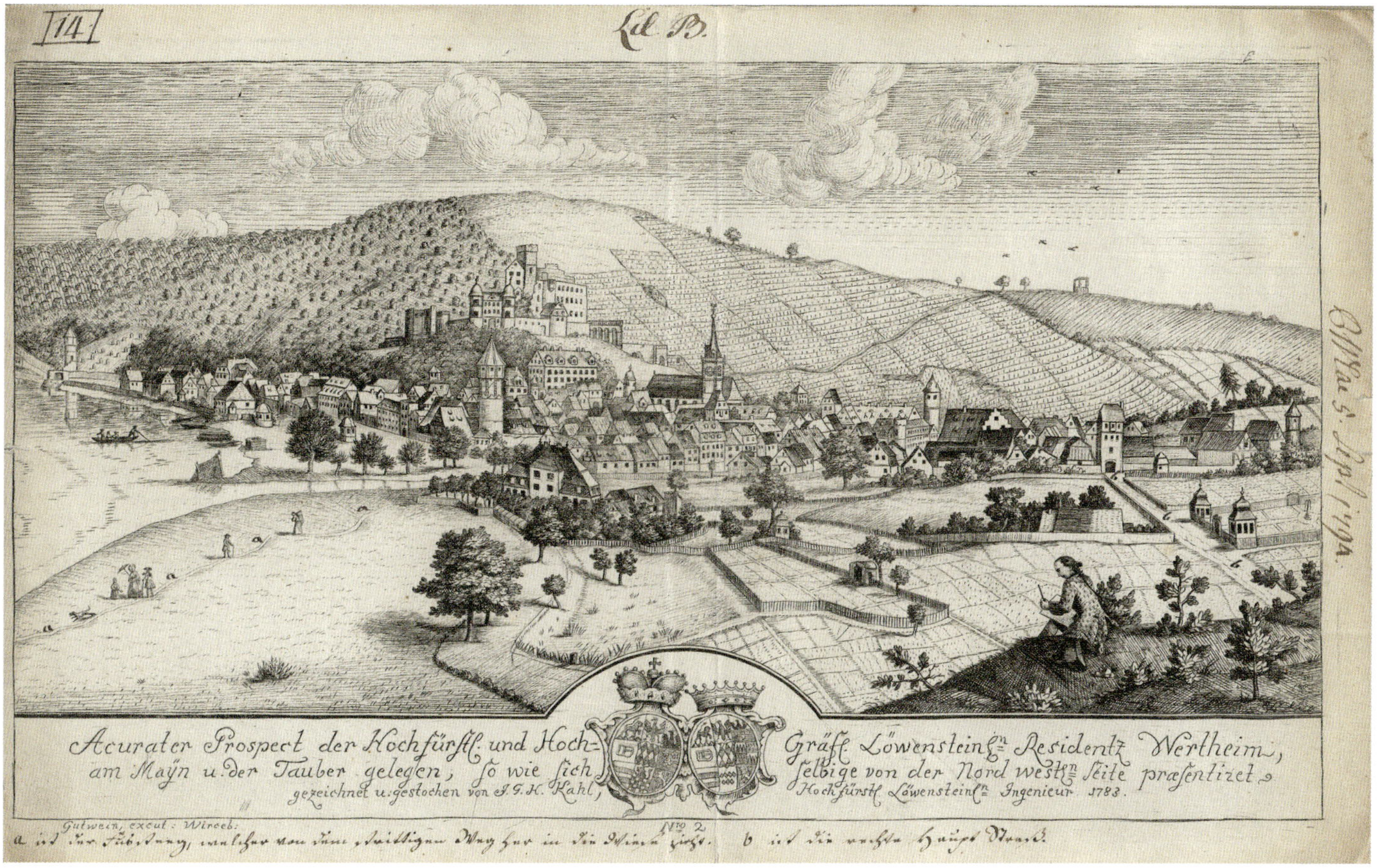

Abb. 26: Zeichner in der Landschaft sitzend, J. G. H. Kahl, 1783, Kupferstich, 33 × 21 cm, GLA Karlsruhe, J-B Wertheim 2

Abend aufzuschreiben.[223] Weitere Anweisungen finden sich für den Vorgang des Messens nicht. Die „Instruktion“ verdeutlicht, dass der Vorgang des Messens mit einfachen Instrumenten mindestens zu Anfang des 18. Jahrhunderts in Preußen übliche Praxis war.

Hersteller von Augenscheinkarten wie Arnold Mercator (1537–1587), Tilemann Stella (1525–1589), Georg Gadner (1522–1605) und andere legen nahe, dass ein Teil der Augenscheinkartenproduzenten bereits im 16. Jahrhundert das Prinzip der Triangulation nutzte. Bei der Triangulation vermaß man mithilfe von Dreiecken auf Basis von Winkelmessungen Entfernungen.[224] Eine Augenscheinkarte des Geometers und Organisten Johann Konrad Röhlin (um 1624) zeigt dies sehr anschaulich (Abb. 28).[225]

An dem unteren linken Rand der Augenscheinkarte sind zwei Männer auf einem Hügel erkennbar. Der stehende Mann hält in der rechten Hand ein Visierinstrument, das er mit der linken Hand bedient. Das Instrument besteht aus einem dicken Stab, auf dem horizontal eine Platte befestigt ist, auf der wiederum eine skalierte Kreisscheibe angebracht ist. Das komplizierte Gerät musste mit der rechten Hand in Position gebracht werden, während die linke Hand die Feinjustierung vornahm: Der Geometer konnte so mithilfe des Gerä-

Abb. 27: Detail Mann mit Stechzirkel,
Heinrich Brückner, 1581,
kolorierte Federzeichnung, 59 × 85 cm,
BayHStA München, PlSlg 9983

tes einen Zielpunkt anvisieren, um dann auf der Scheibe den Winkel zwischen der Ziellinie und der Grundlinie abzulesen.[226] Man sieht die Versunkenheit des Geometers, der – um sich vollständig auf seine Arbeit konzentrieren zu können – seinen Hut und wohl auch einen Mantel abgelegt hat. Vor dem Geometer liegt ein Mann im Gras, der erschöpft eingeschlafen ist. Es handelt sich wohl um einen Gehilfen, der sich gerade ausruhen kann. Schließlich musste er dank des Wissens des Geometers keine schwere Messkette ziehen (Abb. 29).

Röhlin macht durch sein Abbild klar, dass er fachlich auf der Höhe der Zeit ist und seine Arbeit versteht. Ein übergroßer Zirkel mit einem Maßstab und ein Kompass weisen zusätzlich auf die Vermessungsarbeit für die Augenscheinkarte hin und erklären dem Richter, dass der Zirkel auch dazu dient, in der Karte Entfernungen abzumessen (Abb. 28).

Noch seltener als die malerische Darstellung des Herstellungsprozesses der Augenscheinkarten sind Hinweise in den Texten. So wird in den 1580er-Jahren in einem Prozess zwischen Pfalz und Brandenburg von einer Richtschnur und einem Kompass als Messwerkzeug gesprochen.[227] Beim Anfertigen einer Augenscheinkarte über Teile des Bodensees wird zudem berichtet, dass der Maler zum Kloster Kreuzlingen im Thurgau gegangen sei. Dort sei er auf einen Turm gestiegen, um Teile der Bodenseelandschaft zu überblicken. Bei derselben Gelegenheit habe er eine bereits gefertigte „Mappa" im Kloster Petershausen besichtigt, um seine eigene Augenscheinkarte entsprechend zu ergänzen. In dem Bericht über den Ortstermin wird auch erwähnt, dass eine Messkette zum Einsatz kam, mit der bestimmte Entfernungen gemessen wurden.[228]

Bei der Durchführung der Kommission im Streit um das Gebiet des Klosters Waldsassen in der Oberpfalz um 1600 kam es zu Schwierigkeiten ganz anderer Art. Grund hierfür war, dass die eine Partei wohl zur Vorbereitung der Vermessung Bäume gefällt und sogenannte Lochbäume unkenntlich gemacht hatte. Man wollte sich damit offensichtlich einen Vorteil verschaffen. Es kam zum Streit – auch weil Brandenburg eine Vermessung des Geländes nicht akzeptieren wollte, um den Umfang des brandenburgischen Territoriums geheimhalten zu können. Der Kommissar konnte die Auseinandersetzung schließlich schlichten, indem er den Parteien vorschlug, dass der Maler seine für die Vermessung verwendeten Instrumente erst nach dem Öffnen des Rotulus in Speyer wieder verwenden dürfe.[229] Die Messinstrumente sind in diesem Beispiel also ein Geheimnis.

Interessant in diesem Zusammenhang ist die Abhandlung des Kommissars Johann Oettinger (1577–1663), eines Zeitgenossen Rutger Rulants. Johann Oettinger stammte aus Nürnberg und hatte in Wittenberg studiert. Er trat nach einigen Zwischenstationen die Nachfolge des Kartographen Georg Gadner in Württemberg an.[230] Oettinger war auch als Schriftsteller tätig. Sein Werk „Tractatus de jure et controversiis limitum: ac finibus … Oder gruendlicher Bericht/Von den Graentzen und Marcksteinen/ …“[231] ist jedoch erst vier Jahre nach seinem Tod 1667 erschienen. Oettinger beabsichtigte, damit alle Entscheidungsträger über Grenzziehungen und Marksteine aufzuklären. Sein Werk war nicht explizit auf das Reichskammergericht ausgerichtet. Er wollte vielmehr durch seine Arbeit feindliche Auseinandersetzungen sowie Unglücke und Totschläge generell vermeiden.[232] Motivation für die Abfassung des Buches waren freilich Oettingers schlechte Erfahrungen als Kommissar. Er konstatiert, dass es viele „Idioten“ gebe, „die der Rechten gar nicht erfahren“ seien, sodass nicht nur die Untertanen, sondern auch die „hohen Obrigkeiten“ zu leiden hätten.[233] Das Ziel des Buches sei es deshalb, die Texte der lateinischen Rechtsgelehrten zusammenzutragen und in deutscher Sprache wiederzugeben, damit eine möglichst große Anzahl von Menschen Informationen über Grenzen etc. erhalten könne.[234] Seine Zielgruppe unterscheidet sich also deutlich von der eines Rutger Rulant, der sein Werk gegen Ende des 16. Jahrhunderts in Latein verfasste und das Reichskammergericht und die dort tätigen Juristen sowie die Prozessparteien als seine Leserschaft ansah.

In Oettingers Werk finden sich zwei Kapitel, die die unterschiedlichen Messarten der Geometer erläutern. Oettinger unterscheidet darin zwischen den „idiotischen Feldmessern“, die nur einfache Messmittel benutzten, und den „Verständigen“, die Arithmetik und Geometrie beherrschten, dazu geometrische Regeln beachteten und speziell für diese Zwecke geschaffene kunstvolle Instrumente gebrauchten.[235] Oettinger will aber nicht über die eigentliche Messkunst sprechen, da es darüber bereits zahlreiche Abhandlungen gebe. Sein Anliegen ist es vielmehr, Richtern und Kommissaren unterschiedlicher Gerichte eine Anleitung für die praktische Arbeit zu geben, indem er zeigt, wie die unterschiedlichen Arten von Gelände auf geometrische Weise zu vermessen seien. So sollten sie Fehler der Feldmesser erkennen.[236] Danach lässt Oettinger eine ausführliche Darstellung zu Flächenberechnungen ungleichseitiger Vierecke unter Zuhilfenahme von Winkelmessungen folgen.[237] Die Berechnung von Kreisflächen ist ebenfalls enthalten. Oettinger sieht in seinem Traktat die Feldmesser als geschworene Meister, die die Kunst der Geometrie und der Messung der Erdoberfläche beherrschten und durch die Obrigkeit zu diesem Zweck eingestellt wurden.[238] Das bestätigt die Beobachtung, dass sich zu Beginn des 17. Jahrhunderts eine professionelle Vermessung von Raum durch geeignetes Personal in den Territorien allmählich durchzusetzen begann. Dies ist eine Entwicklung, die parallel mit dem Aufkommen der professionellen Vermessung von Territorien zu sehen ist, ihren entscheidenden Durchbruch aber erst nach dem Ende des Dreißigjährigen Krieges hatte.

Insgesamt erfahren wir aber über den Prozess der Kartenherstellung wenig. Die Augenscheinkarten und die Schilderungen in den Zeugenrotuli zeigen immerhin: Es gab unterschiedliche Messverfahren, die je nach dem Können des Herstellers, dem Willen des Auftraggebers sowie dem jeweiligen

Abb. 28: Geilsheim in der Nähe von Wassertrüdingen, Johann Konrad Röhlin, 1624, Federzeichnung auf Pergament, 30,6 × 55,3 cm, BayHStA München, PlSlg 21412

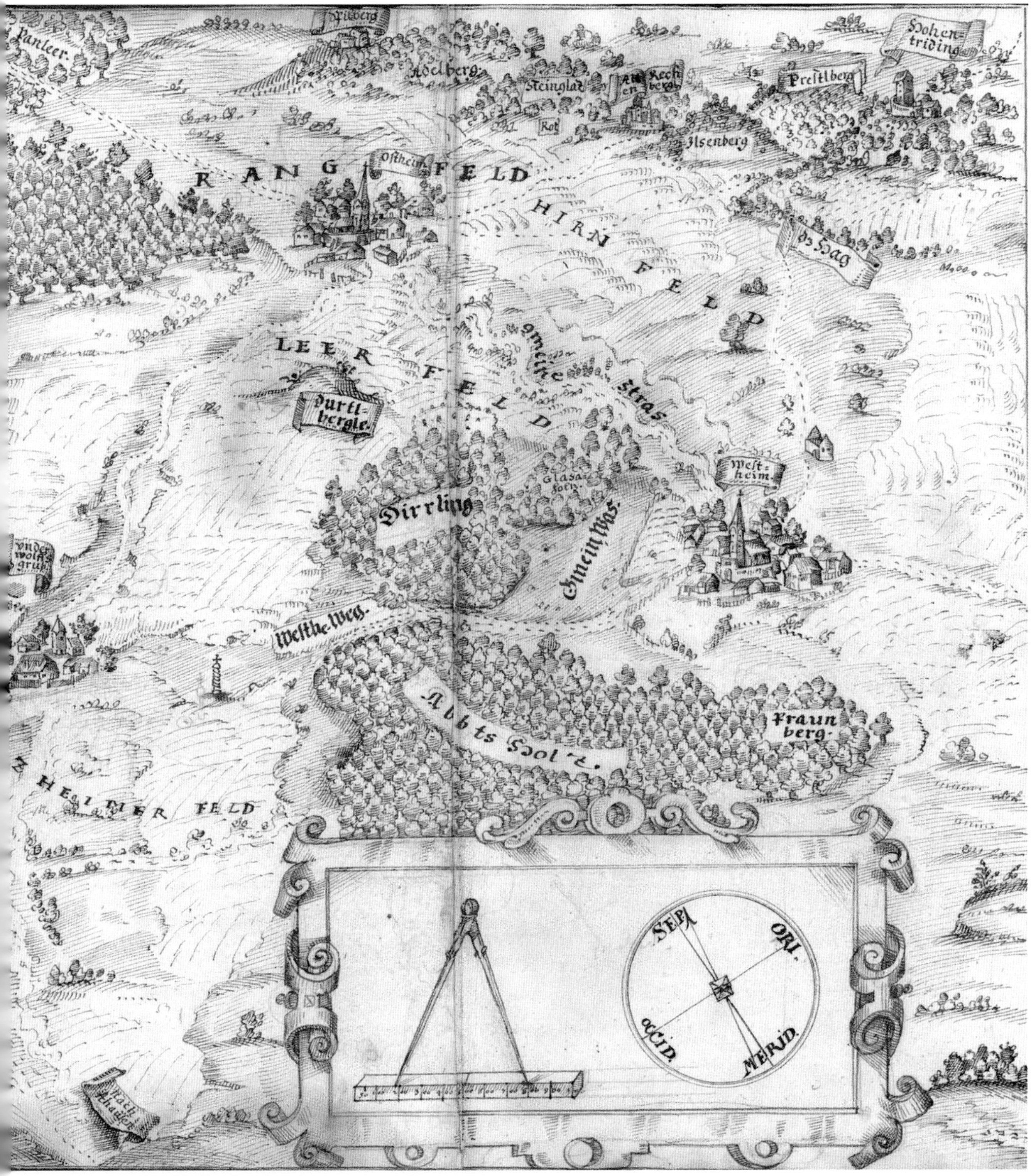

Panleer
Filberg
Adelberg
Steinglad
Alt en
Rechberg
Rot
Prestlberg
Hohen-triding
Ilsenberg
Ostheim
RANG FELD
HIRN FELD
zu Hag
LEER FELD
Durtlbergle
gmeine stras
Westheim
Glasa-soth
Dirrling
Gmein Was.
Westhe-Weg
Abbts Hool-z.
Fraunberg
HEIMER FELD
SEP
ORI
OCCID
MERID

Abb. 29: Detail Geometer und Gehilfe,
Johann Konrad Röhlin, 1624,
Federzeichnung auf Pergament,
30,6 × 55,3 cm, BayHStA München, PlSlg 21412

Streitgegenstand zur Anwendung kamen. Ob die ganze dargestellte Landschaft vermessen wurde oder nur Teile davon, lässt sich nur von Fall zu Fall klären. Gerade im 16. Jahrhundert überwog die einzelne Streckenmessung in der Landschaft. Alles andere wäre zu aufwendig und teuer gewesen. Gleichzeitig wird bei dem Gang durch die Jahrhunderte deutlich, dass die Triangulation einfache Messmethoden zu Beginn des 18. Jahrhunderts noch lange nicht abgelöst hatte.

Praktiken der Umsetzung: Darstellungstechniken und Größenverhältnisse

Nachdem der Maler oder Geometer seine Skizzen der Kommission gezeigt und mit den Kommissaren besprochen hatte, musste das Aufgezeichnete für die Vorlage am Gericht in eine repräsentative Form gebracht werden. Hierzu galt es zunächst, Größe und Material des Malgrundes festzulegen. In den überwiegenden Fällen wählten die Maler Papier, das zuweilen auf einer Leinwand fixiert wurde. Nur in wenigen Fällen arbeiteten die Maler direkt auf einer Leinwand, wie z. B. der Maler Peter Dorisy 1574[239] (Abb. 17), oder auf Pergament wie Georg Gadner (Abb. 16).

Was die gewählte Papiergröße betrifft, so finden sich in den Akten sehr unterschiedliche Formate. Sie reichen von den üblichen Formaten, die sich meist im Bereich von 30 bis 50 cm auf 50 bis 70 cm bewegen, bis zu 100 cm × 1200 cm. Die Größe des zu bemalenden Papiers wurde teilweise mit direktem Bezug zur darzustellenden Landschaft gewählt: So wurden Flusstäler oder Flussläufe meist in einem deutlich länglichen oder horizontalen Format gezeigt. Dazu war es nötig, dass die Maler mehrere Blätter Papier aneinanderklebten. Wie weit bei den Überlegungen zum Format der Augenscheinkarten Prestige und Repräsentationsbedürfnisse der Auftraggeber die Auswahl beeinflussten, kann an dieser Stelle nicht beantwortet werden. Fest steht aber, dass eine Augenscheinkarte über die Süderelbe mit dem Ausmaß von ein auf zwölf Meter schon allein deshalb im Gedächtnis blieb, weil eine Sichtung der Visualisierung mit einem erheblichen Aufwand verbunden war. Schließlich benötigten die Richter, um sie betrachten und beurteilen zu können, einen entsprechenden großen Raum. Eine Studierstube reichte dazu wohl kaum und auch in den engen Räumlichkeiten des Gerichtssitzes in Speyer[240] dürfte das einige Schwierigkeiten bereitet haben.

Auch bei anderen Augenscheinkarten mit großen Maßen wie den in der Einleitung besprochenen Beweiskarten von Amberger und einem unbekannten Künstler war ein gewisser Körpereinsatz der Richter notwendig, um alle abgebildeten Details überhaupt erfassen zu können. Ein Aufstehen und Entlanggehen am Tisch war selbstverständlich und legt den Verdacht nahe, dass die Richter auf diese Weise gezwungen werden sollten, die Bewegungen der Kommission im Gelände nicht nur mit Blicken, sondern auch mit dem Körper nachzuvollziehen. So ist davon auszugehen, dass die Beweiskarten auf dem Tisch liegend ausgebreitet wurden. Entsprechend verzeichnet jedenfalls das Inventar des Prokurators von Kaden Karten von Mandanten, die explizit zum Zeitpunkt der Inventarisierung seines Vermögens auf dem Tisch des Prokurators lagen.[241] Die meisten der Visualisierungen konnten jedoch aufgrund ihrer Maße bequem sitzend studiert werden.

War der geeignete Malgrund hergestellt, verfertigten die Maler oder Kartographen die Zeichnungen mit einer Feder, danach wurden die einzelnen Landschaftselemente entsprechend koloriert. Manchmal beschränkten sie sich auch auf eine Teilkolorierung, wie z. B. in der Nürnbergkarte von Nöttelein (Abb. 10 und 11). Nur sehr wenige Maler verzichteten auf diese Methode und bevorzugten Deckfarben, die direkt auf einer Leinwand aufgetragen wurden.[242] Bis jetzt sind nur wenige Beweiskarten bekannt, die in Öl auf Leinwand gefertigt wurden.[243]

In den frühen Beweiskarten des 16. und beginnenden 17. Jahrhunderts ist trotz Differenzen in der Größen- und Raumdarstellung in Detailsachen eine Art gemeinsame Bildsprache entwickelt worden, die sich auch noch in den Zeichnungen und Drucken des 18. Jahrhunderts hält. So wurden häufig Signaturen benutzt, wie z. B. einzelne Bäume, um einen Wald zu bezeichnen; Kirchen und Häuser standen für Siedlungen, die gleichzeitig im Auf- und Grundriss wiedergegeben werden konnten.[244] Mauern sollten Städte symbolisieren. Daneben kann der Betrachter Grenzsteine und Galgensignaturen erkennen.

Markierungssteine sind dabei häufig mit Wappen gezeichnet[245] oder die Wappen sind neben den Steinen abgebildet. Es kommt auch vor, dass die Kartographen und Maler die Grenzsteine vergrößert am Rand mit den Wappen abbildeten. Häufig sind die Grenzsteine zudem mit Nummern versehen, die am Rand – meist in Kartuschen – näher erläutert wurden. Diese Kartuschen sind häufig mit einem aufwendigen Rahmen geschmückt (Abb. 6).[246] In einzelnen Fällen müssen die Erläuterungen zu den Grenzsteinen aber mühselig von dem Richter oder dem heutigen Leser in dem Protokoll der Inaugenscheinnahme gesucht werden.

Einzelne wichtige Landmarkierungen sind zudem beschriftet. Die Maler wählten hierzu eingemalte Kartuschen, die nachträglich beschriftet wurden, oder klebten später beschriftete weiße Schildchen auf. Eintragungen direkt auf der Mal- oder Zeichenfläche sind ebenfalls sehr häufig. Hier ist nicht ganz klar, ob es sich um eine „Nachbearbeitung" durch einen Prokurator oder auch durch einen Richter handeln könnte.[247] Das ließe sich detailliert nur anhand von Parteiakten oder durch technische Untersuchungen verifizieren.

Hinzu kommen rote oder goldene Linien, die sich durch die Landschaft ziehen. Es kann sich dabei um einen strittigen Grenzverlauf oder den Weg der Kommission handeln, der auf diese Art und Weise visualisiert wird. Auch hier kann nur ein genaues Studium des Protokolls in der Akte Aufschluss geben.

Nach dem Westfälischen Frieden und dem Jüngsten Reichstag nahm die Verwendung von Kupferstichen durch die Prozessparteien immer mehr zu. Trotzdem blieb die Bildsprache mit den Signaturen gleich. Die Streitpunkte wurden einfach farbig hineingezeichnet und durch Aufschriften ergänzt.

Eine besondere Rolle spielen Landschaftsmarkierungen wie Galgen.[248] Sie fungieren als Zeichen der Strafjustiz und gliedern die Territorien in strafrechtliche Sphären, die nicht unbedingt mit den ter-

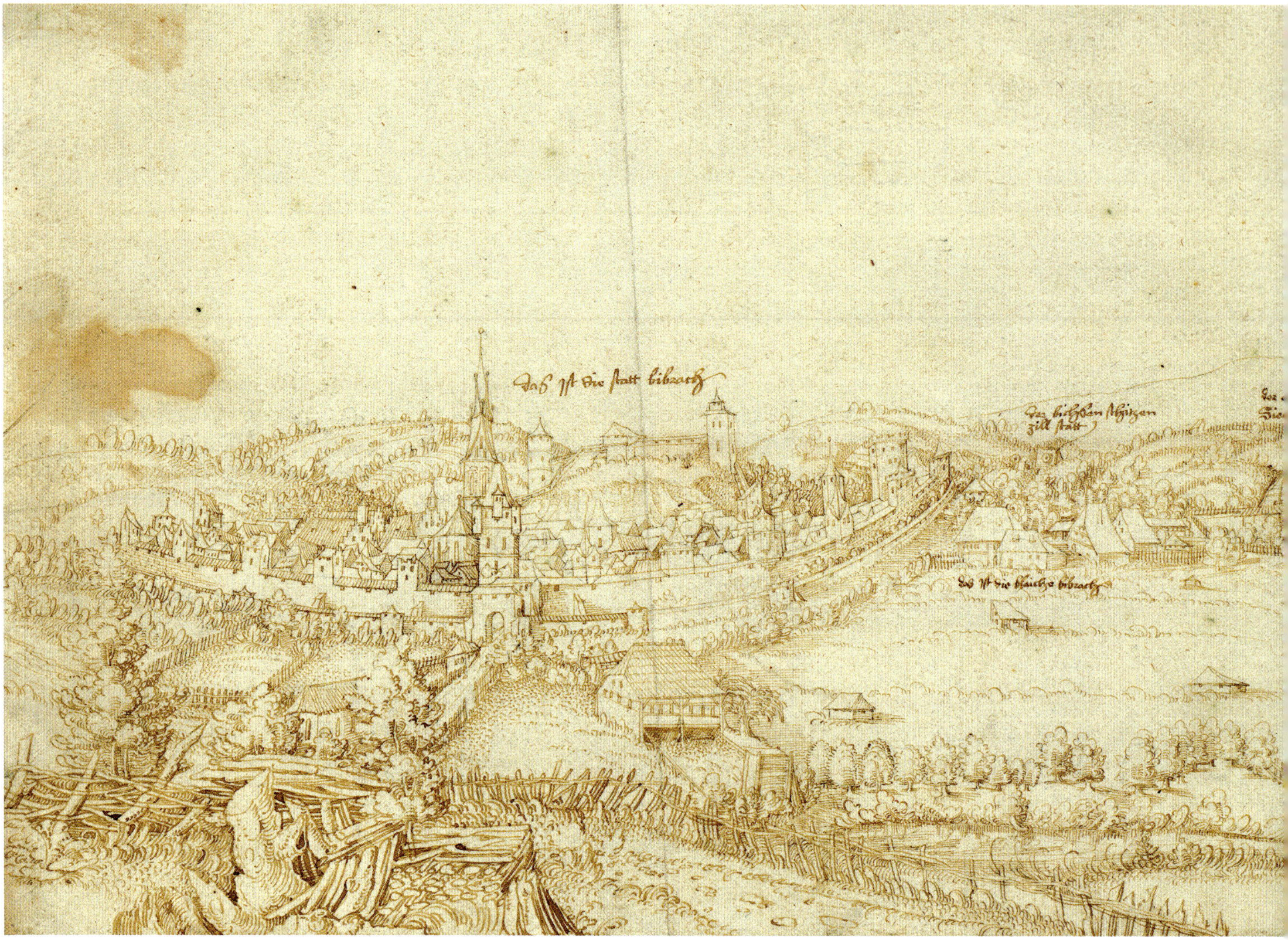

Abb. 30: Galgen bei Biberach, unbekannter Maler, 1540, Federzeichnung, 70 × 25 cm, WürttHStA Stuttgart, C 3 Bü 359

ritorialen oder staatlichen Räumen übereinstimmten.[249] Vielmehr konnten sie diese überlagern und auch von Zeit zu Zeit verschieben.[250] Streitigkeiten um Grenzen und Räume der Strafjustiz waren nicht selten. Ein interessantes Beispiel eines solchen Streites zeigt die Federzeichnung eines unbekannten Zeichners aus dem Jahr 1540 (Abb. 30).

Die Abbildung (Abb. 30) zeigt am linken Rand von einer Kuppe aus gesehen die befestigte Stadt Biberach mit Kirche, Häusern und einer Befestigungsanlage auf dem Hügel in der Stadt. Getrennt durch ein Wiesental mit dem Schießplatz der reichsstädtischen Bürger, einem Siechenhaus und weiteren Gebäuden, die zum Teil mit Weidenzäu-

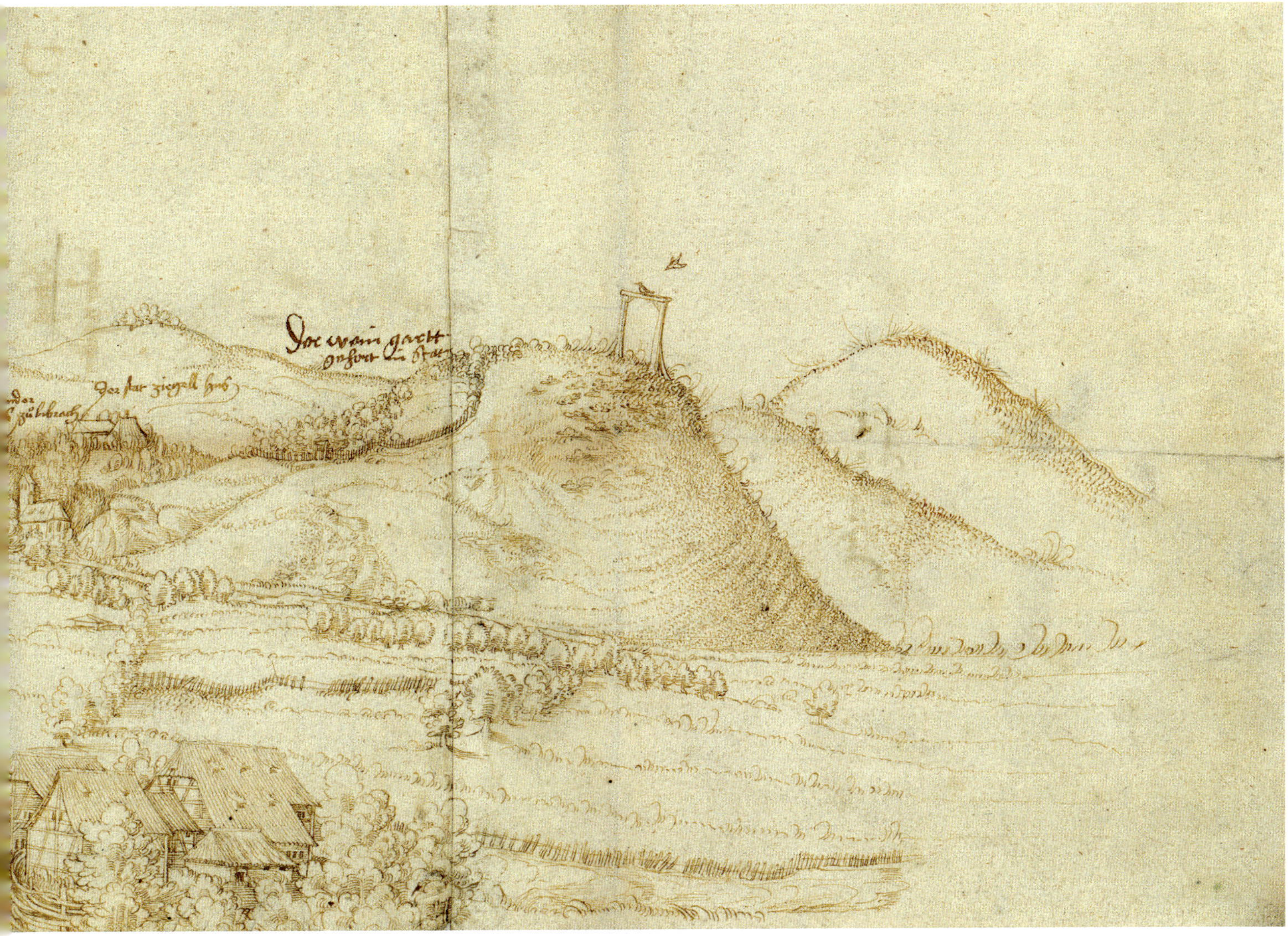

nen umgeben sind, erhebt sich der Galgen. Auf ihm sitzt ein Vogel, ein anderer will sich gerade niederlassen. Im Vordergrund sind zudem noch ein Gehöft und eine Ansammlung von Totholz zu erkennen. Anlass für die Augenscheinkarte war ein Streit der Reichsstadt Biberach mit dem kaiserlichen Rat Johann Schad von Biberach (um 1540) um die Errichtung eines Galgens an der Stadtgrenze gegen Warthausen. Die Reichsstadt sah darin einen Eingriff in ihre Jurisdiktionsrechte. Leider sind nur ein Schriftstück der Akte und die qualitätsvolle Federzeichnung erhalten, sodass eine weitere Interpretation ausbleiben muss.[251] Auch der Name des Malers ist nicht zu erfahren.

Galgen waren wichtige Orientierungspunkte und Herrschaftszeichen, wurden aber je nach Bedeutung im Streit meist auf das faktische Vorhandensein reduziert. Strafjustiz in innerstädtischen Räumen konnte auch durch Pranger und Richtstätten visualisiert werden. Doch Augenscheinkarten, die sich mit innerstädtischen Jurisdiktionsrechten beschäftigen, finden sich am Reichskammergericht nur sehr selten. Das bedeutet auch, dass Richtstätten und Pranger von den Malern kaum gezeichnet wurden. Die Ausnahme bilden allerdings mehrere Pranger, die wegen Baufälligkeit durch die Reichsstadt Köln renoviert worden waren. Ein Streit zwischen dem Erzbischof von Köln und dem städtischen Rat um die Jurisdiktionsrechte in der Stadt folgte und man einigte sich zur Vermeidung weiterer Konflikte auf eine Kommission zum ewigen Gedächtnis. Im Rahmen der Auseinandersetzungen legte man Abbildungen der Pranger, die vom fürstlich jülischen Kartographen Johann von der Waege (Waje) stammten, dem Gericht vor.[252] Entscheidend war wohl die Abbildung der Wappen der Stadt Köln auf den Strafinstrumenten (Abb. 31).

Hinzu kommt ein weiteres Element, das die Maler nutzten, um Vorher-Nachher Situationen darstellen zu können. Hierzu wurde zuerst die frühere Version eines Gebäudes oder eines Landschaftszustandes gemalt. Darüber befestigte man dann eine weitere Version, die den jetzigen, meist strittigen Zustand des Gebäudes oder der Landschaft zeigte.[253] Diese Version war billiger als das Zeichnen sonst gleicher Karten mit unterschiedlichen Ansichten des interessierenden Ausschnitts. Auch konnte durch den Klappmechanismus die Zeit in Bewegung ausgedrückt werden.

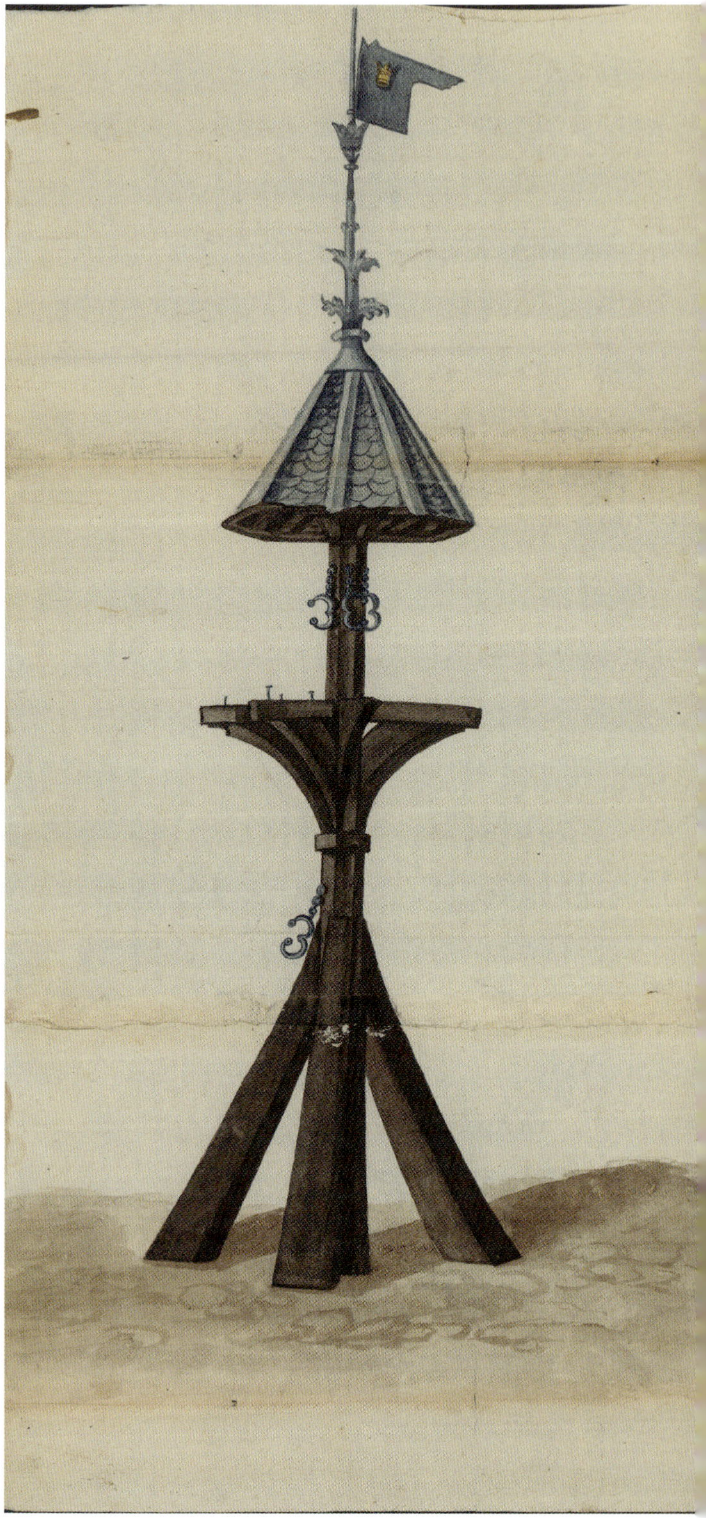

Abb. 31: Pranger in Köln, Johann von der Waege (Waje), 1606, kolorierte Federzeichnung, 56,4 × 29,5 cm, LA NRW – Abteilung Rheinland, AA 0627 Reichskammergericht, Nr. 991, fol. 254

Verwaltungspraktiken am Gericht

Waren die Farben auf der Augenscheinkarte getrocknet, das dazugehörige Protokoll in Schönschrift abgeschrieben und beides notariell beglaubigt, konnte der Kommissar die Beweiskarte dem Gericht übergeben. Meist war die Augenscheinkarte in den Zeugenrotulus[254] mit eingelegt, sodass sie zusammen mit dem häufig voluminösen Band verpackt werden konnte. Dies geschah oft in wasserfester Form, indem man den Rotulus in Pergament einband, das an den drei überstehenden Seiten gelocht war. Durch die Löcher konnten Lederbänder geflochten werden, die das Päckchen wasserdicht machten. Es gab aber auch die Möglichkeit, die Augenscheinkarte – vor allem wenn sie Überformat besaß – getrennt am Gericht einzureichen.

Grundsätzlich wurden sowohl Zeugenrotulus als auch Augenscheinkarte fest verschlossen und versiegelt. Danach wurden die Augenscheinkarten an die jeweiligen Anwälte bzw. Prokuratoren der Parteien verschickt. So berichtete der Prokurator Johann Leonhard Schommartz (um 1670) im Prozess Aremberg gegen Fulda, dass er die Augenscheinkarte und den Rotulus mit der Post erhalten habe.[255] Um aber vor Gericht Bestand zu haben, mussten die Beweiskarten hierauf in der öffentlichen Sitzung des Gerichts dem Gericht bzw. der Leserei des Reichskammergerichts durch den Prokurator verschlossen übergeben werden (Abb. 32). Dies wurde im jeweiligen Sitzungsprotokoll festgehalten. Die gegnerische Partei konnte dann die Siegel an der Karte oder am Zeugenrotulus „recognoszieren". Danach wurde die versiegelte Augenscheinkarte erst einmal im Archiv eingelagert. Geöffnet wurde sie erst, wenn die Parteien dies beantragten. Kommissionsprotokolle zum ewigen Gedächtnis wurden meist extrajudicialiter[256] eingereicht. Sie waren ja quasi auf Vorrat produziert worden und sollten am besten nie zum Einsatz kommen. Das geschah durchaus, sodass bei der Verzeichnung der Prozessakten am Bayerischen Hauptstaatsarchiv in München des Öfteren Zeugenrotuli mit Plänen erstmals geöffnet wurden.[257]

Im Fall Aremberg gegen Fulda erfolgte die Bitte um Ansicht der Augenscheinkarte und Öffnung des Zeugenrotulus bereits im gleichen Jahr. Hierzu erbat der gegnerische Prokurator Johann Philipp Niderer (um 1670) ein Urteil von dem Gericht, was auch einen Monat später gewährt wurde.[258] Niderer beabsichtigte zuerst, die Augenscheinkarte und den Rotulus kopieren zu lassen. Im Juni des gleichen Jahres meldete er sich erneut, um vom Gericht eine Fristverlängerung zu erbitten, da sich das Verfertigen der Kopie verzögere.[259] In einem anderen Fall wurde nach Übergabe des Rotulus und Bestätigung der Siegel sofort ein Termin zur Öffnung festgesetzt.[260]

Im Streit Hans Baumgartens gegen Füssen und Augsburg übergab der Prokurator von Kaden die „contrafactur des Augenscheins" in einer verschlossenen Büchse und bat, diese auch verschlossen zu belassen.[261] Der gegnerische Anwalt stimmte der Bitte zu und übergab in der Audienz eine von seiner Partei verfertigte „versiegelte contrafactur".[262] Damit war die Übergabe der Augenscheinkarten jedoch nicht abgeschlossen, denn durch die Kriegszüge von Albrecht Alcibiades, die auch in Speyer für Angst und Schrecken sorgten, waren Akten verloren gegangen. Von Kaden sah sich deshalb genötigt, von dem Maler Christoph Amberger eine zweite Karte zu verlangen (Abb. 1).[263] Letztlich konnte das Archiv aber die bereits übergebene Beweiskarte finden, sodass wir heute zwei Versionen zum gleichen Streitgegenstand vor uns haben.[264]

War die Augenscheinkarte dem Gericht offiziell übergeben, wurde sie bis zur Genehmigung der Öffnung im Archiv verwahrt. Hierzu gab es zwei Möglichkeiten: Entweder blieb die Augenscheinkarte gefaltet in der Akte, was sich bei kleineren

Abb. 32: Audienz am Kammergericht in Wetzlar, Peter Fehr, um 1735, Kupferstich, 18,9 × 15,1 cm, Städtische Sammlungen Wetzlar

Formaten anbot, oder aber sie wurde gesondert gelagert. Dies geschah immer dann, wenn sie bereits – bedingt durch ihr Überformat – in einer blechernen Büchse, ledernen Pfeife oder zwischen zwei Brettern verwahrt dem Gericht übergeben worden war.

Im Untrennbaren Bestand des Reichskammergerichts, der sich heute tief verborgen in den Magazinen des Bundesarchivs befindet, liegt ein Register von Augenscheinkarten[265], die getrennt von den Prozessakten aufbewahrt wurden. In der Liste werden die Prozesse mit ihren Beweiskarten in alphabetischer Reihenfolge der Prozessparteien aufgeführt. Dabei ist nicht sicher zu sagen, ob Kläger oder Beklagte zuerst genannt werden. Nach der Nennung der Parteien folgt der Betreff, wie z.B. „des Stifts Waldsassen strittige Grenze". Danach folgt das Datum der Übergabe sowie der Vermerk, welcher Prokurator die Karte judicialiter oder extrajudicialiter eingereicht hat. Auch die Beschreibung der Aufbewahrungsart ist in das Register aufgenommen. So ist von hölzernen oder blechernen Büchsen oder „Pfeiffen" die Rede. Sehr großformatige Augenscheinkarten wurden auch zwischen „vier Brettern" liegend zugesandt. Einmal ist auch von einer „mappa" und einem „Abriß" die Rede, die zwischen zwei Brettern gelegt irgendwie in den Regalen verwahrt wurden. Insgesamt kann man in dem Register 164 überformatige Augenscheinkarten zählen. Nur wenige der heute noch vorhandenen Augenscheinkarten lassen sich eindeutig im Register identifizieren.[266] Zwar lässt sich bei rund einem Drittel der Beweiskarten ein Zusammenhang zwischen der Liste und den noch vorhandenen Akten herstellen. Es ist häufig aber nicht ganz klar, ob die in den Akten genannte Augenscheinkarte tatsächlich mit der erwähnten Beweiskarte im Register übereinstimmt. Eine Schwierigkeit besteht oft darin, dass für mehrere Prozesse zu einem ähnlichen Streitgegenstand die gleiche Karte genutzt wurde, wie z.B. die Karte von Oberwürzbach (Abb. 45–49).[267]

Im Streit zwischen der Grafschaft Bentheim und dem Fürstbistum Münster können wir auch die Effizienz des Archivs, das – wie die ganze Kanzlei – unter der Oberaufsicht des Reichserzkanzlers stand, bestaunen.[268] Bentheim und Münster hatten im Streit um eine Grenze 1616 eine Kommission zum ewigen Gedächtnis einberufen. Der Rotulus mit zwei Karten wurde dem Archiv übergeben, um dort verwahrt zu werden. 1720 flammten die Auseinandersetzungen erneut auf und der Graf von Bentheim-Tecklenburg beantragte die Öffnung des vor mehr als hundert Jahren erstellten Rotulus und

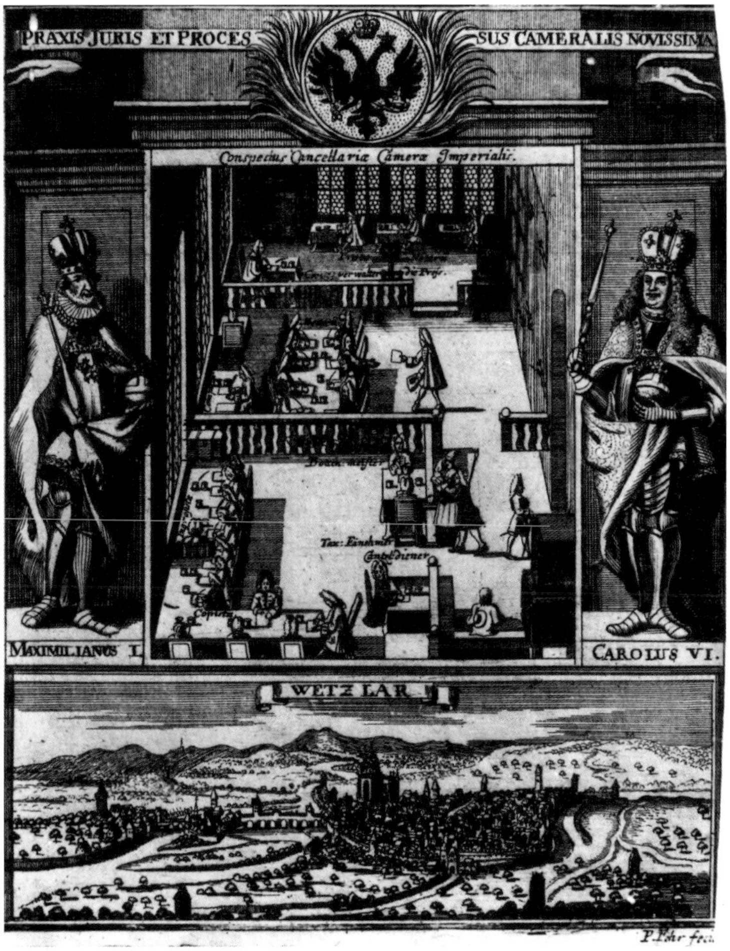

Abb. 33: Ansicht der Kanzlei des Reichskammergerichts in Wetzlar, Peter Fehr, 1721, Kupferstich, 19 × 15,1 cm, Städtische Sammlungen Wetzlar

der damit eingereichten Karten.[269] Dieser Antrag stellte für die Leser des Reichskammergerichts, die das Archiv betreuten, eine nicht geringe Herausforderung dar, da in den Wirren des Pfälzischen Erbfolgekrieges der Umzug der Akten des Reichskammergerichts mithilfe von Schiffen über den nahen Rhein 1698 alles andere als ordentlich über die Bühne gegangen war.[270] Trotzdem war ein Teil der Akten den Franzosen in die Hände gefallen und erst im Frieden von Rijswijk 1697 wieder restituiert worden.[271] Das geschah jedoch mehr als zögerlich.[272] In der Wetzlarer Zeit des Gerichts ab 1690 waren die Akten sogar auf mehrere Standorte verteilt. Sie lagerten in Aschaffenburg und in verschiedenen Häusern und Klöstern in Wetzlar, wenigstens zeitweise auch in Frankfurt.[273]

War die Augenscheinkarte mit der Genehmigung der Richter geöffnet worden, musste sie durch einen Schreiber oder Leser kopiert werden, damit auch alle Prozessbeteiligten eine Kopie besaßen. Hierzu gab es spezielle Kopisten, die in der Kanzlei des Reichskammergerichts angestellt waren (Abb. 33) und sowohl Akten als auch Augenscheinkarten kopierten. Dabei muss berücksichtigt werden, dass die Anzahl der Kopien im Einzelfall sehr hoch gewesen sein muss. Schließlich war es erforderlich, dass jede Partei mit einer Kopie bedacht wurde. Hinzu kamen die Advokaten vor Ort.[274] Zur Vervielfältigung brauchte man speziell ausgebildetes Personal, das Kopien von Augenscheinkarten überhaupt anfertigen konnte. Zum Kopieren gab es unterschiedliche Techniken, wie z. B. das Punktieren. Hierzu wurde mit Punktiernadeln das Original durchstochen oder mit einem Kopierrad wurden die Konturen nachgefahren und durchgedrückt. Mithilfe der dadurch entstandenen Markierungen konnte man dann weitere Hilfslinien auf der Kopie ziehen. Diese Methode besaß allerdings einen großen Nachteil, denn die Vorlage wurde dauerhaft geschädigt, wenn man das Verfahren mehrmals zur Anwendung brachte. Deshalb ist davon auszugehen, dass die Karten durchgepaust wurden. Hierzu legte man ein spezielles Papier auf die zu kopierende Vorlage und zeichnete die Linien mit Bleistift oder mit einer Feder nach. Die so entstandenen Pausen konnte der Kopierer dann auf das Zeichenpapier durchstechen oder aber die Linien auf dem Pausenpapier mit Kohle nachzeichnen. Danach musste der Kopierer nur noch nachfertigen und kolorieren. Hierzu war einige Meisterschaft erforderlich. Welches Verfahren bei großen überdimensionalen Augenscheinkarten angewendet wurde, kann leider nicht sicher gesagt werden.

Die Ausführungen zeigen, dass es am Reichskammergericht eine routinierte und durchdachte Verwaltungspraxis gab, um die Herausforderungen, die Augenscheinkarten mit sich brachten, bewältigen zu können. Auch die Überdimensionen stellten kein großes Hindernis dar. Routine bestimmte das Verfahren und die internen Abläufe. Auch wenn die Anzahl der Verluste groß zu sein scheint, ist hier wichtig anzumerken, dass sich einige Kopien in den Archiven der Prozessparteien erhalten haben dürften.[275]

Praktiken der Wissensgenerierung von Wappen und Genealogien

Parallel zur Visualisierung des geographischen Raumes begann man den sozialen Raum bildnerisch umzusetzen. Voraussetzung hierfür war, dass aus einem diffusen Verwandtschaftsgefüge ohne Grenzen im Laufe des 15. und 16. Jahrhunderts allmählich eine fest umrissene Verwandtschaftsgruppe entstand, deren grundsätzliche Funktion in der Erbfolge und damit der Sicherung des Landbesitzes an die Erben bestand.[276] Als verbindliches Leitmotiv adeligen Handelns galt nun die Erhaltung und Erhöhung des Geschlechts. Der Memoria kam dabei herausragende Bedeutung zu,[277] denn das Prestige der Familie wurde durch eine über viele Generationen reichende Ahnenreihe mitbestimmt. Diese konnte als eine sich über Generationen perpetuierende und durch das in jeder Generation wiederkehrende Wappen symbolisierte Linie angesehen werden.[278] Daraus erwuchsen genealogische Argumente, die das Geschlecht dazu nutzte, vermeintlich erworbene Rechte auf einen generationenübergreifenden Verband zurückzuführen.[279] Abstammungslinien entwickelten sich so allmählich zu politischen und juristischen Ordnungsprinzipien.[280] Gleichzeitig entstanden zahlreiche neue gelehrte Kommentare über die Grenzen der Verwandtschaft,[281] die das römisch-kanonische Recht heranzogen, um Blutsverwandtschaft überhaupt zu definieren und abzugrenzen.[282] Ahnenreihen dienten nun dazu, die Argumentation zu erleichtern und Rechtsauffassungen zu verdeutlichen,[283] um so den Nachweis von Verwandtschaft systematisch mit einem rechtlichen Anspruch verknüpfen zu können.

Die Linearität der Verwandtschaft entwickelte sich auf diese Art zu einem neuen Konzept, das im 15. Jahrhundert in der Darstellung des Baumes eine klar umgrenzte Definition erhielt und in der Mitte des 16. Jahrhunderts sehr populär wurde.[284] Diese linearen Ahnentafeln standen zudem in scharfem Kontrast zu Stammreihen oder Ähnlichem, die den Dynastien als Demonstration von Anciennität oder Alter dienten und weit in die mythische Vorzeit zurückreichten. Ahnentafeln bezogen sich auf konkrete weibliche und männliche Vorfahren,[285] denn nur durch die genaue Abbildung der Erbfolge in männlicher und weiblicher Linie erwuchs Legitimität und Herrschaftsanspruch für das jeweilige Adelsgeschlecht. Ahnentafeln boten zudem den Vorteil, dass auch über die weibliche Linie Erbansprüche geltend gemacht werden konnten.[286] Dies war lebenserhaltend, da Erbfolge in der Frühen Neuzeit besonders dann prekär war, wenn männliche Nachkommen fehlten. Und mit dem Aussterben der Familie war nicht nur die Familie erloschen, sondern auch die Identität des Territoriums an sich gefährdet. Die Dynastie galt als gescheitert. Besonders anschaulich drückt dies ein Grabmal des letzten Freiherren von Brandis im Straßburger Dom aus dem Jahr 1512 aus. Dort steht geschrieben: „Halt inne, Wanderer. Wenn du fragst, wer ich bin? Staub und Schatten. Wer ich gewesen bin? Johannes, aus der adeligen und edelmütigen Familie der Freiherren von Brandis stammend, mit dem der Name und das Wappen des Geschlechts untergehen" („Sta viator. Si rogas quis sim? Pulvis et umbra. Quis fuerim? Johannes ex nobili et generosa baronum de Brandis familia ortus, cum quo vel eius gentis nomen et arma intercidere").[287]

Infolge der neuen Auffassung von Geschlecht und seiner Generationenabfolge entwickelten Ahnentafeln eine besondere Regelhaftigkeit, die Formularcharakter besaß, indem sie eine strukturelle Einheit von Konstruktion, medialer Repräsentation und Rezeption boten.[288] Die Vorteile lagen auf der Hand: Die graphische Grundstruktur der Ahnentafeln verdeutlichte die Akkumulation genealogischen Kapitals, zudem implizierten sie eine geschlossene Struktur mit einer festen Anzahl von Vorfahren über mehrere Generationen hinweg. Die Kunst bestand nun darin, diese Vielzahl in einer standardisierten Darstellung so zu visualisieren, dass sie auch rechtlichen und wissenschaftlichen Ansprüchen genügte. Ahnentafeln wurden zu einer empirievermittelnden Disziplin wie Geographie und Staatenkunde.[289]

Ahnentafeln erhielten eine besondere Aussagekraft, wenn sie mit der Abbildung von Wappen verbunden waren. Wappen in diesem Kontext versachlichten das frühneuzeitliche Herrscherbild, dienten zur Untermauerung einer frühneuzeitlichen notwendigen Evidenz und boten gleichzeitig für die hermeneutische Arbeit eine sicherere Basis als beispielsweise Porträts.[290] Ahnentafeln erweiterten gleichzeitig ein einzelnes Wappen oder Axiom im Sinne einer räumlichen und zeitlichen Ausdehnung mithilfe einer statischen Strukturierung. So konnten aus der genealogischen Herkunft Herrschaft, Macht- und Ranganspüche in der Gegenwart abgeleitet werden.[291] Ahnentafeln erfassten Familien oder Dynastien deduktiv, während Wappen dies auf induktive Weise taten.[292] Hintergrund hierfür ist, dass im Wappen die Abstammung einer Person in einzelne Konstitutionsbestandteile zerlegt, hergeleitet und legitimiert wird. Wappen halfen auch, das genealogische Modell mnemotechnisch zu verfestigen, was besonders in den der Öffentlichkeit zugänglichen Grabplatten mit ihren ausgeprägten Wappensystemen sichtbar wird.[293] Entscheidend ist, und das wird auch in den Reichskammergerichtsakten sichtbar: Genealogien müssen nicht notwendig mit dem Wappenbild arbeiten, da Wappen allein kein genealogisches System konstruieren können. Vielmehr müssen die Wappen durch Text ergänzt werden.[294] Andererseits wird gerade durch die Abfolge von Wappen in der Genealogie durch den Sprung von Wappenbild zu Wappenbild eine Überlagerung und Durchsetzung des väterlichen Wappens gegenüber dem eingeheirateten mütterlichen Wappen offensichtlich. Wobei die mütterlichen Wappen nicht vergessen werden, sondern gerade durch ihr Abbild eine Rückführbarkeit in die eigenen Ursprünge ermöglicht und garantiert wird.[295]

Wappen boten zudem den Vorteil, formularhaft das kollektive Gedächtnis zu prägen. Dennoch ist hier nicht der Ort, um auf die Entstehung der Wappen genau einzugehen. Hier soll lediglich kurz der rechtliche Hintergrund der Wappenverleihung skizziert werden. Neben den Kaisern oblag es den sogenannten Hofpfalzgrafen (comes palatini) und anderen Territorialherren des Heiligen Römischen Reiches, adelige und bürgerliche Wappen zu verleihen.[296] Im Reich waren dies die Habsburger in ihren eigenen Erblanden und als Könige von Ungarn. Auch die regierenden Erzherzöge der Nebenlinien waren dazu berechtigt. Hinzu kamen die weltlichen Kurfürsten und die Herzöge von Bayern[297] sowie einige Grafengeschlechter. Bei den Hofpfalzgrafen handelte es sich meist um Rechtsgelehrte.

Nach dem Westfälischen Frieden 1648 stellte nur noch die Hofkanzlei Adelsdiplome mit Wappen aus. Nichtadelige Wappen konnten weiterhin durch die Hofpfalzgrafen verliehen werden.[298] Die Wappen wurden dabei in der Reichskanzlei überwiegend so übernommen, wie sie der Antragstellende eingereicht hatte. Wappen wurden nur gegen eine zu zahlende Gebühr verliehen.[299] Die Bewilligung wurde seit 1570 in einer eigenen Registratur eingetragen.[300]

Ein eigentliches Wappenamt in der Reichshofkanzlei ist erst ab dem 18. Jahrhundert nachweisbar. Der erste Wappeninspektor war der Heraldiker und Historiker Wilhelm O'Kelly of Aghrem. Er hatte dieses Amt bis 1751 inne. Danach folgten vier weitere Wappeninspektoren.[301] Im 18. Jahrhundert sind auch erstmals Wappenmaler greifbar. Sie waren an der kaiserlichen Hofkanzlei angestellt und hatten meist noch eigene Gesellen unter sich.[302]

Gut sichtbar wird die Bedeutung der Ahnenfolge in der Ahnentafel der Familie von Henneberg, die im 16. Jahrhundert ausgestorben ist. Der gleich in zwei Reichskammergerichtsprozessen beigelegte Holzschnitt zeigt eine Abfolge der männlichen und weiblichen Mitglieder der gefürsteten Grafen zu Henneberg im Zeitraum von 1100 bis 1568. Eine Abfolge von Wappen wird nicht gezeigt, denn zu diesem Zeitpunkt stand bereits fest, dass die Familie keine Nachkommen mehr haben würde. Vielmehr steht das Wappen der 1583 gefürsteten Grafschaft Henneberg als einziges in der Genealogie und stellt damit das verbindende Element zwischen allen Vorfahren und Vorfahrinnen dar. Gleichzeitig ist es überpersonal, da es eben nicht die Familie, sondern deren Herrschaftsgebiet zeigt. Letztlich ist es eine besondere Art der gedruckten Memoria: Familie und Herrschaft waren eins und gehen nun gemeinsam unter.[303]

Im Laufe der Frühen Neuzeit wurde genealogisches und heraldisches Wissen „die entscheidende Schlüsselqualifikation des vormodernen Adels",[304] die besonders schwer zu erwerben war. Hierfür mussten nicht nur aufwendige Archivstudien betrieben und Erkundigungen eingezogen werden, z. B. durch Briefwechsel mit benachbarten Höfen, sondern auch erhebliche Reisen getätigt werden. So entsandte das Domkapitel von Paderborn 1663 eine Kommission, um die Genealogie des Hermann Markgrafen von Baden (1628–1691) im Zuge der Besetzung einer Paderborner Domherrenstelle zu überprüfen. Neben der Sichtung von Akten und Urkunden wurden Glasfenster, Grabdenkmale und Gemälde in Löwen, Brüssel und anderen Orten besichtigt, um die Herkunft des Probanden und seine Würdigkeit für das Domkapitel sicherzustellen.[305] Die Suche nach Wappenfensterscheiben und Grabdenkmalen mit Wappen weist zudem auf den Umstand hin, dass neben der Linearität der Verwandtschaft dem Wappen und seinem konkreten Anbringungs- oder Aufstellungsort eine entscheidende Bedeutung im Sinne von Herrschaftsnachweis zukam. Wappen und Ahnentafeln trafen rechtliche Aussagen, traten aber in unterschiedlichen Kontexten und Verbindungen miteinander auf. Das zeigen auch die Argumentationen um ihre Handhabung als Beweismittel am Reichskammergericht:

Die Parteien und das Gericht diskutierten die Verwendung von Ahnentafeln ohne und in Kombination mit Wappen im rechtlichen Kontext und fragten, welche Beweiskraft ihnen zugebilligt werden sollte. Dies geschah auf unterschiedlichen Ebenen und war immer eng mit dem konkreten Streitgegenstand verknüpft. Meist ging es dabei um Herrschafts-, Eigentums- und Besitzansprüche, die über Verwandtschaft bewiesen werden sollten. Gestritten wurde in diesem Zusammenhang um die rechtmäßige und korrekte Erstellung der Ahnentafel. Konfliktstoff boten zudem die Verwendung des Wappens als Chiffre einer Familie in einem bestimmten Raum oder Raumgefüge und die damit verbundene Beweiskraft für die Legitimität von Herrschaft. Zuletzt ist auf die Argumentationslinie Porträt und Wappen hinzuweisen, die allerdings in der untersuchten Stichprobe einen Einzelfall darstellt.

Am Reichskammergericht scheuten die Prozessparteien ähnlich wie das Domkapitel in Paderborn keinen Aufwand, um Akten und Lehenbücher in den Archiven auf die Linearität der Verwandtschaft zu überprüfen. Im Streit zwischen dem Adelsgeschlecht von Hohenlohe und dem Bischof von Würzburg sollte die Erstellung von Ahnentafeln beweisen, dass die Kläger von Albrecht von Hohenlohe abstammten.[306] Über die Genealogie wurde jedoch heftig gestritten: So bezweifelte Würzburg die Korrektheit der behaupteten Abstammung der Kläger von Albrecht von Hohenlohe. Die Kläger hielten dagegen, dass diese Abstammung von allen „glaubwürdigsten Genealogisten dem Publico als richtig und bekannt bezeichnet worden sei".[307] Auch die hohenlohischen Geschichtsschreiber bestätigten dies. Hinzu komme, dass sogar der Kaiser bei verschiedenen Gelegenheiten, wie z. B. bei der Erneuerung der Fürstenwürde, alles genau geprüft habe.[308] Die klägerische Seite hielt deshalb eine Diskussion darüber für vollständig überflüssig. Spitz bemerkte sie, dass erst nach vielen Jahren der Prozessführung die gegnerische Seite beginne, „evidente Wahrheiten" zu leugnen, und sich so der Lächerlichkeit preisgebe.[309]

Auch in einem anderen Fall waren die Ahnentafeln berühmter Genealogen der entscheidende Beweis. So berief sich Prokurator Zwierlein gleich auf mehrere Werke und Autoren wie den „berühmten Vice Canzler Kopp" sowie „Imhoffs notitia" und „des Hübners Tabula Genealogica".[310]

Abb. 34: Wappen der Familie von Linsingen, unbekannter Maler, 1676, kolorierte Federzeichnung, 31,5 × 20 cm, HessStA Marburg, Best. 255 L 43, f. 206/39

Wenn Güter nach dem Aussterben einer Linie eingezogen werden sollten, begegnen Argumentationsstränge, die gleichzeitig auf die Genealogie der Familie als umgrenzten und genau definierten Raum und auf Prestige und Rang der Familie durch das Wappen hinwiesen. Typisch hierfür ist der Streit zwischen dem eichsfeldischen Zweig der Familie von Linsingen und dem Landgrafen von Hessen, der 1783 begann:[311] Der hessische Zweig der Familie von Linsingen war ausgestorben. Daraufhin hatte Friedrich II. Landgraf von Hessen (1720–1785) das hessische Lehen Jesberg der Familie eingezogen, wogegen ein Vertreter der eichsfeldischen Linie der Familie Linsingen, der französische Obrist Ludwig Karl († 1805), für sich und seine Brüder vor dem Reichskammergericht klagte. Die Familie von Linsingen begründete ihren Anspruch auf das hessische Erbe damit, dass der eichsfeldische und der hessische Zweig der Familie einen gemeinsamen Stammvater gehabt hätten und es sich bei den eingezogenen Gütern nicht um Lehen, sondern um Stammgüter handle. Dies beweise das gemeinsame Wappen der beiden Linien (Abb. 34). Der Landgraf vertrat dagegen die Auffassung, dass es sich um Lehengüter handle und die beiden Familien nicht miteinander verwandt seien.

Der Prokurator Caspar Friedrich Hofmann (1740–1814), den die eichsfeldischen Linsingen beauftragt hatten, argumentierte auf mehreren Ebenen. Zuerst legte er eine Zeugenkommission zum ewigen Gedächtnis vor.[312] Zusätzlich wies er auf ein bereits 1722 von der Juristenfakultät Halle erstelltes Gutachten hin, das die Erbberechtigung der Eichsfelder Linsinger Linie für die hessischen Güter zweifelsohne feststellte.[313] Als weiteres Argument führte der Prokurator eine öffentlich gedruckte Geschlechtsfolge der Familie von Linsingen aus dem Jahr 1774 auf. Darin sei offensichtlich, dass der Stammvater Freiherr von Linsingen aus der Jesberger Linie 1466 aus Hessen in das Eichsfeld gezogen sei.[314] Danach machte Hofmann klar, dass der stärkste Beweis für die Nachkommen (Agnaten) und die Identität der Familie „die Führung eines Schilds und Helms“[315] und Namens sei. Hofmann bewies dies dadurch, dass er die Wappenzeichnung des letzten Nachkommens aus der hessischen Linsingen-Linie vorlegte, die dieser 1718 bei den Burgmannen in Friedberg eingereicht hatte. Die Burgmannen bestätigten ausdrücklich, dass es sich um die wahren Farben, Schild und Helm handle und das Geschlecht von Linsingen altadelig zu Schild und Helm geboren und geachtet sei. Das Geschlecht habe zudem die statutenmäßige Ahnenprobe des Ritterstifts bestanden und sei als turniermäßig anerkannt. Dieses Wappen sei in den Farben und der Anzahl der Linsen mit dem Wappen der eichsfeldischen Linie der Familie von Linsingen identisch.[316]

Zugunsten der Anerkennung des Wappens führte Hofmann zudem aus, dass 1577 Landgraf Wilhelm IV. von Hessen-Kassel (1532–1592) Georg Adam von Linsingen (um 1577) aus der eichsfeldischen Linie gebeten habe, sein Wappen für die Ausmalung des Rittersaales in seinem neu erbauten Schloss in Rotenburg zur Verfügung zu stellen.[317] Der Landgraf wollte alle seine anerkannten Vasallen an zentraler Stelle darstellen lassen. Hofmann führte an, dass heute noch – also 1785 – in dem Rittersaal das „Geschlechts und Stamms Wappen“ der Linsingen zu sehen sei. Dies zeige, so der Prokurator, dass „die Hessischen und Eichsfeldischen Linsingen eines Geschlechts und Namens wären“.[318] Hofmann schloss aus der Darstellung des eichsfeldischen linsingischen Wappens an dieser außerordentlich prominenten Stelle im landgräflich hessischen Schloss, dass ein Vorfahr des jetzigen Landgrafen selbst die Behauptung, dass die eichsfeldischen Linsingen nicht zu den hessischen gehörten, widerlegt habe. Zudem könnten Lehnsbriefe und Lehnsreservalien am Lehnshof in Kassel dies zweifelsfrei bestätigen, wenn sie denn vorlägen. Hofmann wies in der weiteren Verhandlung darauf hin, dass der Landgraf die Möglichkeit der Einsichtnahme besäße. Der Vertreter des Landgrafen, der Prokurator Zwierlein, griff diese Beweisführung nicht auf.

Das Beispiel zeigt, dass Wappen vielfältige Funktionen erfüllten. Sie bewiesen durch ihre Darstellung nicht nur die Ahnenfolge, sondern betonten auch die weibliche Erbfolge. Zudem gaben sie Auskunft über die Adelsqualität einer Familie, aus der wiederum Eigentums- und Besitzansprüche unterschiedlichster Art abgeleitet werden konnten. Gleichzeitig zeigte die Verwendung und die Platzierung des Wappens durch die Wappenträger selbst oder durch Dritte, meist Höhergestellte, den Rang der Familie und ihr Prestige innerhalb der Adelspyramide auf.

Adelsqualität wurde auch im folgenden Streitfall als das entscheidende Argument der beklagten Partei vorgebracht. Die Grafen von Aspremont-Linden wollten als Herren der Grafschaft Reckheim beweisen, dass diese Grafschaft reichsunmittelbar sei. Deshalb könnten sie von ihren dortigen Untertanen nicht am Reichskammergericht verklagt werden. Die Grafschaft lag im westlichen Reichsgebiet am linken Ufer der Maas und war 1556 von den Grafen von Aspremont-Linden gekauft worden. Insgesamt handelte es sich um ein unzusammenhängendes Territorium von ca. 120 qkm, in dem im 18. Jahrhundert rund 5000 Untertanen lebten.[319]

1664 klagten die Bewohner von Reckheim, dass – trotz eines am Reichskammergericht anhängigen Rechtsstreites – der Graf landfriedensbrüchige Taten in der Grafschaft begehe. Er überfalle sie, brandschatze und lasse sie einkerkern.[320] Der Graf erhebe zudem übermäßige Steuern und lasse mit Gewalt pfänden. Außerdem hindere er die Untertanen daran, Gelder für die Prozesse an Reichskammergericht und Reichshofrat einzusammeln.[321] Der Graf wiederum bezichtigte die Untertanen der Lüge.[322] Er verstünde nicht, warum seine Untertanen gegen einen reichsunmittelbaren Grafen vor dem Reichskammergericht klagen könnten, und beauftragte gleichzeitig den Aachener Schöppenstuhl, nach Reckheim zu reisen, um im dortigen Archiv die entsprechenden Dokumente zum Beweis seiner Reichsunmittelbarkeit und seiner besonderen Verdienste für das Reich herauszusuchen.[323] Die Kommission förderte eine beeindruckende Anzahl an Dokumenten zutage. Diese Sammlung aus Urkunden, Abbildungen von Schlössern, Wappen, Grabmalen und Porträts wurde gedruckt und sowohl dem Reichskammergericht als auch beim Reichshofrat vorgelegt. Das Werk hatte also einen doppelten Zweck, indem es vor beiden höchsten Reichsgerichten die Reichsstandschaft der Grafen von Aspremont und Linden über die Grafschaft Reckheim klären sollte. Es ist nicht ganz klar, warum die Grafen versuchten, auch den Reichshofrat in die Angelegenheit mit einzubeziehen. Hintergrund könnte sein, dass die Grafen zum Zeitpunkt des Prozesses vor allem in Wien lebten, wo der Reichshofrat beheimatet war. Sie nahmen dort hohe politische und höfische Ämter ein[324] und pflegten so ausgezeichnete Verbindungen zum Kaiserhof, die beim Reichshofrat nützlich sein konnten. Umso ärgerlicher war deshalb die Klage der Untertanen vor dem Reichskammergericht, das sich in Wetzlar befand und deshalb für die beklagten Grafen von Aspremont-Linden weit weniger Einflussmöglichkeiten bot. Trotz ihrer Abwesenheit von der Grafschaft besaßen die Grafen allerdings immer noch enge verwandtschaftliche Beziehungen zu Heerführern in der Region[325], sodass eine Drangsalierung der Untertanen leicht zu bewerkstelligen war.

Die Beweisführung mithilfe des Aktenmaterials geschah auf drei Arten: Erstens sollten Urkunden zeigen, welche Verpflichtung Reckheim in Form von Steuern gegenüber dem Reich und dem Westfälischen Kreis zu leisten hatte. Spezielle Urkunden von Kaiser Ferdinand II. (1578–1637) sollten zudem die Reichsunmittelbarkeit Reckheims bestätigen sowie den Umstand, dass die Untertanen von Reckheim nicht an ein fremdes Gericht appellieren durften.[326] Zweitens wurde die besondere Rolle Reckheims im Kriegsdienst hervorgehoben. Diese sollte durch einen Brief Silvio Piccolominis (1640–1689) bewiesen werden, der die Rolle Reckheims für die Reichsverteidigung betonte.[327] Das dritte Argument bezog sich auf die Herkunft der Familie Aspremont-Linden, die Reckheim nicht geerbt, sondern gekauft hatte. Entscheidend waren hier Stiftungen und Schenkungen, die mithilfe der Abbildung von Siegeln, Wappen und Grabmalen bewiesen wurden.[328] Die umfangreiche Darstellung der Rechte und Verdienste der Familie verließ an diesem Punkt die gängige Praxis und führte als neues zusätzliches Beweismittel „imagines" ein. Es handelt sich zum einen um die Abbildung der Be-

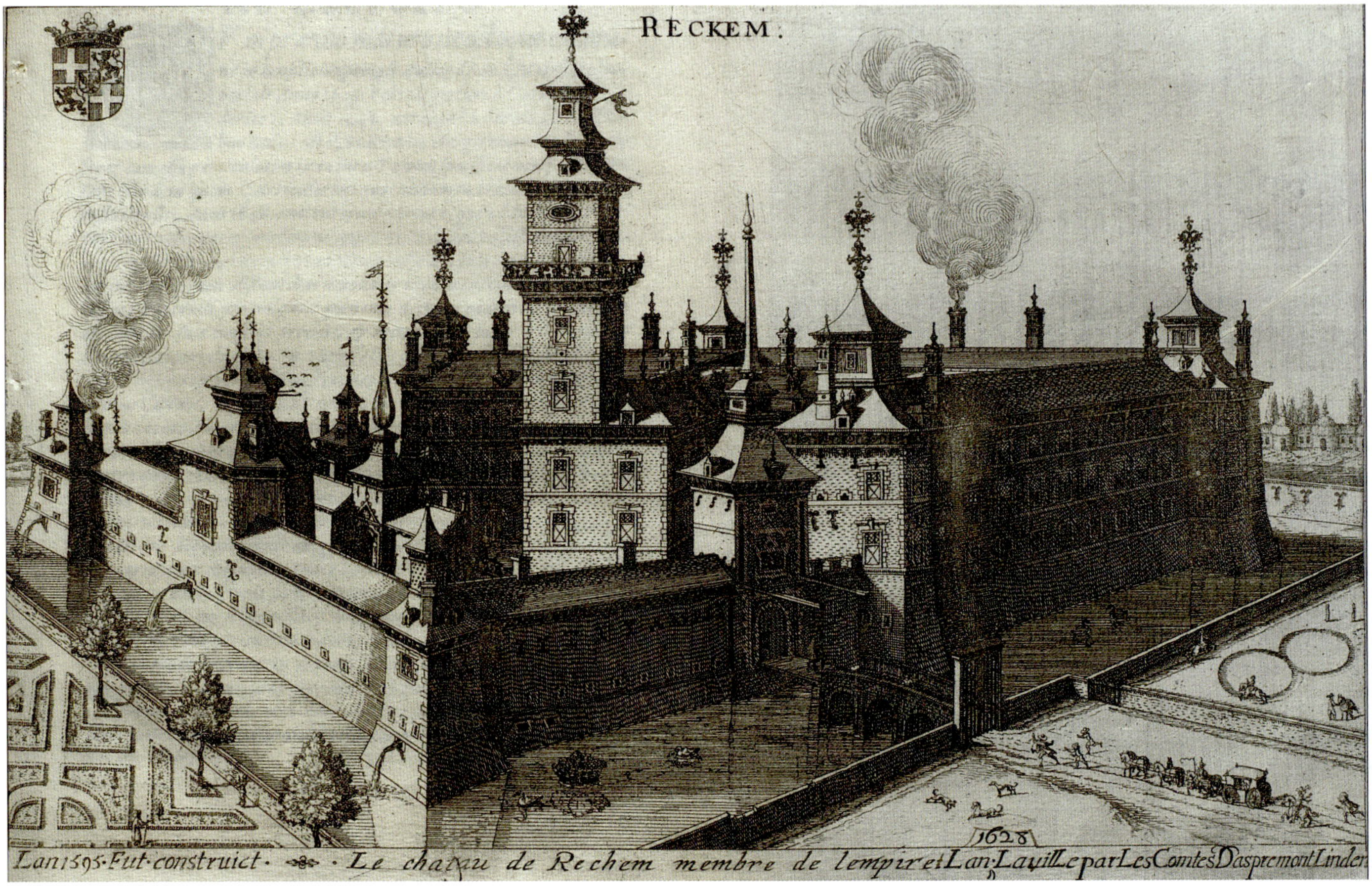

Abb. 35: Schloss Reckheim, unbekannter Stecher, vor 1664, Kupferstich, 24,3 × 11,7 cm, Archives de l'État à Liège, Chambre impériale 2135, Q 14f. 8b

sitztümer der Familie, nämlich der Schlösser Linden und Reckheim (Abb. 35), zum anderen um die Kupferstiche von zwei Porträts der Stammeltern des Geschlechts: Theodor von Linden und Elisabeth von Hemmen (beide 14. Jahrhundert). Das imaginäre Porträt zeigt Theodor von Linden im Jahr 1323. Eine Umschrift bezeichnet ihn als im Rat und Kämmerer Alberts von Österreich. Zu sehen ist ein mit einer Kappe bekleideter Mann im Halbporträt in Dreiviertelansicht. Er ist mit einem weißen gefältelten Hemd und einem Mantel bekleidet, der am Kragen mit Pelz verbrämt ist. Linden trägt eine grobgliedrige Kette mit einem Anhänger. Seine rechte Hand berührt einen Totenkopf und in der linken Hand hält er eine Sanduhr, auf der das Wappen der Familie von Linden erkennbar ist (Abb. 36).

Das Porträt seiner Ehefrau Elisabeth von Hemmen wird ebenfalls in Dreiviertelprofil gezeigt. Der Kopf ist mit einem weißen Tuch bedeckt. Über einem weißen Hemd trägt sie ein einfaches Kleid, an dessen großem Kragen eine aufwendig gestaltete Kette mit einem Anhänger befestigt ist. In den Händen hält sie ein Buch. Darüber befindet sich zierliches Maßwerk und das Wappen der Familie Linden-Hemmen (Abb. 37).

Abb. 36: Theodor von Linden, unbekannter Stecher, vor 1664, Kupferstich, 24,3 × 11,5 cm, Archives de l'État à Liège, Chambre impériale 2135, Q 14 f. 108a

Abb. 37: Elisabeth von Hemmen, unbekannter Stecher, vor 1664, Kupferstich, 24,3 × 11,6 cm, Archives de l'État à Liège, Chambre impériale 2135, Q 14 f. 108b

In beiden Fällen handelt es sich nicht um reale Personen, da man im 14. Jahrhundert porträtähnliche Abbildungen noch nicht kannte. Das Bewusstsein darüber schien im 17. Jahrhundert jedoch nicht mehr zu existieren, denn sonst hätte man wohl auf die Darstellung der Porträts in Form von Kupferstichen – allein schon aus Kostengründen – verzichtet. Entscheidend für die Beweisführung im Prozess war, dass Elisabeth von Hemmen die einzig verbliebene Erbin ihres Geschlechts war, deren Vermögen an den Ehemann überging bzw. laut einer Bewilligung Kaiser Sigismunds von Theodor verwaltet werden konnte. Dieser Umstand sei – so die Auskunft der Familie von Aspremont-Linden – von den späteren Kaisern bestätigt worden.[329] Die Aufnahme der Porträts in die Darstellung zeigt einmal mehr, wie sehr Wappen und Porträts im 17. Jahrhundert als Einheit betrachtet wurden. Die Anciennität der Familie wurde außerdem durch die Abbildung des Grabes eines heiligen Vorfahren der Familie, Gobertus Graf von Aspremont sowie Bischof von Metz und Verdun, unterstrichen.[330] Die aufwendige und kostspielige Darstellung und Beweisführung der Reichsunmittelbarkeit der Beklagten sollte dazu dienen, Verfügungen des Reichskammergerichts zugunsten der Reckheimer Untertanen abzuwehren.

Die Qualität des Adels spielte auch im folgenden Fall eine Rolle. Allerdings wurde in diesem Fall kein herrscherlicher Schlosssaal mit Wappen als Beweismittel herangezogen. Auch eine akribische Urkundensuche mithilfe einer Kommission unterblieb. Vielmehr wurde die Beweiskraft von Wappen durch Grabmale und damit öffentlich zugängliche Kirchen untermauert. Grundlegend war hier zusätzlich zur eigentlichen Wappendarstellung auf dem Grabmal die Platzierung des Begräbnisortes in der Kirche. Dabei kam der Kontinuität der dynastischen Grablegung eine herausragende Bedeutung zu.[331] Letztlich wurde durch die Verteilung der Grabstätten im Raum der Kirche eine zusätzliche Form der Ahnentafel zelebriert. Entscheidend für juristische Argumentationen war neben den Wappen und ihrer Abfolge der Standort der Grablege in der Kirche.

Im Streit zwischen den Familien Myllendonk / de Blanche auf der einen und Nesselrode / von dem Bongard auf der anderen Seite um Hoheits-, Jurisdiktions- und Besitzrechte über die Herrschaft Schönau bei Aachen war dies der Fall.[332] Die Parteien stritten in dem Prozess u. a. darum, ob Schönau eine reichsunmittelbare Herrschaft und ein Allod[333] sei. Die Familie Nesselrode / von dem Bongard behauptete, dass Schönau eine reichsunmittelbare Herrschaft und ein Sonnenlehen sei, während die gegnerische Partei meinte, dass Schönau lediglich einen Teil der jülischen Unterherrschaft Heyden bilde. Zur Unterstützung der Argumente der Parteien wurden neben den allgegenwärtigen Urkunden Augenscheinkarten[334] gefertigt, um das eigentliche Hoheitsgebiet der Herrschaft Schönau festzustellen. Als zentrale Elemente der Beweisführung erwiesen sich die verschiedenen Grablegen, Totenschilde mit Wappen sowie die Verteilung von Kirchenstühlen in der Kirche des Dorfes Richterich, wo sich auch das Schloss Schönau befand. Totenschilden kam dabei eine besondere Bedeutung zu, da sie einen öffentlich formulierten Anspruch auf Teilhalbe an Herrschaft formulierten. Sie dienten auch als Mittel der Legitimation und informierten den Betrachter über die Qualität und die schlichte Existenz des Geschlechts.[335] Um die Kirche zu besichtigen, wurde durch die Beklagten Nesselrode / von dem Bongard eine Kommission beauftragt, welche die „heydeckische Kirche“ im Dorf Richterich begutachten sollte (Abb. 38).

Ein beauftragter Notar, der Maler Josef Jakob April (nachweisbar 1753) und eine ungenannte Zahl von Zeugen trafen sich 1753 in der Kirche.[336] Sie besichtigten dort zuerst die elf Totenschilde neben dem Hauptaltar, die abgenommen wurden, damit die Inschriften gelesen und bestätigt werden konnten. Totenschilde und Inschriften wurden zusätzlich durch April sorgfältig abgemalt. Vorwiegend handelte es sich um die Wappen der Familie von Bongard. April malte auch einen Grundriss der Kirche, in der die Lage der unterschiedlichen Totenschilde und Kirchenstühle genau festgehalten wurde. Mithilfe dieser Augenscheinkarte kann der Betrachter erkennen, dass sich am Fuß des Altars das Grabmal mit dem Wappen der Familie von der Heyden befand. Direkt daneben stand der heydensche Kirchenstuhl, der mit dem bongardischen Wappen und der Jahreszahl 1673 verziert war. Auf der gegenüberliegenden Seite lag der heydensche Schöffenstuhl. Außerdem wurden weitere Stühle im Chorraum auf dem Grundriss eingezeichnet: ein Sekretariatsstuhl des „zeitlichen Gerichts“ mit

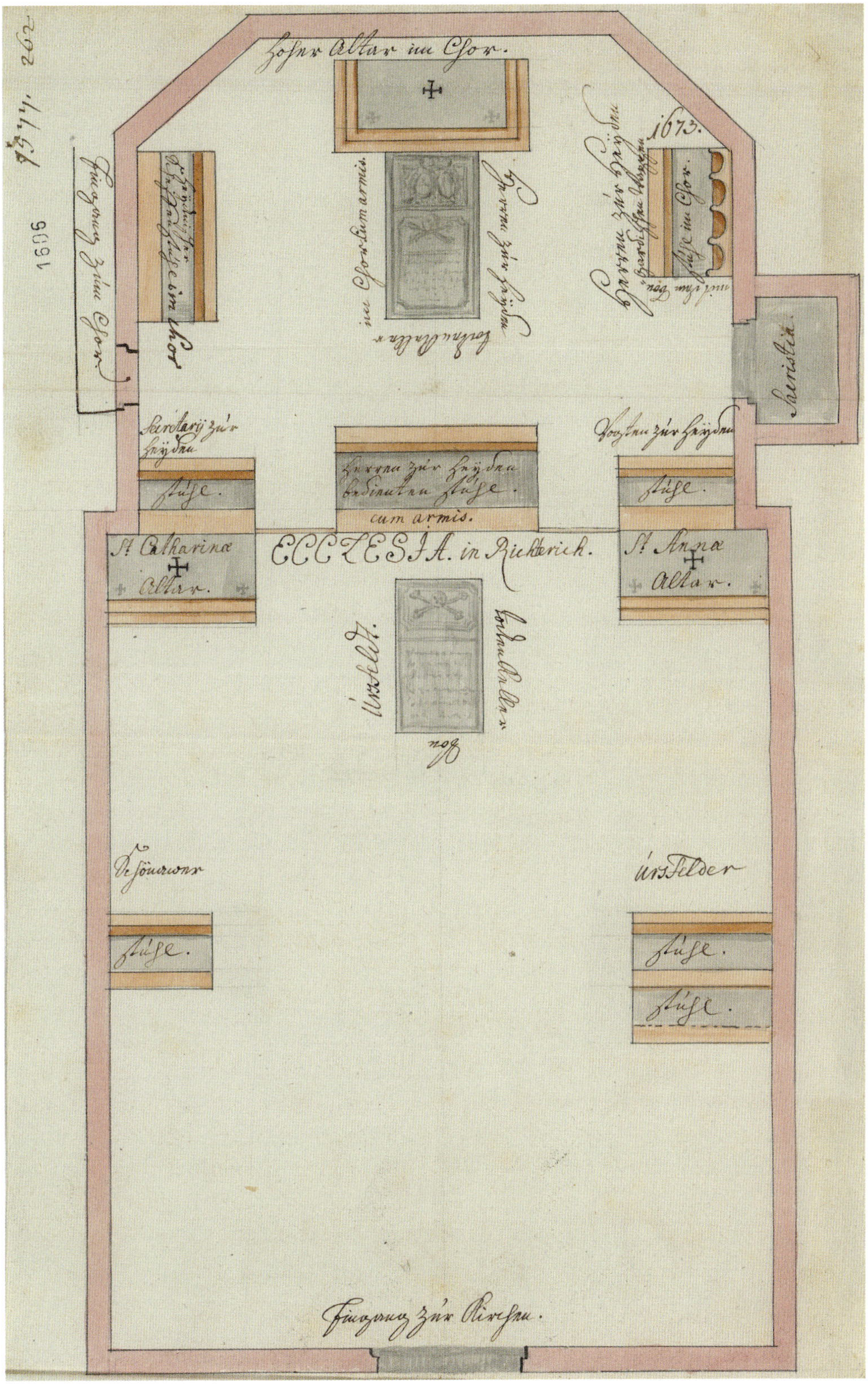

Abb. 38: Grundriss der Kirche in Richterich, Josef Jakob April, o. J., kolorierte Federzeichnung, 40 × 25,5 cm, LA NRW – Abteilung Rheinland, AA 0627, Nr. 3858, fol. 1606

bongardischen Wappen sowie in der Mitte ein „Bedientenstuhl", ebenfalls mit dem bongardischen Wappen und der Jahreszahl 1666.[337]

Danach betrat die Kommission das Kirchenschiff, um auch dort die Altäre, Kirchenstühle und Grabmale zu besichtigen und sie auf der Beweiskarte festzuhalten: zum einen den Katharinenaltar, über dem ein Totenschild einer Frau von Blanche aus dem Jahr 1711 hing. Die Klägerin und ihr Gatte waren die Erben dieser Frau von Blanche gewesen. Auf der Seite des Katharinenaltars hat der Maler auch den Schönauer Stuhl eingezeichnet. Dem Katharinenaltar gegenüber stand der Annenaltar, vor dem zwei Ursfelder Stühle platziert waren. Zwischen den beiden Altären befand sich die Grablege der Familie von Ursfeld, in der die Dame von Blanche, die Schönau geerbt hatte, begraben lag. Dies bestätigten jedenfalls der 68-jährige Zeuge Jakob Bunger und Anton Lutgens (beide nachweisbar um 1753) als ältester Schöffe des Gerichts zu Heyden.[338] Die Augenscheinkarte bewies mehr als deutlich, dass die beklagte Familie Nesselrode / von dem Bongard berechtigte Erbin der Hoheitsrechte der Grafschaft Schönau war, denn die Kirchenstühle und Totenschilde der Familie waren im bedeutendsten Teil der Kirche, nämlich im Chorraum, platziert. Die Grablege und das Wappenschild der Dame von Blanche, auf deren Ansprüche sich die Kläger stützten, hatten ihren Platz dagegen nur im Kirchenschiff gefunden. Hinzu kommt, dass die angebliche Erblasserin nur in einer familienfremden Grablege bestattet worden war.

Aber bei nicht allen Besichtigungen von Kirchen wurde auch ein Grundriss der Kirche angefertigt. Im folgenden Fall hielt man das Protokoll der Begehung der Kirche vonseiten der Kläger für ausreichend. Der Hinweis, dass die Kirche sogar Teil der Residenz der Grafen von Oettingen sei, schien der klägerischen Partei zu genügen. Der Deutsche Orden als beklagte Partei bestritt dies auch nicht, sah den Umstand aber nicht mit der Verpflichtung verbunden, dem Haus Oettingen einen Reiswagen stellen zu müssen. Der Streit wurde 1533 zwischen dem Administrator und Hochmeister des Deutschen Orden, Walter von Cronberg (1477–1543), und Ludwig dem Älteren von Oettingen (um 1533) ausgetragen.[339] Der Graf hatte vom Deutschen Orden wegen des Türkenkrieges und des „Hessischen Zuges" die Stellung eines Reiswagens mit vier Pferden und einem Knecht verlangt. Als Begründung diente ihm, dass das Deutschordenshaus in Oettingen Teil des Schlosses und die Grafenfamilie Stifter des Ordenshauses sei.[340] Der Administrator des Deutschen Ordens, Walter von Cronberg, wollte dies nicht akzeptieren und klagte auf Schadensersatz mit der Begründung, dass der Deutsche Orden durch kaiserliche und päpstliche Privilegien grundsätzlich von allen Fuhr- und Wagendiensten befreit sei und sie dem Grafen von Oettingen nur zwei Pferde und einen Nachläufer stellen müssten.

Oettingen ließ dies nicht gelten und argumentierte, dass seine Vorfahren Stifter, Patrone sowie Schutz- und Schirmherren des mit dem Schloss baulich verbundenen Ordenshauses seien. Deshalb sei der Ordenskomtur ihm mit Ratspflicht verbunden und müsse wie alle anderen schutzverwandten Klöster auch einen Reiswagen stellen. Der Graf verlangte zur Unterstützung dieser Argumentation eine Kommission, die die Kirche des Ordenshauses besichtigen sollte. Die entsprechende Verteidigungsschrift mit den Artikeln sollte so mit dem Augenschein bewiesen werden.[341] Die Kommission wurde durch das Gericht gestattet und die Kirche 1539 in Anwesenheit des Grafen besichtigt.[342] Sie diente allein dem Zweck, oettingische Wappen und Grablegen in dem Gotteshaus zu sichten. Bei der Kirchenbegehung wurde zuerst ein alter Marmorstein begutachtet, der seit etlichen hundert Jahren den Grafen von Oettingen als Grablege gedient haben sollte. Ein Maler wurde angewiesen, den Grabstein abzumalen und die Inschrift, soweit sie noch lesbar war, hinzuzufügen.[343] Der Anwalt Oettingens identifizierte dazu den Schild auf dem Stein als das oettingische Wappen und las die verstümmelte Schrift vor. Der Anwalt des Deutschen Ordens behauptete dagegen, er kenne die Helmzier nicht, das restliche Wappen sei allerdings oettingisch, die Schrift könne er aber nicht lesen.[344] Zusätzlich wurde die Kommission auf eine Tafel über einem Grabmal aufmerksam gemacht. Darauf waren elf oettingische Wappen ohne Helm und Helmzier abgebildet. Über der Tafel fand die Kommission zudem Inschriften, die auf die verstorbenen oettingischen Grafen hinwiesen. Die Tafel selbst stammte aus dem Jahr 1408.[345] Nach Auffassung Oettingens zeigte sie, dass die Grafen seit alters her Stifter und Patrone des Deutschen Ordens waren. Als Beweis wurden auch diese Wappen abgemalt und zusätzlich blasoniert.[346] Ein weiterer Schild sollte das bereits verwitterte Wappen und die Schrift auf dem Marmorstein erläutern. Laut Oettingen handelte es sich in dem Fall um die farbige Variante des Wappenschildes auf dem Marmorstein (Abb. 39).[347]

Neben den Wappendarstellungen wollte der anwesende Graf auf die besondere Rolle der Stifterfamilie für den Deutschen Orden hinweisen.[348] Beweismittel hierfür sollte eine an einem Pfeiler der Kirche hängende Tafel sein, die die Verleihung des Andreaskreuzes an den Deutschen Orden durch Papst Coelestin V. und die Bestätigungen durch König Heinrich II. von Jerusalem, Kaiser Friedrich II. und den französischen König darstellte. Der Anwalt des Deutschen Ordens wehrte sich vehement dagegen, dass diese Tafel abgemalt und dem Gericht zur Verfügung gestellt werden sollte. Der Kommissar wies jedoch die Forderung des Anwalts des Deutschen Ordens ab, sodass sich die Tafel heute noch in Kopie in den Akten des Reichskammergerichts befindet.[349] Sie ist in fünf Spalten geteilt. Die erste und fünfte Spalte zeigen Szenen, in denen Mitgliedern des Deutschen Ordens von Päpsten und Königen Urkunden überreicht werden. Es handelt sich links um Papst Coelestin und König Hein-

Abb. 39: Oettingisches Wappen, unbekannter Maler, ca. 1539, kolorierte Federzeichnung, 30 × 21 cm, BayHStA München, PlSlg 12755_3

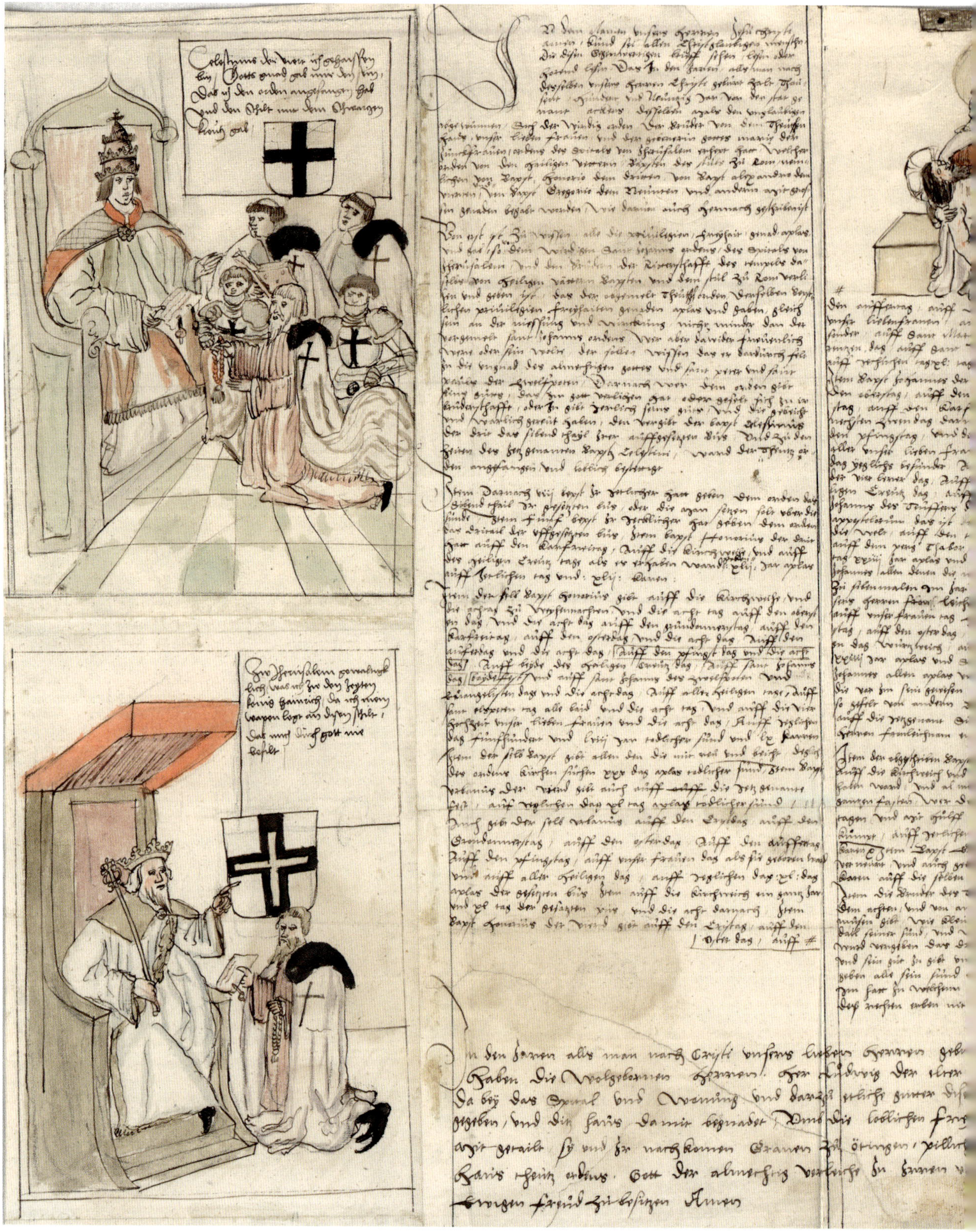

Abb. 40: Stiftertafel der Grafen von Oettingen, unbekannter Maler, ca. 1539, kolorierte Federzeichnung, 69 × 101 cm, BayHStA München, PlSlg 20402

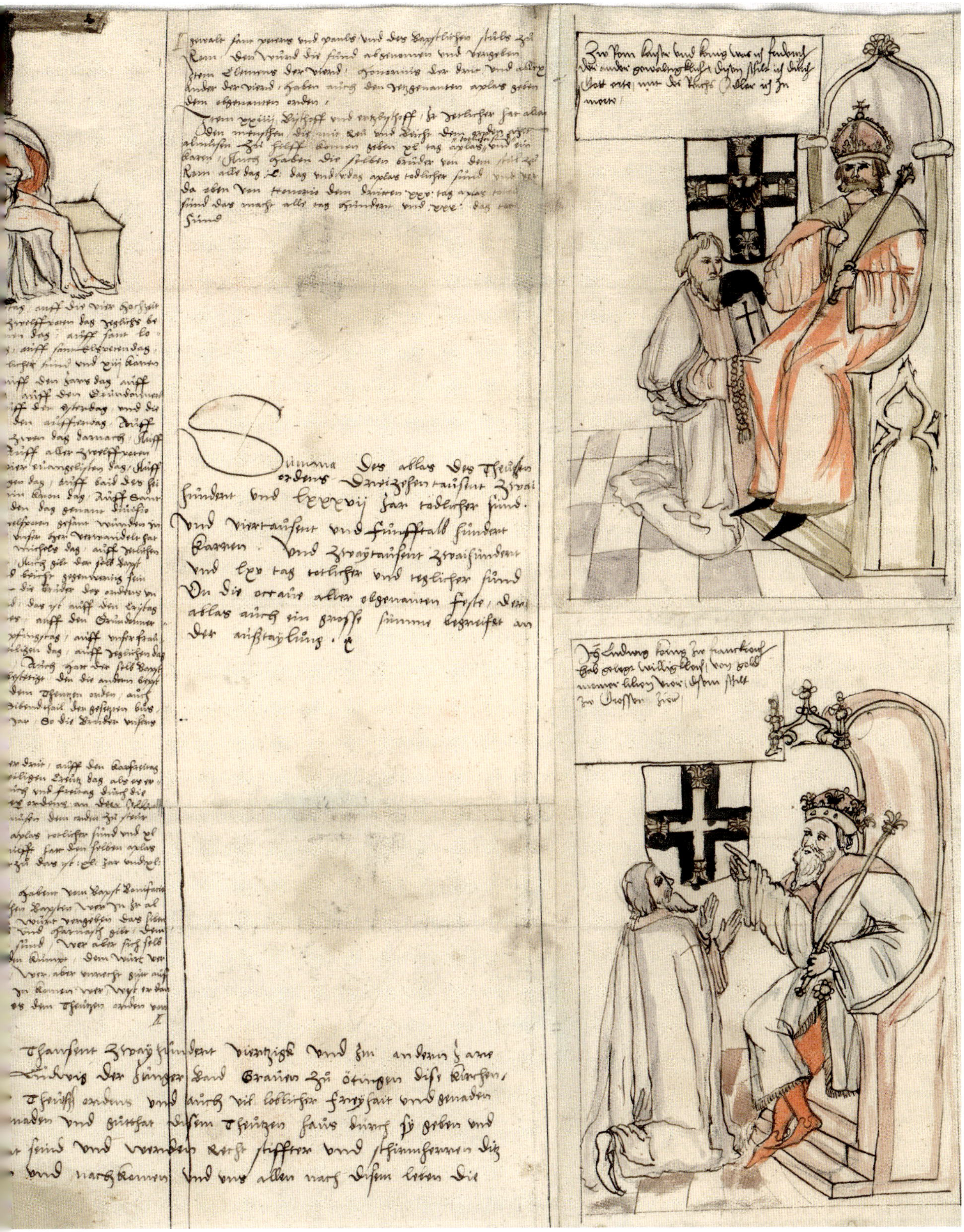
Summa des ablas des Theutschen ordens Dreitzehentausent zwaihundert
und lxxvij jar todlicher sünd.
Und viertausent und fünffthalb hundert karen. Und zwaytausent zwaihundert
und lxx tag todlicher und teglicher sünd
Un die octaw aller obgenanten feste, der ablas auch ein grosse summe begreiffet an der außtzaylung.

rich II. von Jerusalem, rechts werden Kaiser Friedrich II. in Rom und König Ludwig von Frankreich abgebildet. Die Spalten zwei und vier enthalten die Texte der Urkunden, die durch den Papst, Könige und Kaiser überreicht wurden. In der oberen Hälfte der mittleren Spalte ist eine Madonna sitzend vor dem Kreuz mit dem sterbenden Jesus auf dem Schoß abgebildet (Abb. 40). Quer über die drei Textspalten findet sich zudem der Hinweis, dass die Grafen Ludwig der Ältere und Jüngere 1242 die Schirmherrschaft über den Deutschen Orden, das Spital und weitere Gebäude übernommen hätten. Das gelte auch für alle Nachfahren.[350]

Wir wissen nicht, welche Rolle der oettingische Beweisrotulus in den Verhandlungen vor Gericht spielte, da sie geheim waren und in der Frühen Neuzeit die Urteilsbegründung den Parteien nicht mitgeteilt wurde. Auch in anderen Quellenbeständen ist hierüber nichts zu finden, da sie beim Brand von Speyer 1689/90 vernichtet wurden. Allerdings kennen wir das Urteil des Gerichts: Es verpflichtete am 30. März 1552 den Deutschen Orden dazu, bei Kriegszügen des Reiches künftig der Grafschaft einen Reiswagen zu stellen.

Der Fall zeigt deutlich: Wappen sind quasi Platzhalter für die Dynastie. Sie konnten eine Stellvertreterfunktion für eine reale Person einnehmen und besaßen gleichzeitig eine juristische Funktion.[351] Mithilfe des Wappens konnte die Dynastie an unterschiedlichen Orten in Erscheinung treten und daraus vielfältige juristische Ansprüche geltend machen. In unserem konkreten Fall bewiesen die Wappen der Grafen von Oettingen in einer Kirche des Deutschen Ordens, die mit dem oettingischen Schloss baulich verbunden war, dass die Grafen Stifter und Patrone des Deutschen Ordens waren und sich daraus für den Deutschen Orden Pflichten ergaben, die es zu erfüllen galt.

Aber nicht nur konkrete Orte, die durch Wappen markiert waren, dienten dazu, Eigentums- und Besitzansprüche unterschiedlichster Art vor Gericht geltend zu machen. Auch Handlungsweisen, bei denen Wappen auf Fahnen gemalt und durch bestimmte Personen herumgetragen wurden, konnten als Beweismittel bei Streitigkeiten um Herrschaftsrechte dienen.

Mitte des 16. Jahrhunderts herrschte in den Dörfern Hemsbach und Sulzbach an der hessischen Bergstraße der Brauch, dass die Weidebuben der Gemeinden jährlich an Pfingsten einen König wählten, ihn „tauften“ und anschließend einen Fahnenumritt veranstalteten. Dabei schwenkten sie Fahnen mit den Wappen der Wormser Bischöfe Reinhard Pfau von Rietburg (1458–1533) und Heinrich IV. Pfalzgraf bei Rhein (1487–1552).[352] Der Vogt des Kurfürsten von Heidelberg wollte die Abhaltung des alten Brauchs aber nicht mehr erlauben, während der Wormser Keller den Kurpfälzer einfach in dieser Angelegenheit für nicht zuständig erklärte. Hintergrund für das Geplänkel der subalternen Verwaltungsbeamten bildete der ständig schwelende Konflikt zwischen dem Bistum Worms und der Kurpfalz. Die Weidebuben veranstalteten deshalb wie gewohnt ihr Fest mit der Wahl eines Königs, der Taufe und dem Umritt mit den gewohnten Fahnen. Eine Ladung der Weidebuben nach Heidelberg durch den kurpfälzischen Vogt war die Folge, der die Weidebuben auf Anweisung des Wormser Kellers keine Folge leisteten. Daraufhin überfielen pfälzische Truppen das Dorf Hemsbach, nahmen den wormsischen Keller und die Weidebuben in Gewahrsam und führten sie nach Heidelberg in Gefangenschaft. Der Kurfürst interpretierte die Missachtung seines Verbots durch die Weidebuben als Handeln gegen seine landesfürstliche Gewalt und seine policeyliche Obrigkeit. Es widerspreche zudem der kurpfälzischen Landesordnung. Die Weidebuben verspotteten seiner Meinung nach durch das Spiel das Taufsakrament und störten das Pfingstfest. Außerdem verunglimpften sie das kurpfälzische Wappen, da es als „Königsfahne“ diene (Abb. 41).

Abb. 41: Wappen des Bischofs von Worms und Pfalzgrafen bei Rhein, unbekannter Maler, vor 1589, kolorierte Federzeichnung, 41,5 × 32 cm, GLA Karlsruhe, 71 Nr. 3430, Q 26

Der Wormser Bischof ging auf diese Einwürfe nicht näher ein, sondern ließ darauf erwidern, dass die Pfälzer zwar in Hemsbach und der übrigen Bergstraße bis nach Frankfurt sowie den Neckar hinauf bis nach Heilbronn durch die unterschiedlichen reichsritterlichen Territorien ihr Wappen anschlagen könnten, er aber die Jurisdiktion und Obrigkeit, Fron und andere Dienstbarkeiten und Gerechtigkeiten über die Dörfer Hemsbach, Sulzbach und Laudenbach besitze.[353] Das Anschlagen der Wappen bedeute nur, dass die Kurpfalz Rechte auf Zoll und Geleit habe.[354] Der Bischof führte weiter aus, dass alle vorherigen Bischöfe den Weidebuben ihr Spiel zugestanden hätten, der Kurpfälzer hier also keinerlei Rechte in Anspruch nehmen könne.[355]

Der Bischof gestand in dieser Argumentationskette der Kurpfalz durchaus umfangreiche Rechte zu, machte aber gleichzeitig deutlich, dass er nicht anderen Reichsständen der Gegend gleichzusetzen sei und die volle Territorialhoheit über sein Territorium besitze. Die Weidebuben hätten die Fahnen in Heidelberg anfertigen lassen und der Maler habe wohl deshalb das pfälzische Wappen aus Unkenntnis in die Mitte gesetzt. Dies bedeute aber keinesfalls, dass dadurch das Ansehen der Pfalz geschmälert wäre. Der Wormser Bischof machte außerdem darauf aufmerksam, dass auch andere Geschlechter sich zusammen mit dem Wormser Bischofswappen abbildeten.[356]

Die Antwort des Wormser Bischofs zeigt, um was es eigentlich ging: den Streit zwischen dem Wormser Bischof und dem Kurfürsten von der Pfalz um die Landeshoheit über das Wormser Bistum. Das harmlose Vergnügen einiger Weidebuben, welches mit ihrer Gefangennahme und einem anschließenden Prozess am Reichskammergericht endete, zeigt einerseits die Tiefe des Konflikts und andererseits die hohe Bedeutung des Wappensymbols. In dem Streit ging es um die Verwendung des Wappens selbst, die Problematik zusammengesetzter Wappen, die Verteilung im geographischen Raum und letztlich um Herrschaftsanspruch über den so markierten Raum.

Besonders an dem Fall ist, dass die Fahnen, um ihre Verwendung durch die Weidebuben zu beweisen, nach Speyer gebracht, in der Audienz des Gerichts der Öffentlichkeit präsentiert und die Wappen erst anschließend in Speyer durch einen Maler visualisiert und den Akten beigelegt wurden.[357] Es handelt sich dabei wohl um einen singulären Vorgang und ist der Nähe Hemsbachs zu Speyer geschuldet. Hier bot sich die einmalige Gelegenheit, Beweismittel selbst nicht nur den Richtern, sondern auch der Öffentlichkeit im Audienzsaal vorzustellen. Gleichzeitig wurde damit das Ziel verfolgt, einer breiteren Öffentlichkeit die beiden Fahnen zu zeigen und so den grundsätzlichen Konflikt dem direkten Nachbarn von Kurpfalz und Worms, nämlich Reichsstadt und Bistum Speyer, sowie dem Gericht bekannt zu machen.

Das Kapitel zeigt deutlich, dass Informationen zu Genealogien meist aus Büchern oder Vorlagen stammten, die die Prozessparteien dem Gericht vorlegten. Schließlich boomte die genealogische Literatur seit Beginn des 16. Jahrhunderts.[358] Stammbäume mussten dabei – wie im Fall der Familie Linsingen – möglichst durch eine dritte Person, die auch dazu berechtigt war, beglaubigt sein. Meist wurde hierfür der Kaiser oder eine Institution angeführt, die besonders streng auf die Qualität der Adeligkeit achtete. In unserem Fall handelte es sich um die Burg Friedberg, die als eine Art Adelsrepublik äußerst strenge Kriterien bei der Auswahl ihrer Mitglieder festlegte.[359] Bei den Wappen selbst ist festzuhalten, dass ihre Gestalt kaum diskussionswürdig war. Vielmehr war der Ort der Anbringung des Wappens entscheidend. In den Beispielen handelt es sich vor allem um Kirchenräume. Mit der Anbringung der Wappen an einem bestimmten Ort der Kirche versuchten die Prozessparteien, Herrschaftsansprüche zu legitimieren und zu begründen. Wappen wurden als eine eigene soziale Gliederungsordnung im topographischen Raum, die mit dem Begriff der „Semiosphäre“ umschrieben wird, verstanden.[360]

Umso auffälliger ist das Beispiel aus der hessischen Bergstraße. Da es sich um ein bischöfliches Wappen handelte, das keine Familie oder Geschlecht repräsentierte und deshalb bei jedem Amtswechsel in seiner Gestalt geändert wurde, war hier die Möglichkeit gegeben, über das personalisierte Wappen Rechtsansprüche für das Geschlecht geltend zu machen. Heinrich IV. war zwar Bischof von Worms, gleichzeitig aber auch Kurpfälzer, was das Wappen eindeutig zeigt.

IV. Darstellungsformen von Augenscheinkarten

Darstellungen des geographischen Raumes als performative Augenzeugenschaft

Performative Augenzeugenschaft als Prinzip
Die Funktion der Augenscheinkarte als Beweismittel forderte unterschiedliche Darstellungsformen, die sich zum einen an den jeweiligen aktuellen wissenschaftlichen und künstlerischen Strömungen orientierten, zum anderen eng an die spezielle Funktion der visuellen Evidenz gekoppelt waren.[1] Den zentralen Punkt bildete dabei die Augenzeugenschaft, denn sie war nicht nur Darstellungsprinzip geworden, dem gemäß man das Gelände darstellte, sondern sie war auch Wirklichkeitsprinzip, das die Wahrheit des Abbildes verbürgte.[2] Den Hintergrund für diese Aussage bildet die Erkenntnis, dass Sehen kein einfaches, unschuldiges und immer gleiches Geschehen ist, sondern eine grundlegende Anpassungsleistung der Wahrnehmung. Der Vorgang des Sehens ist eine kulturelle Handlung und somit eine erlernbare Technik. Diese ist vom Wissenshorizont und in besonderer Weise von den Medien, die zur Verfügung stehen, geprägt,[3] wenn nicht sogar abhängig. Sehen gibt das Sichtbare für den Blick frei, definiert und konstituiert ihn. Sehen ist deshalb als eine historische Konstruktion zu definieren.

Als grundlegende These für die Betrachtung und leitende Hypothese für das optische Wissen, das die Augenscheinkarten vermittelten, muss festgehalten werden: Sehen ist kein einfacher, unmittelbarer oder über alle Zeiten hinweg konstanter Vorgang. Es bietet somit der Erkenntnistätigkeit kein vorhersagbares Abbild von Wirklichkeit an, sondern Erkenntnis wird vielmehr in Form von Zeichen, und zwar unter wechselhaften historischen Voraussetzungen, konstruiert.[4] In unserem speziellen Fall kommen juristische Überlegungen und Diskurse hinzu.

Im Folgenden sollen der Zugang zu den Augenscheinkarten und ihre Interpretation über den menschlichen Blick erfolgen, der als eine stetig wandelbare Tätigkeit mit unterschiedlicher Funktionalität begriffen wird. Damit ist dem Umstand Rechnung getragen, dass das Sehen selbst auf einem sich verändernden Wissenshorizont und auf unterschiedlichen sozialen und rechtlichen Praktiken beruht.[5] In der Schilderung des Ablaufs der Kommissionen zur Inaugenscheinnahme über die Jahrhunderte hinweg wurde dies bereits deutlich. Einzig die Forderung, dass die Darstellung des Raums in den Augenscheinkarten dazu dienen musste, Augenzeugenschaft herzustellen und daraus Erkenntnisgewinn für die Richter abzuleiten, behielt über 300 Jahre ihre Gültigkeit und war unveränderbar. Dabei war Augenzeugenschaft immer Tatsache und Behauptung zugleich,[6] zudem eine kritische und fluide Größe, die in ganz unterschiedlicher Weise die Entstehung, Erscheinungsform und den Gebrauch von Bildern beeinflussen konnte.[7] Der Produzent einer Augenscheinkarte hatte deshalb eine doppelte Aufgabe: Er war Experte, der als Einziger den darzustellenden Raum mit allen ihm verfügbaren Mitteln beschreiben und zu Papier bringen konnte,[8] und gleichzeitig Augenzeuge, welcher mit seiner zeichnerischen Aussage der Wahrheit verpflichtet war.[9]

Das bedeutete, dass der Hersteller der Beweiskarte eine Bildsprache entwickeln musste, die ihm erlaubte, Augenzeugenschaft für den konkreten Fall adäquat darzustellen. Schließlich war sie eine der wichtigsten Autorisationsstrategien.[10] Außerdem musste sie für einen eindeutig definierten Betrachterkreis – in unserem Fall die Richter – entschlüsselbar und nachvollziehbar sein.[11] Der Produzent musste den Betrachter zum Beweis hinführen oder ihn offenkundig machen.

Hinzu kommen weitere Aspekte: Grundsätzlich festzuhalten ist, dass im 16. Jahrhundert Kunst als ein Mittel zur Veranschaulichung und Übermittlung wissenschaftlicher Erkenntnisse genutzt wurde und im ständigen praktischen Gebrauch war.[12] Albrecht Dürer (1471–1528) meinte sogar, dass erst durch die Werke der Kunst die Entdeckungen der Wissenschaft verständlich würden. Allgemein schätzte man die wissenschaftlich-didaktische Funktion der Malerei, die auch für die Augenscheinkarten entscheidend war, sehr hoch ein.[13] Deshalb war die schwierigste Aufgabe der Hersteller von Augenscheinkarten, in dem jeweils aktuellen Arsenal von Bildsprachen für das spezifische juristische Problem die adäquate Darstellungsform zu finden. Unterschiedliche Sichtwinkel und Perspektiven mussten je nach Streitgegenstand berücksichtigt und visualisiert werden. Um dies zu realisieren, standen verschiedene künstlerische Möglichkeiten zur Verfügung.

Lösungsmöglichkeiten für ihr sehr spezielles Darstellungsproblem fanden die Augenscheinkartenmaler in den unterschiedlichen Formen der Landschaftsbeschreibung, die in der Kartographie und der niederländischen Landschaftsmalerei entwickelt wurden. Landschaft wurde erst im 16. Jahrhundert bildwürdig.[14] Entscheidend war hier die Wiederentdeckung der antiken Geographie im Werk „Cosmographia" von Claudius Ptolemäus. Gleich zu Beginn seines Werkes bezeichnet Ptolemäus die Landkarte als das Bild der Welt. Später unterscheidet er zwischen der die ganze Welt umfassenden Geographie und der Chorographie, einer detaillierten Ortsbeschreibung, die möglichst von Künstlern anzufertigen sei. Der berühmte Kartograph Peter Apian (1495–1552) griff diese Idee 1524 auf, indem er ein Bild der ganzen Erde einem im Profil gezeigten Kopf gegenüberstellte.[15] Entsprechend verglich er eine Stadtansicht mit der Abbildung eines Ohres und eines Auges.[16] Landschaftsmalerei und Kartographie sind also in den Vorstellungen des 16. Jahrhunderts eng aneinander gekoppelt.[17] Ihre Grenzen erscheinen fließend, was bedeutet, dass es nur vermeintlich um die exakte Wiedergabe eines Landstrichs gehen konnte.[18] Während jedoch die Landschaftsmalerei den Blick des Malers im Bild festhielt, erhob sich das kartographische Zeichensystem „ausdrücklich über den individuellen menschlichen Blick". Die konstruierte Karte schien objektiv und jederzeit nachvollziehbar, da sie messbar war und so vorgab, Exaktheit zu vermitteln.[19] Gleichzeitig waren beide Wiedergabetechniken im 16. und 17. Jahrhundert noch nicht ausgereift und die heute auf Karten geltenden Konventionen sowie die entsprechende Vermessungstechnik wurden erst entwickelt.[20] Das führte dazu, dass die Vermessung der Landschaft eben auch eine strategische Wissensproduktion darstellte, die die Wissenschaften bis weit in das 18. Jahrhundert zu einer intensiven visuellen Diskursproduktion antrieb,[21] was eben auch die Rechtsprechung und die Suche nach Evidenz und Beweiskraft prägte. Das bedeutet wiederum für die Augenscheinkarten, dass pikturale Ansichten mit kartographischen Aufsichten, Texten, Wappen und Messungen kombiniert und zu einer eigenen Bildsprache vereint wurden. Der Text war Orientierung und Fessel zugleich.[22]

Die Hersteller der Beweis- oder Augenscheinkarten wurden so zu Experten, die über 300 Jahre hinweg im Spannungsfeld zwischen Malerei und Kartographie, Evidenz, Tatsache und Beweis standen. Ihre individuellen Lösungsmöglichkeiten sollen nun klassifiziert und vorgestellt werden.[23]

Der wandernde Blick

In der niederländischen Landschaftsmalerei hatte der Betrachter eine aktive Rolle. Er musste sich mit seinen Augen auf den Weg begeben, um die Landschaft als einen einheitlichen begehbaren Raum zu durchschreiten.[24] Die Reichskammergerichtskommission musste mit den Zeugen das Gleiche tun: Auch sie musste den Raum durchwandern und begreifen, um den umstrittenen Raum konstituieren zu können.[25] Um es mit den Worten von Rutger Rulant auszudrücken: Der Betrachter muss durch die Landschaft navigieren wie ein Kapitän mit einer Karte durch das Meer.[26] So entstand der „wandernde Blick". Besonders eindrücklich wird dies in der Augenscheinkarte von Jakob Cay (nachweisbar 1566–1590) im Streit zwischen Würzburg und Thüngen (Abb. 42).

Der Betrachter wird in eine Landschaft geführt, die aus Wiesen, Weiden sowie den Dörfern Bischofsheim in der Rhön am unteren mittigen Bildrand und Wüstensachsen am oberen linken Bildrand besteht. Die Orte sind rund zwölf Kilometer voneinander entfernt – eine Distanz, die eine Kommission gut an einem Tag bewältigen konnte. Der betrachtende Richter soll wie die Kommission die Landschaft mithilfe von Stationen, die durchnummeriert sind, durchwandern. Es gibt sechs Markierungspunkte, an denen jeweils eine unterschiedliche Anzahl von Personen gezeigt wird, die die Kommission darstellen. Darüber hinaus werden die eigentlichen Streitpunkte oder Streitorte sichtbar gemacht, denn die markierten Punkte bezeugen die Orte, an denen die Zeugen befragt worden waren. Konkret ging es um eine Grenze, die im Raum durch Schläge (Schlagbäume), einen Haag – „Hall" genannt – und einen Brunnen gebildet wurde, die durch unbekannte Personen zerstört worden waren. Deshalb hatte Bischof Julius von Würzburg 1584 die Feststellung der Grenze durch die Kommission verlangt. Die sechs Markierungspunkte sind die Stellen, an denen es zu Zerstörungen gekommen war. Die übrige Landschaft wird zusätzlich mit farbigen Buchstaben und „Namensschildchen" beschrieben. Die Legende am unteren linken Bildrand erläutert für die Buchstaben den näheren Zusammenhang, aber nicht die in der Augenscheinkarte vorhandenen Zahlen. Ihre Bedeutung kann nur mithilfe der vorhandenen Zeugenaussagen erschlossen werden. Entscheidend ist hier: Die Visualisierung des Raumes geschieht durch Text und Bild. Gleichzeitig gelingt damit das Kunststück, eine Übersicht über die Detailfülle des Textes zu gewinnen und sie summarisch darzustellen, ohne eine Ansicht dominieren zu lassen.

Hans Hermann (um 1590), Stadtmaler aus Dinkelsbühl, hat die Darstellung des wandernden Blicks, der ein Grundprinzip von Augenscheinkarten bildet, abstrahiert (Abb. 43). Auch hier versammelte sich die Kommission bei den in der Augenscheinkarte eingezeichneten Buchstaben. Ihre Anwesenheit wird aber nicht mehr bildlich dargestellt, sondern das Textprotokoll der Inaugenscheinnahme und die Augenscheinkarte lassen erst gemeinsam den Richter gedanklich den Ortstermin nachvollziehen.[27] Die Landschaft wird durch den Dinkelsbühler Maler in der Vogelschauperspektive gezeichnet, eine häufige Darstellungsform, die perfekt dem wandernden Blick Rechnung trägt. In diesem Fall ging es um die Grenzen der Dinkelsbühler Gemarkung. Sie bestanden aus Marksteinen und einem teils aufgeworfenen Landgraben.[28] Der Streit zwischen den Grafen von Oettingen und der Reichsstadt Dinkelsbühl hatte als Auseinandersetzung um die Bestrafung eines Frevels und die damit verbundenen hoheitlichen Jurisdiktionsrechte begonnen. Dinkelsbühl beanspruchte allein für sich die hohe, mittlere und niedere Obrigkeit innerhalb der Stadtmarkung, die durch Landgräben und Marksteine abgegrenzt war. Der Landvogt der Grafen hatte aber Anfang März 1584 einen reichsstädtischen Untertanen wegen einer Schlägerei, die sich in der Nähe der Reichsstadt ereignet hatte, gefangen genommen und in oettingisches Territorium gebracht, obwohl der Täter bereits durch die Stadt Dinkelsbühl bestraft worden war. Dinkelsbühl klagte deshalb vor dem Reichskammergericht. Mitte September 1590 traf sich die Kommission mit allen Beteiligten, um die Grenze um Dinkelsbühl zu be-

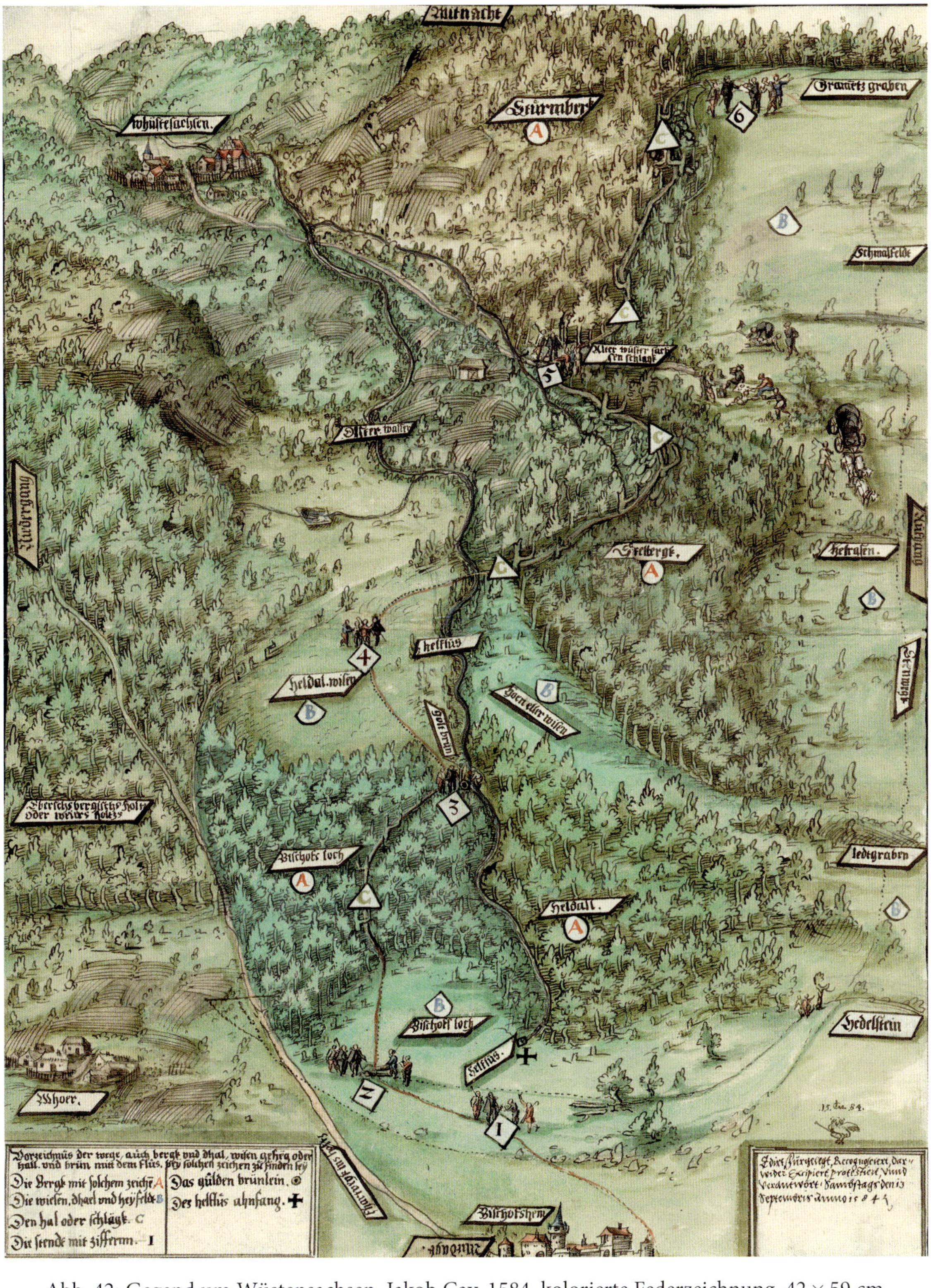

Abb. 42: Gegend um Wüstensachsen, Jakob Cay, 1584, kolorierte Federzeichnung, 42 × 59 cm, BayHStA München, PlSlg 10778

Abb. 43: Dinkelsbühl und Umland, Hans Hermann, 1590, kolorierte Federzeichnung, 33,6 × 47 cm, BayHStA München, PlSlg 10295

Der Neüff
Langberg
Die drey Linden
Wernitzer thor
Nordlinger thor
Hunger Hoff

Abb. 44: Detail Buchstabe F, G und H, Hans Hermann, 1590, kolorierte Federzeichnung, 33,6 × 47 cm, BayHStA München, PlSlg 10295

gehen. Dabei wurde die Grenzlinie nach den Angaben des Privilegs Kaiser Friedrichs III. von 1446 abgeschritten oder -geritten. Dies geschah, indem die dinkelsbühlischen Anwälte an den mit den Buchstaben A bis S in der Augenscheinkarte gekennzeichneten Stellen die Grenzbeschreibung Wort für Wort vorlasen (Abb. 44).

Diese Buchstaben sind im Protokoll hervorgehoben und weisen so besonders deutlich auf die jeweilige Stelle in der Augenscheinkarte und im Text hin.[29] Es entsteht ein Zeichensystem, in dem Text und Bild engen Bezug aufeinander nehmen. Das Ergebnis der Begehung ist schließlich als goldene Linie in der Augenscheinkarte sichtbar. Die Karte enthält neben den Buchstaben zusätzlich einzelne Ziffern. Sie machen auf eine weitere Kategorie der Zeugenaussagen aufmerksam, nämlich die Schilderung von Ereignissen, die bei den rechtlichen Auseinandersetzungen eine Rolle spielten und so im Raum verortet werden.

In der Augenscheinkarte ragt die Stadt Dinkelsbühl mit ihren weißen Mauern und roten Dächern als Zentrum heraus. Sie ist umgeben von einer abwechslungsreichen Landschaft, die mit Bächen, Weihern und einzelnen Ortschaften durchzogen ist. Mitten durch die Landschaft zieht sich die goldene Grenzlinie im weiten Umfeld um die Reichsstadt. Das Territorium der Reichsstadt Dinkelsbühl ist gegenüber den umliegenden oettingischen Territorien hellgrün hervorgehoben. Das benachbarte Gelände hat dagegen einen leichten Blaustich. Im Süden der Stadt fällt zudem eine Weiherkette ins Auge, die die rechtliche Grenzlinie als natürliche Grenze verstärkt.[30] Rechtliche Zeichen werden ebenfalls durch den Maler festgehalten: Der Galgen ist als Symbol der Hochgerichtsbarkeit der Stadt innerhalb der Gemarkung sichtbar. Der Dinkelsbühler Maler schafft mit der Augenscheinkarte ein komplexes Zeichensystem, das Raum und Zeit in Form des Hinweises auf Ereignisse miteinander in Verbindung setzt.

Eine ähnliche Darstellungsart und Vorgehensweise zeigt sich am Beispiel der Auseinandersetzung des Grafen Philipp Jakob zu Eltz (um 1570) mit Johann von Nassau-Saarbrücken (um 1570). Die Augenscheinkarte stammt von Wilhelm Besserer (1539–1601) und ist ebenfalls in Vogelschauperspektive angelegt.[31] Strittig war zwischen den Prozessparteien die Gemarkung von Oberwürzbach. Untertanen der beiden Grafen hatten sich gegenseitig Schweine und Pferde gepfändet, da beide Seiten meinten, Ansprüche auf die Gemarkung zu besitzen. Es war sogar zu Gefangennahmen einzelner Untertanen gekommen. Besserer versucht, in der Beweiskarte das Protokoll der „Inspectio ocularis" aus dem Zeugenrotulus zu integrieren. Damit will er dem Richter die Handhabung von Text und Bild erleichtern. Er tut dies, indem er in der Legende eine Kurzversion der Raumbegehung durch die Kommission und eine Auflistung der Streitpunkte – auch aus vorherigen Prozessen – aufnimmt (Abb. 45).

Die Augenscheinkarte ist also mehr als nur die Visualisierung der Begehung durch die Zeugenkommission. Sie ist zusätzlich eine visuelle Zusammenfassung oder Verortung mehrerer Gerichtsverfahren im Raum: So heißt es in der Legende, dass die Kommission sich zur Begehung im Wernerstal am Rittersweg beim Buchstaben A getroffen habe, um den Augenschein zu beginnen. Von dort sei sie über den Kesselbronner Weg B den Berg hinauf bis zum Kesselbrunnen, der im Wald entspringt, gegangen. Danach sei man der Landstraße am „Ballesboll" B und dem Birnbaum C bis zum alten Kirchenpfad E–F und den Eisengruben G gefolgt. Weitere Orientierungspunkte der Kommission waren ein Stein 2, der auf einem Acker stand, der die Gemarkungen von Ommersheim und Oberwürzbach trennen sollte, und ein Brunnen namens Eppichborn. An diesem Stein sei die Kommission einen Fußpfad, welcher den Berg hinab durch den Wald H bis zum Dorf Oberwürzbach führte, gegangen. Danach sei man dem „Brunnenfluß" durch den Grumetgraben und dann dem Mutterbach, der bis zu dem Felsborn fließt, gefolgt. Am Felsborn bei den Feldern K und L habe die Begehung geendet (Abb. 46–49).

Diese Strecke der Kommission ist mit einer roten Linie markiert. In der Legende werden alle für die klägerische Seite wichtigen Streitorte alphabetisch von A bis G aufgeführt. Sie sind in der Karte rot eingezeichnet. Die schwarzen Buchstaben H bis L bezeichnen dagegen Ereignisorte, die in vorherigen Prozessen eine entscheidende Rolle spielten. Die Zahlen dagegen stehen für Raumpunkte, die der beklagten Partei wichtig waren.

Besserer gelingt mit dieser Karte ein Meisterwerk. Er vermag nicht nur die Kommission in der strittigen Landschaft in performativer Augenzeugenschaft nachzubilden, sondern auch den Prozess selbst zu visualisieren, indem er die strittigen Punkte des Verfahrens im Raum benennt. Raum und Zeit werden so gleichzeitig visualisiert.

Eine weitere Augenscheinkarte Besserers folgt ebenfalls diesem Prinzip, benutzt aber noch weitere Visualisierungsstrategien. Eine goldene oder rote Linie sucht man in dieser Augenscheinkarte vergebens. Ursache hierfür ist der Streitgegenstand „Jagdrechte". Jagdrechte waren in der Regel über mehrere Territorialgrenzen hinweg gültig, da sie an Familien oder Personen gebunden waren. Wappen übernehmen hier die Funktion von Abgrenzungen. Sie zeigen in einfacher Bildsprache die überterritorialen, allein an Personen und Personengruppen gebundenen Herrschaftsrechte.[32] In Vogelschauperspektive wird in der Augenscheinkarte ein hügeliges Landschaftspanorama sichtbar (Abb. 50).

Ackerfluren werden von einzelnen Wäldchen, Wiesen und Ansiedlungen, Städten und Dörfern durchbrochen. Kartiert sind außerdem Weingärten und Obstwiesen. Einzelne Städtchen wie Ballenberg und Krautheim werden detailliert mit Häusern, Kirche und Stadtmauern dargestellt. Die Landschaft ist nicht menschenleer; Reiter, Wanderer und Lastenträger vervollständigen das Bild. Neben den Ortschaften werden Wappen, die die Herrschaftsverhältnisse angeben, abgebildet. Eine große Titelkartusche klärt den Betrachter darüber auf, welche Parteien sich um das Gebiet streiten und welche Ortschaften genau zu sehen sind. Der Text der Inaugenscheinnahme folgt dem bereits bekannten Schema: Die Kommission habe sich beim Buchstaben A versammelt, um dann von dort, dem Städtchen Krautheim, über die Landstraße B und weitere

Abb. 45: Gegend um Oberwürzbach, Wilhelm Besserer, 1579, kolorierte Federzeichnung, 83,5 × 112 cm, BayHStA München – Leihgabe im LA Speyer, PlSlg 9623

Niedergang
Entsheimer gemarck
Eppichborn
Stein
Oberwirtzbach
Griemelsgraben
Kirchpfadt
Mittlerbach
Felsborn
Kesselborn
Mitnacht

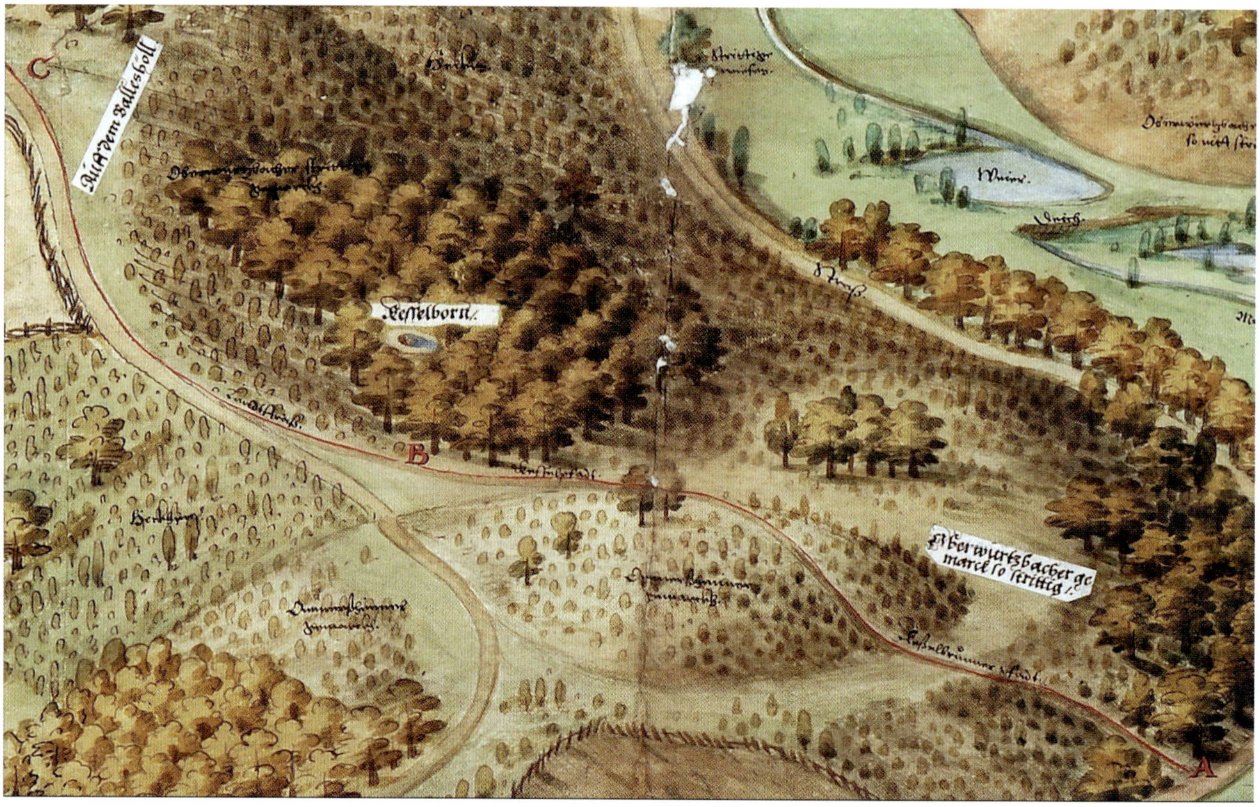

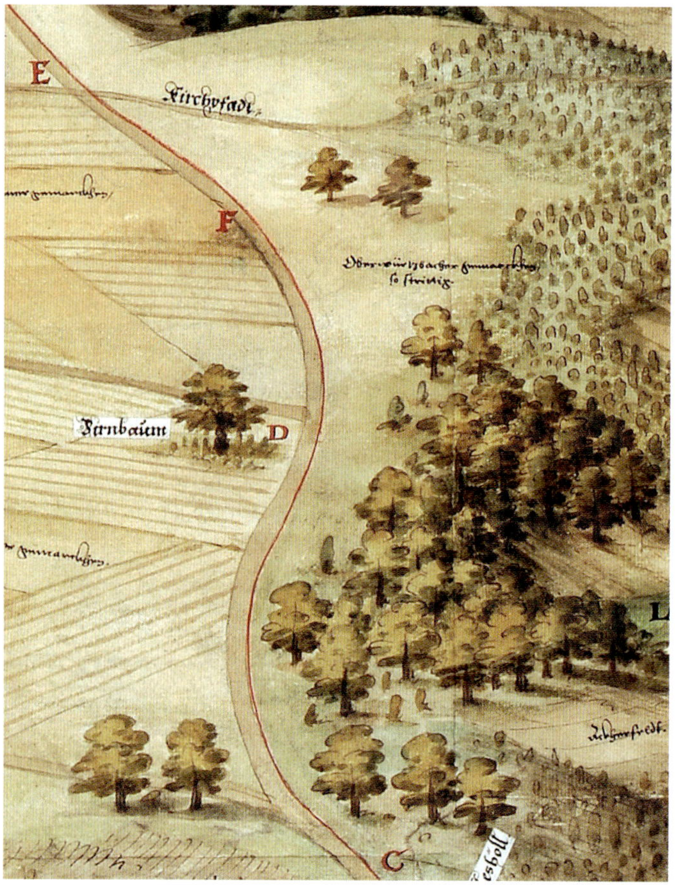

Abb. 46: Detail Buchstabe A, B und C, Wilhelm Besserer, 1579, kolorierte Federzeichnung, 83,5 × 112 cm, BayHStA München – Leihgabe im LA Speyer, PlSlg 9623

Abb. 47: Detail Buchstabe D, E und F, Wilhelm Besserer, 1579, kolorierte Federzeichnung, 83,5 × 112 cm, BayHStA München – Leihgabe im LA Speyer, PlSlg 9623

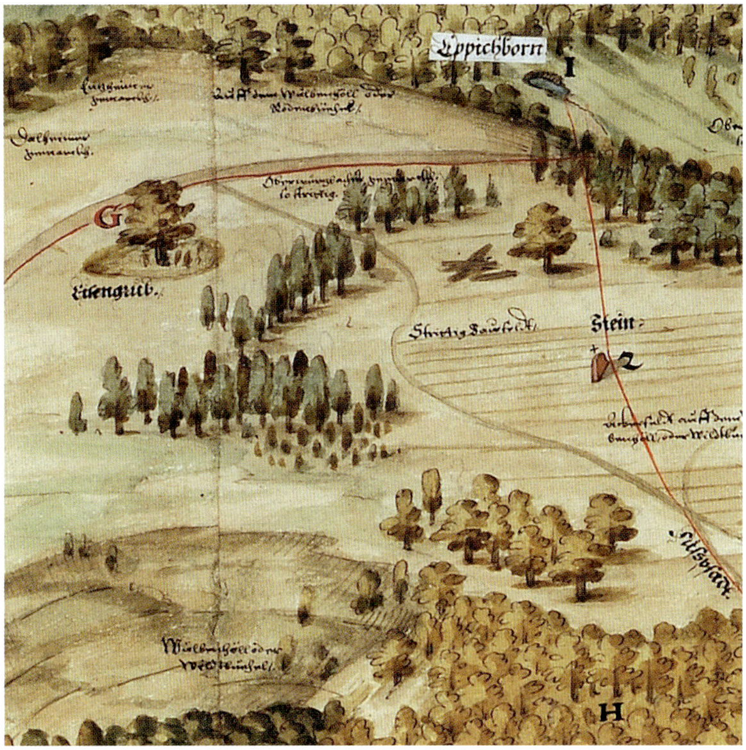

Abb. 48: Detail Buchstabe G, H und Stein, Wilhelm Besserer, 1579, kolorierte Federzeichnung, 83,5 × 112 cm, BayHStA München – Leihgabe im LA Speyer, PlSlg 9623

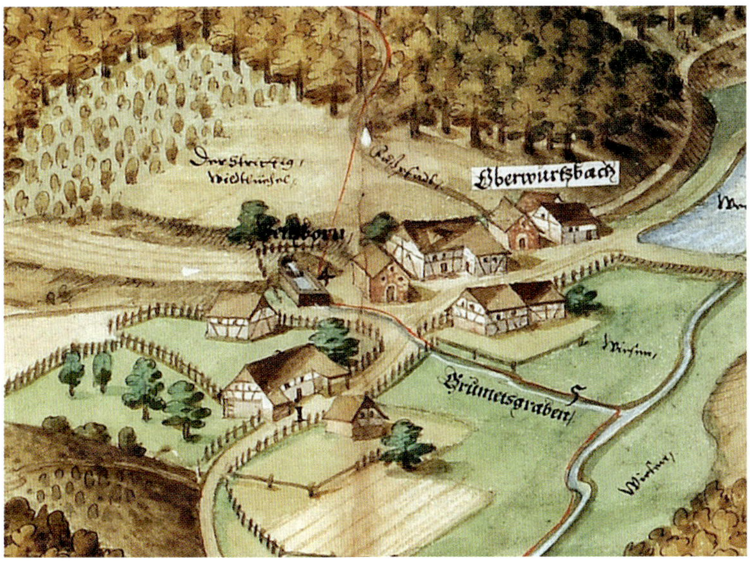

Abb. 49: Detail Tal, Wilhelm Besserer, 1579, kolorierte Federzeichnung, 83,5 × 112 cm, BayHStA München – Leihgabe im LA Speyer, PlSlg 9623

Abb. 50: Gebiet um Krautheim, Wilhelm Besserer, 1582,
kolorierte Federzeichnung, 84 × 158 cm, GLA Karlsruhe, H-e 9

Augenschein Inn
Strittigen sachen Zwischen Dem Hoch
15 94

Abb. 51: Detail Wald, Wilhelm Besserer, 1582, kolorierte Federzeichnung, 84 × 158 cm, GLA Karlsruhe, H-e 9

wichtige Ortsmarkierungen zum Ballenberger Wald Buchstabe E zu gehen, dem eigentlichen Streitpunkt zwischen dem Erzbischof von Mainz und dem Reichsadeligen Aschhausen (Abb. 51).[33]

Die entscheidende Bedeutung kommt dabei den Wappen zu, die alle das kurmainzische Symbol des Rades beinhalten. Für Mainz bedeutete dies, dass der Adelige Aschhausen lehnsabhängig von Mainz war und deshalb die Jagd dulden musste. Aschhausen erklärte dagegen das Rad in seinem Wappen als von nicht mainzischer Herkunft. Wie der Prozess letztlich ausgegangen ist, wissen wir nicht.

Die Beispiele haben deutlich gemacht, dass sich die Bildsprache des wandernden Blicks hervorragend eignete, um Grenzverläufe zu visualisieren oder Jagdrechte aufzuzeigen. Dabei handelt es sich keineswegs um ein altmodisches, längst der Vergessenheit anheimgefallenes Prinzip. Vielmehr hat gerade diese Art der Visualisierung heutzutage neuen Auftrieb erhalten. Denn grundsätzlich ist dem Leser des 21. Jahrhunderts diese Art des Wanderns durch den geographischen Raum bestens vertraut, da die Benutzung von Google Street View, Virtual Reality o. Ä. auf der gleichen Methode beruht. Die Rolle des Textes wird heute durch den blauen Punkt übernommen, der sich zudem in Echtzeit durch die Landschaft bewegt. Rutger Rulants Bild des navigierenden Kapitäns hat so nichts von seiner Aktualität verloren. Eingezeichnete Strecken in komoot[34] oder ähnlichen Programmen sind dabei den goldenen oder roten Linien gleichzusetzen. Diese Erfahrung zeigt einmal mehr: Sehen ist ein historischer Prozess, der ständigen Wandlungen unterworfen ist.

Der sich drehende Blick

Eine besonders raffinierte Variante des wandernden Blicks ist der sich drehende Blick. Die Augenscheinkartenhersteller benutzten ihn in Kombination mit der Vogelperspektive, wenn sie Gelände abbilden mussten, das durch starke Höhenunterschiede gekennzeichnet war. Statt vorwärts durch den Raum zu wandern, musste sich der Betrachter bei dieser Darstellungsweise um die eigene Achse drehen oder die Karte selbst musste gedreht werden.

Es scheint, als ob der sich drehende Blick kein Spezifikum von Augenscheinkarten ist. Vielmehr begegnet in Form von sogenannten Rundplänen die Darstellung der Mehrfachhorizontenperspektive in vielfältigen Zusammenhängen, die nicht nur mit juristischen Anforderungen zu tun hatten. Da es von Rundplänen zahlreiche Drucke gibt, ist anzunehmen, dass viele Menschen der Frühen Neuzeit mit dieser Sehpraktik vertraut waren. Der zeitlich erste bis heute erhaltene Rundplan entstand anlässlich der Belagerung Wiens durch die Türken im Jahr 1529. Das Ereignis ist durch viele schriftliche und bildliche Darstellungen ganz unterschiedlicher Auftraggeber festgehalten worden. Auch der Rat der Reichsstadt Nürnberg wünschte, die Wiener Ereignisse visualisieren zu lassen. Bereits im Oktober 1529, kurz nach dem Sieg Kaiser Karls V. über die Türken, erhielt deshalb der Formschneider und Briefmaler Niclas Meldemann (1518–1552) den Zuschlag des Rates der Stadt für ein einjähriges und exklusives Privileg, die Belagerung Wiens im Druck abzubilden.[35] Medemann fertigte auf der Grundlage der Zeichnung eines unbekannten Malers einen Riesenholzschnitt an. In dem Plan sind die dramatischen Vorfälle der 24-tägigen Belagerung Wiens in ein Rund eingepasst, das aus mehreren konzentrischen Kreisen mit dem Stephansdom als Mittelpunkt besteht. Meldemann begründete die ungewöhnliche Form damit, dass der Betrachter des Rundplans sich so fühlen könne, als sei er selbst auf den Stephansdom gestiegen und habe von dort alles genau beobachten können.[36] Die Vogelperspektive in Kombination mit dem Rundblick ermöglicht eine synchrone Wahrnehmung unterschiedlicher Elemente oder in diesem Fall diachroner Ereignisse. Gleichzeitig wird auf originelle Weise das Prinzip der Augenzeugenschaft verfolgt.

Es blieb nicht bei dieser einen Runddarstellung im Umkreis des Nürnberger Rates. Rund 50 Jahre später, Anfang April 1577, veranlasste der Rat der Stadt die Inspektion und Kartographierung der Nürnberger Landwehr.[37] Landwehren dienten der Verteidigung. Sie wurden in den Randzonen von Territorien errichtet und deckten sich nicht notwendigerweise mit den Landesgrenzen. Man muss sie sich eher als eine Verteidigungslinie hinter der eigentlichen Grenze vorstellen. Neben diesen Außenlandwehren gab es auch Binnenlandwehren, die vor allem Städte einfassten und potenzielle Eindringlinge abwehren sollten.[38] Bei der Nürnberger Landwehr handelte es sich um einen Befestigungsgürtel, der weit über die Stadtmauer Nürnbergs hinausging. Er bestand seit 1449 aus Palisaden und Schranken. Der Nürnberger Rat beauftragte für die Visualisierung den Maler Paulus Reinhard (um 1580). Nachdem Reinhard das Bild fertiggestellt hatte, übergab er es dem Nürnberger Rat, der es rahmte und hinter einem Vorhang in der sogenannten Kriegsstube des Nürnberger Rathauses aufhängte. Kurz danach wurde der Formschneider Stefan Gansöder (um 1580) damit beauftragt, die Karte in Holz zu schneiden. Gansöder lieferte 1581 die Abbildung der Landwehr in vier meisterhaft ausgeführten Druckplatten ab.

Der idealisierte Rundplan ist von einem erhöhten fiktiven Standort über dem Zentrum Nürnbergs gezeichnet. Inschriften erläutern den Inhalt. Die Stadt selbst ist in Form der beiden Nürnberger Wappen und des Reichswappens als Hinweis auf die Reichsunmittelbarkeit der Stadt dargestellt. Die Einzeichnung eines Grundrisses der Stadt war aufgrund der Funktion des Rundplanes nicht nötig. Er sollte nämlich dazu dienen, das Ungelt, eine Art Steuern, von allen Landbesitzern innerhalb der Landwehr zu erheben und damit hoheitliche Aufgaben wahrzunehmen. Er war ausdrücklich nicht für die Öffentlichkeit bestimmt. Das erklärt seine Aufbewahrung in der Kriegsstube des Nürnberger Rathauses ebenso wie die geringe Auflage des Drucks und den Umstand, dass der Rat die Druckplatten nicht in einer professionellen Werkstatt herstellen ließ.[39]

Entscheidend ist, dass die Visualisierung des Raumes im Nürnberger Rundplan mit einem hoheitlichen Akt, nämlich der Erstellung eines Grundstückverzeichnisses und der Erhebung von Steuern, gekoppelt ist. Dabei wurde auf Kosten der

Abb. 52: Gebiet um das Dorf Röttenbach, unbekannter Maler, 1573, kolorierte Federzeichnung, 63 × 83,5 cm, BayHStA München, PlSlg 10406

topographischen Genauigkeit der Rundblick mit der Vogelschauperspektive verschränkt. Durch eine besondere Vorrichtung war es zudem möglich, das durch Reinhard gezeichnete Rundprospekt um seine eigene Achse zu drehen und so „die Umgebung Nürnbergs aus jeder Himmelsrichtung in den Blick und damit symbolisch in Besitz zu nehmen".[40]

Nach dem gleichen Prinzip funktionierte auch die Rottweiler Pürschgerichtskarte von 1564. Hier wird der Bezug zum Rechtsgeschehen offensichtlich. Die Karte wurde von dem Maler David Rötlin (1. Hälfte 16. Jahrhundert – nach 1564) 1564 für den Rottweiler Rat angefertigt und sollte einen Überblick über die hochgerichtliche Zuständigkeit in der Umgebung der Reichsstadt bieten.[41]

Den Betrachter mittels Rotation Landschaft erfahren zu lassen, war am Reichskammergericht gängige Praxis. Leider ist über ihre Verbreitung in der frühmodernen Öffentlichkeit über die genannten Beispiele hinaus bisher nichts Näheres bekannt.

Solche „Mehrfachhorizonten-" oder Panoramakarten produzierten die Hersteller von Beweiskarten für das Reichskammergericht in Voll- und Teilansichten. Eine vollständige Rundansicht findet sich bezeichnenderweise in dem Prozess zwischen dem Deutschen Orden und der Reichsstadt Nürnberg aus dem Jahr 1573. In der Karte sollte – wie in der Nürnberger Landwehrkarte – das grundsätzliche Problem der zwischen den Kontrahenten strittigen Herrschaft über das Röttenbacher Gebiet thematisiert werden. Der Konflikt erwuchs aus dem Streit um die hohe Obrigkeit in und um Röttenbach, die der Deutsche Orden für die Kommende Ellingen beanspruchte. Der Nürnberger Pfleger hatte Mitte August 1568 veranlasst, den Richter des Deutschen Orden gefangen zu nehmen, da dieser den Leichnam eines in einem Kohlenmeiler verbrannten Mannes nach Röttenbach hatte bringen und vergraben lassen. Dies war nicht der erste Vorfall dieser Art, sodass sich die Reichsstadt zum Eingreifen veranlasst sah. Auch hier fand eine Kommission statt, die aber wegen schlechten Wetters verschoben werden musste. Der Maler hat in der Mitte der Röttenbacher Flur einen Standpunkt gewählt, der es ihm durch Drehbewegung um die eigene Achse erlaubte, die Blickrichtung seines Sehfeldes einmal im Kreis zu führen, sodass ihm der Horizont in einer geschlossenen Linie erschien (Abb. 52).

Waldränder und Hügelketten bilden einen zylindrischen Rand, der einmal mehr der Draufsicht oder der Ansicht verpflichtet ist.[42] Es ist nicht ganz klar, ob Nürnberg der Initiator der Karte war oder der Deutsche Orden. Die Darstellung lässt nur vermuten, dass es sich um den Deutschen Orden handelte, da die Ansprüche Nürnbergs auf der Karte nicht zu erkennen sind.[43] In der Akte werden weitere Pläne erwähnt, die nicht mehr aufzufinden sind. Fest steht jedenfalls: Der Maler griff auf eine Darstellungsform zurück, die seit mindestens den 1520er-Jahren im Nürnberger Raum bekannt war. Auf dem gleichen Darstellungsprinzip der Rotation beruhen die Augenscheinkarten, die der Ulmer Stadtmaler Georg Rieder d. Ä. im Streit zwischen der Reichsstadt Ulm und Anton Fugger (1493–1560) produziert hat.[44] Allerdings wird hier das Kreisrund des Horizonts in der Augenscheinkarte in zwei gegenüberliegende Horizontlinien aufgeteilt, um so die Ufersituation und den Fluss näher beschreiben zu können (Abb. 53).

Der Maler hat dem „Kartenleser" einen Standpunkt auf der Mitte der Brücke, die die Iller überspannt, zugewiesen. Der Betrachter muss sich um seine eigene Achse drehen, um die gegenüberliegenden Ufer der Kontrahenten sehen zu können. Rieder hat zudem die menschlichen Dramen bei Hochwasser geschildert. Durch die Uferverbauungen seitens der Reichsstadt Ulm hatte sich der Lauf der Iller an den Brückenpfeilern bei Hochwasser dramatisch geändert. Gekenterte Flöße, Tote und Verletzte waren die Folge.[45] Zeugen schilderten in dem Kommissionsrotulus die dramatischen Ereignisse anschaulich, wodurch sich räumliche Gegebenheiten mit zeitlich gebundenem Geschehen verbinden.

Augenscheinkarten mit einer zweifachen Horizontlinie wurden meist im Zusammenhang mit einem Flusslauf gefertigt.[46] Ein Beispiel, das ein ganzes Tal dokumentiert, stammt von den Malern Jörg Ziegler (um 1510–1574/77) aus Rottenburg am Neckar und Hans Schickhardt (um 1550) aus Tübingen. In dem Fall ging es um den Wasserbau und die Brunnengerechtigkeit im Engenstaler und Ingenstaler Graben. Drehpunkt ist der Bach, der in einem Wiesengrund liegt und an beiden Seiten locker von Bäumen gesäumt ist. In den Ecken des aquarellierten Augenscheinplans sind drei Dörfer erkennbar. Auf der linken Seite erhebt sich auf einem Hügel der mit einem Haubendach bekrönte Wasserturm. Unterhalb des Turms sieht man ein Brunnenhaus.[47]

Eine Kombination von drehendem Blick, wanderndem Blick, Dokumentation der Arbeit der Kommission und des Malers ist dem Maler Hein-

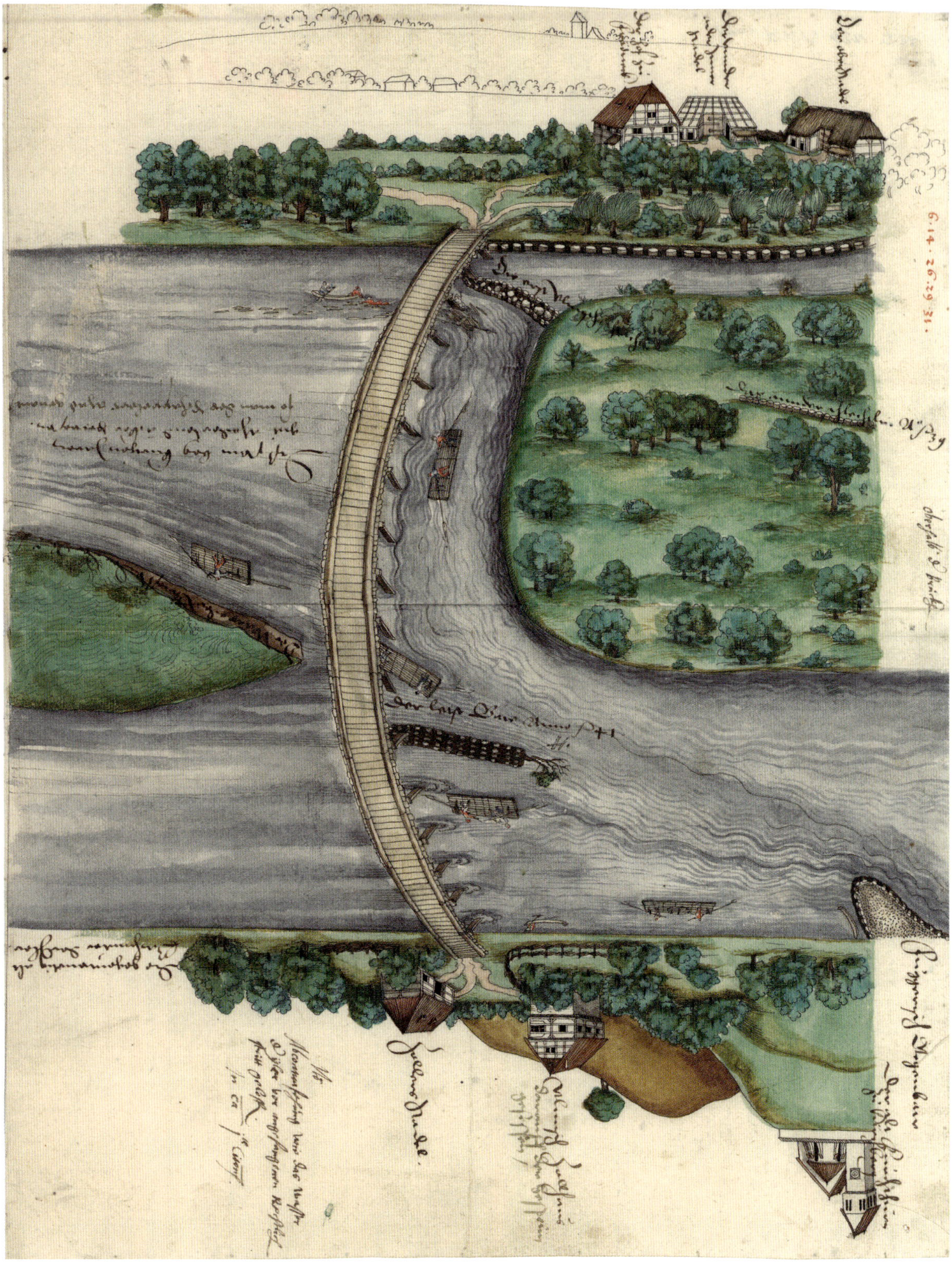

Abb. 53: Der Lauf der Iller, Georg Rieder d. Ä., 1560, kolorierte Federzeichnung, 42 × 58 cm, BayHStA München, PlSlg 9972

rich Brückner aus Kitzingen (um 1581) gelungen. Er hat wahrscheinlich drei Augenscheinkarten für unterschiedliche Parteien im fränkischen Raum geliefert. Brückner entwickelt am konsequentesten einen Raumeindruck, der ein Angebot zwischen unterschiedlichen Blickwinkeln und Perspektiven macht.[48]

Eine Augenscheinkarte zeigt den Prühler Kessel im mittleren Steigerwald (Abb. 54). Die Drehachse verläuft auch hier entlang eines Baches, der durch den Kessel mäandert. Das Gelände steigt an drei Seiten des Talkessels an, am inneren Ende der vierten, offenen Seite befindet sich das Dorf Prühl. Es ist durch mehrere Fachwerkhäuser, einen Brunnen und eine Kirche gekennzeichnet. Die den Kessel umgebenden Hügel sind mit Äckern und Mischwäldern bedeckt. An mehreren Stellen ist zudem die Kommission eingezeichnet, wie sie die Gegend sorgfältig erkundet. Der Maler fehlt dabei nicht: Er dokumentiert seine Augenzeugenschaft und seine Tätigkeit gleich zweifach, indem er auf einem Hügel mit einem großen Zirkel abgebildet ist, auf einem anderen wohl mit Zeugen diskutiert.[49] Die Angabe der Himmelsrichtung macht eine Orientierung im Raum möglich. Anlass für die Erstellung der Beweiskarte war ein Streit zwischen Graf von Castell und Graf von Schwarzenberg um den Schaftrieb auf der Gemarkung Prühl. Graf Heinrich von Castell (1525–1595) verklagte den Schwarzenberger (1551–1600) in Speyer, weil dieser das Recht beanspruchte, seine Schafe bis Ostern auf der Prühler Markung weiden zu lassen.[50] Brückner war in dem Streit durch Schwarzenberg beauftragt worden. Das gleiche Visualisierungsschema wendete Brückner auch bei einer anderen Beweiskarte an, deren Auftraggeber ebenfalls Schwarzenberg war (Abb. 55).

Während in der Akte mit der Abbildung des Prühler Kessels der Name des Malers nicht erwähnt ist und nur durch Stilvergleich eine Zuschreibung erfolgt, ist im vorliegenden Fall die Autorenschaft von Brückner eindeutig. Auch hier handelt es sich wieder um einen Talkessel, der auf drei Seiten fast geschlossen ist. In der Mitte des Kessels befindet sich ein Bach. Unterschiedliche Sammelpunkte der Kommission sind ebenfalls zu sehen (Abb. 56).[51]

Brückner scheint allerdings der Einzige zu sein, der radikal Perspektiven mischt und die Augenzeugenschaft des Malers und der Kommission direkt dokumentiert. Meist werden der wandernde und der sich drehende Blick weniger offensichtlich miteinander verschränkt. Beispielhaft ist hier eine Augenscheinkarte aus Marburg, die im Streit um die Frankfurter Landwehr entstanden ist. Hier wird nur der Beginn der Inaugenscheinnahme durch die Kommission mithilfe der Panoramakarte angedeutet.[52]

Der Maler Heinrich Fulmurer (Fulmaurer, Füllmaurer) (ca. 1497–1547/48), „Bürger und des Malerhandwerks aus Herrenberg“, benutzte die Darstellung des Raumes in Form der Mehrhorizontenperspektive bereits 1537. Es handelt sich um das früheste bisher bekannte Beispiel einer Mehrfachhorizontenkarte für das Reichskammergericht. Fulmurer malte auf diese Weise nicht nur die gegenüberliegenden Ufer zweier Flüsse, sondern benutzte das Prinzip des sich drehenden Blickes auch, um Vorder- und Rückseite einer Hügelkette abbilden zu können. Der sich drehende Blick wird so mehrfach und besonders raffiniert verschränkt eingesetzt (Abb. 58).

Mithilfe dieser Methode gelingt es auf sehr einfache Weise, für den Betrachter ein Höhenrelief auf einer zweidimensionalen Fläche zu erzeugen (Abb. 57). Auf dem Höhenkamm und am Fuße der Hügelkette, die von einem Flusslauf begrenzt ist, muss sich der Betrachter um die eigene Achse drehen, um so die Landschaft von allen Seiten sehen zu können. Die Hügelkette ist außerdem mit zahlreichen weißen Grenzsteinen markiert. Sie ist der eigentliche Konfliktpunkt, denn es ging um die Frage, ob die Grenze von dem Markstein „auf der Spitz“ entlang des Bergtraufs verlief oder sich hang-

Abb. 54: Der Talkessel von Prühl, Heinrich Brückner, 1581, kolorierte Federzeichnung, 59 × 85 cm, BayHStA München, PlSlg 9983

Mitternach
Steinbergk
Forstbergk

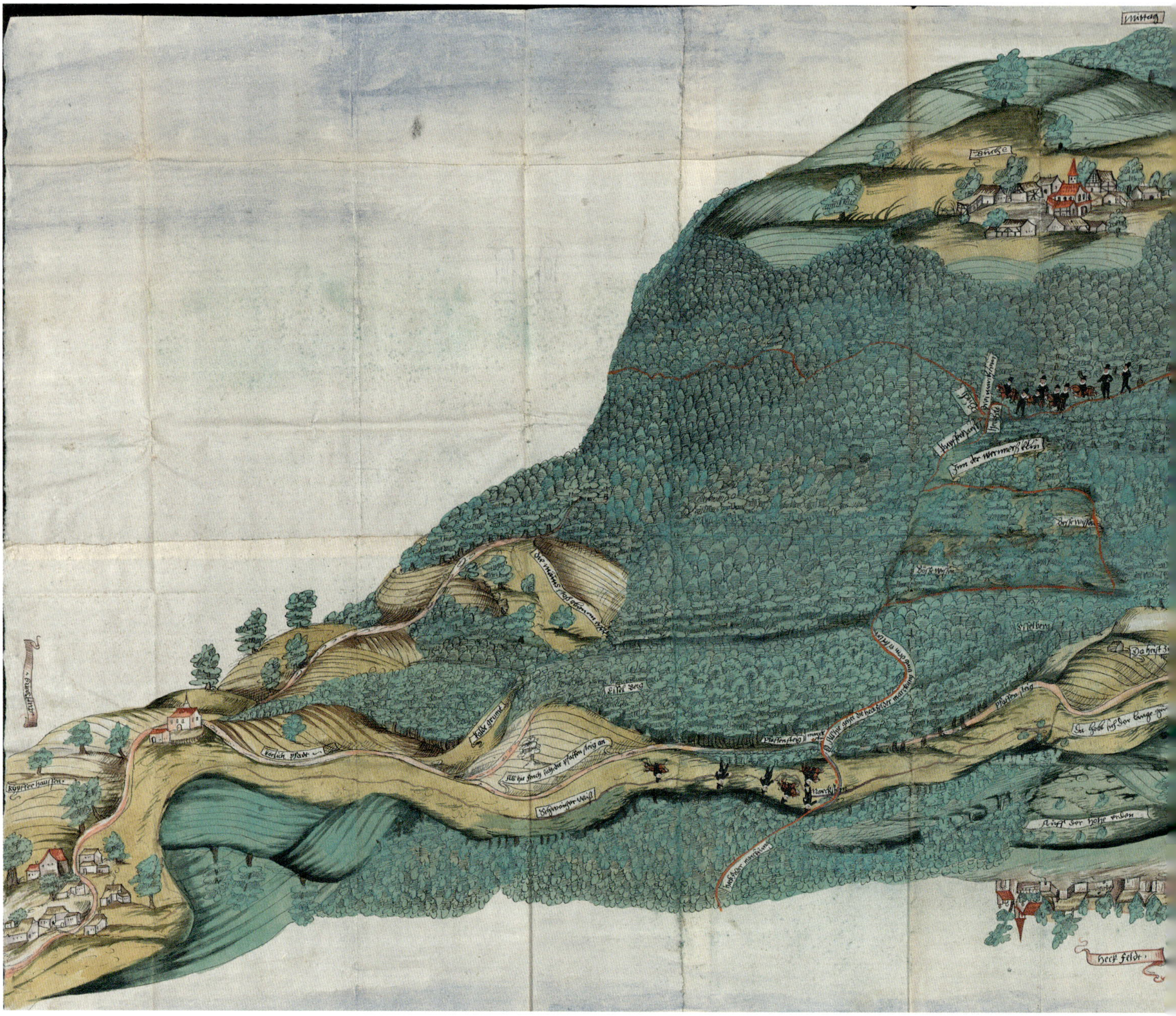

Abb. 55: Gemarkung Heckfeld, Heinrich Brückner, 1593, kolorierte Federzeichnung, 210 × 150 cm, GLA Karlsruhe, H Buch TBB 3

Abb. 56: Detail der Gemarkung Heckfeld, Heinrich Brückner, 1593, kolorierte Federzeichnung, 210 × 150 cm, GLA Karlsruhe, H Buch TBB 3

abwärts Richtung des Dorfes Neuneck erstreckte.[53] Fulmurer ließ so ein dreidimensionales Landschaftspanorama entstehen, das es dem Betrachter erlaubt, quasi hinter einen Hügel zu schauen, und zeigt einmal mehr das Können des Malers, der auch den Gothaer und Mömpelgarder Altar erschaffen hat.[54] Auch die gegnerische Partei beschäftigte einen Maler, der sich der Mehrhorizontenkarte bediente. Allerdings geschieht dies auf konventionelle Weise, indem der Fluss bzw. das angeschwemmte Flussufer den Drehpunkt des Betrachters darstellt. Die Hügelkante, das eigentliche rechtliche Problem, wird als Abgrenzung zum zweiten Horizont erkennbar (Abb. 59).

Das Dorf Wittendorf, das sich hinter dem Höhenkamm befindet, erscheint nur mit Kirche und Kirchturmspitze. Dadurch wird die Komplexität des Streites in seiner vollständigen juristischen Dimension malerisch weit weniger erfasst. Die Mehrfachhorizontenkarte findet sich als Darstellungsform noch im 18. Jahrhundert. Sie ist also keinesfalls ein Phänomen, das sich auf die Anfänge des Reichskammergerichts beschränkt. Allerdings wird sie im Laufe der Jahrhunderte immer seltener.

Die zeitlich letzte bis jetzt bekannte Augenscheinkarte, die sich des drehenden Blicks bedient,[55] stammt aus dem Streit der salm-kyrburgischen Untertanen zu Sulzbach gegen den Markgrafen Ludwig Georg von Baden-Baden (1702–1761) und wurde im Jahr 1739 angefertigt. Die nicht kolorierte Zeichnung zeigt das Nahetal bei dem badischen Schloss Naumburg. Orientierungspunkt ist der Fluss Nahe. Dort ist auch die Grenze zwischen den beiden Herrschaftsgebieten als rot-goldene Linie eingezeichnet. Die Legende, die sich an der Schmalseite der Karte befindet, weist ausdrücklich auf die Bedeutung der Nahe in dem Streit hin. Die Schwarz-Weiß-Zeichnung macht die Steilheit des Naheufers deutlich: Schroffe Felsformationen wechseln sich an verschiedenen Hügelketten mit Waldungen ab. Einzelne Örtlichkeiten sind beschriftet, so Schloss Naumburg, das nur über eine Brücke erreichbar ist, sowie die Dörfer Sulzbach und Bärenbach, die zu beiden Seiten der Nahe jeweils etwas oberhalb des Flusses in den Hügeln liegen. Hinzu kommen Erläuterungen zu den strittigen Flächen, die auf die unterschiedlichen Ansprüche der Kontrahenten Bezug nehmen und immer wieder auf ein Weistum verweisen, das – so die Legende – sich in Wetzlar beim Reichskammergericht befinde (Abb. 60).

Die Augenscheinkarte entstand nicht im Rahmen einer Inaugenscheinnahme durch eine Kommission, vielmehr handelt es sich hier um die Visualisierung des in der Legende genannten Weistums.[56] Damit zeigt sie uns deutlich, dass eine „alte" Bildsprache, nämlich der sich drehende Blick, an neue Zweckmäßigkeiten angepasst werden konnte. In der Auseinandersetzung ging es um die Zugehörigkeit mehrerer Weide- und Ackerfluren zu Sulzbach oder Bärenbach, was letztlich dazu diente, die Weide- und Hutrechte von Salm-Kyrburg und der Markgrafschaft Baden in dem Gebiet zu klären. Die Ursprünge des Streits lagen bereits im Jahr 1528. Ein erstes Urteil des Reichskammergerichts stammt aus dem Jahr 1540. Ursache für die neuerlichen Auseinandersetzungen war ein Einfall des badischen Amtmanns mit 30 bis 40 bewaffneten Männern auf der Sulzbacher Gemarkung „Heide". Weitere Übergriffe wie Viehpfändungen durch den

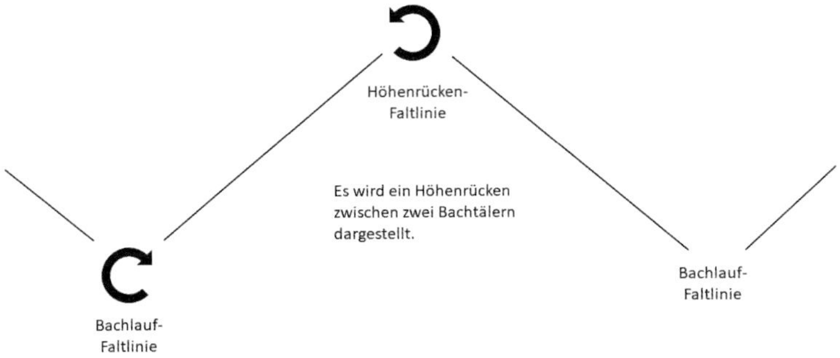

Abb. 57: Systematische Skizze zur Augenscheinkarte von Heinrich Fulmurer, erstellt von Julia C. Hinze

badischen Amtmann führten zu dem neuerlichen Reichskammergerichtsprozess. Ursprünglich hatten die Sulzbacher nach den jeweiligen Ereignissen wiederholt einen Mandatsprozess beantragt, der aber durch das Gericht abgelehnt worden war. Das Reichskammergericht beharrte auf einem ordentlichen Verfahren. Die Beklagten argumentierten, dass der Gemeinde Sulzbach auf der „Heide" nur ein Mitweiderecht eingeräumt worden sei. Hinzu kamen Auseinandersetzungen um Fischereirechte am Hachenpfuhl in der Nahe sowie um ein Zehntrecht auf einem öden Acker und weitere Weiderechte im Naumburger Wald.[57]

Diese Streitpunkte erklären auch, weshalb die Augenscheinkarte keinen Maßstab besitzt. Es war nach Ansicht der Prozessparteien schlichtweg nicht nötig, da es hier nicht um Größenverhältnisse im Raum ging, sondern vielmehr um Rechte im Raum, die sich mit anderen territorialen Rechten überschnitten. Gleichzeitig macht die Visualisierung deutlich, dass der Sachbeweis den Zeugenbeweis abgelöst hatte, denn Zeugenaussagen sucht man vergebens.

Es gibt noch eine weitere Augenscheinkarte aus dem 18. Jahrhundert, die partiell dem Prinzip des sich drehenden Blicks verpflichtet ist und so deutlich die Mischung verschiedener Bildsprachen, Anschauungen und Anforderungen an die Visualisierung des Streitgegenstands demonstriert.[58] Sie zeigt

Abb. 58: Glatt-Tal bei Neuneck, Heinrich Fulmurer, 1537, kolorierte Federzeichnung, 124 × 88 cm, WürttHStA Stuttgart, C 3 Bü 822 Q 20

Abb. 59: Glatt-Tal bei Neuneck, unbekannter Maler, 1537, kolorierte Federzeichnung, 97 × 63 cm, WürttHStA Stuttgart, C 3 Bü 822 Q 23

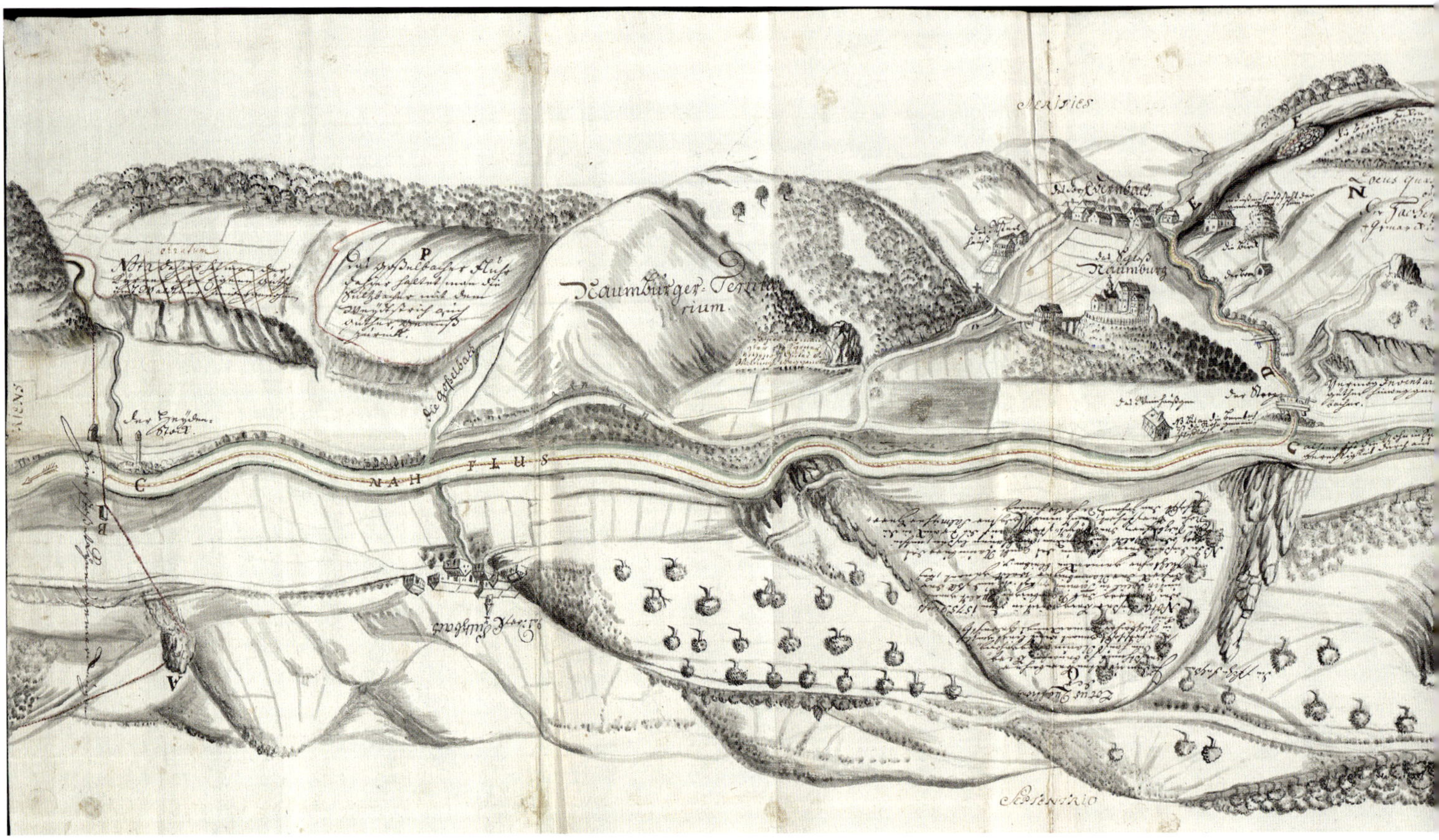

Abb. 60: Gegend um Sulzbach und Bärenbach, unbekannter Maler, 18. Jahrhundert, Federzeichnung, 149 × 41 cm, GLA Karlsruhe, 71 Nr. 3388

den Weg von dem Dorf Ripsdorf zum Kloster Steinfeld in der Eifel, auf dem der Betrachter imaginär entlangschreiten soll (Abb. 61).

Entlang des Weges sind einzelne Flurstücke und gelegentlich Gebäude eingemalt, die ihrer Funktion als Gutshaus oder Kirche entsprechend abgebildet sind. Auch eine abzweigende Straße ist erkennbar. Auf der kolorierten Federzeichnung in Grün- und Brauntönen sind die Fließgewässer aber auch einzelne Felder beschriftet. Anlass für die Erstellung der Karte war, dass Graf Johann Wilhelm von Manderscheid (1708–1772) Zoll auf den Wein des Klosters Steinfeld erhob, den die Abtei von der Mosel bezog. Das Kloster war der Auffassung, dass diese Zölle unberechtigt seien, da es ein Zollprivileg besitze. Schließlich wurde ein Landmesser beauftragt, den Weg zu vermessen und die Zugehörigkeit des Geländes zu den einzelnen Herrschaften festzustellen. Dies wird durch Großbuchstaben deutlich gemacht, die anzeigen, durch welche Herrschaftsgebiete der Weg verlief. Von A bis B handelt es sich dabei um ein Territorium, das einstmals dem Herzog von Jülich gehörte, jetzt aber von den Herren von Manderscheid „acquiriert“ worden sei.[59] In den Abschnitten B bis G betrete der Reisende dagegen hochgräflich blankenheimisches Gebiet. Erst ab dem Buchstaben G befinde man sich auf dem Territorium des Klosters Steinfeld. Der Landmesser

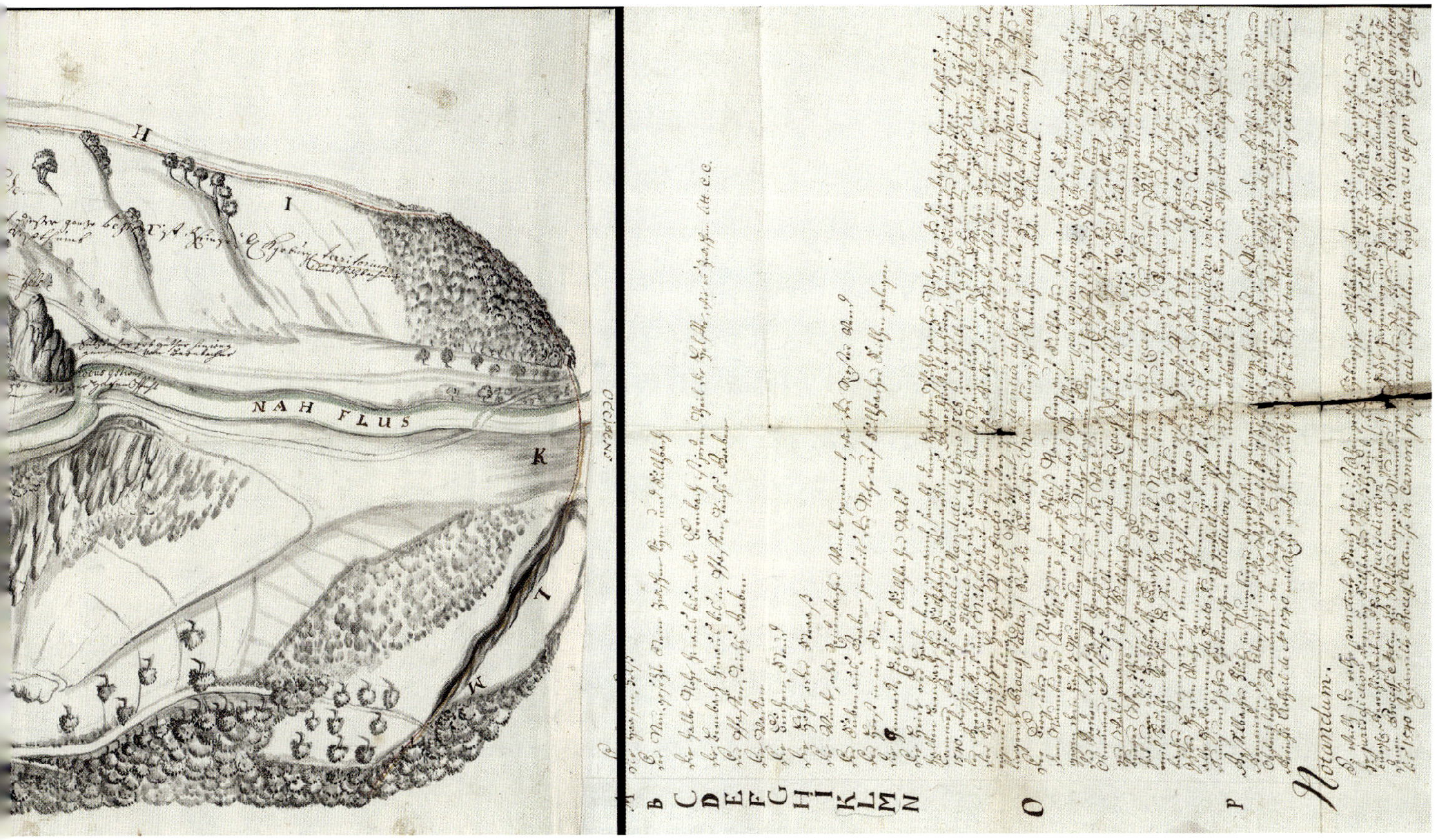

gibt außerdem an, dass die Entfernung von Ritzdorf zur Abtei 4 ¼ Stunden oder „ad 1640 Ruthen nürnbergischer Fuß" betrage. Der Weg sei hügelig, aber die Straße könne sowohl zu Fuß als auch mit einem Karren bewältigt werden.

Maler, die sich dem wandernden und dem drehenden Blick verpflichtet fühlten, wählten häufig die Vogelperspektive als Grundlage ihrer Darstellung. Der Vogelblick, der die Welt wie ein Panorama öffnete, bot den Vorteil, die Welt von einem überpersönlichen Standpunkt aus für alle in der gleichen Weise lesbar zu machen. Jede Einzelheit in einem Bild blieb für den Betrachter gleich klein und fern. Wie ein Text von jemand anderem und nicht vom Leser geschrieben wurde, so war die Bildhandlung von jemandem gemalt, der nicht der zugewiesene Betrachter war, sondern Regeln zur Beweisführung benutzt hatte: Regeln des Erzählens und Lesens im Bild ebenso wie Regeln des Betrachtens.[60]

Der statische oder körperlose Blick

Im 16. Jahrhundert benutzten die Hersteller der Augenscheinkarten eine dritte Methode, um Raum abzubilden. Arithmetik und Geometrie bildeten Leitwissenschaften, die die Produzenten von Augenscheinkarten neben der Landschaftsmalerei nutzten, um den Richter bei seiner Urteilsfindung

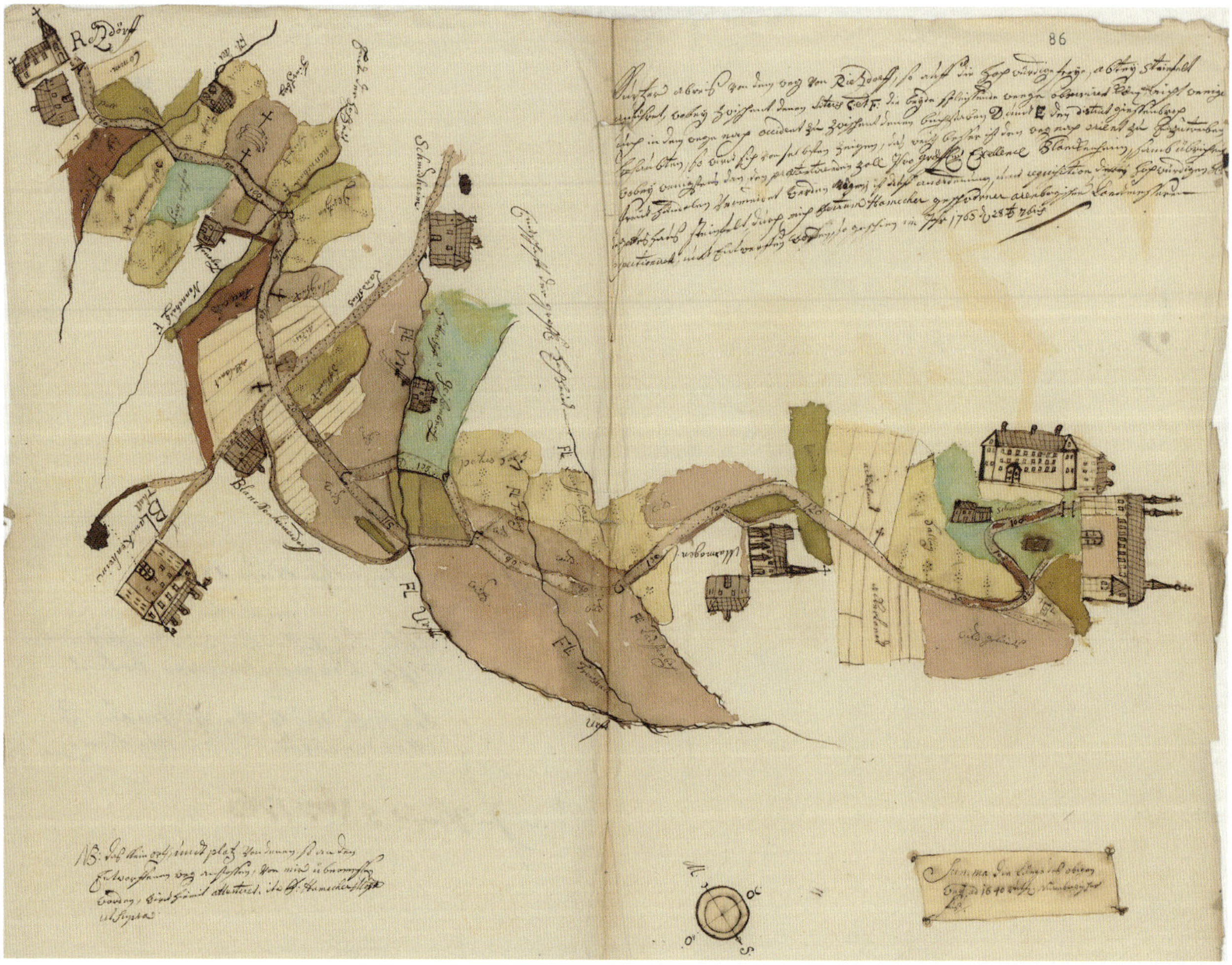

Abb. 61: Gegend um Steinfeld, unbekannter Maler, 18. Jahrhundert, kolorierte Federzeichnung, 47 × 38 cm, LA NRW – Abteilung Rheinland, AA 0627, Nr. 5183, fol. 86

zu unterstützen. Gerade durch die „Geometrie", die die Zeitgenossen mit Messung oder Messverfahren gleichsetzten, konnte die Distanz von Orten, die ja bei der Feststellung von Grenzen wichtig war, am besten beschrieben werden. Rutger Rulant, der Verfasser des grundlegenden Buches über die Kommissionen am Reichskammergericht, hielt Geometrie im Sinne von Messkunst für das entscheidende Element, das eventuelle Irrtümer des Malers korrigieren könne, die für den Kommissar ansonsten schwer einzuschätzen seien.[61] Auch habe der Betrachter/Richter durch einmal gemachte Messungen den Vorteil, dass er bei der Urteilsfindung die tatsächlichen Distanzen erkennen könne. Messungen hielt Rulant in der Darstellung des Raumes für unerlässlich und forderte sie als verpflichtendes Element bei der Inaugenscheinnahme.[62] Am Reichskammergericht waren Feldmesser sehr häufig anzutreffen.[63] Für sie wurde oftmals das lateinische Wort „agrimensores" gebraucht. Es weist auf die römischrechtliche Tradition der Landvermessung hin, die besonders von den Humanisten des

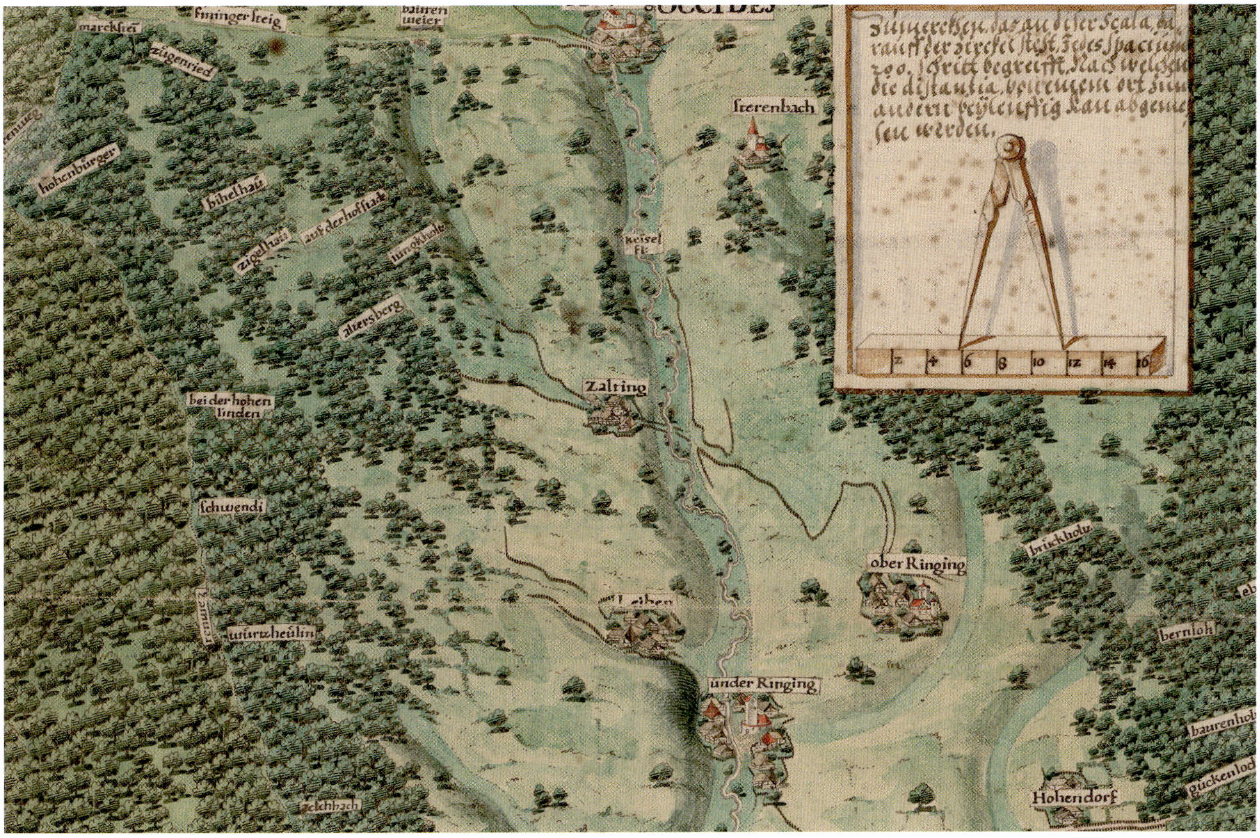

Abb. 62: Detail Zirkel/Maßstab, Friedrich Seefried, 1593, kolorierte Federzeichnung, 99 × 36,5 cm, BayHStA München, PlSlg 10034

16. Jahrhunderts diskutiert wurde.[64] In diesem Kapitel interessiert vor allem, wie Vermessung dargestellt wurde und welche Rolle dem Betrachter zugewiesen wurde.

Messen bedeutet in dem Kontext, dass über den Raum eine quantitative Aussage mittels einer definierten Einheit gemacht wird, um so einen Vergleich mit anderen Räumen herstellen zu können. Dabei erfolgt eine Messung immer mittelbar, das bedeutet durch Unterstützung von Instrumenten.[65] Messungen wurden in Augenscheinkarten mit dem wandernden oder dem sich drehenden Blick geschickt integriert. Dies geschah, indem der Maler die Entfernungen, z. B. zwischen den Grenzsteinen, ausmaß und die Distanzen im Kommissionsrotulus vermerkte. Solche Augenscheinkarten konnten einen Maßstab als Hinweis auf Messungen haben, mussten dies aber nicht.

Eine Variante bestand darin, Entfernungsangaben als Text zu präsentieren und diesen auf der Augenscheinkarte selbst zu integrieren. Eine Augenscheinkarte von Wilhelm Besserer, die die Grenzen bei Schrozberg aufzeigen soll, ist hierfür ein Beispiel. Besserer hat einzelne Strecken in dem strittigen Raum gemessen und teilt dies in der Legende der Augenscheinkarte mit. Die malerische Darstellung der Landschaft wird dabei nicht reduziert, die performative Augenzeugenschaft der Kommission, die durch das Gelände marschiert, kann so weiterhin aufrechterhalten werden. Gleichzeitig ist das

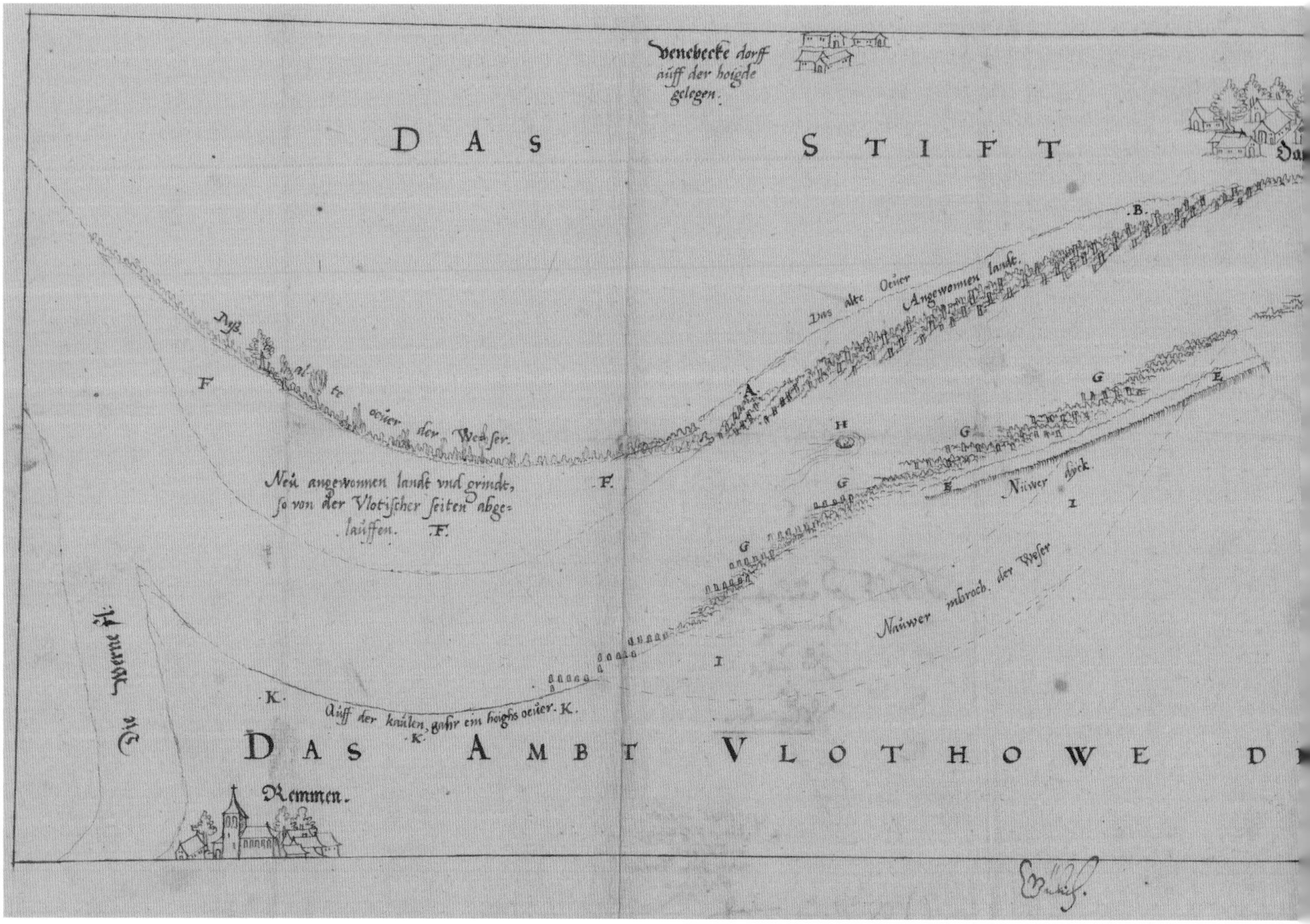

Abb. 63: Die Weser bei Minden, Arnold Mercator, 1581, Federzeichnung, 30,5 × 78 cm, LA NRW – Abteilung Westfalen, W 051/Karten A Nr. 19916

Verlangen nach genauen Entfernungsangaben gestillt.

Eine dritte Variante der Augenscheinkarten macht sich die neue Technik der Vermessung des Raumes in seiner Gesamtheit zunutze. Es waren die ersten Kartographen, die Landschaftsmalerei mit Messtechnik verbanden. Es entstand eine Art Hybriddarstellung, die heute noch durch ihre Farbigkeit besticht. Maler/Kartographen, die sich dieser Darstellungsart bedienten, waren oft zugleich die ersten Kartographen, die im Auftrag des Fürsten das Territorium vermaßen. Ein Beispiel sind die Augenscheinkarten von Seefried/Stang, die für die Fürsten von Pfalz-Neuburg tätig waren.[66] Friedrich Seefried (1549–1608) (Abb. 14, 62) hat die malerische Wiedergabe seiner optischen Geländewahrnehmung gänzlich in den Vordergrund gestellt. Nur die Maßverhältnisse weisen auf den überregio-

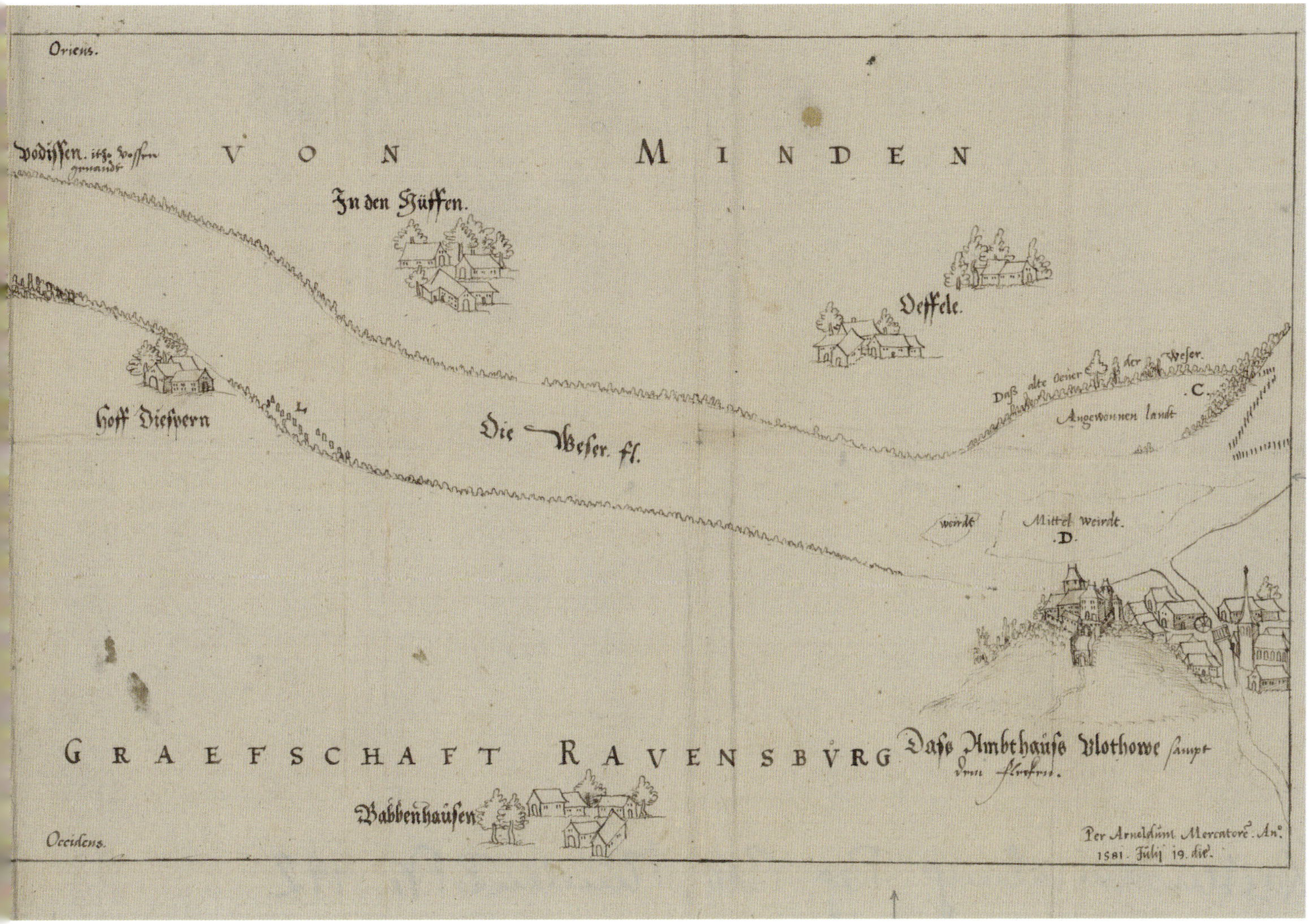

nalen Zusammenhang hin und ordnen die Karte in die Größenverhältnisse der Erdoberfläche ein.[67] Seefried konnte mit den Messungen eine weitere Forderung einlösen, die bei einem Gerichtsverfahren entscheidend war, nämlich die Landschaft „in einen bestendigen und glaubwürdigen abriß" zu bringen. Die Augenscheinkarte ging also über die Dauer der leibhaftigen Gegenwart der Augenzeugen hinaus und stellte ein dauerhaftes Zeugnis dar.[68]

Meist arbeiteten die Kartographen aber bereits mit einer reduzierten Bildsprache. So hat Georg Gadner einen Ausschnitt des Heidenheimer Forsts auf Pergament gerissen (Abb. 16).[69] Das Blatt aus dem Jahr 1596 zeigt die verschiedenen Siedlungen und Wälder, die mit Namen bezeichnet sind, in schwarzer Tusche. Nur die Flüsse sind koloriert sowie die verschiedenen Wappen, die die Zugehörigkeit zu den unterschiedlichen Herrschaften anzeigen sollen. Hinzu kommen farbige Kartuschen mit weiteren Erläuterungen. Die Zeichnung ist ein zweieinhalbfach vergrößerter Ausschnitt aus einer Karte, die Gadner im Auftrag des württembergischen Herzogs zur allgemeinen Landvermessung erstellt hat.[70] Der bereits vermessene Raum wird hier also kopiert, aber in seiner Funktion verändert, indem das Reichskammergericht die Kopie mit dem Hinweis auf den strittigen Sachverhalt erhält. Dies geschieht, indem an der entsprechenden Stelle der Augenscheinkarte der Streitanlass in Form einer Notiz vermerkt wird: „Allda an der Brenntz ist der Anndvogel geschossen worden" (Abb. 16).[71] Gleichzeitig wird ein Quadratraster erkennbar, das auf die abstrakte mathematische Projektion hinweist.[72] Die Augenscheinkarte, in die nun auch kartographische Vermessungspraktiken eingebettet sind, wird zu einem Überschneidungsfeld aus Inhalten und Formen des Wissens.[73] Klar ist auch: Es werden nicht mehr nur Rechtsgebiete aufgezeigt, sondern Territorien. Augenzeugenschaft und Raummessung werden ohne aufwendige Ortsbegehung miteinander verbunden, indem nun die Zeugenaussage in die Karte gebracht wird.

Die beiden angeführten Beispiele für eine malerische respektive reduzierte Bildsprache zeigen, dass die unterschiedliche Handhabung des Messens im Raum und des Raums selbst durchaus gleichberechtigte Darstellungsarten waren. Sie verraten nichts über die Auffassung der Auftraggeber oder über die Beweiskraft des so dargestellten Raumes, aber einiges über die gleichberechtigte Verwendung unterschiedlicher Bildsprachen. Die Auftraggeber waren sich jedenfalls sicher, dass beide Darstellungsarten durch den Richter verstanden wurden.

Besonders deutlich wird das differenzierte Verhältnis der Zeitgenossen zu Messungen in zwei Augenscheinkarten, die Arnold Mercator fertigte. Mercator erstellte im Juli 1581 im Streit zwischen dem postulierten Bischof des Stifts Minden und dem Herzog Wilhelm von Jülich (1516–1592) eine Augenscheinkarte für den Herzog. Die unkolorierte Tuschezeichnung zeigt einen Teil der Weser von Vlothow bis nach Remmen. In dem Streit ging es um den Lauf der Weser, die ihr altes Flussbett verlassen und die Grenzen zwischen den beiden Herrschaften verändert hatte. Mercator zeichnete den Fluss und die umgebenden Dörfer sowie die Uferverbauungen der beiden Parteien. In der Augenscheinkarte sind zudem Großbuchstaben eingestreut (Abb. 63).

Sie verweisen auf einen Text, der sich außerhalb der Karte befindet. Die Zeichnung ist in keinen Rahmen eingepasst. Einen Maßstab sucht man vergebens. Es ist aus der Augenscheinkarte nicht ersichtlich, ob Mercator den Raum oder nur Strecken im Raum vermessen hat. Aufschluss erhält der Richter durch eine „declaratio tabulae", die Mercator – was ausdrücklich in der Akte betont wird – selbst verfasst hat. Dort werden die einzelnen Entfernungen zwischen den Buchstaben, soweit dies Mercator für nötig hielt, sowie Erläuterungen, dass z. B. der Stein H vor Jahren noch auf der vlothoischen Seite lag, jetzt aber vollständig mit Wasser bedeckt sei, notiert.[74] Mercator hat hier offensichtlich nicht das gesamte Gelände vermessen, vielmehr beschränkte sich der Kartograph auf die Vermessung einzelner Strecken innerhalb der Landschaft, welche für den Streitgegenstand relevant waren. Die Darstellung eines Maßstabes in der Zeichnung war deshalb für ihn nicht angebracht. Entscheidend ist vielmehr der Text, der zur Beweiskarte verfasst wurde. Sein Auftraggeber, der Herzog von Jülich bzw. der Kommissar, hielten diese Form von Visualisierung des Raumes für nützlich. Mercator musste sich dieser Auffassung beugen. Schließlich steht es außer Zweifel, dass Arnold Mercator als Sohn des Erfinders der heute noch angewandten Mercatorprojektion[75] die Messkunst im Gelände vollständig beherrschte. Eine Augenscheinkarte, die neun Jahre früher entstanden ist, zeigt das überdeutlich (Abb. 64).

Abb. 64: Grafschaft Waldeck, Arnold Mercator, 1572, Federzeichnung, 58 × 64 cm, LA NRW – Abteilung Westfalen, W 051/Karten A Nr. 566

Anna von Waldeck hatte gegen den Erzbischof von Köln geklagt. Seine Beamten waren im Zeitraum vom 15. bis 18. Januar 1554 in mehrere Dörfer im Bezirk Assinghausen eingedrungen. Die rund 200 Männer hatten Angst und Schrecken verbreitet, systematisch die Häuser durchsucht und Speck, Fleisch, Wurst, Hausrat sowie Kleider entwendet. Außerdem erpressten sie Geldbeträge. Anna von Waldeck klagte daraufhin im Namen ihrer Söhne auf das Mandat der Pfändung.[76] Die einberufene Kommission interessierte sich vor allem für einige spezielle Grenzsteine und die darauf abgebildeten Wappen. Damit sollte geklärt werden, wem der Bezirk Assinghausen eigentlich gehörte. Bei der Ortsbesichtigung wurden Zeugen befragt und der Zustand der Steine im Text festgehalten. Das Protokoll der Inaugenscheinnahme klärt den Richter zusätzlich darüber auf, dass der Kommissar dem Kartographen Arnold Mercator befohlen habe, sich in die von ihm aufgelisteten Dörfer zu begeben und dieselben „fleißig abzumessen" und zu „verzeichnen".[77] Mercator führte diesen Befehl gewissenhaft aus und übergab dem Kommissar die Augenscheinkarte, indem er bestätigte, dass er die Orte besucht, „nach der geometry abgemessen" und auf die beiliegende Karte gebracht habe.[78] Der Kommissar rief auf Drängen Kölns zudem zwei Zeugen auf, damit sie die Richtigkeit der Karte bestätigen.[79]

Die Beispiele zeigen: Die Zeitgenossen hatten unterschiedliche Auffassungen über Messverfahren, die in ihren Augen gleichberechtigt waren. Sie unterschieden zwischen Messen im Raum und Messen des Raums. Mercator zeigt dies, indem er die Darstellung, in der der gesamte Raum vermessen wird, mit einem Maßstab versieht, während er die Messung im Raum ohne Maßstab darstellt. Die genauen Angaben sind im letzten Fall nur dem Text zu entnehmen.

Es ist natürlich fraglich, ob alle Zeitgenossen diesen feinen Unterschied beachteten. Es ist vielmehr anzunehmen, dass die Darstellung eines Maßstabes in einer Karte ganz allgemein als Hinweis auf irgendeine Art von Messung gesehen werden muss. Das zeigt das Beispiel des bereits aus der Einleitung bekannten anonymen Augsburger Malers, der den Lech dargestellt hat. Er stellte Maßstab und Zirkel in der Augenscheinkarte nur dar, um zu verbildlichen, dass überhaupt eine Messung stattgefunden hatte (Abb. 3 und 4). Im Zeugenrotulus finden sich die exakten Maßangaben.[80] Ansonsten zieht der Augsburger Maler es vor, den Raum durch den Betrachter mithilfe des sich drehenden Blicks erschließen zu lassen. Die subtilen Unterschiede, die Mercator macht, sind ihm unbekannt. Freilich ist seine Augenscheinkarte auch einige Jahrzehnte früher entstanden.

Die beiden unterschiedlichen Messverfahren wurden auch noch im 17. und 18. Jahrhundert parallel angewandt. Die Vorstellung, wonach ein Raum vollständig zu vermessen sei, hatte sich keinesfalls als Standard etabliert. Das im vorherigen Kapitel aufgezeigte Beispiel aus dem Streit um das Kloster Steinfeld zeigt dies zur Genüge.

Die Darstellung des in seiner Gesamtheit gemessenen Raums verlangt von dem Betrachter einen starren Blick. Der Richter wanderte nicht länger mit dem Blick durch die Augenscheinkarte und er musste sich auch nicht mehr um seine eigene Achse drehen, um den Raum zu erfassen. Eine individuelle Körperbewegung des Betrachters wird in den gemessenen Augenscheinkarten überflüssig und ist auch nicht gewünscht. Vielmehr ist der Blick statisch auf den gesamten Raum gerichtet, den es in seiner Gesamtheit zu erfassen gilt (Abb. 65).

Glaubwürdigkeit wird nun allein durch den Blick erzeugt, der seinen Standort nicht verändert. Der Betrachter einer Augenscheinkarte wird zum außerhalb des Raumes stehenden Beobachter, der seine Sehstrahlen ungeleitet auf die Augenscheinkarte lenken kann. Raum und Ereignis werden immer seltener gleichzeitig geschildert. Damit zei-

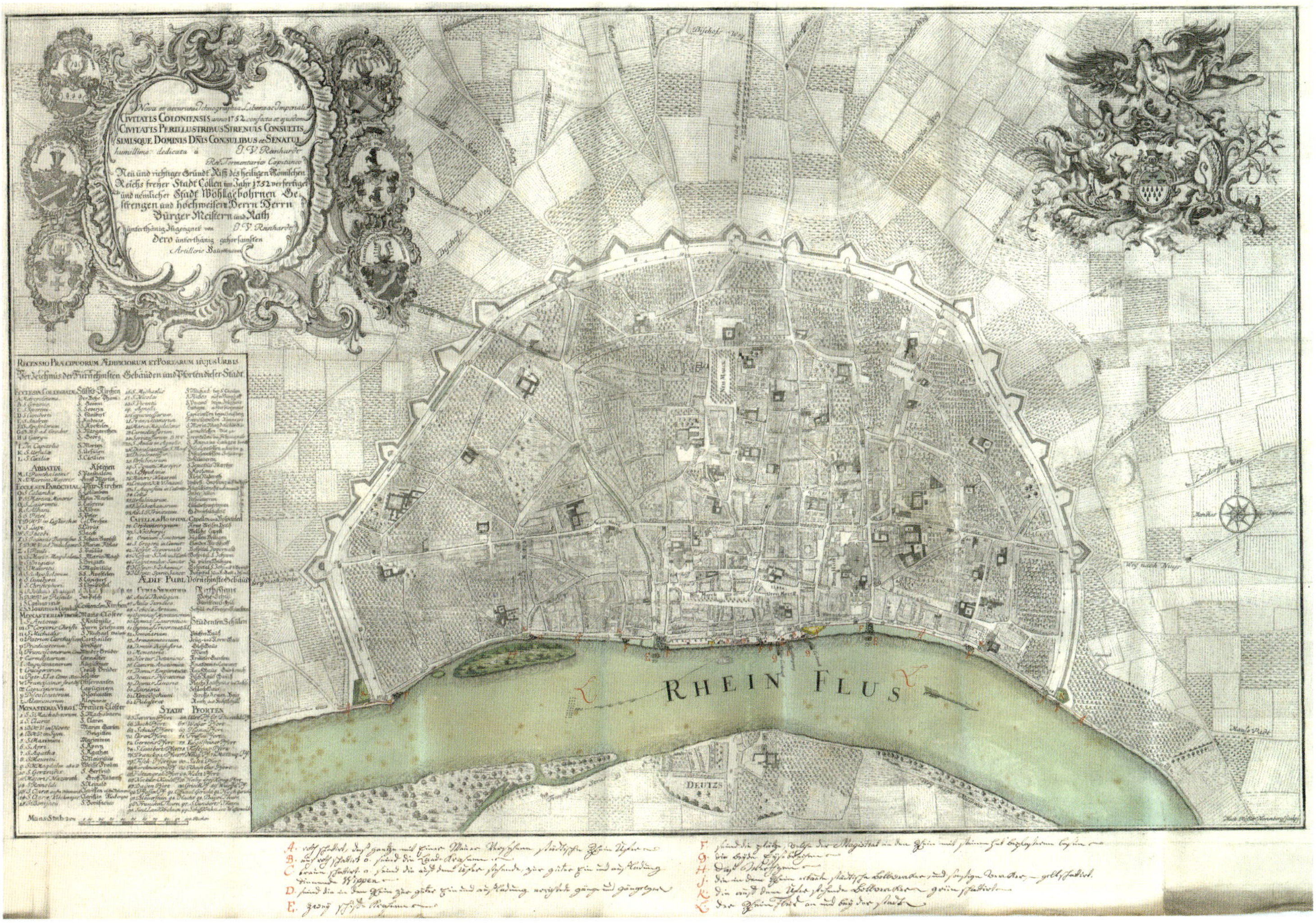

Abb. 65: Grundriss der Stadt Köln, J. V. Reinhardt, Stecher Michael Rößler, 1792, Kupferstich, 15,8 × 22,7 cm, BA Berlin-Lichterfelde, Best. AR, Sign. AR 1/A 513, Q 149

gen die Beispiele die Aufspaltung des Raumes in geometrische oder dynamische Zusammenhänge. Es handelt sich dabei um eine Entwicklung, die meist erst für das 17. Jahrhundert festgestellt wird:[81] Ein fixes Koordinatensystem diente nun dazu, die Orientierung im Raum festzulegen, und ermöglichte so die Berechnung von Abständen, Größen, Strecken und Flächen. Oder aber das Augenmerk lag auf beweglichen Körpersystemen, ihren Massen und Kräften, ihrer Anziehung und Abstoßung.[82] Die Kartographie wurde daher allmählich zum konstituierenden Element von Raum und damit eine eigenständige Wissenschaft. Karten wurden frei interpretierbar und konnten zu beliebigen Zwecken benutzt werden.[83]

Festzustellen bleibt auch, dass die Maler der Augenscheinkarten die Zentralperspektive nur am Rande nutzten. Zwar löst sich der Betrachter bei

Verwendung der Zentralperspektive auch aus seiner leiblichen Verankerung in der polymorphen Welt und es bietet sich ihm ein körperloser Blick,[84] der perspektivische Raum wird aber mithilfe der Zentralperspektive nur im Blick und für den Blick erzeugt.[85] Hinzu kommt, dass sich im zentralperspektivischen Bild Augenpunkt und Fluchtpunkt nicht in der Natur finden lassen und einander gegenüberstehen.[86] Entscheidend aber ist: Die Perspektive setzt ein Bild nach bestimmten Gesetzmäßigkeiten zusammen, während die Kartographie das Bild mit Messung auseinandernimmt. Die bewusste Wahl der Messkunst als Darstellungsmethode bei Augenscheinkarten beweist, dass das Messen eine neu entwickelte Kulturtechnik bildete, die eine andere Form des Sehens ermöglichte. Zentralperspektive und Kartographie waren deshalb maßgeblich daran beteiligt, einen neuen Wahrheitsbegriff des Erkennens zu entwickeln. Verschiedene Standorte boten unterschiedliche Sichtweisen und Standpunkte, welche diverse Meinungen erzeugten. Die Perspektiven und hier vor allem die Dekonstruktion derselben durch Messen konnten helfen, die handwerklich richtige von der falschen Darstellung unterscheidbar zu machen. Geometrie wurde deshalb zum Richtmaß der Wahrheit[87] und gerade für Richter eine grundlegende Kategorie des Entscheidens.

Die Beispiele zeigen aber auch: Die Kartographie ist im 16., 17. und teilweise auch im 18. Jahrhundert eine Darstellungsform unter vielen Kunstrichtungen und nicht von den allgemeinen künstlerischen Strömungen zu trennen. Die Augenscheinkarten demonstrieren dies überdeutlich. Sie bilden durch die verschiedenen Blickführungen und die damit unterschiedliche Einbeziehung des Betrachters in den Blickvorgang die Grundlage für Überlegungen zu Rationalitäten und gehören damit nicht nur zu einer Kulturgeschichte von Recht, Herrschaft und Verwaltung, sondern auch zu einer Geschichte des Sehens und darüber hinaus zur Wissenschaftsgeschichte.[88] Es erweist sich aber auch, dass gerade die Kartographie sowie die geographische Bildwissenschaft eine historische Perspektive benötigen,[89] denn Karten sind ein Konglomerat von theoretischem und praktischem Wissen, das zeitgebunden ist.

Mord und Gewalt: Ereignisse und ihre Darstellung

Augenscheinkarten geben auch Ereignisse wieder. Meist sind sie eingebettet in einem Landschaftspanorama, das zur Feststellung einer Grenze etc. visualisiert wurde. Das Ereignis dient dann dazu, auf die Form von Gewalt hinzuweisen, die den Anlass zu dem Prozess und der Inaugenscheinnahme durch die Kommission bildete. Diese Visualisierungen knüpfen eng an den Gründungszweck des Reichskammergerichts an. Denn es war vor allem eingerichtet worden, um den ewigen allgemeinen Landfrieden zu sichern und damit der legalisierten Gewalt, der „Fehde", ein Ende zu bereiten. Hauptaufgabe war somit, den neu geschaffenen Streitgegenstand „Landfriedensbruch"[90] zu ahnden. Einige Augenscheinkarten versuchen, über die Visualisierung des Raumes Gewaltereignisse zu thematisieren. Hierzu gibt es zwei Darstellungsvarianten: Entweder wird in der Karte mit einem kurzen Text auf die Gewalt hingewiesen oder aber das Ereignis selbst wird visualisiert. Diese zweite Darstellungsweise soll in diesem Kapitel besprochen werden. Im Folgenden werden deshalb verschiedene Möglichkeiten und Varianten von Landfriedensbruch aufgezeigt, um so den Stellenwert der Gewalt in einer frühneuzeitlichen Gesellschaft und die Rolle des Reichskammergerichts durch visuelle Dokumentation zu beschreiben.

Gegen Ende des 16. Jahrhunderts nahmen indirekte Klagen über Landfriedensbruch in Form der Konstitution der Pfändung immer stärker zu.[91] Es kam häufig zu dramatischen Szenen, die aber meist ausschließlich durch Zeugenaussagen dokumentiert wurden. Im Streit zwischen den beiden Gemeinden Sammenheim und Sausenhofen war dies ausnahmsweise nicht der Fall. Bei dem Streit ging es um das Recht, Weide und Vieh durch eine Lichtung zu treiben.[92] Die Augenscheinkarte schildert anschaulich den dramatischen Akt der Pfändung: In einer weiten Waldlichtung wird von drei bunt gekleideten Männern eine Schafherde zusammengetrieben. Zwei der Männer führen Spieße mit sich, die sie in der linken Hand halten, während sie mit der rechten mithilfe von Ruten die Schafe zusammentreiben. Sie werden von einem Mann unterstützt, der sich ein Schaf zu greifen scheint. Ein weiterer Bewaffneter versucht, einen mit einem roten Gewand und einer schwarzen Tasche ausgestatteten Mann, der einen Hirtenstab hält, ruhigzustellen. Sein Kumpan erhebt drohend den Arm gegen den Hirten. Es scheint, als ob die beiden Letzteren versuchen, den Hirten daran zu hindern, bei der Hinwegführung der Schafe einzugreifen (Abb. 66). Die Darstellung von Gewalt ist offensichtlich und wird über die Körpersprache der dargestellten Personen und ihre Handlungen vermittelt. Sie beherrscht zudem die ganze Augenscheinkarte und zeigt so die Relevanz des Geschehens.

Es gibt auch Augenscheinkarten, in denen, ähnlich Simultanbildern, eine ganze Ereignisreihenfolge dargestellt wird, die justiziabel ist. Hierbei handelt es sich ebenfalls stets um Darstellungen von Gewalt – gegen Tiere, Objekte, aber vor allem gegen Menschen bis hin zum Mord. Solche Karten sind nicht sehr zahlreich, zeichnen sich jedoch durch eine besonders eindringliche Bildsprache aus. Auch in diesen Fällen lautete die Klage auf Landfriedensbruch oder Streitigkeiten um der Ehre willen. Ehre ist hier adelige Standesehre, die als Summe von Normen und Werten der Lebensführung gesehen wurde. Nur die Ehre formierte eine gemeinschafts- und identitätsstiftende Größe nach innen und außen.[93] Ehre war eine Qualifizierung und damit auch ein Konkurrenzmerkmal hinsichtlich des Ranges im Vergleich zu den Standesgenossen. Die vorliegenden Augenscheinkarten verweisen auf den Stand und damit auf den sozialen Ort. Ehre war Instrument und Maßstab zugleich. Die Richter am Reichskammergericht waren häufig mit Prozessen um Ehrkonflikte beschäftigt,[94] eine Tendenz, die sich vom 16. Jahrhundert bis in das 18. Jahrhundert nachvollziehen lässt. Besonders viele Ehrkonflikte kamen aus dem niederrheinisch-westfälischen Reichskreis.[95] So verwundert es nicht, dass gleich zwei Beispiele aus dieser Region stammen.

1563 klagten Elisabeth von Pallant (um 1563) und ihre Kinder gegen Hermann Georg Graf zu Limburg (1540–1574) vor dem Reichskammergericht wegen „purgationis“, also Rechtfertigung.[96] Dies ist eine sehr seltene reichskammergerichtliche Verfahrensart. Ursache für die Klage der Witwe war der Mord an ihrem Ehemann, den sie als Landfriedensbruch ansah. Dem Gewaltverbrechen war eine ganze Reihe von ehrenrührigen Streitigkeiten älteren Datums vorangegangen. Auch der Tag des Mordes an Pallant war begleitet von diversen Beleidigungen, die die Ehre der Familie Pallant beschädigten. In der Akte ist ein detailliertes Zeugenverhör ebenso enthalten wie eine visualisierte Darstellung des Tathergangs und der Tatumstände, die eingebunden in die Landschaft die einzelnen Provokationen bis zum eigentlichen Mord beschreiben (Abb. 67).

Die Kommissare weisen in ihrem Protokoll explizit darauf hin, dass der Anwalt der Kläger eine „Tabula topographia“ habe anfertigen lassen, damit sie die Zeugen gezielt nach Hergang und Ursache der Taten befragen könnten und damit alle Aspekte der Geschichte erkennbar seien.[97] Der Richter wird so zum performativen Augenzeugen der geschilderten Ereignisse.

Abb. 66: Pfändung von Schafen, unbekannter Maler, 1612, kolorierte Federzeichnung, 24,5 × 40,2 cm, BayHStA München, PlSlg 10703

Die Augenscheinkarte[98] selbst ist ein rechteckiges Aquarell mit einem schwarzen Rand und einer rechteckigen Ausbuchtung nach oben. Eine Landschaft, in der sich das Schloss Horst im Goldenen Schnitt befindet, wird umgeben von Wiesen, Wäldern und Straßen gezeigt. Beim Schloss handelt es sich nicht um das berühmte, heute noch vorhandene Renaissanceschloss, sondern um einen Vorgängerbau. Es ist ein einflügeliges Gebäude, das von einem breiten und einem schmalen befestigten Wassergraben doppelt umschlossen ist. Der breite Wassergraben grenzt an drei Seiten an Wald und an einer Seite an eine Wiese. Der mit mehreren Türmen ausgestattete Schlossbau besitzt Vorbauten und ist nur über Brücken erreichbar. In der Umgebung des Schlosses sind weitere Ortschaften, Äcker und Straßen eingezeichnet. Die Orte, Straßen und Gemarkungen sind beschriftet und zum Teil mit näheren Erläuterungen versehen. Von dem Schloss gehen vier Linien aus, an deren Enden (am jeweiligen Kartenrand) die Himmelsrichtungen angegeben sind. Ein Kompass ist also auf originelle Weise integriert. Auf der oberen Ausbuchtung der Karte ist eine weitere befestigte Schlossanlage erkennbar. Hierbei handelt es sich um den Grafensitz Limburg, der inmitten von dichtem Wald auf einem Hügel thront. Die Beweiskarte bildet die Landschaft ab und gibt die einzelnen Stationen der Eskalation der Beleidigungen zwischen Pallant und dem Grafen von Limburg wieder. Mithilfe der Ereignisschilderung aus dem Zeugenprotokoll können die einzelnen Szenen in zeitlicher Reihenfolge angeordnet werden. Hinzu kommt eine Legende, die in Kurzform die Zeugenaussagen zusammenfasst. Text und Bild bilden hier in besonders eindringlicher Weise eine Einheit und lassen den Leser die Ereignisse um den Mord unmittelbar miterleben.

Der beklagte Graf und seine Reiter ritten vor das Schloss Horst, wo Pallant gerade im Burggarten spazieren ging. In der Nähe eines Gatters stiegen die Reiter ab und bedrängten den Spaziergänger mit Rufen, der sich darauf aber nicht einließ. Da die Reiter sichtlich keinen Erfolg hatten, provozierten sie erneut, indem sie mit ihren Pferden ein Getreidefeld in der Nähe des Schlosses verwüsteten. Auch jetzt erfolgte keine Reaktion seitens der Familie Pallant. Der beklagte Graf von Limburg versuchte nun, die benachbarte Witwe von Randenrodt in den Konflikt miteinzubeziehen, indem er ihre Jagdhunde entwendete und im Wald um das Schloss Horst mit den Hunden gegen den Willen der Witwe jagte. Die Jagd erfolgte mit großem Aufwand und Geschrei, sodass – wie die Zeugen bemerkten – die Familie Pallant empfindlich beim Mittagessen gestört wurde. In der Augenscheinkarte sind Jagdszenen nicht wiedergegeben. Nur das Wort „Jagd“ und ein eingezeichnetes Fangnetz weisen darauf hin. Es ist unklar, warum hier keine genaue visuelle Schilderung erfolgte. Wollte man vielleicht die Beteiligung der Hunde der Witwe Randenrodt nicht dokumentieren? Wie auch immer, nach dieser erneuten Ehrverletzung war Pallant mit seiner Geduld am Ende und fasste den Beschluss, Graf Limburg nun ebenfalls mit einer Jagd vor der Haustür zu beleidigen. Pallant ritt deshalb mit seinen Dienern zum Schloss des Grafen. Vor dem Schloss trafen die Diener der beiden Familien aufeinander und es kam zu einem kurzen heftigen Gerangel. Pallant schien es dabei belassen zu wollen und war im Begriff, wieder nach Hause zu seiner Frau zurückzukehren. Zwei Diener des Grafen Limburg eilten dem bereits auf dem Heimweg befindlichen Grafen aber nach, holten ihn ein und stellten ihn zur Rede. Graf Limburg kam schließlich zu der heftigen Auseinandersetzung mit einem schweren Spieß hinzu und streckte Pallant nieder (Abb. 68).

Die zweite Darstellung eines Mordes stammt aus Münster. Im Grunde handelt es sich um die gleiche Konfliktsituation wie im vorherigen Beispiel. Auch hier gingen Streitigkeiten und Brüskierungen mit Jagdhunden und der Zerstörung einer Wappenscheibe zwischen den zwei Adelsgeschlechtern von Morrien und von Galen voraus. Der Mord selbst geschah auf dem Münsteraner Domplatz nach vorherigen Provokationen.[99] Daraufhin wurde der Mörder des Gerhard von Morrien († 1607) auch rasch durch das weltliche Hofgericht verurteilt. Als der Landesherr den Beschuldigten aber nach zwölf Jahren Haft vorzeitig entließ, klagte die Witwe 1619 vor dem Reichskammergericht. Besonders empörte sie, dass sie die Hälfte der Prozesskosten des Verfahrens tragen sollte.[100]

Die Augenscheinkarte ist ein Stadtgrundriss Münsters zu Anfang des 17. Jahrhunderts. Der Blick ist von einem erhöhten Standort auf den Domplatz in der Mitte der Karte gerichtet. Die St.-Jakobi-Kirche und der Dom St. Paulus stehen darauf. Der Platz, der Domhof genannt wird, ist ringsum bebaut. Im Osten erscheinen die Giebelhäuser des Prinzipalmarktes, dahinter zum Domhof gehörige Gebäude. Im Plan unten links erhebt sich die St.-Lamberti-Kirche, auf die zahlreiche Straßen münden. Rechts sind weitere Straßenzüge, Märkte etc. erkennbar.[101] Ihre Darstellung war notwendig, um den genauen Tathergang und das Bewegungsprofil Galens am entscheidenden Tag im Sinne einer performativen Augenzeugenschaft nachvollziehen zu können.[102] Am wichtigsten für uns ist die Szene, die am linken mittleren Bildrand dargestellt ist. Vor dem Eingang zum sogenannten Fürstenhof steht eine Gruppe von sieben Männern, die mit Kniehosen, Wämsern und spanischen Kragen bekleidet sind. Sie beobachten zwei Männer, die in einen Streit verwickelt sind. Einer der Beteiligten steht im Ausfallschritt auf dem Steinweg. Er hat den Degen gezogen und richtet ihn auf seinen Kontrahenten. Dieser mit Hut und Umhang bekleidete Mann steht direkt vor einer Pforte und ist gerade dabei, seinen Degen zu ziehen, um den Angreifer abzuwehren. Betrachtet man den Plan genauer, so kann man erkennen, dass diese Stelle des Planes überklebt ist.[103] Darunter befindet sich eine etwas andere Darstellung: Auch hier sind zwei Männer miteinander im Streit, beide stehen jedoch auf dem Weg, und zwar nicht mehr vor der Pforte, sondern etwas weiter unten vor dem Hof der Familie Galen. Beide haben die Schwerter aufeinander gerichtet und sind ohne Hut und Mantel abgebildet. Die Karte schildert das für den Adeligen Gerhard von Morrien tödliche Zusammentreffen mit Dietrich von Galen (1570–1645) am 17. Juli 1607. Dietrich von Galen war nach Münster gekommen, um dort einige Geschäfte zu erledigen. Dabei wurde auch einiges getrunken.[104] Schließlich begegneten sich die beiden Kontrahenten auf dem Domhof und stritten um Jagdhunde, die Morrien Galen gepfändet hatte. Der Streit eskalierte, die Waffen wurden gezückt und Morrien durch einen Degenstoß schwer verletzt. Morrien starb an seiner Verletzung, während Galen zunächst fliehen konnte, aber dann von Münsteraner Soldaten verhaftet wurde.[105]

Die Augenscheinkarte gibt alle relevanten Details des verhängnisvollen Tages mit den Aufenthaltsorten von Galens wieder. Sie beschränkt sich

Abb. 67: Ereignisse um die Ermordung des Grafen Pallant, unbekannter Maler, ca. 1564, kolorierte Federzeichnung, 58 × 39,5 cm, LA NRW – Abteilung Rheinland, AA 0627 Nr. 4278, Bd. 1, fol. 116

MERIDIES
Neersken
Horster acker.
Die bach
Ziegel Werck
Die dreck
Schloss Horst
Die Jagt
OCCIDENS
Horster gehults
Der Haücker Büsch.

Abb. 68: Detail der Ermordung des Grafen Pallant, unbekannter Maler, ca. 1564, kolorierte Federzeichnung, 58 × 39,5 cm, LA NRW – Abteilung Rheinland, AA 0627 Nr. 4278, Bd. 1, fol. 116

nicht allein auf die Darstellung des Tatorts, sondern will die Tat in allen Einzelheiten erfassen. Auch hier wird wie im Plan der Familie Pallant gegen Limburg der ganze Geschehenszusammenhang – allerdings im städtischen Umfeld – visualisiert. Mithilfe der Zeugenaussagen lässt sich so die Ereignisschilderung konkret und exakt nachvollziehen. Aus den Akten wird nicht ersichtlich, wer die Augenscheinkarte in Auftrag gegeben hat. Man vermutet, dass es die Witwe Morrien war, da sich nur in ihren Schriften Aussagen zur und Hinweise auf die Augenscheinkarte finden.[106] Die Augenscheinkarte entstand bereits, bevor der Prozess am Reichskammergericht anhängig wurde. Sie ist ein Teil der Vorakte[107], was zeigt, dass nicht nur das Reichskammergericht, sondern auch andere Gerichte im 17. Jahrhundert mit visualisierten Beweismitteln arbeiteten. Da sie auch den Richtern am Reichskammergericht vorlag, wurde sie hier besprochen.[108]

Beide Augenscheinkarten unternehmen augenscheinlich den Versuch, Ereignisse mit dem wandernden Blick zu beschreiben. Das Simultanbild ist hierfür vorbildlich geeignet. Beim Münsteraner Plan wird sogar vermutet, dass der Zeichner danach getrachtet habe, den Schauplatz der Ereignisse auch perspektivisch zu unterstreichen.[109]

Aber kommen wir zu einem weiteren visualisierten Gewaltereignis, das sich ein Jahrhundert später im süddeutschen Raum abgespielt hat. Auch hier werden die traumatischen Gewalttaten visualisiert, allerdings mit einem großen Unterschied: Die Darstellung wurde in Form eines Kupferstiches nicht nur den Richtern am Reichskammergericht, sondern auch dem Publikum bekannt gemacht. Deshalb existieren davon zwei Varianten: Während die in der Akte liegende Augenscheinkarte am Rand Erläuterungen zu den einzelnen Geschehnissen bietet, ist dies bei der zweiten Variante nicht der Fall. Text und Bild bilden hier keine Einheit. Der Konflikt fällt auch insoweit aus dem Rahmen, als es sich diesmal nicht um mittelbare Adelige aus dem Westfälischen handelte, sondern vielmehr um eine misslungene Exekution der schwäbischen Reichsritterschaft. Sie war gegen eines ihrer Mitglieder, den reichsunmittelbaren Adeligen Samuel Friedrich von Gültlingen (um 1780), mit äußerster Brutalität vorgegangen, der sich darüber beim Reichskammergericht beschwerte. Im Grunde war die Exekution durch württembergische Husaren, Schwäbisch Gmünder Musketiere und Bauern die Folge einer Erbschaftsauseinandersetzung.[110]

1771 sollten die Husaren, Musketiere und Bauern den Rittersitz Wildenhof der Familie von Gültlingen exekutieren. Das Haus wurde bei diesem Anlass geplündert und der Gültlinger Anwalt sowie der Sekretär gefangen genommen und misshandelt. Gültlingen selbst, der sich in dem Haus befunden hatte, wurde verhaftet und nach Esslingen verbracht. Gültlingen klagte deshalb vor dem Reichskammergericht und legte einen Kupferstich vor, der die Einnahme des Wildenhofes durch die reichsritterschaftlichen Truppen in allen Einzelheiten schildert (Abb. 69).

Der Wildenhof befindet sich in der Augenscheinkarte im unteren rechten Drittel des Stiches. Eine Straße, die auf das Gut zuläuft, ist voll von Bewaffneten, eine andere, die von dem Gutshaus gen Adelmannsfelden führt, ebenfalls. Die Meute führt zudem einen Ochsenkarren mit. Husaren tragen Hellebarden, Musketiere Musketen und Schwerter, die Bauern Mistgabeln und Dreschflegel. Die Bewaffnung zeigt, zu welcher der drei Gruppen von Exekutoren eine Person gehört. Dazwischen eingestreut sind Szenen, bei denen Soldaten gewaltsam gegen einzelne Personen vorgehen. Am Wildenhof treffen die verschiedenen Gruppen aufeinander (Abb. 70).

Es herrscht großes Gewimmel, aus den Fenstern und dem Dach des Hauses dringt Rauch. Eine wilde Menge schießt auf das Haus, in dem sich noch Menschen befinden, wie der dargestellte Grundriss zeigt. Um das Gutshaus kommt es zu gewalttätigen Szenen: Frauen werden bedrängt, ein Mensch an den Füßen aufgehängt. Andere Soldaten schmausen und trinken und schleppen Gegenstände aus dem Gutshof. Um ein kleineres Stallgebäude kommt es zu regelrechten Verfolgungsszenen. Der Stich ist mit Buchstaben versehen, die die einzelnen Szenen erläutern sollen. Die Erklärungen finden sich in der Legende, die am Rand jener Variante des Stichs erscheint, die dem Reichskammergericht vorlag.

Eine besonders interessante Darstellung von Gewalt, die vollständig aus dem Rahmen fällt, ist die Plünderung fränkischer Adelssitze im Bauernkrieg 1525. In der farbigen Aquarellzeichnung werden am oberen und unteren Rand eingebettet in ein hügeliges Gelände Burgen mit ihren Namen und Besitzern abgebildet, die im Bauernkrieg durch die Bauern geplündert und zum Teil in Brand gesteckt worden waren. Vereinzelt kann man Bauern erken-

Abb. 69: Exekution der Reichsritterschaft, unbekannter Stecher, 1778, Kupferstich, 78 × 63 cm, WürttHStA Stuttgart, C 3 Bü 1478

– Hier thun sie ein gleiches, und schiesen, durch die in gerader Linie stehende Thür und Fenster, bis auf *TT.*; und vermein- der allda recognosciren reitende Husar: die an ihme vorbei geflogene Kugeln seyen diesseits aus dem Hause geschehen.

· Hier wird nach *L.*, auf den jungen Herrn Baron Charl Louis noch im Bett liegend, (nach jenseitigen Lieblings- Sorten in actis) von Obervormundschafts wegen geschossen, von deme aber Gott gegen 50. Kugeln abge- andt, auch das nachherige Mitleiden derer Husaren ihn noch errettet, daß ein Adelmännischer Bauer, als solcher auch as Bett geplündert, den Prügel schon aufhebend, ihn nicht, wenigstens abermalen von Obervormundschafts egen, weilen sein Herr der älteste Herr Ritterrath ist, todgeschlagen, sondern der Husaren-Corporal Lotterer sol- en nackend ihme entrissen, ihn seinen Eltern zugestellt, und den gewilligten Mörder *reprochirt*, daß er ein so artiges nd umbringen wollen.

- Hier sind die 8. Stück Jagd-Gewehr am Rechen an der Wand hangend, wovon nur 2. Flinten mit Schroot auf e Jagd geladen waren, welche von dem Freiherrn von Gültlingen, oder von seinen samt ihme in der Stuben bei *GGG.* h befundenen Unterthanen um so weniger zur Gegenwehr hinweggenommen werden konnten, als bei *D* et *H.*, gleich denen ersten Minuten, die Husaren, Adelmännische Zimmerleute und Bauern, ehe die Thüren noch ganz aufgehauen aren, zu denen Fenstern in die Herrschaftliche Stuben und Kammern hineingestiegen, und bei *L. M. N. O. P. Q. R. T. U. V.* Commods, Coffers und alles Schreinwerk, samt Tisch, Stühl und Bettladen auf- und zusammen ge- auen, sofort durchgängig alles dergestalten rein ausgeplündert, daß mit Wahrheit zu sagen, nicht einmal der Löffel der Tischladen geblieben, ja sogar bei *W.* den heiß mitgenommenen eisernen Ofen eingerissen, und in dem aus selbi- m herausgefallenen Feuer viele wichtige schriftliche Sachen verbrannt, und theils mitgenommen, sofort alles ge- ubte bei *X.* beständig herausgetragen, und fortgenommen, auch bei *Y.* et *Z.* den Kirschengeist und alles vorhandene etränke ausgeleert, und alle Eßwaare theils verzehret, theils auf den Gassen herumgeworfen; woraus mithin ganz ar erhellet, daß, da sämmtliches Gewehr bei *K.* noch am Rechen hangend gefunden worden, wann der Freiherr von ültlingen geschossen hätte, er ohnmöglich, mit seinem türkischen Säbel in der Hand, um den gegnerischen Erfolg ver- ndern zu wollen, nach gegnerisch eigener Angabe, bei denen Unterthanen in der Stube *GGG.* hätte seyn- oder mehr ihnen kommen können.

B. CC.) — wurden 6. Unterthanen tod- und über 30. zu Krüppeln geschossen, welches die gegnerisch eigene Beilagen, sbesondere die durchgängig wohl zu bemerkende Rapports derer beeden Herrn Officiers, selbsten bekennen, laut gedruck- Ritterschaftl. sogenannten Actenmäsig- und Rechtsbegründeten Unterrichts ꝛc. Nro. 41. et 42. also lautend: Die ganze Expedition mag in Zeit einer halben Stunde vollführet gewesen seyn, und ist dabei einer von denen ellischen Bauern, welcher an dem Eingang des Hauses zu der sogenannten Bauernstube sich befunden, und die Thüre ver-

„ verwahrt haben muß, auf dem Plaz geblieben, die meiste aber theils hart- theils leicht verwundet, wohin- „ gegen von meinem *Commando* kein Mann beschädiget worden. — Welche sämmtliche Proceduren und gesamm- tes Ritterschaftl. Commissions-Verfahren vom Canton Kocherischen Ritter-Directorio so sehr approbiret wor- den, daß solches noch ein eigenes Danksagungs-Schreiben an Ihro Herzogl. Durchlaucht zu Würtemberg abgeschickt hat, und versichern lassen, daß das Husaren-Commando die von solchem Ritter-*Directorio* intendirte Würkung gehabt habe, wie das von solchem Directorio selbst producirte Herzogl. Antwortschreiben laut Actor. Camer. [8.] Num. 18. ausweißt, auch das diesseits gedruckte Pro Notitia vom 28. Jun. 1777. und Ferners Pro Notitia vom 30. d. m. et ai. bei der Criminal-Anzeige sub Nro. 52. et 53. befindlich, ferner sämmtliche unumstößl. Beilagen daselbst, meistens aus gegnerisch-eigenen Schriften, in specie von Nro. 40. bis 58. zum Erstaunen noch mehrers, insbesondere wider den Freiherrn von Adelmann und Consorten darthun.

DD. et *EE.*) — bitten diese arme unschuldige Bauern auf den Knien mit aufgehabenen Händen, um der Wunden Jesu willen, um Verschonung, und berufen sich auf das, was oben bei *A.* schon gesagt worden; wurden aber dannoch, so wie erst gemeldet, grausamst mißhandelt, ja sogar unter denen Bettladen, und allen Winkeln des Hauses, wohin sie laut gegnerisch eigenen oftbesagten Zeugen-Verhörs ad Interr. XXV. test. 13., wie sie der Hu- saren ansichtig worden, sich versteckt, mit Bajonets und Säbeln hervorgestochen und sehr hart verwundet.

FF.) — Ist die Grube, in welche die blessirte und alle so grausam mißhandelte, sogar der Gültlingische Secretair Henninger ebenfalls tödlich verwundet, wie das Vieh aufeinander hingeworfen, und von denen Adelmännischen Bauern und Gemünder Soldaten noch liegend ganz barbarisch vollends zu Krüppeln geschlagen worden.

GG.) — Werden von denen erbärmlichst verwundeten, auch an beeden Händen jämmerlich zusammengeschossenen noch einige kreuzweiß in Ketten und Banden geschlossen, um ein falsches Zeugniß von ihnen erzwingen zu wollen, als wäre diesseits geschossen- ja zuerst geschossen worden — welches aber, als ungegründet, keiner sagen können; Auch aus obigen Rapports derer Herrn Officiers selbsten erhellet, daß jenseits kein Mann beschädiget worden, — welches doch gewiß hätte geschehen müssen, wann auf eine solche Menge Leute, welche schon die Thüren und Fen- ster zusammen gehauen, aus dem Hause wäre geschossen worden; — Ferner in dem Herzogl. Würtembergisch- vor einer ansehnl. Regiments-Deputation errichteten- von der Ritterschaft selbsten ad acta Camer. übergebenen- und diesseits als legal acceptirten- sofort auf den diesseits daraus gemachten gedruckten Extract von 1½. Bogen Gültlingis. Seits lediglich darauf, ohne weitere diesseitige Zeugenverhöre nöthig zu haben, submittirten- gegen- wärtig öfters allegirenden eigenen Husaren-Zeugenverhör ad Interrog. XXX. test. 15. angiebt: „ er habe in dem „ Zimmer ein paar Pistolen und etliche Büchsen *NB.* am Rechen gefunden; Wodurch obig lit. K. desto mehr bestärkt ist. Der Husar testis 3., welcher ad Interr. XX. selbsten eingesteht: „ Daß er zur Zeit, da der erste „ Schuß

NN. einen Ueberschlag auf seine tödliche Kopf-Wunden gestattend, wurde er bei *NN.* in eine jenseits schon zuvor mit Ellwanger Postpferden bestellte, allhier im Teich bei der Hammerschmieden schon parat gestandene Jungken- nische Kutsche gesezt, von 3. Husaren convoyirt, nach Adelmannsfelden in seinem neu erkauften Schloß in des- sen Hof zweimal vor Angesicht seiner- wegen des in der gedruckt erläutert- Vohensteinischen Stammtafel hin- länglich beschriebenen Onzischen Processus, (welchen, laut von Onzischen eigenen gerichtl. Angebens, Hr. Bar. von Adelmann, unter dem anfänglich geheimen Namen eines Partage-Tractats mit solchem, hauptsächlich an- gestiftet, Kraft seines ex actis Cam. ersichtl. XIII. jährigen Gebäudes, um im Trüben zu fischen, und von denen Vohensteinis. rechtmäßigen Allodial-Erben eines um das andere verdrängen- und endlich die ganze Herr- schaft Adelmannsfelden solchergestalten an sich bringen zu wollen) ungemein zu bedaurenden ebenfalls vom Hrn. von Adelmann so sehr circumvenirten- und, zu solchem Ende, unter Vorspiegelung: sich ihrer als bedrängter Wittwen anzunehmen, listig zum vertragswidrigen Verkauffen an ihn und Cons. sofort zu allem, was geschehen, aufgehezten Anverwandten, nemlich der Frau Generalin von Jungkenn und der Frau von Bernerdin (gänzlich vergessend, daß solche nur 2. Jahre vorhero, nemlich den 4ten Dec. 1769., in einer originaliter noch aufweisen könnenden Urkunde den von Gültlingen als einen solchen „ Mit-Erbsinteressenten, der seinen besondern Fleiß, „ Geschicklichkeit, rechtschaffenste Gesinnung und wahre Redlichkeit schon so vielfältig erprobet habe, mit Hand und Pettschaft zu gerichtl. Gebrauch selbsten declarirt haben, welcherlei Zeugnisse derselbe von Anno 1754. bis 1771. nicht allein von solchen, sondern auch vom Canton Kocher, und von noch vielen andern, in Camera Imp. theils schon producirt hat, theils, wann es nöthig wäre, noch weiters vorlegen könnte) über und über in seinem Blut, halbtod, zum Spectacul herumgeführt, von da in ein Unterthanen-Wirthshauß gebracht, kaum erst allda verbunden, und sodann in solcher Gestalt über Nacht in das Baron Adelmännische Schechingen mit Husaren und Adelmännischen Bauern hart verwacht, die zum Umbringen rauheste Wege fortgebracht — Ob- gleich selbige vor Schmerzen, Rauch und Lermen dieser harten Wache, völlig schlaflos zugebrachte Nacht über, und den andern Tag Ihme der Tod auf der Zungen sasse; so ware doch noch kein Mitleiden zu erregen, son- dern man schleppte Ihn wieder, zum weiteren Fortführen, in obigen Wagen, bei Versagung aller standes- mäßigen, ja sogar der nothdürftigsten Pflegung, bathe er, bei damaliger rauhen November-Witterung, nur um ein wenig Heu, um seine Füsse warm zu halten, sogar auch dieses wurde ihme abgeschlagen, welches denen Husaren und dem sich seiner erbarmten Freiherrn von Lange zu Leinzell so zu Gemüth gedrungen, daß dieser nicht nachliesse, bis er einen Fußsack hergeben durfte, und von dem damalen dasigen geschickten Hrn. Chirurgo Ihme seine in dem Adelmännis. Schechingen nicht einmal nachgesehene Wunde sehr wohl verbunden wurde — Selbigen Abend wurde Er nach Schwäbisch-Gemünd gebracht, mit 9. Mann verwacht, und nach 12. Tägen nacher Eßlingen weiters fortgeführt, sofort zusammen 9. Wochen lang in das Zimmer eines Mörders von Augspurg, der zum Gal- gen und Rad verurtheilt worden, dermasen hart eingesezt, daß man weder Frau, noch Kinder, noch Advocaten oder sonsten gute Freunde, am allerwenigsten aber weder Brief, noch Dinten, Papier und Feder zu Ihme geluf- sen, und solchergestalten der Canton Kocheris. Hr. Consulent Kloß, Secretair Huch und Cons. auf Antrieb des Hrn. v. Adelmanns, die jenseitige erstbeschriebene grausamste Handlungen dem v. Gültlingen fälschlichst aufbür- den wollen, ganz verkehrt vorgebend, Er habe einen Landfriedensbruch begangen, und habe zuerst geschossen, seye also aggressor derer ihn- wie oben, in seinem ohnstrittig eigenem Hauß, überfallenen- und ohne Ihn anzu- hören, durch einen sogenannten Official-Bericht, Allerhöchst Kaiserliche Majestät angegangen, solchen nicht nur ewig auf eine Vestung zu sezzen, sondern sogar criminaliter zu processiren; Worauf aber die Weltbe- kannte Gerechtigkeit unsers Glorwürdigsten Kaisers *IOSEPHI IIdi* Sich mit der göttlichen Gerechtigkeit dahin vereinbaret, daß den 17. Dec. 1771. in einem Höchstpreisl. R. R. H. R. Concluso das sämtl. Ritterschaftl. Begehren völlig abgeschlagen worden, und darauf, da der von Gültlingen schon 3. Wochen vor obigem Vorgang, am Höchstpreisl. K. R. C. Gericht Schuz und Hülfe gesucht, selbiger endlich den 14. Januar. 1772. wiederum auf freien Fuß gestellt worden, um sein Recht und Satisfactions-Gesuch in Camera Imperiali erfor- derlich auszuführen und zu betreiben; Womit auch, nach einem 6 jährigen gegnerischen Umtrieb, den 17. Jul. 1777. die am Höchstpreisl. R. K. C. Gericht für den Freiherrn v. Gültlingen und Cons. gerechtest ausgefallene Satisfactions-Endurteln, zum unsterblichen Ruhm beeder Höchsten Reichs-Gerichte, vollkommen harmoniren; und *NB. NB.* wegen (oder bey) gegnerisch eigenen obigen Rapports und eidlichen Einbekännt- nissen des ex actis judicialibus, wie insbesondere oben bei G G. vorgekommen, deutlichst entwickelten, nun weder Revisions- noch eben deßwegen höchstunzuläßige Restitutions-Gesuche eine Abänderung gestatten, somithin wider (oder gegen) all dieses die Gegnere ohnmöglich mehr schwöhren können, ohne sich in noch grössere zeitlich- und ewige Strafe zu versenken! Der von Gültlingen dannenhero, aus dieser eidlich behaupten könnenden sattsamen Ueberzeugung, daß seine Gegnere dergleichen Eide ohnmöglich mit gutem Gewissen abschwöhren können, seiner Seits, um, als so sehr überzeugt, sich nicht fremder Sünden theilhaftig zu machen, solche von derlei Eides-Able- gung zu dispensiren- und dannoch, wie wann sie geschwohren hätten, die allerbündigste Caution einzulegen sich ent- schlossen, wie bereits den 26. Jan. h. a. 1778. geschehen; Zugleich aber 1.) in Betracht seines erlittenen allzugros- sen Verlusts, Kösten und Schäden auf allen Seiten; 2.) weilen er seine Gegnere so sehr kennen gelernt, wie in specie in dem diesseitig gedruckten Gegenbericht und dessen Beilagen lit. Q Q. samt Subadjunctis Nro. 11. 12. 13. 14. et 15. ferner aus lit. R R. allda zu ersehen; 3.) denen armen Unterthanen von der Benuzzung seiner sogenann- ten Satisfactions-Summe Gutes zu thun- und deren, in Ansehung des Erlittenen, meistens gar kleine Por- tionen nach Verdiensten zu vermehren gesonnen ist; und 4.) aus noch vielen andern triftigsten Gründen und Ur- sachen, hiemit, wiederholter, sich auf das höchste betheuert: daß er in einen jenseits durch anmaßliche obbesagte Remedia intendirenden Vergleich sich niemahlen einlassen kann noch wird, vielmehr, wegen bis dato noch immer andaurenden Verzögerung der schuldigen Parition, und diesfallsig großen Kösten, Schäden, und dadurch ihme zugehenden neuen Mißhandlungen, sich und Consorten ulteriora bestens reservirt; auch vor Leben und Sterben sei- nen Kindern und Nachkommen, von vätterlichen Gewalts wegen, in vim testamenti, die Continuation und Nachgelebung dieser seiner Gesinnung andurch publice auferleget, unter Ankündigung alles sonstig- vätterlichen Unsegens ꝛc. — Zu seiner Kinder und Nachkommen desto mehrerer Sicherheit, und zur ohnauslöschlichen Ehre Bee-

begründeten Unterricht ꝛc. seine Refutation ferner angezeigt findet, in denen diesseits hierauf gedruckten 2 Quart-Blät- tern, sub rubro: *Pro Notitia* vom 28. Junii 1777. und Ferneres *Pro Notitia* vom 30. d. m. et ai., dessen weiterer Verfolg diesseits, ex optima et justissima intentione, loco eines Sollicitier-Zettuls gebraucht worden — Jen- und diesseitige Sprachen neben einander stehend, wie die hier sub signo ⊙ angebogene Beilage sub rubro: *Extractus* summarischen Inhalts des von Gültlingischen *Processus* mit Herrn von Adelmann, Canton Kocher und Consorten, besaget. —— Auch ist dem Herzogl. Würtembergischen Herrn Rittmeister von Dehn das Zeugnis zu geben, daß solcher bei Forttransportirung des von Gültlingen Ihme mit gerührtem Herzen gesagt: „ Gehen Sie nur in Gottes Namen, Sie haben ja nichts Crimi- „ nelles gethan, mir thut leid, daß ich thun muß, was geschiehet, und kann ich nichts ändern, dann es ware schon be- „ schlossen, Sie fortzuführen, wann Sie auch gleich auf den Knien uns entgegen gegangen wären. — Welches bei dies- seitiger Replic-Schrift schon zu dessen Ehre gesagt worden, und die Gegnere als wahr gelten lassen müssen.

T.) — Ist der recognosciren gerittene Husar, vid. oben *H.*)

X.) — Ist, nach vollbrachtem Morden, Rauben und Plündern, Herr Ritterrath und Geheime Rath Baron von Adel- mann mit einer Menge seiner Hohenstätter Bauern, nun in dieser Gestalt, siegreich, in Adelmannsfelden eingezogen, sich einbildend, er habe, laut der Acten, sein und Hrn. Consul. Kloz schon XIII jähriges Gebäude, zu Verdrängung des von Gültlingen, und zu seiner selbstigen Acquisition der Herrschaft Adelmannsfelden, nunmehro schon so gut als völlig ausgeführet ꝛc.

V.) — Ist der Wagen, auf welchem die tödtlich Blessirte fortgeführt- und in Adelmannsfelden noch weiters mehr als foltermäsig mißhandelt wurden;

W.) Hier bittet auch die damalen hochschwangere Frau Gemahlin des Freiherrn von Gültlingen, gleich beim Anfang, um Gottes Barmherzigkeit willen, um Verschonung, und erbietet sich sogar zu einem Fußfall, aber statt Pardons, bekame auch Sie durch die Fensterrahmen 2. Kugeln hart am Kopf vorbei zur grausamsten- auch des Kinds im Mut- terleibe nicht verschonenden Antwort.

Schließlich ist diesem noch anzuhängen, daß diese landfriedensbrüchig-criminelle Handlung Allerhöchst Kai- serlicher Majestät zur Reichsgesezmäßigen Abwandlung, um ferneres Unheil abzuwenden, zwar gleichbald förm- lich anzuzeigen gewesen wäre; Mitleiden vor des Freyherrn von Adelmanns Frau Gemahlin und Kinder und übrige Anverwandte aber, und die Hofnung, er würde solches selbsten bereuen, und sich bessern, sofort sämmtlich so grausam Mißhandelte zufrieden zu stellen suchen, waren die Beweggründe, warum der Freiherr von Gültlingen vom 16. Nov. 1771. bis den 3. Decembr. 1773. mit seiner schuldigen Criminal-Anzeige zugewartet, wobei dieser Abriß gemahlt als acten-

actenmäsig von Vier Kaiserlichen Herren Notariis legaliter bescheint sub Num. 17. befindlich- und durch obige Höchstrichterliche Urteln nun aufs vollkommenste und ohnzubezweifelnde bekräftigt ist; die täglich erfahrende Con- tinuation seiner Mißhandlungen und sein Bestreben: all obig gerechtesten Höchstrichterlichen Judicatis sich sträflichst zu widersezzen, wie sein unverantwortlichstes- und dahero durch diesseitige überflüßige Cautionsleistung schon eventualiter vereiteltes Revisions-Gesuch wider die *NB.* eidlichen Verträgen gemäse Güther-Urtel und wider die gerechteste Entschädigungs- und Satisfactions-Urtel genugsam ausweißt, sofort er seine versteckte Verdrängungs- volle Ansichziehung der Herrschaft Adelmannsfelden dadurch nun selbsten veroffenbaret, und das was oben insbesondere bei A, NN. et U U. gesagt worden, desto mehr bestärkt ꝛc. ja sogar seine in actis schon bewiesene auch verworfene und gleichwohlen noch immerfort damit umgehende falsche Zeugenerkaufungs-Sucht aber (welche ungestraft zu lassen, vor jeden ehrlichen Mann, Höchst- Hoch- und niedern Standes, von allzuschlimmen Folgen wäre) erfordern die seitherig bis auf den 23. Septembr. 1777. übergebene ohnumstößlich- höchstwichtige Nachträge zur Criminal-Anzeige; von deren Betrieb der von Gültlingen ohnmöglich abstehen kann, 1tens) ehe er und sämt- lich so grausam Mißhandelte ihre urtelsmäsige Satisfaction und Entschädigung würklich baar erhalten haben werden, 2tens) ehe er und seine Kinder die den 16. Maji 1777. adjudicirte Güther-Antheile in Besiz erhalten, 3tens) ehe Herr Baron von Adelmann von seinen daselbstigen Acquisitions-Gedanken abgetrieben wird, und 4tens) ehe diesseits genugsame Sicherheit und Ruhe erzweckt seyn wird, alsdann aber, wann 5tens) der Frei- herr von Gültlingen sich wahre Freunde dadurch machen kann, wann er diese Criminal-Sache nicht weiters urgirt- und dadurch allen Argwohn einer privat-Rache männiglich gänzlich, als Christ, benimmt; Er mit dem dixi et salvavi sich gar wohl begnügen, und die Vornahm, oder Liegenlassen, nach öffentlicher deutlicher Vor- legung dieses, lediglich dem Gutfinden und Gewissen *summi Judicis* überlassen kann, kraft jenes dem göttlichen und allen weltlichen Gesezzen gemäsen- in öffentlichen Zeitungen gestandenen Ruhmvollesten Ausspruchs Unsers Glorwürdigsten Allergerechtesten Kaisers *JOSEPHI IIdi*:

„ Mörder kann die Gerechtigkeit nicht begnadigen!

Folglich kann auch solches nicht unangezeigt lassen, jedoch, nach Erfüllung obiger Bedingnisse, um Milderung der im äusersten Grad verdienten Gesezmäsigen Strafe, für seine Gegnere bitten — Samuel Friederich Freiherr von Gültlingen. Wetzlar 18. Febr. 1778.

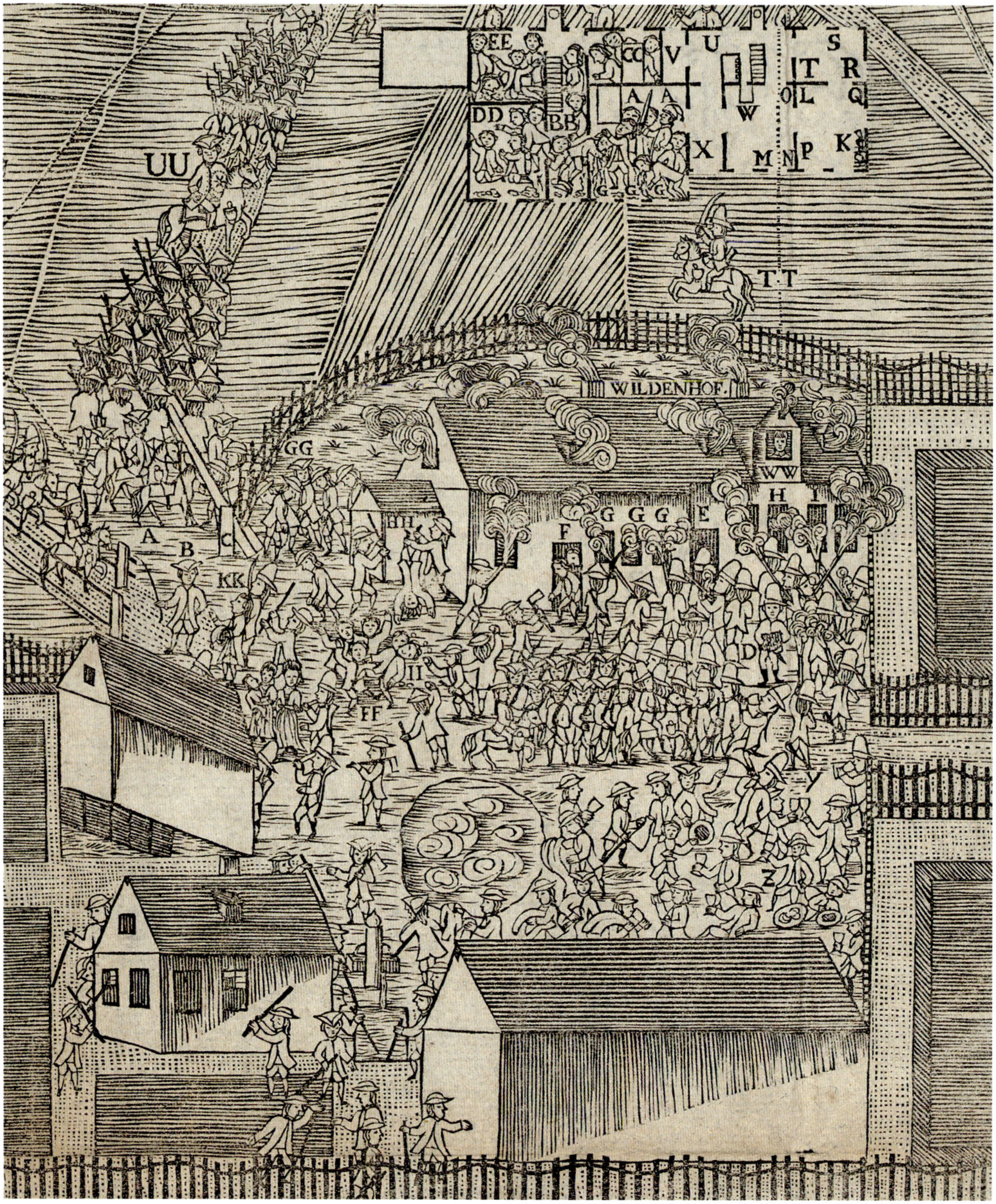

Abb. 70: Detail des Geschehens um Wildenhof, unbekannter Stecher, 1778, Kupferstich, 78 × 63 cm, WürttHStA Stuttgart, C 3 Bü 1478

nen, die große Säcke schleppen. In der Mitte des Bildes sind drei Wagen erkennbar, die von Pferden einen Hang hinaufgezogen werden. Ein Wagen hat ein Fass geladen. Die anderen führen je eine Kanone mit. Hinter einem Hügel taucht ein Reiter auf. Der Gruppe folgt eine Truppe von Bewaffneten, die von einem Reiter mit einem Spieß begleitet wird. Auch zwei Fahnen und ein Trommler sind zu sehen. Im Vordergrund sind zwei Rundzelte mit Vorbau aufgerichtet (Abb. 71).

Bei dieser Abbildung haben wir es mit Augenzeugenschaft im übertragenen Sinn zu tun, denn der Kläger griff 1645 für seine Argumentation im Prozess am Reichskammergericht auf eine zeichnerische Vorlage aus dem Bauernkrieg zurück. Es handelt sich um das sogenannte Bamberger Burgenbuch,[111] das im ersten Teil einzelne zerstörte Burgen (Wandereisen-Holzschnitte) visualisiert, um dann in einem zweiten Teil jeweils mehrere Burgen auf einem Blatt (ab Blatt 31 ff.) zusammenzufassen und das Vorgehen der Bauern bei Angriff und Plünderung zu schildern.

Diese besondere Beweiskarte wurde im Streit des Hans Christoph Zollner von Brand zu Bischberg (um 1615) gegen Konrad von Münster zu Trabelsdorf und Niederwerrn (um 1615) vorgelegt. In dem gerichtlichen Streit ging es um eine Schuldforderung und die Aufhebung eines Arrests. Gewalt spielte hier offensichtlich keine Rolle. Entscheidend in der Auseinandersetzung war jedoch, dass der Beklagte von Münster die Reichsunmittelbarkeit des Adeligen Zollner von Brand bestritt, da Zollner von Brand nur bäuerliche oder bürgerliche Lehen des Hochstifts Bamberg besitze. Außerdem sei Zollner dem münsterischen Zent Hohenaich unterworfen.[112] Der klägerische Anwalt versuchte die Anschuldigungen des Beklagten zurückzuweisen und die Reichsunmittelbarkeit des Zollner mit dem Argument zu beweisen, dass sein adeliger Ansitz zu Bischberg zur Zeit des Bauernkrieges genau wie andere adelige Häuser geplündert und in Brand gesteckt worden sei.[113] Als Beweis für dieses weit in der Vergangenheit liegende Ereignis wählte er eine Kopie aus dem Bamberger Burgenbuch. Wir wissen nicht, welchen Stellenwert dieses Buch in der fränkischen Reichsritterschaft und darüber hinaus im Reich hatte. Zollner und sein Anwalt jedenfalls waren sich anscheinend sicher, dass diese Argumentationskette bei den Richtern verfangen würde. Interessant ist hier, dass für Ereignisse und ihrer Visualisierung nicht auf direkte Zeugen, sondern auf ein Buch zurückgegriffen wurde. Aufgrund des zeitlichen Abstands war die Beweiskette auch nicht anders zu führen.

Entscheidend ist dabei, dass Augenzeugenschaft im Sinne von Wahrhaftigkeit eine andere Bedeutung erhält. Die Referenz bilden keine Zeugenaussagen, sondern ein Dokument oder eine Darstellung, der von den Zeitgenossen Wahrhaftigkeit bezüglich der Zerstörung der Burgen im Bauernkrieg zugesprochen wurde. Die Ersetzung des Zeugenbeweises durch einen Sachbeweis ist hier offensichtlich. Interessant ist die Antwort des Anwalts des reichsunmittelbaren Beklagten von Münster. Dieser geht nicht näher auf die Argumentation der Zollner ein, sondern weist die gesamte Beweisführung mit dem Hinweis auf das Siegel des strittigen Lehens zurück. Es zeige eindeutig die Lehensabhängigkeit der Zollner. Der Anwalt zieht sich also in seiner Argumentation auf ein allseits bekanntes Beglaubigungsmittel zurück. Der Prozess wurde nicht weiter verfolgt, da Zollner von Brand währenddessen starb.[114]

Die wenigen Beispiele weisen darauf hin, dass sich die Zeitgenossen bemühten, Ereignisse vor allem im Zusammenhang mit Pfändungen und Landfriedensbruch zu visualisieren und so Augenzeugenschaft zu suggerieren. Eine Rolle spielten auch Fragen der Ehre. In den Augenscheinkarten soll der Blick des Betrachters durch die Landschaft wandern, um so den Hergang und die Gewalt des Geschehens eindrücklich in einem größeren geographischen Zusammenhang ablesen zu können.

Abb. 71: Überfall von Burgen im Bauernkrieg, wohl Kopie aus dem Bamberger Burgenbuch, ca. 1615, kolorierte Federzeichnung 32,5 × 41 cm, BayHStA München, PlSlg 10449

Ubereuth auf dem firsch:
Wisenprun der Seinss-
heimer, wirtzburgisch.
Velstadt der Seckendorffer.
Sugenheim: herr Hansen,
von Seckendorff:

Text und Chiffre: Genealogien und Wappen im rechtlichen Kontext

Die unterschiedliche Gestaltung von Ahnenreihen als Visualisierung des sozialen Raumes bedurfte keiner innovativen Neuschöpfungen, wie das bei der Darstellung von Raum der Fall war. Letztlich handelt es sich bei der bildnerischen Beschreibung von Genealogien um ein immer gleichbleibendes regelhaftes Formular,[115] das den Prozessparteien wenig Spielraum für kreative Neuigkeiten bot.

Grundsätzlich gab es drei Varianten der Beschreibung von Genealogien: erstens bildgestützt, zweitens diagrammatisch und drittens schriftlich.[116] Mit der Entscheidung für eine Variante legte man zugleich fest, wie die Daten organisiert werden sollten. In den Reichskammergerichtsakten finden sich ausschließlich Partikulargenealogien, denn es ging ja darum, zu einem bestimmten Streitgegenstand, wie z. B. Erbschaftsstreitigkeiten oder der Demonstration der Adelsqualität, entsprechendes Material über die Vorfahren vorzulegen. Partikulargenealogien bildeten zudem die „fürstengesellschaftlich-höfischen Rangverhältnisse" möglichst genau ab und können so als ein „Element der höfischen Überbietungsökonomie"[117] gesehen werden. Die Daten wurden dabei immer im Sinne einer zeitlichen Abfolge in Form von Ahnentafeln präsentiert.[118] Sie waren in der Gestalt von Bäumen besonders in der Mitte des 16. Jahrhunderts populär. Durch den Baum konnte eine höchst komplexe Datensammlung formularhaft organisiert und visualisiert werden. Ein Beispiel aus Lüttich zeigt dies sehr anschaulich.[119] Leider ist der nähere Zusammenhang unbekannt, da die entsprechende Akte während des Zweiten Weltkrieges zerstört worden ist.[120] In späterer Zeit verzichtete man häufig auf die Baummetapher und versuchte durch einfache Skizzen oder mithilfe von Druckgraphiken die Vorfahren in den Prozessakten darzustellen. Gedruckte Genealogien waren häufig Teil von Prozessschriften, die nicht nur dem Gericht vorgelegt, sondern auch der interessierten Öffentlichkeit zugänglich gemacht wurden. So zogen die Prozessparteien daraus einen doppelten Nutzen, indem sie inner- wie außerhalb des Gerichts auf den Streit und die eigenen Argumente aufmerksam machen konnten. Verteiler waren in diesem Fall die jeweiligen Reichskammergerichtsagenten.[121] Je nach Streitgegenstand wurden nur die männliche oder die männliche und weibliche Linie abgebildet. Die zeitliche Reihenfolge gab dem Betrachter oder Leser immer die gleiche Leserichtung vor. Die gleiche Generation in der Generationenabfolge befand sich stets auf der gleichen Linie. Alles war also streng formalisiert.

Ähnlich verhält es sich mit dem Wappenbild, das in seiner Struktur über Generationen gefestigt war und einer obrigkeitlichen Bestätigung bedurfte. Deshalb ist in den Prozessakten nicht das Wappenbild an sich umstritten, sondern das Augenmerk richtet sich auf die korrekte zeitliche Abfolge der Wappen oder auf den konkreten Ort des Erscheinens des Wappens im topographischen Raum und die daraus folgenden rechtlichen Ansprüche. Die Maler realisierten dies auf unterschiedliche Weise: Entweder dokumentierten sie den konkreten Wappenträger oder sie zeigten den Wappenschild als eigenständiges, in der Augenscheinkarte ohne Träger platziertes Zeichen.

Konkret bedeutete dies, dass in den Prozessakten des Reichskammergerichts oft Grenzsteine abgebildet wurden. Sie waren besonders dazu geeignet, Träger von Wappen und Inschriften zu sein, und konnten damit eindeutig Auskunft über territoriale Verhältnisse geben.[122] Grenzsteine zeichneten sich zudem spätestens seit der Mitte des 17. Jahrhunderts durch eine besondere Gleichförmigkeit aus. So sollten sie möglichst ein Wappen, eine Territoriums- oder Ämterbezeichnung sowie das Jahr der Steinsetzung oder der Vermessung und eine laufende Nummer abbilden.[123] Wappen markierten das Territorium im Sinne einer Trennungslinie, wenn sie in Grenzsteinen eingelassen erschienen. Sie konnten aber auch den inneren Bereich eines Territoriums kennzeichnen. Entscheidend war die lineare Abfolge der Wappen. Dadurch entstand ein vollständig ausgearbeitetes System, das den topographischen Raum sozial definierte.[124] Im 17. Jahrhundert waren Wappen in Mark- oder Grenzsteinen gleichzeitig „Anzeigen und Beweiß", dass die jeweiligen Wappen einer Seite eine bestimmte Herrschaft anzeigten. Gleichzeitig schienen Wappen besonders dazu geeignet, die Innehabung hoheitlicher überterritorialer Rechte, wie z. B. des Jagdrechts, mithilfe der Augenscheinkarten zu visualisieren.[125] Aber auch hier muss eine Entwicklung im Laufe der 300 Jahre der Existenz des Gerichts bedacht werden.

Ein besonders eindrückliches Beispiel aus dem 16. Jahrhundert hat sich im Generallandesarchiv Karlsruhe erhalten und behandelt die Streitigkeiten zwischen der Stadt Ettlingen und der Familie von Rüppur.[126] Hintergrund des Prozesses bildeten die Auseinandersetzung zwischen den Markgrafschaften Baden-Baden und Baden-Durlach sowie ein von Kurfürst Ludwig von der Pfalz (1478–1544) als Schiedsrichter gefällter Urteilsspruch.[127] Im Kern ging es um die Teilungsgrenze entlang des Flusses Alb (Abb. 72).

Er durchfloss das Stadtgebiet von Ettlingen, das aber gemäß dem Schiedsspruch ungeteilt an Baden-Baden fallen sollte. Daraus ergaben sich zahlreiche Konflikte zwischen der Stadt Ettlingen und den Herren von Rüppur. Die Augenscheinkarte sollte vor allem dazu dienen, die nach „den Buchstaben gemachte theylung" mit der „Contrafactur […] zu vergleichen".[128] Die im Rahmen einer Kommission erstellte Beweiskarte[129] zeigt das umstrittene Gebiet: Von einem erhöhten Standort überblickt der Betrachter die Landschaft bis zum Schwarzwaldrand. Die obere Begrenzung bildet wohl die alte Römerstraße zwischen Durlach und Ettlingen, den rechten Bildrand ein Weg, der von Ettlingen nach Scheibenhardt führt. Dominierend in der Mitte schlängelt sich die Alb durch die Augenscheinkarte. Während die Ettlinger Stadtsilhouette deutlich wiedergegeben ist, wird das Schloss Rüppur nur angedeutet. Entscheidend sind die Einzeichnungen der Grenzsteine im topographischen Raum und die genaue zeichnerische Dokumentation ihres sehr unterschiedlichen Erhaltungszustandes mit der mehr oder minder deutlichen Abbildung des markgräflichen Wappens. Zusätzlich werden die Grenzsteine mit Worten im Kommissionsrotulus beschrieben. So heißt es z. B. unter Nr. 1: „Ortsstain auf der Schindtbach mit dem Winkelmaß und marggrevischen Wapen"[130]. Leider lässt der schlechte Erhaltungszustand der Augenscheinkarte keine weiteren Interpretationen zu. Fest steht jedenfalls, dass der Komplexität der Worte in einem Vertrag die summarische Visualisierung als Beweis entgegengesetzt wird. Wappen auf den Grenzsteinen spielten dabei eine entscheidende Rolle.

In einem weiteren Beispiel aus dem 18. Jahrhundert wird ähnlich vorgegangen. Neben der Wiedergabe der Landschaft werden die Grenzsteine auch hier vergrößert abgebildet, um den genauen Zustand der Wappen auf den Grenzsteinen feststellen zu können.[131] So sind auf den Grenzsteinen „aufwerts" je ein aufrecht stehender Löwe für Hanau eingemeißelt, während „abwerts" ein Wappenschild mit gekreuztem Schwert und Schlüssel, das für die Abtei Schwarzach stand, zu sehen ist.[132]

Berühmtestes Beispiel für die unterschiedlichen Markierungsarten durch Wappen in Augenscheinkarten sind die beiden Elbstromkarten, die im Streit um Stapel- und Zollrechte zwischen der Stadt Hamburg und den Herzögen von Braunschweig-Harburg produziert worden sind.[133] Es handelt sich um zwei Visualisierungen, die in ihrer Intention unterschiedlicher nicht sein können. In der Auseinandersetzung stritt sich die Stadt Hamburg mit

Abb. 72: Gegend um Rüppur, Christoph Hesel, 1563, kolorierte Federzeichnung, 84 × 82 cm, GLA Karlsruhe, H Ettlingen 4

den Herzögen von Braunschweig-Harburg um Zoll- und Stapelrechte auf der Elbe. Die Herzöge legten zur Untermauerung ihrer Herrschaftsrechte im strittigen Gebiet eine Beweiskarte vor, die die Grenze ihrer Herrschaft zeigen sollte. In dieser dem Gericht vorgelegten Augenscheinkarte[134] besitzt die am unteren linken Rand dargestellte Stadt Hamburg, die mit dem Wappen eines offenen Tores gekennzeichnet wird, nur eine bescheidene Größe. Der Stadt direkt vorgelagert erscheinen bereits die den Herzögen zugehörigen Elbinseln. Die Norderelbe wirkt im Gegensatz zur Süderelbe viel schmaler und das an die Süderelbe angrenzende Gebiet der Herzöge wird bis nach Lüneburg, Lauenburg und Harburg etc. ausgedehnt. Der Zweck der Karte ist eindeutig. Das Gebiet Hamburgs und die Norderelbe sollten möglichst klein dargestellt werden, während der Machtbereich der braunschweigischen Herzöge umso größer ausfiel. Besonders deutlich wird dies durch die extensive Kennzeichnung der Elbinseln mit großen braunschweigischen Wappen. Die Wappenschilde liegen gleichsam wie überdimensionierte bedruckte Badetücher auf den Inseln. Das umliegende Land wird durch am Horizont erscheinende Wappen ebenfalls als dem braunschweigischen Machtbereich zugehörig charakterisiert. Alle Schilde stehen im Raum, ohne auf ein Trägermedium angewiesen zu sein. Den Bildmittelpunkt bildet der Sitz des Geschlechtes Braunschweig-Harburg.

Die Augenscheinkarte sollte den Richtern am Gericht deutlich machen: Die Süderelbe und das angrenzende Gebiet werden durch die Herzöge von Braunschweig beherrscht. Nur ihnen stehen daher die Zoll- und Stapelrechte zu. Der Wappenschild ohne sein Trägermedium schien den Herzögen ausreichend, um ihre umfassende Herrschaft zu kennzeichnen.

Die Hamburger ließen sich mit einer visualisierten Gegendarstellung als Reaktion auf diesen massiven Herrschaftsanspruch der Braunschweiger Herzöge Zeit. Der Maler Melchior Lorich wurde erst in den 1560er-Jahren aufgefordert, eine entsprechende Beweiskarte als Entgegnung zu fertigen. Sie besticht allein durch ihre Ausmaße von zwölf Metern auf einen Meter und zeigt die Elbe von Bergedorf bis zur Mündung in die Nordsee. Der Hamburger Rat verfolgte damit zwei Ziele: Größe der Karte und Umfang des dargestellten Gebiets sollten den Richtern am Reichskammergericht vor Augen führen, welche Bedeutung die Elbe besaß und wem die Herrschaft über die Elbe tatsächlich zukam.[135] Gleichzeitig bot sich auf diese Art die Gelegenheit, die Elbe bis zu ihrer Mündung in die Nordsee darzustellen und über die Verteilung der Tonnen und Barken, die mit dem Hamburger Wappen versehen waren bzw. als „hamburgisch“ bezeichnet wurden, die tatsächliche Herrschaft über den Fluss subtil und beweiskräftig zu demonstrieren.[136] Schließlich handelte es sich um die Darstellung tatsächlich sichtbarer Wappen, deren Vorhandensein von einer Kommission aufwendig überprüft worden war. Die Norderelbe erscheint in Lorichs Ausführung als breiter, von unzähligen Schiffen befahrener Strom, wobei diese gen Hamburg immer zahlreicher werden, um sich dann vor dem Hafen zu stauen. Die Süderelbe ist dagegen ein schmaler Streifen, auf dem keinerlei Schiffe zu finden sind. Bojen und Barken fehlen ebenfalls vollständig. Die Süderelbe wird so von Lorich als ein Flussarm dargestellt, der der Fürsorge seiner Herzöge entbehrt und deshalb auch kaum befahren wird. Hamburg erscheint als große ummauerte Stadt, während Harburg nur als befestigte Burg mit wenigen Häusern zu erkennen ist. Außerdem ist die Augenscheinkarte genordet, während die braunschweigische Karte gesüdet ist, um so das eigene Territorium zu betonen. Mit dem Maler Melchior Lorich hatte die Stadt zudem nicht irgendeinen unbekannten Schildermaler angestellt. Vielmehr handelte es sich um den dänischen Hofmaler, der in einer spektakulären Reise sogar die Stadt Konstantinopel in einer Art Stadtprospekt abgebildet hatte.[137] Auch den Richtern am Reichskammergericht musste einleuchten: Melchior Lorich war ein Meister seines Fachs. Das zeigt schon die Bezahlung Lorichs, der für seine achtmonatige Arbeit rund 580 fl. erhielt.[138] Zum Vergleich sei festgehalten, dass der höchstbezahlte Syndikus der Stadt Hamburg ein Jahresgehalt von 600 fl. und ein Wohngeld von jährlich 100 fl. bezog.[139]

Die Aussage des Hamburger Rats durch die Augenscheinkarte konnte deutlicher nicht sein: Zoll-, Stapel- und Hoheitsrechte über den gesamten Fluss lagen bei der Stadt Hamburg.[140] Nur sie konnte die sichere Schifffahrt garantieren. Barken und Tonnen übernahmen dabei die Funktion als Wappenträger und zeigten die Macht der Hansestadt. Hamburg hatte es nicht nötig, Wappen ohne reale Träger auf

Abb. 73: Gegend um Hohengeroldseck, Peter Müller, 1604, kolorierte Federzeichnung, 100 × 80 cm, GLA Karlsruhe, H Zell am Harmersbach 4

...enschein der statt Zell am Harmerspach ...
Johan petter Müller
·1 6 0 4·

Abb. 74: Detail Wappen, Peter Müller, 1604, kolorierte Federzeichnung, 100 × 80 cm, GLA Karlsruhe, H Zell am Harmersbach 4

der Augenscheinkarte zu platzieren, denn seine Macht war real. Jedes Wappen auf jeder einzelnen Boje im Fluss signalisierte den Richtern – aber auch allen aus- und einlaufenden Schiffen – auf höchst eindrückliche Weise die Eigentums- und Besitzverhältnisse an der Elbe.[141] Die Braunschweiger Herzöge wurden mit dieser Machtdemonstration des Hamburger Rates, wozu natürlich auch die Größe der Karte beitrug, in eindrucksvoller Weise in ihre Schranken verwiesen.

Andere Beispiele zeigen zwar Grenzsteine in der Augenscheinkarte, vermeiden es aber, die Wappen auf den Grenzsteinen selbst darzustellen. Dies ist im Streit zwischen der Reichsstadt Zell am Harmersbach und den Herren von Hohengeroldseck der Fall. Dort wird eine goldene Linie sichtbar, die den topographischen Raum teilt und in unterschiedliche mit Wappen gekennzeichnete Herrschaftssphären auflöst. Streitpunkt waren hier ebenfalls Zollkonflikte verbunden mit dem Streit um die Oberhoheit in einem Gebiet zwischen dem Dorf Biberach, der Burg Hohengeroldseck und der Kinzig (Abb. 73).

Die Karte selbst ist mit einem schwarzen Rand begrenzt und bietet eine Art Vogelschauperspektive.[142] Der Straßburger Maler Peter Müller (um 1604) zeigt ein hügeliges Landschaftspanorama, das durch Wiesen, Wälder, Äcker und Weinberge strukturiert ist. Am oberen Rand der Augenscheinkarte ist der Horizont zu erkennen. Eine Windrose, fast in der Mitte der Augenscheinkarte, fügt das Landschaftspanorama in die vier Himmelsrichtungen ein. Am unteren Rand schlängelt sich der Fluss Kinzig durch das Tal und seitlich des Flusses liegt das Dorf Biberach, das mit einem Reichsadler auf weiß/beigem Grund und der Zahl Nr. 2 gekennzeichnet ist. Weitere Zahlen, die den Zufluss der Kinzig begleiten, sind in die Landschaft eingefügt. Vom Horizont in der oberen Mitte der Beweiskarte zieht sich die goldene Linie bis zur linken Bildhälfte. Sie soll den Weg der Kommission aufzeigen. Eine Kartusche mit einer Legende beschreibt sorgfältig die einzelnen Zahlen und ihre Bedeutung. Neben der Kartusche ist die Burg Hohengeroldseck mit dem Wappen des Eigentümers – auf gelbem Schild ein roter Querbalken – abgebildet. Die Augenscheinkarte differenziert mithilfe der Wappen unterschiedliche Herrschaftsbereiche. So sind neben der goldenen Linie die Wappen des Hauses Fürstenberg (roter Adler auf gelbem Feld umrahmt von blauem und weißem Pelzwerk), von Hohengeroldseck (roter Querbalken auf gelbem Schild) und Nassau (rot bewehrter Löwe in blauem Schild mit goldenen Schindeln) zu erkennen.[143] Sie strukturieren den Raum als soziales Beziehungsgeflecht (Abb. 74).

Das Wappen der Reichsstadt Zell erscheint ebenfalls, allerdings immer als Reichsadler mit weißem Schild. Der Reichsadler auf gelbem Grund stellt dagegen das Gebiet der Reichsstadt Gengenbach dar. Die Farblosigkeit des Wappenschildes diente dem Maler dazu, aufzuzeigen, welche Herrschaftsgebiete umstritten waren. So konnte durch das Mittel der Farbgebung bzw. Nichtfarbgebung ein komplizierter Sachverhalt sehr anschaulich visualisiert werden. Den Richtern wurden dadurch die Herrschaftsverhältnisse in dem geographischen Raum und die damit verbundenen Streitpunkte ganz klar und direkt mitgeteilt. Das Verfahren, strittige Rechte oder Gebiete mit farblosen Wappen zu kennzeichnen, scheint von allgemeiner Gültigkeit gewesen zu sein. Denn diese Bildsprache wird auch von einem anderen Maler benutzt. Die Beweiskarte,[144] die von dem bedeutendsten Augenscheinkartenmaler Wilhelm Besserer (1539–1601) stammt, beschreibt den Rheinlauf bei Plittersdorf und Illingen, der sich dort mühevoll um drei Flussinseln windet. Die Inseln sind bewaldet, aber auch Sandstrand und Weiden finden sich. Um diese breite Rheinstelle sind die Dörfer Münchhausen, Blittersdorf, Steinmauern, Matern und Illingen gruppiert. Sie alle werden mit den Wappen ihrer jeweiligen Landesherren gekennzeichnet. Auf der westlichen Seite (in der Augenscheinkarte unten) dominieren die badischen Wappen, während auf der östlichen Seite des Rheins das Dorf Münchhausen als pfälzisch gekennzeichnet ist. Die badischen und pfälzischen Wappen wiederholen sich auf den Inseln, wobei ein Teil der badischen und pfälzischen Wappen nicht ausgemalt ist (Abb. 75).

Hier befand sich das strittige Gebiet. Interessant an diesem Fall ist, dass es kein Protokoll der eigentlichen Inaugenscheinnahme gab, da dies erfolgreich durch den badischen Anwalt verhindert wurde.[145] Die Beweiskarte musste also ohne begleitenden Text sprechen – ein außergewöhnlicher Vorgang bei Augenscheinkarten des 16. Jahrhunderts. Wahrscheinlich genügte dem Gericht aber die Anfertigung der Karte durch Besserer, da die Richter Besserer als ausgezeichneten Reichskammergerichtsmaler schätzten.[146]

Eine weitere Karte Wilhelm Besserers zeigt eine Inaugenscheinnahme aufgrund von Jagdrechtsverletzungen bei Krautheim. Wir kennen sie bereits aus der Beschreibung des wandernden Blicks. Im Zusammenhang mit Wappen ist diese Augenscheinkarte aber ebenfalls interessant. Auftraggeber war der Erzbischof von Mainz und damit Erzkanzler des Reiches. Das eigentlich strittige Territorium, auf dem Untertanen des Erzbischofs Hasengarne auslegten, ist in der Mitte der Augenscheinkarte abgebildet. Die Wappen, die in der Landschaft verstreut erscheinen, sind offensichtlich nicht an eine Linie gebunden bzw. beziehen sich nicht auf ein

Abb. 75: Rheinlauf bei Illingen, Wilhelm Besserer, 1594, kolorierte Federzeichnung, 87 × 54 cm, GLA Karlsruhe, H Steinmauern 4

konkretes Trägermedium. Das zeigt deutlich, dass das Jagdrecht nicht an Territorien, sondern allein an die jeweilige Person gebunden war. Hinzu kommt, dass der Auftraggeber der Karte, der Mainzer Erzbischof, nur Wappen malen ließ, die ein Rad beinhalteten. Das Rad war das Hoheitszeichen des Mainzer Erzbischofs, womit auch seine Intention und die beabsichtigte Aussage der Wappen klar werden. Die Augenscheinkarte sollte die Richter in Speyer überzeugen, dass auf diesem Gebiet allein der Mainzer Bischof Jagdrechte besaß. Die Kläger, die Reichsritter von Aschhausen, konnten schon allein aufgrund der Wappendarstellung keine Jagdrechte besitzen – so die Suggestion der Karte.[147] Die Augenscheinkarte war in diesem Fall kein Gemeinschaftsprodukt beider Parteien, sondern entstand im Auftrag allein des Mainzer Bischofs. Farblose Wappen waren deshalb nicht angebracht und entsprachen auch nicht seiner Rechtsauffassung (Abb. 50).

Zusammenfassend lässt sich sagen: Die Darstellung von Genealogien folgt den gängigen Regeln der Zeit. Wird im 16. Jahrhundert vor allem die Baumstruktur bevorzugt, werden in späteren Jahrhunderten abstrakte graphische Lösungen zur Darstellung von Ahnenreihen herangezogen. Ahnentafeln mit Wappen sind in Reichskammergerichtsakten selten, aber vorhanden. Wappen werden meist nicht im Zusammenhang mit Genealogien dargestellt. Entscheidend in den Reichskammergerichtsprozessen ist der Bildträger an sich. Meist handelt es sich dabei um Grenzmarkierungen im Sinne von Grenzsteinen oder Grenzbojen. Speziell in Augenscheinkarten begegnen auch trägerlose Wappen. Sie werden immer dann eingesetzt, wenn es darum geht, personengebundene hoheitliche Rechte über einen geographischen Raum zu klären. Eine besonders interessante Variante stellt dabei das Verfahren dar, zur Kennzeichnung von strittigen Gebieten die Wappen farblos darzustellen. Es entwickelte sich im Gericht also eine eigene Bildsprache.

V. Augenscheinkarten und ihre Funktion

Auftraggeber und Streitgegenstände

Im Folgenden sollen die Auftraggeber der Augenscheinkarten in einer Art Gesamtschau über die mehr als 300 Jahre der Existenz des Reichskammergerichts betrachtet werden. Dies geschieht im Zusammenhang mit häufig in den Augenscheinkarten abgebildeten Streitgegenständen, da der gesellschaftliche Stand der Auftraggeber und die vor das Reichskammergericht gebrachten Streitgegenstände sich oft gegenseitig bedingten. Ebenso ist zu berücksichtigen, dass die Art der Wissensproduktion durch die Maler oder Kartographen eng mit den Prozessparteien und ihren finanziellen Möglichkeiten verknüpft war.

Im 16. Jahrhundert bestimmte fast durchweg eine hochadelige Klientel die Augenscheinkartenproduktion. Sie konnte es sich leisten, bedeutende Maler und Kartographen zu verpflichten, die sie meist als Hofpersonal bereits zur Verfügung hatte. Hier lassen sich eine ganze Menge bedeutender Reichsstände aufzählen, nicht zuletzt die Kurfürsten von Mainz und Köln, aber auch die Würzburger und Augsburger Bischöfe. Im weltlichen Bereich waren es der König von Dänemark, der Landgraf von Hessen, die Herzöge von Braunschweig und Ostfriesland, aber auch von Bayern. Insgesamt überwiegen die weltlichen Herrscher als Auftraggeber deutlich. Der geistliche Adel war nur zu ca. einem Drittel daran beteiligt. Hinzu kamen städtische Eliten, vor allem aus der prosperierenden Reichsstadt Augsburg, wie z. B. die Familien Baumgarten oder Fugger. Daneben spielen Reichsstädte eine untergeordnete Rolle. Die Ausnahme bildet Nürnberg, das sich über 300 Jahre hinweg im Dauerkonflikt mit den Markgrafen von Brandenburg befand. Die häufige Nutzung visueller Medien zeigt einmal mehr die enge Verbindung der Kartenmacher mit dem Rat der Stadt. Ein weiteres Beispiel einer außergewöhnlichen Zusammenarbeit bieten die Städte Stade, Buxtehude und Hamburg. Als sie durch Melchior Lorich die riesige Elbkarte produzieren ließen, zeigten sie durch die Wahl des berühmten Malers und die Größe der Karte gleich doppelt ihren Machtanspruch. Die Auflistung der Auftraggeber macht es offensichtlich: Augenscheinkarten waren im 16. Jahrhundert eine Prestige- und Repräsentationsangelegenheit, die einer kleinen Machtelite dazu diente, ihr Wissen und ihre Vorstellungen von Raum vor Gericht deutlich zu machen. Hierzu passt, dass auf diesen frühen Beweiskarten häufig in aufwendig gestalteten Kartuschen die Prozessparteien noch einmal explizit genannt werden, um so dem Betrachter immer vor Augen zu halten, mit welch bedeutenden Reichsständen er es zu tun hatte.[1]

Privatparteien sind dagegen in diesem Zeitraum sehr selten auszumachen und beschränken sich fast ausschließlich auf die Reichsstadt Speyer selbst und das dort zahlreich vorhandene Reichskammergerichtspersonal. Eine Visualisierung erfolgte hier wohl nur, weil die Reichskammergerichtsangehörigen als Prozesspartei mit den entsprechenden Sehgewohnheiten und Möglichkeiten auf das Engste vertraut waren. So ließ Katharina Mörder, Ehefrau des Richters Johann Adam Mörder und Tochter des Ingolstädter Professors und Mathematikers Peter Apian (1495–1552), die Häuser mit den Häuserfronten und den Garten, die sich im Besitz ihrer Familie in Ingolstadt befanden, durch den Amberger Regierungsadministrator Stephan Frey (nachweisbar 1586) 1586 abbilden.[2] Katharina hatte ihre Geschwister verklagt, weil sie glaubte, bei der Verteilung der Verlassenschaft ihrer

Eltern durch ihre Geschwister benachteiligt worden zu sein.[3] Meist ging es in diesen frühen Augenscheinkarten jedoch weniger um Erbschaftsangelegenheiten als um den Beweis von Hoheitsrechten oder Landfriedensbruch, Jagd- oder Waldgerechtigkeiten.

Im Laufe des Mittelalters gewann die Idee der Landeshoheit immer mehr an Bedeutung. Die Obrigkeiten bemühten sich darum, erworbene Herrschaftsmacht zu intensivieren und gleichzeitig ihre territorialen Einflusssphären zu erweitern. Meist ging es am Reichskammergericht eben nicht darum, eine feste Grenze gerichtlich anzuerkennen, sondern die Verdichtung verdinglichter Rechte zur Landeshoheit aufzeigen zu lassen.[4] Letztlich mussten die natürlichen Ressourcen, wie Wald und Weide, bei wachsender Bevölkerungszahl neu aufgeteilt werden. Es musste nun genau geregelt werden, wer die Schweine zur Eichelmast in den Wald treiben durfte, wer welche Bäume im Wald fällen durfte und wer das Recht zur Jagd besaß. Doch bedeuteten Streitigkeiten um die Weidebezirke nicht nur Konflikte um die landwirtschaftliche Liegenschaftsnutzung. Denn der Weidegang bildete regelmäßig den äußersten Ring der Nutzfläche von Dörfern oder Städten, sodass ein Streit über die Weide sehr häufig eine Auseinandersetzung über die Gemarkungsgrenze und damit über die Ausdehnung eines Gebiets bedeutete. Handelte es sich zudem um Orte mit unterschiedlicher territorialer Zuordnung, lag schon eine potenzielle reichsgerichtliche Zuständigkeit vor.[5]

Besonders eindrucksvoll ist in diesem Zusammenhang die Visualisierung von Wasserläufen, die in der Frühen Neuzeit ihr natürliches Fließverhalten beibehielten und somit ihren Lauf ständig änderten. Es bildeten sich immer wieder Anschwemmungen, Flussinseln, auch Sande oder Wöhrde, die auch wieder verschwinden konnten. Die Menschen versuchten dies durch künstliche Uferverbauungen zu verhindern. Gerade Augenscheinkarten zu diesem Streitgegenstand sind über die Jahrhunderte hinweg besonders häufig. Wir wissen bereits: Die Reichsstadt Ulm stritt sich deswegen mit den Fuggern,[6] die Familie Baumgarten mit dem Bischof von Augsburg.[7] Auch Mercator hat in einer Augenscheinkarte einen solchen Streit festgehalten.[8] Es ist daher nicht verwunderlich, dass die erste Schrift in deutscher Sprache zu diesem Thema von dem ehemaligen Advokaten am Reichskammergericht Noë Meurer (1525/28–1583) stammt.[9] Meurer verfasste auch bedeutende Werke zur Forstwirtschaft.[10] Dem Juristen gelang es, die in den römischen Quellen verstreuten Stellen über das Wasser und seine Nutzung unter dem Begriff „Wasserrecht“ zusammenzuführen.[11] Er bezog sich dabei auf Bartolus da Sassoferrato (um 1313–1357), der in einer Abhandlung von 1355 vorschlug, zur Lösung des Rechtsproblems die Geometrie zu Hilfe zu nehmen.[12] Im Gegensatz dazu benötigen Genealogien und Wappendarstellungen kein geometrisches Verfahren. Sie sind allein durch ihren Darstellungsgegenstand Bestandteil der adeligen Kultur und damit immer präsent, wobei sie gerade deswegen an Häufigkeit hinter den Augenscheinkarten zurückstehen.

Im 17. Jahrhundert ist bemerkenswert, dass trotz sinkender Prozesseingangszahlen, nicht zuletzt durch die Wirren und Nöte des Dreißigjährigen Krieges, die Vorlage von Augenscheinkarten durch die Prozessparteien am Reichskammergericht weiter anstieg. Von einzelnen elitären Zentren im Süden und von bedeutenden, finanziell gut ausgestatteten Reichsständen verlagert sich der Schwerpunkt der Auftraggeber auf den mittelbaren Adel des Niederrheinisch-Westfälischen und Kurrheinischen Kreises. Typisch waren hier Standeskonflikte. So klagten Engelbert Diederich von Mengede (um 1700) und Christoph Albert von Rump (um 1700) gegen die Äbtissin des Reichsstifts Essen, Gräfin Bernhardina Sophia von Ostfriesland (1654–1726), wegen der verweigerten Aufnahme von zwei Frauen aus den Familien Mengede und Rump in das Kloster Rellinghausen. Dies geschah, obwohl der Erzbischof von Köln den Frauen dort eine Präbende oder ein Kanonikat zuerkannt hatte. Die Kläger beriefen sich darauf, dass die Erbmänner des Stifts Münster als rittermäßig von altem Adel anerkannt seien.[13] Zwei Ahnentafeln von Adolphina von Mengede und Aemilia von Rump sollten dies beweisen.[14] Auch in einem anderen Streit zwischen der Familie Merode und dem Grafen von Pfalz-Neuburg als Herzog von Jülich wurden zahlreiche Genealogien ausgetauscht. Den Hintergrund der Auseinandersetzungen bildete der Sukzessionsstreit zwischen den verschieden merodischen Linien über das frei gewordene Lehen Frenz.[15] Hierher gehören auch die Streitigkeiten der Familie von Reckheim mit ihren Untertanen.[16]

Im 18. Jahrhundert verstärkte sich der Trend der Nutzung von Augenscheinkarten durch bürgerliche Privatparteien weiter. Immer mehr Privatpersonen griffen jetzt auf Visualisierungen zurück, die allerorten in Form von Kupferstichkarten zur Verfügung standen und damit deutlich billiger geworden waren. Auch das Kopieren von bereits vorhandenen Karten bot sich an. Zudem ist eine Verschiebung der Thematiken festzustellen: Neben den üblichen Konflikten um Ressourcen wurden innerstädtische Baurechte immer häufiger zum Streitthema. Neu ist auch, dass mit dem Beweis von Qualität in den Augenscheinkarten die Zünfte bzw. ihre Angehörigen in den dokumentierten Streitigkeiten immer größeren Raum einnehmen. Das städtische Zusammenleben mit dem entsprechenden Konfliktpotenzial bildet sich gerade in den Augenscheinkarten besonders deutlich ab. Ein Beispiel dafür ist der Streit zwischen dem Gesamthaus Löwenstein-Wertheim und der Stadt Frankfurt, der sich um die Nutzung einer Waage und eines Messeschiffes während der Frankfurter Messe gegen Ende des 18. Jahrhunderts drehte. Frankfurt versuchte dabei mit einer besonderen Stadtansicht zu beweisen, dass die Aufstellung der Waage durch die Löwenstein-Wertheimer Grafen an dem gewählten Standort überhaupt nicht lukrativ sei und deshalb keinen Gewinn bringe. Im 18. Jahrhundert begegnen auch die ersten jüdischen Kläger, die sich einer Augenscheinkarte bedienten, um ihre Rechte als Bürger einzufordern.[17] Als Beweismittel wurde etwa eine bekannte Karte der Stadt Hamburg genutzt. Die darauf eingetragenen roten Bleistiftmarkierungen weisen auf die jüdischen Lebenswelten in Hamburg gegen Ende des 18. Jahrhunderts hin. Innerstädtische Konflikte entbrannten auch um die Wassernutzung. So waren Deputierte der Hamburger Wasserkunst gegen Hamburger Kaufleute und Ratsherren vorgegangen, weil sie die Schlüssel für Brunnen verwahrt hatten. Die Beklagten wiesen in der Auseinandersetzung darauf hin, dass der Zugang zu den Brunnen nicht verwehrt werden dürfe, um die Löscharbeiten im Falle eines Feuerausbruches nicht zu behindern. Nach der Appellation an den städtischen Rat klagten die Schlüsselinhaber am Reichskammergericht. Die beigelegte Augenscheinkarte zeigt die Wasserleitungen, Feuerposten und Schlüsselposten der Wasserversorgung in Hamburg (Abb. 76).[18]

Wasser hatte aber noch eine andere Funktion, die vor allem in einem Streit aus Frankfurt deutlich wird. Es ging dabei um die Gesundheit der Bevölkerung und die Einhaltung von Hygienemaßnahmen, die mit der Einrichtung von Badestuben Hand in Hand gingen. Auch deren Qualität sollte mit Augenscheinkarten bewiesen werden. Bei der Frankfurter Auseinandersetzung spielte die Konkurrenz zweier Badeanstalten die entscheidende Rolle. 1798 hatte der Rat der Stadt dem Frankfurter Bürger Wilhelm Hoff (um 1800) die Konzession zur Errichtung einer Badeanstalt erteilt. Ein Jahr später folgte die Erlaubnis zur Betreibung eines Badeschiffes, zunächst auf sechs Jahre. Der Badeschiffbetreiber Dr. Johann Kohl (um 1800) musste sich verpflichten, die öffentliche Badeanstalt Hoffs nicht zu beeinträchtigen und sein Badeschiff nicht an

Abb. 76: Wasserkunst in Hamburg, J. Hasenbank, um 1734, kolorierte Federzeichnung, 54 × 63,5 cm, StA der Freien und Hansestadt Hamburg, Best. RKG W 32, Plankammer 131–14, 1/24

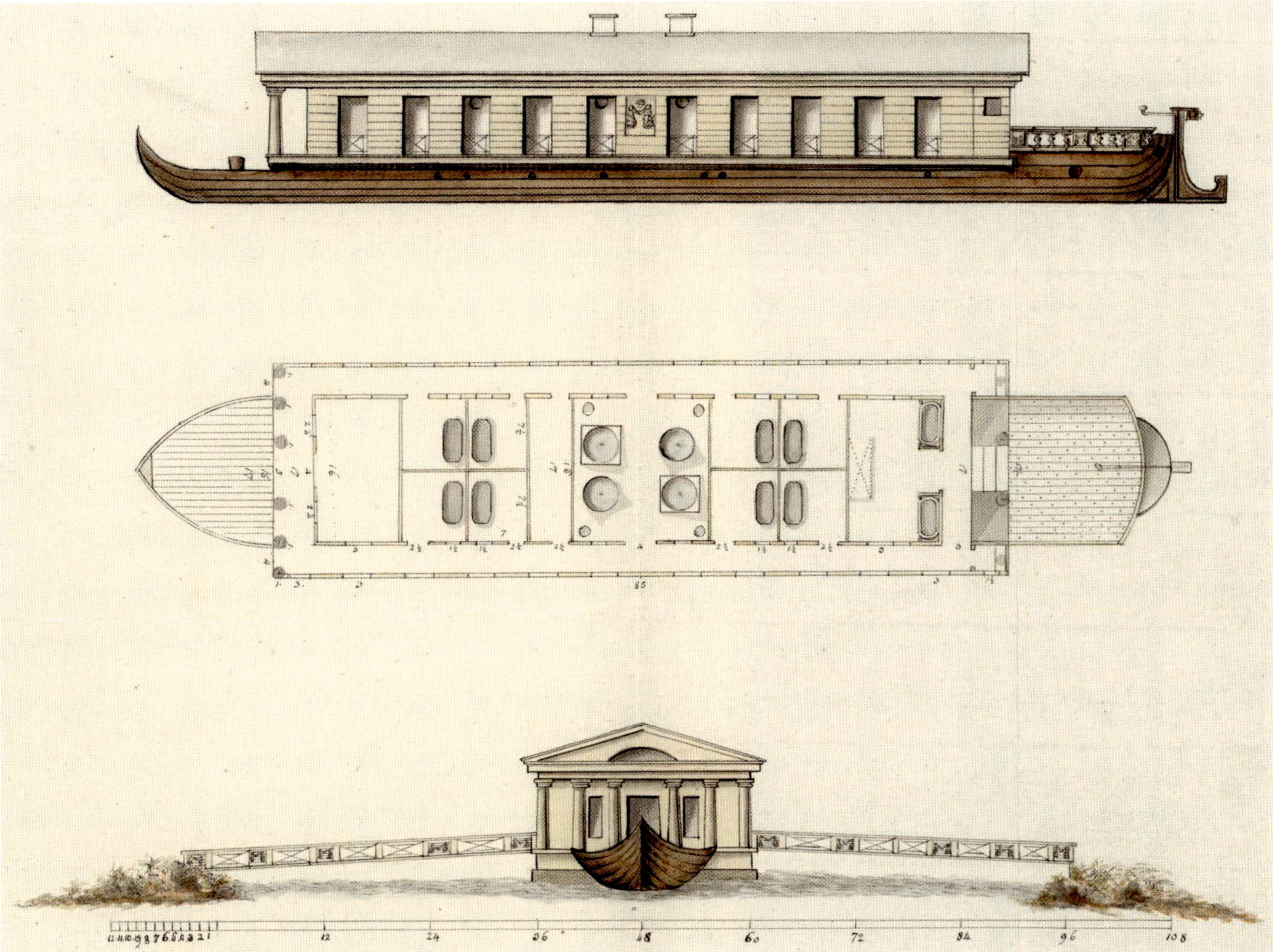

Abb. 77: Badeschiff des Dr. med. Johann Gottfried Kohl, B. Setz, 1801, kolorierte Federzeichnung, ca. 24 × 20 cm, ISG Frankfurt/Main, H.06.16 (Reichskammergericht: Prozesse) Nr. 570 (Aktennr. 969), Q 7

Land zu befestigen, sondern im Flusslauf zu verankern. Das schränkte die Nutzung des Schiffes aber erheblich ein, sodass der Mediziner schon nach kurzer Zeit darum bat, sein Schiff an Land anlegen zu dürfen, da dies vor allem einen Vorteil für kranke Besuchter brächte. Einen Nachteil für Hoff konnte Kohl nicht darin erblicken. Schließlich sei die hoffsche Badeanstalt für die Bedürfnisse der zahlreichen Frankfurter Bevölkerung zu klein dimensioniert.[19]

Am 28. Oktober erteilte der Frankfurter Rat die Erlaubnis, dass Kohl sein Badeschiff direkt am Mainufer festmachen dürfe, noch dazu kaum 80 Schritte von der hoffschen Badeanstalt entfernt. Hoff klagte deshalb vor dem Frankfurter Gericht und appellierte nach erfolgloser Klage an das

Reichskammergericht. Die Wetzlarer Richter wollten sich nicht damit befassen und verwiesen die Angelegenheit zurück nach Frankfurt.[20]

Der Akte liegt eine Darstellung des Badeschiffes bei, um die Richter von dem Luxus und der Badequalität auf dem Schiff zu überzeugen (Abb. 77). Das Schiff wird im Grundriss und Aufriss abgebildet. Der Aufriss zeigt an der Längsseite zehn Türen, die in der unteren Hälfte mit Gittern aus zwei gekreuzten Stäben den Zugang auf einen umlaufenden Korridor regeln. Mittig zwischen den Fenstern befindet sich eine Kartusche mit einer üppigen Girlande. Bekrönt ist das Schiff mit einem Satteldach. Der Grundriss zeigt die innere Aufteilung des Schiffs mit den Badekabinen an beiden Enden. In der Mitte des Schiffes befand sich ein Raum mit vier Wasserkesseln und Pumpen, die das Wasser aus dem Main in die Badekabinen leiteten.

Die untere Ansicht macht klar, dass das Schiff auf beiden Seiten am Ufer befestigt und damit ohne Fähren oder dergleichen zugänglich war. Zu sehen ist die Vorderseite des Schiffes mit dem Haupteingang, der in der Mitte zwischen dorischen Säulen liegt. Über den Säulen befinden sich ein schmuckloser Architrav und ein mit einem Bogen verzierter Giebel.[21]

Aber auch weltliche und geistliche Adelige jeglicher Hierarchiestufe nutzten nun Augenscheinkarten. Sie sind dabei immer noch fast doppelt so oft vertreten wie bürgerliche Privatparteien. Die Probleme, um die es auf den Karten ging, hatten sich nicht verändert: Eigentums-und Besitzschutz waren sehr häufig Konfliktpunkte, ebenso Erbschaftsangelegenheiten. Augenscheinkarten zu Grenzen, Forst-, Jagd- und Weiderechten nahmen ebenfalls zu. Das zeigt augenscheinlich den Kampf um die Ressource Wald.

Natürlich nutzten vor allem Parteien, die am Reichskammergericht klagen konnten, die Möglichkeit, Augenscheinkarten als Beweismittel zu verfertigen. Trotzdem zeigt sich ein Trend von einer gleichzeitig das Prestige- und Repräsentationsbedürfnis befriedigenden Augenscheinkarte der Standeselite hin zu einem nach wie vor kostspieligen, aber doch weiteren Kreisen zugänglichen Medium, das vor allem bei bestimmten Streitgegenständen bevorzugt wurde.

Juristen als Absender und Adressaten

Um die Argumentationsweise der Anwälte und die Reaktion der Richter verstehen zu können, ist es notwendig, etwas genauer die unterschiedlichen Juristengruppen am Reichskammergericht zu beschreiben. Grundsätzlich handelt es sich dabei um zwei oder – wenn man so will – drei Gruppen. Die erste bildeten die Anwälte, die wiederum aus Advokaten und Prokuratoren bestanden, die zweite die Richter. Während die Advokaten die Schriftsätze verfassten, vertraten die Prokuratoren die Parteien vor Gericht.[22] Sie überreichten in der Audienz die Schriftstücke und kommentierten sie. Am Reichskammergericht konnte ein Prokurator auch die Arbeit eines Advokaten ausführen. Umgekehrt war dies jedoch nicht möglich. Im 16. Jahrhundert wurden aus Advokaten später häufig Richter.[23] Im 18. Jahrhundert war dies bis auf wenige Ausnahmen kaum noch der Fall.[24] Richter sowie Advokaten und Prokuratoren mussten Aufnahmeprüfungen am Reichskammergericht, allerdings mit unterschiedlichen Schwierigkeitsgraden, bestehen. Nur am Reichskammergericht zugelassene Advokaten und Prokuratoren durften dort auch ihre Parteien vertreten. Die Richter mussten wie die Advokaten und Prokuratoren ein juristisches Studium nachweisen. Im 16. Jahrhundert wurde es sogar zum Teil im Ausland, vor allem in Italien und Frankreich, absolviert. Die Richter wurden durch die Reichsstände nach einem bestimmten Schlüssel aus allen Territorien des Reiches präsentiert.[25]

In der Reichskammergerichtsordnung von 1555 enthielt der Richtereid die Anweisung, nach des Reichs „Gemeinen Rechten" zu urteilen. Es zeigte sich aber rasch, dass die Richter nicht nur dem römisch-kanonischen Recht folgten. Vielmehr bildeten sie eine eigene Rechtspraxis heraus, die sich nicht ausschließlich am römisch-kanonischen Recht orientierte, sondern eine Vielfalt von Rechten zu Rate zog. Partikularrechte wurden immer wichtiger.[26] Seit 1692 bestand sogar eine gesetzliche Pflicht zur Partikularrechtsbeibringung vor dem Reichskammergericht.[27] Diese gesetzliche Pflicht musste 1764 wiederholt werden.[28]

Jedoch nicht nur die Prozessparteien, sondern auch die partikularen Gesetzgeber waren dazu verpflichtet, sämtliche partikulare Rechtsquellen durch ihre Prokuratoren am Reichskammergericht einzureichen,[29] sodass dem Gericht eine Vielzahl partikularer Rechtsquellen bekannt war. Da die Anwälte nicht wussten, welche Rechtsquellen dem Gericht vorlagen, brachten sie die Partikularrechtsnormen, auf die es bei der Fallentscheidung ankommen sollte, dem Gericht noch einmal ausdrücklich zur Kenntnis. Dazu bestand allerdings keine Verpflichtung. Die Parteien konnten dabei abstrakt-generelle Rechtsbeibringungen, mit denen die Existenz einer Rechtsnorm behauptet wurde, vorweisen oder Belegstellen exklusiv angeben, wenn es sich um schriftlich festgehaltene Rechtsquellen handelte. Beide Varianten wurden mehrfach dem Gericht in der Audienz als Abschriften übergeben. Bemerkenswert ist, dass sowohl geschriebene als auch ungeschriebene Partikularrechtsnormen vorgetragen wurden. Oft handelte es sich um eine Mischung zwischen partikularem und römisch-gemeinem Recht.[30]

Die Anwälte der Gegenpartei bevorzugten meist die für ihre Partei vorteilhafte Partikularrechtsquelle. Allerdings gab es hier das Problem des Beweises. Die Advokaten und Prokuratoren konnten auch auf das geltende Recht, wie es in der Gerichtspraxis tatsächlich angewandt wurde, verweisen. Als Hilfsmittel kamen vielfältige Beweismittel infrage, wie schriftlich fixierte Rechtsbehauptungen, Rechtssprichwörter, Bräuche oder Präjudizien, Zeugenbeweise, Urkunden, Augenscheinkarten und Spezialbeweise durch Rechtsgelehrte, die auch von Rabbinern stammen konnten. Parteien stützten sich zudem auf Werke der Entscheidungsliteratur, die Rechtsquellencharakter annahmen.

Die Richter besaßen bei ihrer Urteilsfindung größtmögliche Freiheit. Sie konnten sich auch nach Belieben die Argumente der Kläger oder der Beklagten zu eigen machen. Deutlich wird, dass sich Partikularrecht immer mehr durchsetzte und aufgewertet wurde. So gab es bereits 1641 einen reichsständischen Beschluss, der die Territorien vor Beeinträchtigung ihrer Partikularrechte durch die Reichsjustiz schützte. 1713 wurde die Berücksichtigung von Partikularrechten von den Richtern sogar explizit verlangt.[31]

Natürlich geht es bei der Diskussion über Augenscheinkarten nicht um das Problem der Rechtsanwendung, sondern um die Frage, welche Beweiskraft ihnen zukam. Die dargelegte Skizze der Rechtsprechungspraktiken zeigt aber, wie Advokaten und Prokuratoren grundsätzlich argumentierten. Sie versuchten zunächst möglichst viele unterschiedliche Rechte anzuführen, in der Hoffnung, dass der Richter eines daraus für seine Begründung auswählen würde. Manchmal übernahmen dann die Richter – wohl auch aus Zeitgründen – einfach die Begründungen der Advokaten.[32] Im Folgenden soll das Vorgehen der Advokaten und Prokuratoren sowie der Richter an Einzelbeispielen etwas genauer betrachtet werden.

Im Fall Baumgarten gegen Augsburg, den wir aus der Einleitung (Abb. 1–4) bereits kennen, wird auf zwei Ebenen argumentiert. Zum einen werden die rechtlichen Formalia infrage gestellt. So heißt es, Amberger sei als baumgartnerischer Maler parteiisch und habe keinen Eid geleistet. Der baumgartnerische Anwalt entkräftet dies, indem er mitteilt, dass bei dem Ortstermin beide Parteien zugegen gewesen seien und beide Parteien zugestimmt hätten, dass Amberger keinen Malereid leisten müsse.[33] Zum anderen geht es um die Augenscheinkarte Ambergers als das Ergebnis der Inaugenscheinnahme. Auf der Ebene der Darstellung ist die Qualifikation des Malers ein Thema. Die Meisterschaft Ambergers und die Unverständigkeit des unbekannten Malers werden gegenübergestellt.[34] Die Richter selbst ließen sich auf diese Diskussion nicht ein. Sie bestellten einen dritten Maler, dessen Augenscheinkarte nicht überliefert ist.

Ähnlich wird auch in einem Fall zwischen Münster und Bentheim 1615 argumentiert. Dort wird von dem Münsteraner Vertreter bemängelt, dass der Maler keine Messinstrumente zur Verfügung gehabt habe oder sie wenigstens nicht gebraucht habe, obwohl es der Streitgegenstand erfordert hätte.[35] Grundsätzlich wird diese Begründung im Laufe des 16. Jahrhunderts zum gängigen Muster.

Zu Anfang des 18. Jahrhunderts kommt im Streit zwischen den Gemeinden Aumenau und Seelbach an der Lahn eine neue Argumentationsstrategie zur korrekten Ausführung von Augenscheinkarten zur Sprache. Dies zeigt, wie sich die Sehgewohnheiten der zeitgenössischen Betrachter verändert hatten und der Prokurator sich dies zunutze machte. Im Streit ging es um die Aufteilung eines zuvor durch Aumenau und Seelbach gemeinschaftlich genutzten Waldes, der nach Meinung Aumenaus durch die wied-runkelsche Regierung ungerecht aufgeteilt worden war.[36] Im Laufe des Verfahrens wurde Franziskus Meinolph Schwink (1714–1764), ein Leser des Reichskammergerichts, durch die Einwohner Seelbachs beauftragt, den Wald zu kartieren. Schwink begann mit der Arbeit und vollendete 1739 eine Karte, die möglichst „mahlermäßig“ aussehen sollte.[37]

Gerade diese Art der Darstellung stieß auf wenig Gegenliebe der gegnerischen Partei. Der Vertreter der Gemeinde Aumenau monierte, dass das Bild Schwinks weder mit geometrischem Sachverstand noch nach Malerkunst verfertigt sei, da ein guter Maler nach der Perspektive male, sodass die Dinge, die in der Nähe sind, größer erscheinen als entfernte. Außerdem müsse – so der Prokurator weiter – ein Punkt oder ein Objekt, das sich genau zwischen zwei unterschiedlich weit entfernten Punkten befinde, durch die perspektivische Verkürzung in der Darstellung wesentlich näher an den hinteren Punkt heranrücken als an den vorderen. Auch könne eine Visualisierung von Raum nur dann als Beweis gelten, wenn sie gerichtlich angeordnet und „nicht mahler- sondern planmäßig“ mit Hilfe der Geometrie hergestellt worden sei.[38] Hier wird ebenfalls auf zwei Ebenen argumentiert. Zum einen geht es um die formale Anerkennung der Augenscheinkarte als Beweismittel im Rahmen einer Kommission, die im 18. Jahrhundert meist nicht mehr von den Parteien beantragt und durch das Gericht genehmigt wurde, sondern vom Reichskammergericht selbst ausging. Der Prokurator verlangte, dass sich die gegnerische Partei auch an dieses Verfahren hielt. Zum anderen wird die Darstellung des Raumes in der Augenscheinkarte selbst thematisiert. Bemerkenswert ist, dass der Prokurator die Augenscheinkarte Schwinks verwarf, indem er auf die mangelnde Verwendung der Zentralperspektive hinwies. Gerade diese lief aber in ihrer Konstruktion der performativen Augenzeugenschaft, die ursprünglich das Ziel einer jeden Augenscheinkarte war, zuwider. Die Verknüpfung zwischen Inaugenscheinnahme als Augenzeugenschaft und Augenschein als visualisierter Form der Augenzeugenschaft wird damit aufgelöst.

Ein weiteres zentrales Element der neuen Sichtweise über Augenscheinkarten wird hier deutlich: Die Zentralperspektive ist allein dem Gemälde vorbehalten. Ihre Funktion als Beweismittel steht – jedenfalls wenn es um Grenzen geht – hinter der Darstellungsart mittels Kartographie zurück. Der Prokurator war sich des Konzepts der performativen Augenzeugenschaft, das die Diskussion im 16. Jahrhundert beherrscht hatte, entweder nicht mehr bewusst oder er nutzte die nun etablierte Sehgewohnheit einfach für seine Zwecke.[39] Der statische Blick in Form der kartographischen Augenscheinkarte scheint zur alleinigen Richtschnur geworden zu sein. Es zeigt sich einmal mehr: Die Bildhaftigkeit des Sehens stellt für das Gesehene nur einen Darstellungsmodus dar. Er entscheidet darüber, wie etwas sich dem Betrachter darstellt und welche Sichtweisen der Betrachter darauf einnehmen kann.[40]

Wie sehr die Diskussion um den statischen Blick im 18. Jahrhundert im Gange war, zeigt ein Beispiel aus Lübeck: Im Streit zwischen dem preußischen Geheimen Rat und Gutsbesitzer Anton Heinrich von Winckler und dem Rat der Stadt Lübeck um die Holzungsgerechtigkeit auf dem Gut Lauerhof wurden von beiden Parteien Augenscheinkarten vorgelegt.[41] Lübeck fügte, nachdem die Augenscheinkarten bereits vor dem Reichskammergericht präsentiert worden waren, zudem 1760 ein Gutachten seines Augenscheinmalers Schumacher (um 1760) bei. Es sollte die Richter am Reichskammergericht von den Vorteilen der lübeckischen Karte überzeugen bzw. die lübeckische Auffassung von einer korrekten Augenscheinkarte darlegen. Schumacher schrieb zuerst über den Sinn und Zweck einer Karte, die dazu dienen solle, „eine Sache ins kleine vorzubilden, wie solche sich im großen befindet“.[42] Außerdem müsse eine Karte alle Figuren und Winkel richtig anzeigen, um nicht für eine „bloße Charteque angesehen“ zu werden. Ebenso müsse „um die Richtigkeit solcher Angaben zu beschreiben der Charte selbst derjenige Maßstab beygefügt“ werden, nach welchem die Augenscheinkarte entstanden sei.[43] Der Gutachter fährt fort, dass er der Karte, die einen Maßstab besitze, den Vorzug gebe. Er habe selbst anhand der Augenscheinkarte Wincklers die Lage der Orte überprüft und für nicht korrekt befunden. Außerdem kritisiert er an der wincklerischen Karte, dass sich der Vermesser „gerader Linien bedienet“ habe.[44] Dies entspreche nicht den wahren Gegebenheiten. Entscheidend erscheint dem lübeckischen Gutachter aber letztlich der auf der Karte nicht eingezeichnete Maßstab, denn gerade ein Maßstab sei das Merkmal „einer wohl eingerichteten Charte“.[45] In diesem Beispiel wird offensichtlich, dass für die Lübecker eine korrekte Augenscheinkarte allein auf Vermessung beruhte, die mithilfe eines Maßstabes jederzeit und überall nachprüfbar sein musste. Augenzeugenschaft wurde gar nicht mehr erwähnt.

Wie die Richter über Augenscheinkarten urteilten, lässt sich nur schwer ermitteln. Hintergrund für diese missliche Lage ist, dass die Gutachten der Richter aus dem 16. Jahrhundert nur fragmentarisch als Richternotizen erhalten sind.[46] Die Haltung der Richter muss deshalb mithilfe anderer Quellen rekonstruiert werden. Die Gutachten des 18. Jahrhunderts sind zwar ab 1713 vollständig vorhanden, aber nicht verzeichnet. Die Folge ist, dass die umfangreichen Bände mühselig Jahr für Jahr, getrennt nach den jeweiligen Senaten, durchgesehen werden mussten. Dies erwies sich als äußerst aufwendiges und zeitraubendes Unterfangen, das selten von Erfolg gekrönt war. Deshalb können hier nur wenige Beispiele angeführt werden:

In der Streitsache Rösing gegen Rösing traf sich der erste Senat im Juni 1714 zur Besprechung des Falls.[47] Die Parteien, die sich heftig um die Aufteilung von Grundstücken im Harzvorland stritten, hatten beim Gericht ein Endurteil beantragt, obwohl eine Kommission gerade dabei war, die strittigen Grundstücke neu zu vermessen. Der Senat wollte der Bitte der Parteien um ein Endurteil nicht stattgeben. Richter Friedrich Schrag (1665–1741) verlangte die Feldmessung, um Aufschluss über die genaue Aufteilung zu erhalten. Die Richter Geismar genannt Mosbach von Lindenfels (um 1700) und Johann Frantz (um 1700) stimmten Schrag in der Diskussion zu, nicht ohne ausdrücklich auf die Ausführungen zur Messkunst von Rutger Rulant zu verweisen. Der Adjunctus Bailard bemängelte zudem in der Sitzung, dass der vorliegende „Abriss" durch den appellantischen Teil einseitig verfertigt worden sei.[48] Nach weiteren Beratungen einigten sich die Richter schließlich dahingehend, dass es für ein Endurteil noch zu früh sei und die Kommission mit ihrer Arbeit in Form einer „(Grad-)Messung"[49] fortfahren solle. Die Richter spielten dabei auf die falschen Messungen eines Feldmessers an, der sich der Messkette bedient hatte. Sie wollten nicht nur die Messung an sich, sondern auch deren Qualität festschreiben. Die Arbeit sollte in drei Monaten abgeschlossen sein, ansonsten drohte eine Strafe von „10 Marck löthigen Goldes".[50]

Im Gutachten des Richters Friedrich August von Leutsch (1757–1818), das am 21. April 1804 im Streit zwischen der Korker Waldgemeinde und der Gemeinde Sand vorgetragen wurde, erhalten wir Einblicke, wie ein Referent mit einer Augenscheinkarte verfuhr und sie seinen Kollegen im Senat vorstellte. Entscheidend für Friedrich August von Leutsch war, dass der „Riß mit geometrischer Ausmessung" geschehen sei. Er betonte ausdrücklich, dass die Visualisierung in Abwesenheit der Parteien entstanden sei. Augenzeugenschaft wird hier also explizit nicht gewünscht bzw. als Einmischung der Prozessparteien verstanden. Der dabei entstandene „Plan" – so Leutsch – liege der Akte bei. Er habe auch beiden Parteien vorgelegen, die sich dazu äußern konnten. Leutsch berichtete weiter, dass die Parteien nur über den Zustand eines Grenzsteines uneinig seien. Die eine Partei erklärte, dass er aufrecht stehe, während die andere darauf beharrte, dass er liege. Der Maler sollte „zwei Copien nach verjüngtem Masstabe fertigen".[51] Der Referent prüfte dann in der Sitzung, ob alle vorliegenden Kopien gleichförmig seien. Der Korreferent Franz Arnold von der Becke (1754–1832) betonte zusätzlich die Unparteilichkeit des Feldmessers und erläuterte, dass die in der Augenscheinkarte gemachten Einteilungen keine „eigentlichen Waldabtheilungen" seien, sondern nur zur Berechnung der korrekten Flächeninhalte gedient hätten.[52]

Es zeigt sich, dass auch in diesem Beispiel Zeugen bei der Urteilsfindung keine Rolle spielen. Die Messbarkeit ist das entscheidende Kriterium. Zugleich wird deutlich, dass im 18. Jahrhundert Diskussionen um Augenscheinkarten Routineangelegenheiten waren, die unter den Richter keine großen Erörterungen auslösten. Die Kartographie bzw. kartographische Darstellungen waren weithin anerkannt. Zwar war Rutger Rulant in der Argumentation der Richter noch eine entscheidende Größe, aber nur in Bezug auf seine Forderung nach Messung des Raums.

Das war im 16. Jahrhundert noch anders gewesen. Auch wenn aus dieser Zeit keine Senatsprotokolle überliefert sind und die persönlichen Notizen der Richter keinen Hinweis auf Augenscheinkarten bieten, kann festgestellt werden, dass Juristen des Reichskammergerichts sowie ihre Freunde und Verwandten sich brennend für Fragen der Optik interessierten. Die Reichskammergerichtsangehörigen waren zudem häufig über das Prozessgeschehen am Reichskammergericht hinaus nicht nur aktiv an der Verbreitung von Karten und ihrer Herstellung beteiligt, sondern trugen zur Diskussion über Optik und Kartographie mit eigenen Werken und Objekten bei. Ursache hierfür war eine kritische Auseinandersetzung mit der neuen naturalistischen, perspektivisch korrekten Wirklichkeitsabbildung der Zentralperspektive, die für die Renaissance als „Spezifikum schlechthin" bezeichnet werden kann.[53] Gerade in den 1530er-Jahren

Abb. 78: Zimmernsche Anamorphose, wohl datiert „1535", Öl und Tempera auf teilweise mit Leinwand beklebtem Holzträger, 78 cm hoch, 113,5 cm breit und 11,9 cm tief, Provenienz ungeklärt, Germanisches Nationalmuseum Nürnberg, Inv. Nr. WI 717

beschäftigte die angewandte Kunsttheorie große Teile der gelehrten Öffentlichkeit, zu der ja auch die Juristen des Reichskammergerichts gehörten.

Einen besonders originellen Beitrag zur Optik lieferte Wilhelm Werner Freiherr von Zimmern (1485–1575), ein langjähriger Richter und später bedeutender Kammerrichter und Visitator des Gerichts.[54] Er stammte aus Meßkirch und hatte u. a. bei dem berühmten Rechtslehrer Ulrich Zasius (1461–1535) an der Universität Freiburg studiert.[55] Zimmern war vielfältig interessiert und ein großer Sammler historischer Quellen. Er war Historiker und Genealoge und besaß eine weithin bestaunte Kunst- und Wunderkammer, eine sehenswerte Bibliothek mit zahlreichen Handschriften sowie eine umfangreiche Münz- und Medaillensammlung.[56] Teile der Sammlung befinden sich heute auf Schloss Ambras in Tirol.

1535 ließ Zimmern – vielleicht sogar in Speyer[57] – eine Anamorphose mit Porträts von sich und seiner Gattin anfertigen, die später in seiner Kunst- und Wunderkammer aufbewahrt wurde

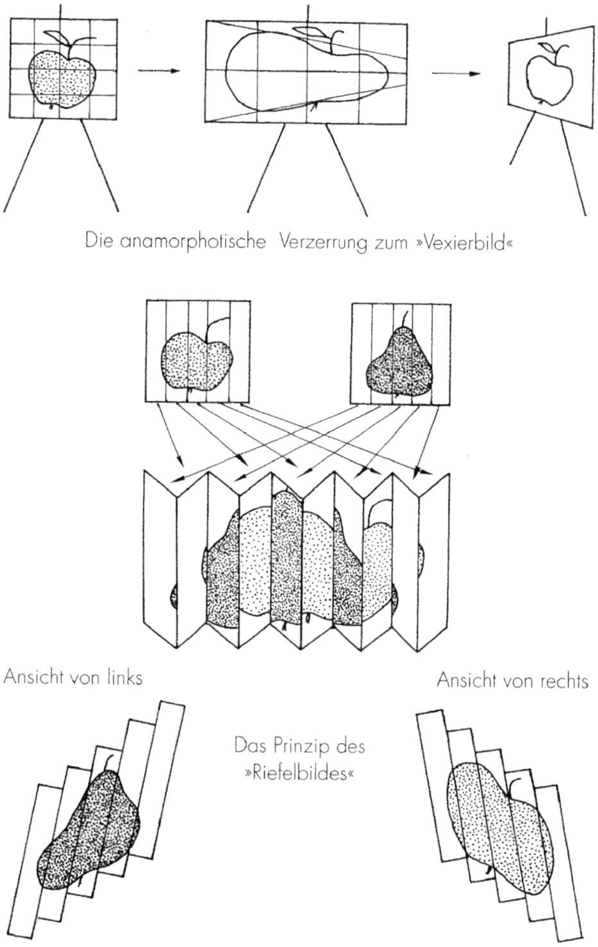

Abb. 79: Schema der Zimmerschen Anamorphose, Graphik: Maria Scherr, in: Ausst.-Kat. Nürnberg 1998, S. 17

und dort von Besuchern betrachtet werden konnte (Abb. 78).

Anamorph bedeutet, dass ein Gegenstand doppelgestaltig, gegenförmig und umgeformt ist. Der Begriff „Anamorphose" bezeichnet entsprechend Bildnisse oder Graphiken, die einen mehrfachen, teilweise verborgenen Bildinhalt besitzen.[58] Zimmerns Anamorphose ist eine relativ flache Tafel mit einem vielfältig verzierten Rahmen, dessen Einzelheiten präzise ansichtig sind. Das Mittelfeld der Tafel erscheint jedoch als verschwommene Marmorierung, aus der nur einzelne zusammenhanglose Details zu erkennen sind. Zudem ist die Oberfläche der Holztafel nicht eben, sondern leicht gewellt.[59]

Um die Porträts von Wilhelm Werner von Zimmern und seiner Gattin sehen zu können, muss der Betrachter sich auf zwei unkonventionelle Standorte begeben. Ideal ist, wenn die Fixpunkte für das Betrachterauge exakt auf der horizontalen Mittelachse des Bildes liegen. Es gab wohl Vorrichtungen mit Halterungen an der Anamorphose, die diesen Vorgang erleichtern sollten. Überreste davon lassen darauf schließen, dass sie auch eine Art Verschluss bildeten. Es ist anzunehmen, dass es weitere Hilfestellungen gab, z.B. um die Augenpunktfixierung durch Blicklöcher festzulegen.[60] Fixiert man nun auf der korrekten Höhe diese Punkte, so zeigt sich bei der Schrägansicht von links ein leicht korpulenter Mann mit einem Barett und einer goldenen Halskette und von rechts das Bild einer Frau mit Haube und einer Halskette mit Anhänger. Unter den beiden Porträts befindet sich eine Inschrift, die durch ihre ebenfalls umgeformte Schreibweise die Verwirrung noch steigert. Leider ist diese Schrift nicht mehr vollständig zu entziffern. Lesbar ist lediglich die Bezeichnung der beiden Personen, bei denen es sich demnach um Wilhelm Werner von Zimmern und seine Gemahlin Emilie geb. von Leuchtenberg († 1538) handelte. An den Seiten und über den Köpfen der Porträtierten sind zudem Jagdszenen dargestellt, die als Gründungslegende für das Kloster Frauenzimmern im Zabergäu gilt.[61]

Es ist nicht schwer festzustellen, dass es sich bei dem Werk um ein besonders raffiniert und aufwendig konstruiertes Bilderrätsel handelt, dessen optische Prinzipien es sich etwas näher zu betrachten lohnt (Abb. 79). Die Konstruktion der Zimmernschen Anamorphose beruht nämlich nicht nur auf einem Prinzip der Verzerrung, sondern sie verzahnt gleich zwei Perspektivphänomene miteinander bzw. wendet sie zur Chiffrierung des Bildinhaltes an.

Zuerst wird die Verzerrung als Vexierbild dargestellt, was bedeutet, dass die Bilddarstellung nur in äußerster Schrägansicht erkennbar ist. Bereits die italienische Perspektivtheorie des 15. Jahrhunderts hat sich dem optischen Phänomen schräger Betrachterstandpunkte gewidmet. So sind von Piero della Francesca (ca. 1410/1420–1492) und Leonardo da Vinci (1452–1519) experimentelle Zeichnungen zum Betrachten aus schiefen Blickwinkeln bekannt. 1530 war die Beschäftigung damit auch nördlich der Alpen üblich. Man kann sogar geradezu von einem Vexierbildboom in Augsburg sprechen. In diesem Umkreis entstand 1533 das Gemälde Hans Holbeins d. J. (1497/98–1543) mit dem Titel „Die Gesandten". Dort wird ein Totenkopf anamorphisch verzerrt dargestellt.

Gleichzeitig wird das Prinzip des sogenannten Riefelbildes (auch Treppen-, Harfen- oder Lamellenprinzip) bei der Anamorphose Zimmerns angewandt. Bei diesem Prinzip werden zwei verschiedene Darstellungen jeweils quasi in Streifen oder Lamellen geschnitten und auf abgewinkelter, treppenartiger Malfläche gemalt oder montiert. Das Ganze ist dann jeweils nur von einer Betrachterseite als geschlossene Darstellung erkennbar.

Die Anamorphose führt in aller Deutlichkeit unterschiedliche Formen des Sehens vor: Das modernste Element ist die Verzerrung. Ihr liegt die ausgesprochen innovative Erkenntnis zugrunde, dass die neue, perspektivisch korrekte Malerei Wirklichkeit nicht nur täuschend wiedergeben kann, sondern dass Malerei diesen Wiedergabeprozess auch pervertiert zu kommentieren vermag.[62] Sehen und Deuten, Wahrnehmen und Vorstellen regten so zum Nachdenken an. Gerade das Vexierbild traf Aussagen darüber, was Sehen eigentlich bedeutet: nämlich Perspektiven einzunehmen, aus denen heraus etwas eben als x und nicht als y erscheint.[63] Ein Richter am Reichskammergericht, der sich häufig mit seiner Rolle als Betrachter von völlig unterschiedlichen Raumdarstellungen auseinandersetzen musste, war verpflichtet, sich dieser Tatsache im besonderen Maße bewusst zu sein. Man kann sogar sagen, dass die Anamorphose als Karikatur neuer Formen illusionistischer Malerei dem Sehen einen Spiegel seiner Relativiertheit vorsetzt.[64] Sie beinhaltet auf originelle und spielerische Weise die Warnung „Glaub nicht alles, was du siehst"[65] und kann so als Mahnung an von Zimmern selbst, seine Kollegen am Gericht sowie darüber hinaus an alle ihre Betrachter verstanden werden. Das Kunstwerk wird damit über das Dargestellte hinaus zu einem Kommentar über die Arbeit des Richters an sich.

Auf der Zimmernschen Anamorphose sind zusätzlich insgesamt zehn Wappen abgebildet, deren heraldische Eindeutigkeit im Gegensatz zu den optischen Spielereien geradezu überdeutlich hervortritt.[66] Wappen und Porträt stehen hier in einem inneren Zusammenhang und sind im Kontrast zwischen beiden Darstellungsformen zu sehen. Eine Aussage der Anamorphose ist dabei unübersehbar und gleichzeitig ein Bekenntnis zur Eindeutigkeit: „Wappen benennen Personen und Familien mit der Klarheit des geschriebenen Namens und erlauben die Individualsicherung weit konkreter als ein Portrait."[67] Die einzelnen Wappen erhalten die Rolle von Stichwortgebern, um so der Verstörung des Betrachters über den undeutlich verborgenen Bildgegenstand ein besonders deutliches, sinnbehaftetes Motiv entgegenzusetzen. Die Wappen lassen den Betrachter der Anamorphose nicht frustriert zurück, sondern animieren ihn zur weiteren Lösung des Bilderrätsels bzw. helfen bei der Auflösung.[68] Das zeigt aber auch, dass in der Auffassung der Zeit Wappen und ihre Bildsprache eindeutig sind. Sie lassen keinen Spielraum für Interpretation und stärken damit den sozialen Raum. Porträts können sie zwar als Hinweis auf Individualität ergänzen, aber nicht ersetzen.[69]

In den 1550er-Jahren experimentierte Zimmern sogar eigenhändig mit dem Phänomen der Zentralperspektive. In dem sogenannten Zimmernschen

Vergänglichkeitsbuch sind Zeichnungen des Richters enthalten, die zeigen, dass er die neue Darstellung von Raum, die sogenannte Zentralperspektive, kannte und damit umzugehen wusste.[70]

Auf der Anamorphose ist ein enger Freund Wilhelm Werner von Zimmerns in Form einer Porträtmedaille abgebildet. Es handelt sich hierbei um Johann II. Pfalzgraf zu Pfalz-Simmern (1492–1557), der ebenfalls kurzzeitig das Amt eines Kammerrichters ausübte. Johann II. verließ das Gericht aber relativ schnell wieder, da der Kaiser ihn für seine Mühen nicht entlohnte und es bei leeren Versprechungen beließ.[71] Johann II. betrieb eine Druckerei und eiferte 1531 seinem Vorbild Albrecht Dürer darin nach, dass er ein Büchlein mit dem Titel „Eyn schön nützlich Büchlein und underweisung der Kunst des Messens" verfasste. Dürer hatte in der „Underweysung der Messung" 1525 dem Leser in einfacher Form die Perspektivregeln erklärt. Johann II. griff diesen Gedanken auf und schuf gemeinsam mit seinem Drucker ein technisch sehr aufwendiges Werk, über das die Meinungen sehr auseinandergehen. So nannte der bedeutende Kunsthistoriker Erwin Panofsky (1892–1968) Pfalz-Simmerns Buch „theoretisch und ahnungslos".[72] Allerdings kann man „Die Messkunst" auch als Demonstration medientechnischer Kompetenz verstehen. Gepaart mit dem Wissen, dass Johann II. von Pfalz-Simmern eine enge Verbindung zu einer Öffentlichkeit besaß, die sich intensiv mit optischen Phänomenen beschäftigte, wird deutlich, dass es sich bei dem Werk – wie bei dem seines Freundes Zimmern – um eine Art Kommentar zu den optischen und technischen Innovationen seiner Zeit handelt. Johann II. von Pfalz-Simmern kombinierte nämlich in dem aufwendigen mehrfarbigen Druckwerk neueste Drucktechniken mit optischen Neuheiten zu einer „innovativen Ästhetik".[73]

Wilhelm Werner von Zimmern und Johann II. von Pfalz-Simmern standen nicht allein mit ihrem Interesse an Optik und optischen Phänomenen. Zahlreiche weitere Richter, Advokaten, Prokuratoren und deren Anverwandte beschäftigten sich mit Kartographie und Optik, ja man kann sogar behaupten, dass sie an vorderster Front dieser zukunftsträchtigen Wissenszweige standen.

Der Jurist Sebastian von Rotenhan (1478–1534) war zugleich Richter am Reichskammergericht und Kartograph. Er hatte in Erfurt und Ingolstadt sowie in Bologna und Siena studiert[74] und wurde vom Fränkischen Kreis an das Reichskammergericht präsentiert.[75] Aus seiner Zeit in Speyer soll die Karte Frankens stammen, die schließlich von Peter Apian 1533 gedruckt wurde.

Die Familie Apian war in gleich mehrfacher Weise mit dem Reichskammergericht verbunden, denn Theodor Apian (Richter 1566–1608) und Johann Adam Mörder (1540 – vor 1605) waren Sohn und Schwiegersohn des berühmten Mathematikers Peter Apian.[76] Beide waren Richter am Reichskammergericht. Wir wissen über die Familie gut Bescheid, da – wie bereits erwähnt – Peter Apians Tochter Katharina Mörder (um 1570) einen Prozess um das Erbe gegen ihre Geschwister führte.[77] Theodor Apian hatte in Ingolstadt Jura studiert. Danach war er einige Zeit Präzeptor bei der Familie Fugger, bevor er ein Praktikumsjahr am Reichskammergericht in Speyer absolvierte.[78] Von 1557 bis 1563 weilte Apian wiederum in Augsburg, bis er sich schließlich als Beisitzer in Speyer niederließ.[79] Durch Theodor Apian und seine Verbindungen zu den Fuggern wird klar, dass gerade im 16. Jahrhundert sehr oft eine enge Beziehung zwischen Richtern und Prozessparteien am Reichskammergericht bestand.

Die Stadtansicht von Augsburg[80] aus dem Jahr 1521 ist die älteste bekannte deutsche Stadtansicht, die wohl auf Vermessung beruht. Ihr Schöpfer, der Silberschmied Georg Seld (1454–1527),[81] war ebenfalls über seinen Sohn Christoph Seld (1514/15–1557) mit dem Reichskammergericht verbunden. Dieser war dort als Anwalt tätig, sein Bruder Georg

Sigmund (1516–1565) brachte es sogar bis zum Vizekanzler des Heiligen Römischen Reiches.[82]

Es scheint nur selbstverständlich, dass sich die Richter des Burgundischen Reichskreises und damit mehr oder minder der Niederlande ebenfalls mit Fragen der Kartographie und der Messkunst befassten. So war Aggäus Albada (ca. 1525–1587), Richter am Gericht und bekennender Anhänger der Glaubensrichtung der Schwenkfeldianer, eng mit dem Kartographen Gerhard Mercator (1512–1594) befreundet.[83]

Viglius van Aytta (1507–1577) war nicht nur ein ehemaliger Richter am Reichskammergericht, der von Karl V. (1500–1558) 1535 persönlich ernannt worden war. Er war auch eng mit Erasmus von Rotterdam (1466–1536) und Bonifaz Amerbach (1495–1562) befreundet und förderte als Mitglied des niederländischen Staatsrates und Kanzler des Goldenen Vlieses[84] den niederländischen Kartographen Jakob van Deventer (um 1505–1575).[85] Gerade Deventers Karten dienten als Herrschaftsmittel, das unter allen Umständen geheim bleiben sollte, und galten demzufolge als militärische Verschlusssache. Als Deventer 1575 in Köln starb, versuchte kein Geringerer als Viglius van Aytta, inzwischen Vorsitzender des Geheimen Rats in Brüssel, sein Bestes, um an die Karten aus dem Nachlass Deventers heranzukommen. Er ließ sie beschlagnahmen und zum spanischen König nach Madrid senden, wo sie sich heute noch befinden.[86] Er suchte sogar die Witwe in Mecheln auf, um des entsprechenden Materials habhaft zu werden.[87]

Hinzu kommt das starke Interesse an Karten und optischen Phänomenen allgemein. Der berühmte Prokurator Michael von Kaden († 1561), dessen Bibliothek heute den Grundstock der Herzog August Bibliothek in Wolfenbüttel bildet, hatte Karten an der Wand hängen und Karten zu Prozessen am Reichskammergericht auf seinem Arbeitstisch liegen, als die Inventarisierung seines Vermögens stattfand.[88]

Es zeigt sich deutlich, dass die unterschiedlichen Möglichkeiten der Visualisierung von Raum ein Thema waren, das mit zeitweise großer Intensität die Juristen am Reichskammergericht beschäftigte. Während im 16. Jahrhundert die Optik in all ihrer Raffiniertheit erprobt wurde und Sehkonventionen heftig diskutiert wurden, wurde im 18. Jahrhundert immer mehr ein bestimmter Sehkanon vorausgesetzt bzw. eingefordert. Letztlich waren sich die Richter immer über den systematischen Zusammenhang zwischen Sehen und Einsehen, Verstehen und Sich-eine-Meinung-Bilden, aber auch Überzeugtsein und Wissen im Klaren.[89]

VI. Von der Erfindung der Landschaft zur Vermessung der Welt?

Einige Bemerkungen zur Geschichte des Sehens, der Optik und der Mathematik

Der berühmte Architekt und Theoretiker der Perspektive, Leon Battista Alberti (1404–1472), wählte sich ein besonderes Emblem, das das Zentrum seiner Forschungen und Interessen darstellt und explizit auf den Menschen und seinen Blick hinweist (Abb. 80). Das Emblem besteht aus einem Auge, das am oberen Lid Adlerflügel besitzt und links und rechts von Flammen begleitet wird, die die Helle der Sehkraft ausdrücken sollen.[1] Alberti wollte damit nicht allein auf das Sinnesorgan Auge hinweisen, sondern die Fähigkeit des Menschen zum Sehen herausstellen. Für Alberti entscheidend waren der Blick und dessen Aktivitäten. Dabei waren sich Alberti und die Menschen der Renaissance sehr bewusst, dass der souveräne Blick allein das Privileg Gottes als Allessehender und Köperloser war.[2] Alberti entwickelte jedoch ein neuartiges Konzept, indem er seinen eigenen Blick in das Bild projizierte und so zum Teil der dargestellten Wirklichkeit wurde. Die Flügel über dem Auge in Albertis Emblem weisen zudem darauf hin, dass Mobilität entscheidend ist, um sich ein Bild von der Welt zu machen.[3] Der Flug mit dem Auge fordert einen beweglichen Blick, da Ansichten ständig wechseln können. Albertis Auge richtet seinen Blick frontal auf den Betrachter, so wie der Blick auf die Natur gerichtet sein soll. Sehen und Beobachten werden auf diese Weise zum Mittel, um zu Erkenntnis zu gelangen. Da Albertis Auge ein menschliches Auge ist, muss es sich bewegen, um die Beschränkungen der menschlichen Sehkraft überwinden zu können.[4] Albertis neue Auffassung vom Blick stellt nach Meinung der heutigen Forschung einen Meilenstein auf dem Weg zu einem anthropozentrischen Weltbild dar.[5]

Das Emblem Albertis ist bezeichnend dafür, dass das Auge und seine Fähigkeiten im 15. Jahrhundert geradezu zu einem Kult geworden waren, der vor allem durch Leonardo da Vinci weiter befeuert wurde. Leonardo erklärte das Auge zum „Fürsten der Mathematik“ und vollzog damit den entscheidenden Schritt, indem er Messkunst und menschlichen Blick miteinander verband. Besonders deutlich wird dies in seinem Stadtplan von Imola aus dem Jahr 1502.[6] Leonardos Ideen wurden auch von anderen Malern und Gelehrten diesseits und jenseits der Alpen aufgegriffen und weiterentwickelt. Infolgedessen wurde die Messkunst immer höher geschätzt.[7] Die Natur sollte nun mit Zahlen begreifbar gemacht werden: „Alles wurde Zahl.“[8] Das hatte auch Folgen für die Malerei. Sie war jetzt nicht mehr unmittelbar mit dem Sehen verbunden, sondern wurde zu einer eigenen Kategorie. Die Messkunst stand als neue Beschreibung der Natur neben ihr.

Dem Sehen kam schon in der Antike eine herausragende Bedeutung zu. Bereits Aristoteles (384 v. Chr. – 322 v. Chr.) wies darauf hin, dass unter den fünf Sinnen das Sehen die erste Stelle einnehme.[9] Augustinus (354–430) folgte dieser Anschauung. Er führte zur Begründung an, dass es sich beim Sehen um den allgemeinsten der Sinne handele. Er sei am neutralsten, da alles, was wir sehen, auch von einem anderen Menschen in gleicher Weise gesehen werden könne.[10] Diese Bevorzugung des Sehsinns setzte sich im Mittelalter fort. Deutlich wird dies vor allem in der häufigen Verwendung von Bildsprachen, wie sie z. B. in den Armenbibeln benutzt wurden. Aber auch die Innenausstattung der Kir-

Abb. 80: Rückseite der Porträtmedaille Leon Battista Albertis, 1446/50, Bronze, Durchmesser 92,5 mm, bpk | Scala – courtesy of the Ministero Beni e Att. Culturali, Medien-ID: 00068085

chen geizte nicht mit aufwendigen Bildprogrammen. Die mittelalterlichen Theoretiker untermauerten dies: So vertrat Johannes Balbi von Genua († 1298) die Meinung, dass sich religiöse Erbauung eher einstelle, wenn man das Geschehene sehe, als wenn man es höre.[11] Das Sehen entwickelte sich zum Leitsinn.

Sehen und Optik verbanden sich durch das Messen in besonders enger Weise. Für die Messung mithilfe des Lichts war die Geometrie des Dreiecks entscheidend. Die grundlegende Theorie hierfür hatte bereits Euklid (ca. 365 v. Chr. – ca. 300 v. Chr.) aufgestellt. Der Philosoph hatte beobachtet, dass sich Licht genau wie die Sehstrahlen geradlinig ausbreitete. Dies bildete die Grundlage für die Idee, mithilfe von Sehstrahlen große Strecken zu messen, wie es bereits die antiken Agrimensoren getan hatten. Diese euklidische Theorie fand nach dem Untergang der Antike vor allem in der arabischen Welt Beachtung, wo sie weiterentwickelt wurde, um dann in veränderter Form nach Europa zu gelangen. Infolgedessen kam es zu dem Bau einfacher optischer Instrumente, wie des Peilstabs und des Astrolabiums.

Eine wichtige Rolle bei der Perfektionierung von Messungen spielten Kriege und die Erfindung der Kanonen. Schließlich war es entscheidend, ob man die Flugbahn einer Kanonenkugel exakt berechnen konnte. Entfernungen mussten hierzu genau bestimmt, Verfahren zur Berechnung von Abschusswinkeln entdeckt und eingeführt werden.[12] Messen wurde zum Bestandteil eines Herrscherideals, das sich den Krieg zur Kunst stilisierte.[13] Mathematik und Messkunst wurden damit zur Herrschaftspraxis, die sich auch im Heiligen Römischen Reich durchsetzte. Gerade bei dem sächsischen Kurfürsten August (1526–1586) wird dies besonders deutlich. August verstand sich als fürstlicher Werkmeister und mathematisch versierter Landesherr, der in der Mathematik die Zusammenfassung, Veranschaulichung und „Objektivierung" letzlich noch sinnbehafteter Disziplinen wie Kosmographie, Geographie, Topographie und Geodäsie sah. Der Kurfürst verband mathematische Grundlagen mit der Hervorbringung von konkreten Wissensobjekten, wie z.B. einer Karte.[14] Hierzu ließ er in Dresden ein eigenes „Reißgemach" einrichten, eine Art Kunstkammer, wo der Kurfürst eigene Vermessungs- und Kartierungsversuche unternahm und auch astronomische und geometrische Instrumente präsentierte.[15] Kurfürst August nutzte die mit dem Verfahren der Triangulation über Sonnenuhr und Magnetkompass hergestellten Karten zur Jagd und allgemein zur Ortsbestimmung. Von berühmten Instrumentenbauern hergestellte Wegmesser machten das zu vermessende Gebiet durch die sich bewegenden Wagen- und Zahnräder nicht nur sichtbar, sondern auch hörbar.[16] Es entstand dadurch eine mehrfache Durchdringung und Kontrolle des Herrschaftsterritoriums: einmal durch den konkreten Messvorgang an sich, zum anderen durch die Dokumentation der Vermessung in einer Karte. Die Festanstellung und Beauftragung von Kartographen durch weitere bedeutende Herrscher wie den Pfalzgrafen, den Herzog von Mecklenburg, den Herzog von Jülich oder den württembergischen Herzog legt die Vermutung nahe, dass nicht nur die Kurfürsten von Sachsen sich dieser neuen Form der Herrschaftskontrolle und Repräsentation bedienten. Vielmehr handelte es sich um ein allgemein verbreitetes Phänomen, das sich direkt auf die Produktion von Augenscheinkarten auswirkte. Gerade im 16. und zu Beginn des 17. Jahrhunderts waren Karten aller Art das Produkt einer finanzkräftigen adeligen Elite, die in den Karten Herrschaftsinstrument und Repräsentationsmittel sah, aber auch wissenschaftliche Befähigung und Wissen demonstrieren wollte.

Diese Elite war sich dessen bewusst, dass Messkunst in einem Spannungsverhältnis zum Sehen oder dem Augenschein stand. Denn die wissenschaftliche Beschäftigung mit dem Sehen durch Optik lehrte, dass visuellen Eindrücken nicht unbedingt zu trauen war. Augenzeugenschaft und Messkunst mussten also neue Ausdrucksformen der Darstellung finden. Die Entwicklung der Optik zeigte bald, dass sich beide nicht mehr miteinander vereinbaren ließen. Sehen wurde nun in Form der Messung ein „bewusst vorgenommener Akt, bei dem das Sehen gezielt und instrumentengestützt eingesetzt wurde".[17] Gleichzeitig bildete die Messung den Gegenpol zu der gerade neu gefundenen Kulturtechnik der Perspektive, die die natürliche Wahrnehmung ins Bild setzte.[18] Während nämlich die Perspektive nach bestimmten Gesetzmäßigkeiten ein Bild zusammenfügt, nimmt es die Messung auseinander. Letztlich kann man die Messkunst auch als eine Umwandlung der Perspektive definieren. Während die Perspektive dazu dient, festzuhalten, wie die Dinge von einem bestimmten Standpunkt aus erscheinen,[19] hat die Messkunst oder Kartographie ein anderes Ziel: Sie will die Gegenstände in ihrer tatsächlichen, vom Standpunkt unabhängigen Dimension erfassen. Gleichzeitig macht sie begreiflich, dass der Gegenstand nicht das ist, „als was er in seiner Abbildung erscheint".[20]

Genau diese Gedanken hat auch Rutger Rulant in seinem Werk über die Kommissionen am Reichskammergericht aufgegriffen und thematisiert. Letztlich legte er damit die Grundlagen eines Wissenschaftsverständnisses, das in den Augenscheinkarten seinen lebhaften Ausdruck fand und das sich die Juristen zu eigen machten. Es entstand ein Spannungsverhältnis, dem sich die Augenscheinkarten bis etwa zum Beginn des Dreißigjährigen Krieges stellen mussten. Die Lösungsmöglichkeiten in der Bildsprache waren dabei so vielfältig wie die Auftraggeber und ihre Produzenten.

Im Laufe des 17. Jahrhunderts kam hinzu, dass sich Bewegung und Starre und ihre wissenschaftliche Durchdringung in die Disziplinen Mathematik und Physik spalteten. Geometrische und dynamische Zusammenhänge wurden nun getrennt betrachtet. Es wurde üblich, ein fixes Koordinatensystem zu nutzen, das die Orientierung ermöglichte und sich für die Berechnung von Abständen, Größen und Flächen sowie Volumen eignete. Alternativ untersuchten die Forscher bewegliche Körpersysteme mit Blick auf Anziehung, Abstoßung und das Verhältnis von Kräften.[21] Die Menschen wurden sich der Wechselwirkung von Kunst und Wissenschaft immer bewusster. Besonders deutlich wird dies bei Galileo Galilei (1564–1641).[22] Galilei hatte ein sehr kritisches Verhältnis zur Optik und ihren Spielereien. So lehnte er Experimente mit Anamorphosen gänzlich ab. Für ihn bedeutete Eindeutigkeit Evidenz und damit eben die Aufgabe von Perspektivwechseln und Andeutungen.[23] Allein Zirkel und Lineal wurden bei Galilei zur „nachvollzogenen Kraft der Blicke", die zu Grundrissen, aber auch zu Karten von territorialen Räumen führen.[24] Die Sichtweise, dass Werkzeuge Erweiterungen des Körpers darstellen, wurde zum Standard. Damit ging die Verwendung neuer Instrumente einher: So wurde ab dem 17. Jahrhundert der Quadrant zur Triangulation eingesetzt und um 1600 das Fernrohr erfunden.[25] In diesem Zusammenhang wurde die menschliche Wahrnehmung neu sortiert. „In deren Verlauf wandte sich die Aufmerksamkeit immer stärker dem Subjekt der Wahrnehmung, dem Wahrnehmenden zu."[26]

Die Augenscheinkarten griffen diese Entwicklung direkt auf. Bewegung im Raum – verkörpert durch performative Augenzeugenschaft – wurde zu einer Kategorie, die nun getrennt von der gemessenen Karte zu realisieren war. Schilderungen von Inaugenscheinnahmen verschwanden und machten der gemessenen Augenscheinkarte Platz.

Es zeigt sich mehr als deutlich: Sehen ist eine historische Konstruktion und immer an die jeweilige Zeit gebunden.[27] Im Sehen verbinden sich Augenzeugenschaft, Lebensform und Welterschließung.[28] Optisches Wissen wird damit zur historisch wechselnden Funktion des Sehens, das nicht nur ökonomische, politische und militärische „Zweckbindung des Auges" beinhaltet, sondern eben auch eine juristische Dimension besitzt. Das Auge erweist sich als „Anpassungsorgan",[29] über das Evidenz, Tatsache und Beweis immer neu definiert werden können.

Für Augenscheinkarten blieb vorerst das Spannungsfeld zwischen Messkunst und Augenzeugenschaft bestehen. Erst allmählich setzte eine Verschiebung in Richtung der Messkunst ein, wodurch es notwendig wurde, Augenzeugenschaft neu zu begreifen und zu beurteilen. Das geschah vor dem Hintergrund unterschiedlicher Entwicklungen: Zum einen wurden standardisierte Karten immer billiger und leichter verfügbar, zum anderen wurden die Staatsgebilde der Frühen Neuzeit durch neue Betrachtungsweisen von Kosmos und Erde damit konfrontiert, dass sie ihre Legitimation neu begründen mussten.[30] Die Berechenbarkeit des visualisierten Herrschaftsraumes wurde zur Grundlage des Staatsgebildes.[31] Es ist dies eine Entwicklung, die sich an den Augenscheinkarten sehr gut nachvollziehen lässt, auch wenn immer wieder betont werden muss, dass die spezielle Funktionalität vor Gericht nach wie vor bei bestimmten Streitgegenständen andere Visualisierungsformen zuließ. Es zeigt sich aber auch, dass sich gerade die Haltung der Prozessparteien und des Gerichts zur direkten Augenzeugenschaft änderte. So kann das 17. Jahrhundert als eine Sattelzeit[32] begriffen werden, in der diese unterschiedlichen Entwicklungen nebeneinanderher existierten und ihre jeweiligen Berechtigungen besaßen. Die heute für Karten geltenden Konventionen mussten sich in diesen Zeitraum erst entwickeln.[33] Vermessung und Zentralperspektive wurden Kulturtechniken, die unterschiedliche Pole bildeten und schließlich im Bewusstsein der Zeit zwei Ausdrucksformen fanden, nämlich die Karte und das Gemälde.

Im 18. Jahrhundert nahm diese Entwicklung an Fahrt auf, um schließlich gegen 1780 in der Trennung von Wissenschaft und Kunst noch einmal eine neue Dynamik zu entfalten. Der Vorgang des Vermessens wurde zu der entscheidenden Wahrnehmungskategorie.[34] Der körperlose, starre Blick machte es möglich, nicht nur den Raum, sondern auch andere Gegenstände zu würdigen und darzustellen. Jetzt konnten auch Ereignisse und Qualitäten in bildnerische Inhalte überführt werden.

Evidenz, Tatsache und Beweis als Kriterien der Vormoderne

In der Forschung herrscht allgemein die Auffassung, dass die wissenschaftliche Revolution, die sich im Laufe des 16. Jahrhunderts auf den Gebieten der Mathematik, Astronomie und Medizin abspielte, auch die Juristen beeinflusste. Die Vorbildfunktion der Naturwissenschaften bei der Feststellung von „Gesetzen“ wird betont und angenommen, dass die Juristen nun ebenfalls Gesetzmäßigkeiten und Regeln in der hierarchischen Gesellschaft der Frühen Neuzeit zu finden suchten. Die Mathematisierung der Welt habe so Auswirkungen auf die juristische Rechtsprechung gehabt.[35] Schließlich seien es die Juristen gewesen, die bestimmte wissenschaftliche und kulturelle Praktiken schufen,[36] indem sie Rationalitäten definierten. Gerade die Juristen des 16. Jahrhunderts hätten Codes von Unparteilichkeit und Unvoreingenommenheit entwickelt, die Elemente von Objektivität in unserem heutigen Sinne enthalten bzw. sich mit unserem Verständnis von Objektivität decken.[37]

Besonders deutlich wird dies bei den Augenscheinkarten des Reichskammergerichts, die eben nicht nur ein Produkt eines Malers oder Geometers sind, sondern eine Gemeinschaftsproduktion von Juristen, Künstlern und Auftraggebern, die sich auf den unterschiedlichsten Ebenen intensiv mit dem Bild und seinen Aussagen auseinandersetzen mussten. Gerade hier entstand ein kultureller Prozess des Sehens, der unterschiedliche Anschauungen und Wissensbestände miteinander in Verbindung brachte. Die Augenscheinkarte wird damit zu einem Objekt, das über die direkte Augenzeugenschaft in Form der Inaugenscheinnahme hinausweist und uns die Gelegenheit bietet, die Diskussion über Evidenz, Tatsache und Beweis über drei Jahrhunderte hinweg zu verfolgen.

Grundlegend hierfür ist das bereits häufig herangezogene hochgeschätzte Werk „Von den Kommissaren" von Rutger Rulant. Der Jurist stellt darin in Zusammenhang mit der Inaugenscheinnahme, der „inspectio ocularis", sehr konkrete Überlegungen dazu an, was die Juristen des 16. Jahrhunderts unter Evidenz, Tatsache und Beweis zu verstehen hätten. Ein ganzes Kapitel im zweiten Teil des Buches beschäftigt sich ausschließlich mit dieser Frage. Dabei wird immer die Handlung der Inaugenscheinnahme thematisiert und die Fixierung in Form der Augenscheinkarte mitgedacht. Es scheint, als ob Rutger Rulant diese für spätere Zeitgenossen unerlässliche Unterscheidung nicht treffen wollte oder sich ihrer gar nicht bewusst war.

Das Kapitel ist in einzelne Behauptungen unterteilt, die sich grundlegend mit der Inaugenscheinnahme und ihrer Bedeutung befassen. Für Rulant gibt es keinen besseren Beweis als die Inaugenscheinnahme, der er höchste Autorität beimisst.[38] Außerdem weist der Kommissar darauf hin, dass die Inaugenscheinnahme durch kein Gesetz zurückgewiesen oder ausgeschlossen sei. Daneben gibt er eine Gebrauchsanweisung, wie die Inaugenscheinnahme von den Parteien gehandhabt werden solle und welchen Nutzen sie für eine Kommission habe.

Rulant ordnet die Inaugenscheinnahme in die damaligen Vorstellungen von Rationalitäten ein. Die Inaugenscheinnahme entspreche der Evidenz der Tatsache („ocularis inspectio et evidentia facti idem est").[39] Evident sei wiederum alles, was mit den Augen erkennbar sei und das der Jurist „augenscheinlich" nenne („evidentiae enim est ita notaria ut oculis cerni possit, quod nos ‚augenscheinlich' vocamus").[40] Damit wird die Doppeldeutigkeit des Begriffs „Augenschein" greifbar und verständlich. Augenschein ist für den Kommissar Rutger Rulant eben beides, die Handlung und die Fixierung.

Die Inaugenscheinnahme selbst definiert er als „ratio" im Sinne von Einsicht und Vernunft, die seit alters her ohne Zweifel sei.[41] Bei kontroversen Ansichten hält er nur eine solche Art der Beweisführung für angebracht, bei der vom Auge Glaubhaftigkeit zugesprochen werde.[42] Überhaupt sei jeder Beweis hinfällig, wenn der Anblick etwas anderes zeige.[43] Wie Rulant klarmacht, gilt ihm der Augensinn als der wichtigste aller Sinne: „Der Augenzeuge sei dem Ohrenzeugen weit überlegen."[44]

Es ist offensichtlich: Evidenz, Tatsache und Beweis werden bei Rutger Rulant aus dem Blick heraus erklärt. Allein das Sehen bildet für den Kommissar die Grundlage für Formen von Rationalitäten. Bei dem Begriff „Evidenz" ist der Bezug zum Sehen geradezu überdeutlich. Denn das Wort wird von dem lateinischen Wort „evidere" hergeleitet, das herausscheinen, hervorscheinen bedeutet. Die Wirkkraft leuchtet also aus dem Gesehenen selbst heraus und stellt sich dem Betrachter als Tatsache dar.[45] Das bedeutet auch, dass Evidenz Verborgenes in die Öffentlichkeit vor aller Augen stellt und klar benennt. Das Bild kann und muss im Wechselspiel von verschiedenen Blickrichtungen enthüllt werden. Dem Betrachter kommt so eine aktive Rolle zu:[46] Er allein kann sich zwischen Standpunkten bewegen und damit seine Sichtweise ändern. Eine Tatsache wird dagegen definiert als eine bestimmte Art und Weise, wie Erfahrungen gesiebt und analysiert werden.[47] Tatsachen sah man nicht, sie waren Erfahrungswissen und mussten nicht bewiesen werden.

Rutger kennt auch den Begriff „Beweis", den er „probatio" nennt. Er taucht vor allem im Zusammenhang mit „Modus probandi" auf und erhält so die Bedeutung von Maßstab oder Methode der Beweisführung. Der Beweis erscheint als eine Reihe von Tatsachen, die auf Sachverhalte verweisen, die dem Betrachter nicht direkt sichtbar sind oder zu denen er keinen direkten Zugang hat.[48]

Rulant zeigt damit eine klare Hierarchisierung oder zeitliche Abfolge zwischen den Rationalitäten auf, die den allgemeinen Vorstellungen der Zeit entsprach: Evidenz galt im Vergleich zu Tatsache, Beweis und Objektivität als die älteste Form der Rationalität, die aber gerade in der Frühen Neuzeit einem starken Wandel unterworfen war. Wenn Tatsache und Evidenz aufeinandertrafen, erfuhr ihre Bedeutung nämlich eine Art „Arbeitsteilung“. Die Evidenz bewies nun und eine Tatsache war einfach da.[49]

Die zentrale Rolle spielt bei Rulant der Blick, denn bei der Inaugenscheinnahme ist der Blick das Entscheidende. Zum Vermittler des Blicks wurde der Maler. Kunst wurde damit zu einem praktischen Hilfsmittel bei der Übermittlung juristischer Erkenntnisse. Indem das Bild darüber hinaus den Text des Kommissionsprotokolls zusammenfasste und übersichtlich machte, wurde es zum entscheidenden Medium.

Es zeigt sich deutlich: Der menschliche Blick, die damit verbundene Optik und die Mathematik waren maßgeblich daran beteiligt, eine Methode des Beweises zu entwickeln. So ist auch für Rulant die Arithmetik die göttlichste der Wissenschaften.[50] Geometrie und Arithmetik regieren alles („Geometria et arthmethica omnia quasi regunt“).[51]

Das Buch „Von den Kommissaren“ spiegelt eine Zeit des Umbruchs und Suchens wider, in der die Juristen, die es ohnehin gewohnt waren, einen strittigen Sachverhalt von mehreren Seiten und Perspektiven zu betrachten, bereit waren, ganz unterschiedliche Formen des Blicks auszuprobieren. Nur verschiedene Perspektiven im Blick konnten verschiedene Standpunkte aufzeigen und so dazu beitragen, dass das juristische Problem von allen Seiten diskutiert wurde. Erst als der körperlose Blick als unparteiisch wahrgenommen wurde, da er durch Messung jederzeit überprüfbar war, änderte sich die Darstellungsform. Das 16. Jahrhundert erscheint als eine Zeit des Experimentierens und Ausprobierens, in der aber bereits erste Bedingungen oder „Codes“, wie das Messen, formuliert wurden. Mit der Loslösung des Blicks vom Körper und der Nutzung von geometrischen Verfahren öffnete sich dann mittels der Karte der Weg zu einem Wissen, das in unserem heutigen Sinne objektiv sein konnte, indem es keine Spuren des Wissenden mehr in sich trug.[52]

Allerdings dauerte es noch mehrere Jahrhunderte, bis der Glaube an die enge Verwandtschaft zwischen künstlerischer und wissenschaftlicher Arbeit verblasste. Erst im 19. Jahrhundert empfand man Kunst und Wissenschaft als Gegensatz. Künstler sollten nun das Subjektive darstellen und Wissenschaftler es unterdrücken.[53]

Ganz anders verhält es sich mit den Wappen: Hier hatte sich bereits vor der Gründung des Reichskammergerichts eine allgemein gültige Bildsprache etabliert, die mit wenigen Zeichen oder Zeichensystemen den äußerst komplexen sozialen Raum auf einen Blick beschreiben konnte. Genealogien gehen durch bestimmte graphische Ordnungen von Generationenabfolgen, die im Laufe der 300 Jahre der Existenz des Gerichts keine Änderung erfuhren, einen ähnlichen Weg. Freilich bestand hier nicht die Notwendigkeit, die Visualisierung mit Augenzeugenschaft zu koppeln. Der Blick spielte keine Rolle. Experimente waren überflüssig.

VII. Vom Zeugenbeweis zum Sachbeweis oder die Erweiterung des Bildspektrums

Bereits im Mittelalter hatte sich der berühmte Jurist Bartolus da Sassoferrato (um 1313–1357) umfassend mit dem Zeugenbeweis und der Augenzeugenschaft beschäftigt. So unterschied er im Zivilverfahren zwischen unterschiedlichen Formen des Beweises.[1] Nach dem gelehrten Recht waren Zeugenaussagen allein nicht ausreichend, vielmehr musste ein Zeuge auch erklären können, wie er sein Wissen erlangt hatte.[2] Sassoferrato folgerte daraus, dass ein Zeuge nur über Dinge aussagen sollte, die in seiner persönlichen Anwesenheit stattgefunden hatten.[3] Der Richter wurde bei ihm zum „Objekt im Beweiserhebungsverfahren",[4] dem der Beweis erbracht wurde. Entscheidendes Organ für die Beweiserbringung war nach Bartolus der Sehsinn. Der mittelalterliche Jurist versuchte deshalb Kriterien dafür aufzustellen, wie ein Zeuge seine auf einer Sinneswahrnehmung beruhende Aussage gestalten musste, damit sie den Richter überzeugte.[5] Zudem stellte er Überlegungen dazu an, welche Erscheinungsformen von Eigentum überhaupt von Zeugen sinnlich wahrgenommen werden konnten.[6] Bartolus hat hier wohl erstmals Augenzeugenschaft als wichtigstes Kriterium für den Beweis definiert.

Die Juristen im Reich und speziell am Reichskammergericht kannten diese Ausführungen des mittelalterlichen Gelehrten natürlich ganz genau und fanden hierzu ihre eigenen Antworten, wie Zeugenschaft zu definieren sei. Die vorangegangenen Ausführungen haben gezeigt, dass dabei immer ein enger Zusammenhang mit den zeitgenössischen optischen Entwicklungen und den in einer Epoche vorherrschenden Sehpraktiken besteht. Hier sollen nicht alle Aspekte der Zeugenschaft, die in der juristischen Literatur behandelt wurden, aufgegriffen und in aller Ausführlichkeit diskutiert werden, vielmehr sollen anhand der Befunde zum Augenschein als Handlung und als Fixierung einer Handlung nur einige Überlegungen skizziert werden.

Zeugenaussagen waren im 16. Jahrhundert für das Reichskammergericht die Grundlage des Beweises. Dem Zeugenbeweis kam nach der Reichskammergerichtsordnung die bedeutendste Beweisfunktion zu. Zeugenaussagen waren im Vergleich zu Urkunden „mindestens gleichwertig".[7] Jeder Zeuge musste vor seiner Aussage einen Eid leisten. Eine Ausnahme galt für Kurfürsten, Fürsten und Ranggleiche. Die Zeugen waren zum Stillschweigen über ihre Aussagen verpflichtet. Vorschriften über die Anzahl von Zeugen bestanden nicht.[8]

Zeugenaussagen waren in bestimmten Fällen eng mit dem Augenschein als Ortstermin und der Augenscheinkarte gekoppelt. Während jedoch die Zeugeneinvernahme festen rechtlichen Regeln gehorchte, wurde die Visualisierung des Raumes zu einem Experimentierfeld, auf dem sich Kunst und Recht kreuzten und sich diese beiden Ebenen zu einem authentischen Dokument mit Beweiskraft verbinden mussten.[9] Entscheidend dabei ist, dass die Bildhaftigkeit des Sehens für das Gesehene einen Darstellungsmodus erzeugt, der darüber entscheidet, wie etwas sich dem Betrachter präsentiert und welche Sichtweisen und Hinsichten der Betrachter darauf einnehmen kann. Dies geschieht aber nur, wenn diese Sichtweisen sprachlich und reflexiv erschlossen werden.[10]

Im Laufe des 17. Jahrhunderts verringerten sich die umfangreichen Kommissionen mit ihren aufwendigen Zeugenvernehmungen zusehends. Zwar wurden auch noch im 18. Jahrhundert Zeugenaussagen erhoben, aber an Zahl und Umfang waren sie eher von geringer Bedeutung und vor allem nicht mehr mit den umfangreichen Zeugenvernehmungen des 16. Jahrhunderts zu vergleichen.[11] Zeugenaussagen wurden nicht mehr gebraucht. Vielmehr mussten sie häufig Gutachten von Experten weichen[12] oder sie wurden ganz durch Augenscheinkarten ersetzt. Erleichtert wurde dieses Verfahren durch die Abschaffung des Artikelprozesses im Jüngsten Reichsabschied von 1654.[13]

Gleichzeitig nahm die Augenscheinkartenproduktion gegen Ende des 17. und im Laufe des 18. Jahrhunderts trotz zurückgehender Prozesseingangszahlen zu.[14] Ursache hierfür dürfte nicht zuletzt die Bestimmung des Jüngsten Reichsabschiedes über Augenscheinkarten gewesen sein. Unter § 51 heißt es da: „Wenn es um Gräntzen, Weydgang, Jagen und andere dergleich Jura und Gerechtsamkeiten zu thun, und den Augenschein einzunehmen vonnöthen, solle zu des Richters besserer Information eine jede Partey einen richtigen Abriß zu producieren schuldig seyn."[15] Entscheidend ist hier: Die Norm unterschied erstmals deutlich zwischen dem Augenschein als Objekt, der als Abriss bezeichnet wird, und dem Augenschein als Handlung. Die Trennung beinhaltete auch eine Wertigkeit. Der „Abriß", also die Visualisierung, besaß nun eindeutig eine größere Bedeutung als die durch Zeugen dokumentierte und beschriebene Handlung der Inaugenscheinnahme. Er war es nämlich, der dem Richter vorgelegt werden sollte, und nicht die verschiedenen Zeugenaussagen. Gleichzeitig wird durch den Begriff „richtiger Abriß" deutlich, dass es sich um ein Erzeugnis für den körperlosen statischen Blick handelte, denn „abreißen", also messen, war das entscheidende Kriterium geworden. Performative Augenzeugenschaft in Form des wandernden oder sich drehenden Blicks hatte ausgedient und konnte durch andere Bildformen ausgedrückt werden.

Die Bestimmung bedeutete einen vollkommenen Paradigmenwechsel, denn das Reichskammergericht sah seit diesem Zeitpunkt bei manchen Streitgegenständen verpflichtend eine bestimmte Form von Augenscheinkarten vor, nämlich die auf Vermessung basierende Visualisierung des Raums. Ihre Beweiskraft war nun universell anerkannt und musste nicht mehr diskutiert werden. Aus der Möglichkeit der Vorlage entsprechender Visualisierungen war bei Grenz-, Jagd- sowie Weidestreitigkeiten eine Notwendigkeit geworden.

Gesagt wird in der Norm aber nicht, dass visualisierte Beweise bei anderen Streitgegenständen verboten gewesen wären. Sie waren nur nicht verpflichtend.[16] Ein Blick in die Akten bestätigt dies, denn Augenscheinkarten wurden immer beliebter. Gleichzeitig differenzierte sich das Spektrum an visuellen Beweismitteln über die üblichen Grenzstreitigkeiten hinaus stetig. Evidenz, Tatsache und Beweis wurden immer stärker an ein visuelles Medium gekoppelt, womit ihnen neue Bedeutungen zugewiesen wurden, auch wenn sich das im 16. Jahrhundert neu ausgebildete Verständnis von Rationalitäten bei den Juristen bis in die Mitte des 18. Jahrhunderts nicht grundlegend änderte. Schließlich argumentierten die Richter des Reichskammergerichts noch 1714 mit Rutger Rulant und seinem 1597 entstandenen Werk „Von den Kommissaren". Die Darstellungsarten von Evidenz und die Argumentationslinien über Tatsachen zum Beweis hatten sich jedoch mit der Idee und Akzeptanz des körperlosen Blicks grundlegend weitergebildet. Ursächlich hierfür dürften nicht nur technische Fortschritte wie die Entwicklung des Mikroskops und des Fernrohrs und die damit verbundenen geänderten Sehpraktiken gewesen sein, sondern auch ökonomischer Druck und die leichtere Verfügbarkeit bzw. ein neu entstandener Markt von gemessenen Karten.

Am Ende des 18. Jahrhunderts veränderte sich die Vorstellung von Augenzeugenschaft und ihrer

Visualisierung noch einmal entscheidend. Die Unterscheidung von Sach- und Zeugenbeweisen wurde immer relevanter. Auch sie wurde über das Sehen und den Blick geführt. Augenzeugenschaft konnte nun im Bild, durch das Bild und als Ursprung des Bildes verstanden werden.[17] Gleichzeitig erhielt die Ort-Zeit-Relation eine neue Bedeutung. Augenzeugenschaft musste nun eine bildliche Aufnahme, die nach der Natur vor Ort und zu einem exakten Zeitpunkt erfolgte, über das zu berichtende Ereignis beinhalten. Sie konnte nun Tatsache und Behauptung sein,[18] blieb aber auf der Ebene des Bildes, das aufseiten der Produzenten immer mit einem Geltungsanspruch gekoppelt war, Konstruktion. Augenzeugenschaft und ihre Darstellung im Bild wurden dadurch ein Thema anspruchsvoller Malerei, das das Verlangen nach authentischen Bildern befriedigen sollte und die Entwicklung der Fotografie vorantrieb.[19] Eine gemessene Karte hatte nun ihren Anspruch auf Augenzeugenschaft gänzlich verloren.

Bilder zu historischen Ereignissen gab es vereinzelt bereits im 16. Jahrhundert. Zu einem regelrechten Massenphänomen entwickelten sich die Darstellungen jedoch erst im Dreißigjährigen Krieg.[20] Neben illustrierten Flugschriften über Kriegsereignisse wurden Stiche hergestellt, die man separat verkaufte. Eine ähnliche Entwicklung lässt sich zeitlich versetzt am Reichskammergericht feststellen: Ereignisse als Beweis wurden vermehrt im 18. Jahrhundert bildlich dargestellt. So begründete die Stadt Schwäbisch Hall ihre nicht bezahlten Obligationen mit dem Stadtbrand vom Juni 1680 und legte als Beweis einen Kupferstich über den Brand der Stadt bei (Abb. 81). Der Stich zeigt zwei Ansichten Schwäbisch Halls in zeitlicher Reihenfolge: zum einen die Gelbinger Vorstadt während des Brandes und zum anderen die Vorstadt nach dem Brand.

Die Stadt wird am Ufer des Kochers liegend gezeigt. Während der rechte Teil der ummauerten Stadt unversehrt ist, sieht man links – in der Gelbinger Vorstadt – aufzüngelnde meterhohe Flammen und eine steile Rauchentwicklung, die die hinter der Stadt liegenden Weinberge vollständig verhüllt. Einzelne Personen beobachten das Geschehen. Die zweite Ansicht bietet das gleiche Panorama, allerdings sind auf der linken Seite die Flammen zum großen Teil erloschen, der Rauch hat sich verzogen. Einige Menschen stehen ratlos in der Trümmerlandschaft und debattieren. Die Aussage des Bildes ist klar und macht damit aufwendige Zeugenaussagen über die Anzahl der zerstörten Häuser und Existenzen etc. überflüssig.

Eine Art „Kriegsereignis“ beschreibt die bereits besprochenen Illustration des Überfalls auf die Herrschaft von Gültlingen (Abb. 69).[21] Das in zweifacher Ausführung berichtete Ereignis erscheint einmal mit und einmal ohne Text. Bei dem Exemplar ohne Text kann der Betrachter die durch Buchstaben kenntlich gemachten Ereignisse nicht identifizieren: Er ist vollständig auf die Darstellung angewiesen, die aber deutlich genug ist: Grausamkeit und Brutalität sind ungeschminkt sichtbar. Diese Ausführung findet sich nicht in der Akte. Sie war wohl für eine breitere Öffentlichkeit bestimmt.

Hinzu kommen Konstruktionszeichnungen und standardisierte Karten, die oft keine individualisierte Raumdarstellung mehr beinhalten, sondern in allgemeiner Art umfassende Kenntnis über das jeweils abgebildete Territorium vermitteln. Kleine – meist farbig eingezeichnete – Veränderungen lassen die Karte überhaupt erst zu einer Augenscheinkarte werden. Auf den Gerichtsprozess übertragen bedeutet dies, dass nun Augenzeugenschaft und Raumvermessung nicht mehr miteinander gekoppelt waren, sondern zwei Kategorien bildeten, denen eine je eigene Aussagekraft innewohnte und die zweier Visualisierungen bedurften.

Im Fall zwischen den Adelsfamilien von Löwenstein und von Pückler-Limpurg wird dies besonders deutlich. Die Familien stritten über die

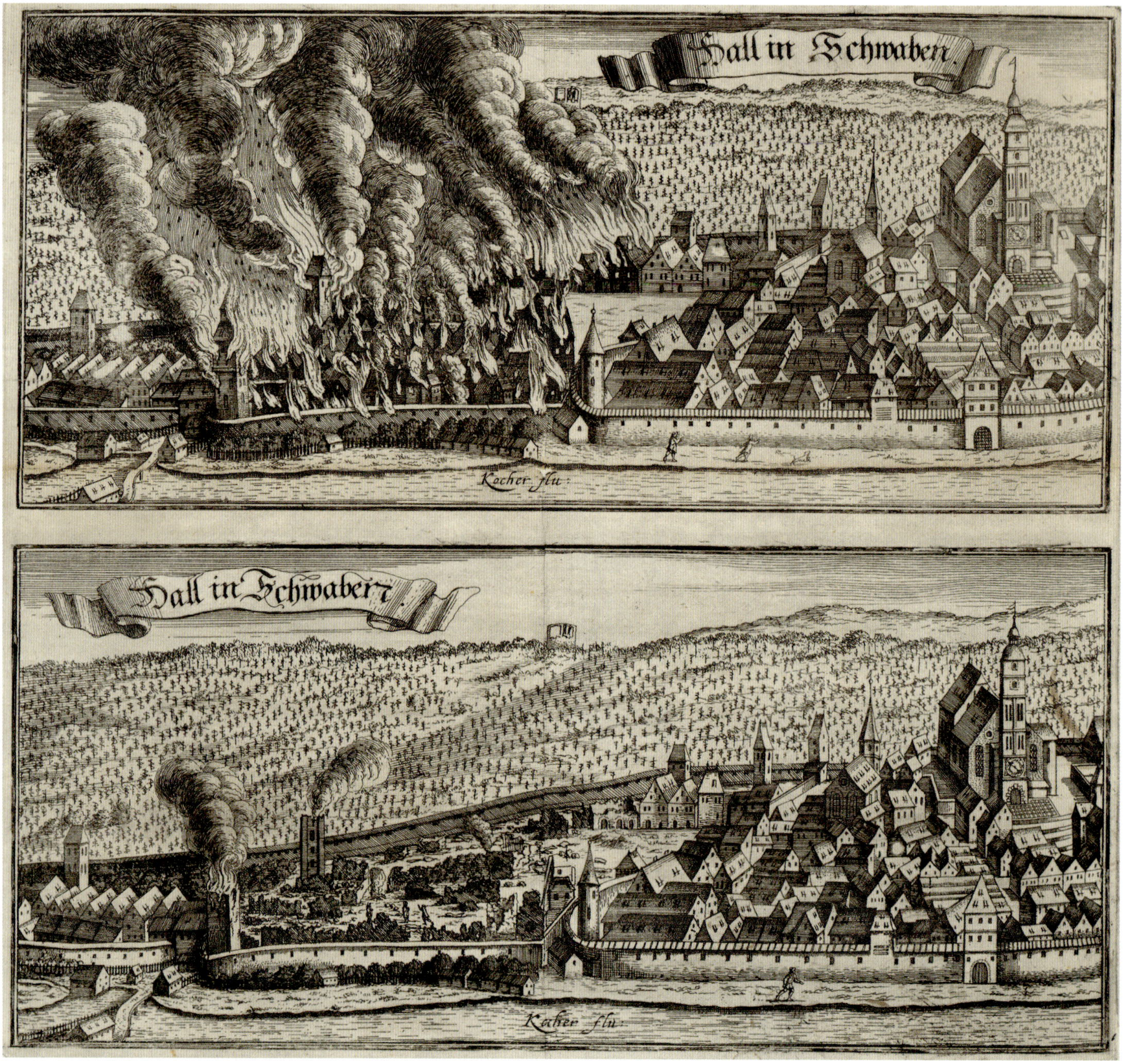

Abb. 81: Brand in Schwäbisch Hall, unbekannter Stecher, o. J., Kupferstich, 29 × 28 cm, WürttHStA Stuttgart, C 3 Bü 5320

Ausübung der Mitvormundschaft für die noch minderjährige Gräfin Carolina Sophia Luisa von Pückler († 1787).[22] Carolinas Vater hatte sich ein weiteres Mal vermählt und die Tochter sah dadurch ihre finanziellen Interessen nicht mehr gebührend berücksichtigt. Ihr Großonkel Graf Friedrich Ludwig von Löwenstein-Wertheim-Virneburg (um 1780) sollte deshalb neben ihrem Vater die Mitvormundschaft übernehmen. Graf Pückler (1740–1811) war damit nicht einverstanden und hinderte Löwenstein daran, das Amt auszuüben. So untersagte er der Beamtenschaft, Löwenstein zu gehorchen und Pflicht zu leisten. Daraufhin klagte Graf Friedrich Ludwig von Löwenstein am Reichskammergericht. In seinem Urteil verbot das Gericht Pückler, Löwenstein an der Mitvormundschaft zu hindern. Außerdem verlangten die Richter von Pückler ein umfängliches Inventar, um die Klage des Mitvormunds über die Benachteiligung von Carolina überprüfen zu können. Der Graf sollte über die Landesanteile, die Steuern und das sonstige bewegliche und unbewegliche Vermögen seiner Tochter Auskunft geben. Zusätzlich forderten die Richter eine Übersicht über die Erträge und Verbindlichkeiten beim Antritt der vormundschaftlichen Verwaltung sowie eine Aufstellung der Schulden und ihrer pünktlichen Abzahlung. Pückler legte dem Gericht schließlich alle geforderten Unterlagen vor. Darunter befand sich auch eine Augenscheinkarte des Kirchberger Waldes, die von dem Architekten Georg Wilhelm Schäfer (um 1779) 1779 verfertigt worden war. Der Wald wird darauf in zwei Sichtweisen dargestellt, um den Betrachter über zwei verschiedene Sachverhalte umfänglich informieren zu können (Abb. 82).

Die Zeichnung Nr. 1 zeigt den Zustand des Waldes, den verschiedenen Grad der Abholzung, die Wegeführung und die Geländeformation. Sie wird die „Beschaffenheit“ genannt und will damit die Qualität des Waldes abbilden. Zeichnung Nr. 2 hält dagegen die genaue Abmessung der einzelnen Waldparzellen fest, ihre Aufteilung und die Berechnung jeder einzelnen Fläche. Bäume sucht man hier vergebens. Hinzugefügt ist ein Transversalmaßstab.[23] Mit seiner Hilfe und unter Nutzung eines Zirkels konnte der Richter selbst mühelos eine präzise Messung auf dem Kartenblatt durchführen. Zu verdanken ist dies insbesondere der Feinteilung des Maßstabes durch transversale Linien. Um eine Entfernung genau messen zu können, brauchte man einen Stechzirkel, wie er relativ häufig in Augenscheinkarten abgebildet ist und immer in Verbindung mit einem Maßstab steht (Abb. 28 und 62). Zur Messung einer Strecke wurden die beiden Zirkelschenkel in die beiden Endpunkte der Strecke eingestochen. Danach wurde die so entstandene Spanne zwischen den Zirkelschenkeln an den Maßstab angelegt. Dies geschah, indem eine Zirkelspitze an einem der senkrechten Teilstriche des Maßstabes angelegt wurde, sodass sich die zweite Zirkelspitze im Feld mit den transversalen Linien befand. Der Zirkel wurde dann auf der senkrechten Linie so verschoben, dass die zweite Spitze in einen der Schnittpunkte zwischen transversalen und waagrechten Linien zu stehen kam. So konnte das Maß abgegriffen werden.

Die Augenscheinkarte ermöglichte dem Richter, mit einem einfachen Instrument die Messungen des Kartenproduzenten zu überprüfen und dann daraus seine Schlüsse zu ziehen. Augenfällig ist, dass in der Ansicht deutlich zwischen dem geographischen Raum mit seinem Flächenmaß und der Qualität des darzustellenden Gegenstandes – hier der mehr oder minder abgeholzte Wald – unterschieden wird. In der Akte finden sich zudem genaue Berechnungen und Tabellen zu dem Baumbestand, dem verkauften Holz und den dadurch erzielten Erträgen. Exakte Vermessung und Qualität des strittigen Objekts wurden also getrennt, da sie unterschiedliche Beweiskategorien bildeten, die jeweils mit einem gesonderten Blick erfasst werden

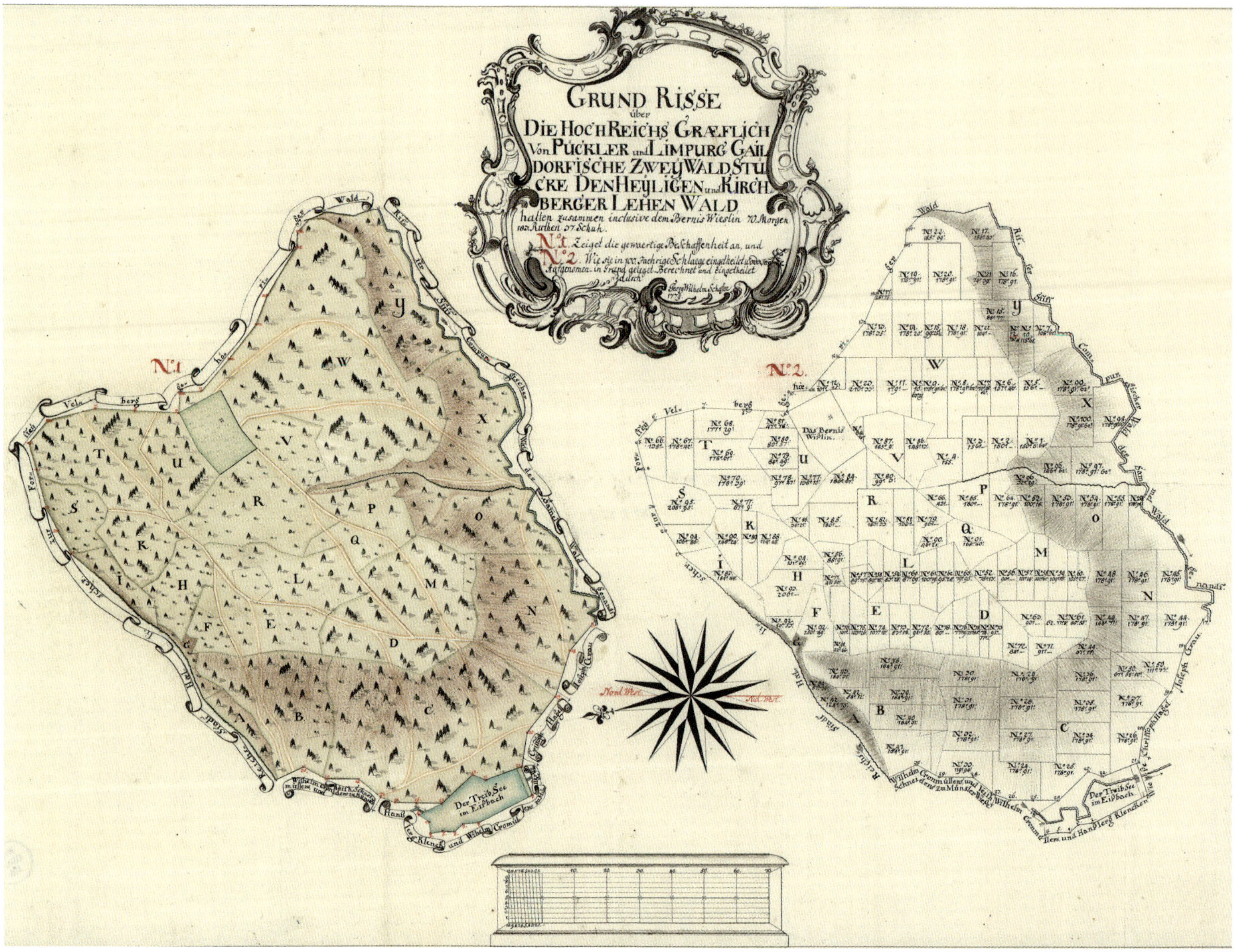

Abb. 82: Pücklerscher Wald, Georg W. Schäfer, 1779, Kupferstich, 42 × 57 cm, BayHStA München, PlSlg 10036

sollten. Bei beiden Kategorien sah man von einer Zeugenaussage ab.

Graf Friedrich Philipp Carl von Pückler sah sich durch die Klage veranlasst, noch einen Schritt weiter zu gehen. Um seine außerordentliche Fürsorge für die Tochter zu beweisen, legte er Pläne eines neu zu bauenden Residenzschlosses in Gaildorf, dem Sitz seiner Mutter und seiner Tochter, bei. Das Wittumsschloss seiner Mutter war nämlich mehr als baufällig. Die Ansicht der Gartenseite des projektierten Schlosses ist besonders prächtig gestaltet. Über einem breiten Sockelgeschoss, das mit Rundfenstern gegliedert ist, erhebt sich ein dreistöckiger, mit 17 Fenstern je Geschoss ausgestatteter Bau. Die Gruppe der mittleren fünf Fenster ist mit Pilastern eingefasst und in der Mittelachse mit Ba-

Abb. 83: Schlossplan der Familie Pückler, Heinrich F. H. Fischer, ca. 1779, kolorierte Federzeichnung, 26 × 38,5 cm, BayHStA München, PlSlg 10038

lustraden versehen. Darüber erhebt sich ein dreifenstriger Dachauszug mit vasenbekröntem Giebel und Pinienzapfen zu seinen Seiten. Das Ganze wird mit einem zweigeschossigen Satteldach mit sechs Schornsteinen komplettiert.[24] Das Schloss wurde letztlich nie errichtet, allein die beabsichtigte dargestellte Qualität des Baues musste dem Gericht genügen (Abb. 83).

Streitigkeiten um Erbschaftsangelegenheiten mit Raumvisualisierungen in Hinsicht auf Qualität bilden im Prozessgeschehen des 18. Jahrhunderts eher die Ausnahme. Wesentlich häufiger sind Zunftstreitigkeiten um die Ausübung eines Gewerks oder die korrekte Fertigung einer Ware. In Lübeck stritt sich das Amt der Hauszimmerleute mit dem Amt der Tischler oder Schreiner um die Vertäfelung einer Wand in dem Privathaus eines Kaufmanns.[25] Die Hauszimmerleute warfen den Tischlern vor, in dem Haus Arbeiten wie die Herstellung von Lamperien und Paneelen durchgeführt zu haben, die eigentlich ihnen vorbehalten seien. Der Streit ist nur einer von vielen in Lübeck mit der gleichen Intention.[26] Grundsätzlich ging es um den Erhalt der Nahrung und ein gutes Auskommen der Handwerker. Entscheidend in unserem Fall aber ist, dass das Amt der Hauszimmerleute den Richtern ein kleines Holzmodell zur Anschauung mitlieferte. Das Modell zeigt die Wandverkleidung mit vorspringenden Pfeilern und vorspringenden oder „verkröpften" Lamperien.

Einen ähnlichen Hintergrund besaßen die Streitigkeiten zwischen dem Frankfurter Bürger Christian Benjamin Rauschner (um 1750), einem aus Naumburg stammenden Stuckateur und Quadraturer, auf der einen Seite und den Geschworenen der Frankfurter Weißbinderinnung auf der anderen. Rauschner klagte vor dem Reichskammergericht gegen das Urteil des Frankfurter Rates, der ihm zwar die Stuckateurarbeiten, aber nicht die Quadraturarbeit, also die Einteilung der zu stuckierenden Fläche, überlassen wollte.[27] Der Akte sind zahlreiche Beispiele von Stuck- und Quadraturarbeiten beigelegt, so z. B. die Abbildung einer Zimmerdecke mit Kreisen und Sternen. Den zentralen Kreis schmückt dabei ein Frankfurter Adler. Das komplizierte Gesamtmuster ist von einer stuckierten Leiste umgeben. Sie wird jeweils mittig an den Längsseiten und in den Ecken von Kartuschen im Rokokostil verziert, zwischen denen sich Felder in Stuckmarmor befinden.[28] Der Streit endete schließlich mit einem Vergleich.[29] Diese und andere Beispiele zeigen deutlich den Konflikt zwischen einzelnen Handwerkern und den Zünften, die sich gerade im 18. Jahrhundert vielen Neuerungen verschlossen, indem sie sich auf die Tradition beriefen.[30] Gleichzeitig weisen auch diese Prozessakten auf neue Argumentationsketten in der Beweisführung hin, die weitgehend auf Zeugenaussagen verzichteten.

Zölle und Steuern spielen in den Augenscheinkarten nun ebenfalls eine andere Rolle. Gestritten wird nicht mehr nur über Zoll- und Steuergrenzen. Neu in der Debatte sind Diskussionen um Standortvor- oder -nachteile. In einem Fall aus Frankfurt sollte eine bestimmte Stadtansicht genau hierzu eine Aussage machen. Im Streit der Fürsten von Löwenstein-Wertheim um die Aufstellung einer Waage an einem geeigneten Ort zur Zeit der Messe legte die Reichsstadt eine besondere Stadtansicht vor. Sie sollte beweisen, dass die Aufstellung einer Waage auf der Höhe des Metzgertores nicht umsatzförderlich sei, da sich dort kaum Menschen aufhielten.[31]

Die wertheimische Partei setzte dagegen auf eine Zeugenaussage, die im Rahmen eines konkreten Messeereignisses das Gegenteil schilderte. Die Evidenz der Augenscheinkarte über die Eigenschaft einer Sache stand nun vollständig gleichberechtigt gegen die Zeugenaussage. Seherfahrungen wurden zu Tatsachen, mit denen sich Beweisketten konstruieren ließen. So hieß es schon bei Rulant: „Erfahrung ist die Meisterin aller Dinge“ und „Kenntnis erwächst aus Erfahrung“ („Experientia magistra omnium rerum“ und „Prudentia nascitur ex experientia“).[32]

Neben der Qualität einer Sache wurden jetzt auch technische Konstruktionen dem Reichskammergericht in visueller Form als Beweismittel präsentiert. In einer Auseinandersetzung zwischen dem Herzog von Mecklenburg und der Hansestadt Lübeck ging es um die Fischereigerechtigkeit im Darsower See und die daraus resultierende Ausbeute. Der klagende Herzog von Mecklenburg bezichtigte die ortsansässigen Fischer illegaler Fangmethoden. So wurde den Fischern vorgeworfen, nachts die Fische gezielt zu blenden und sie dann in spezielle Netze zu treiben, die in der Akte als Garnkörbe und heute als Garnsäcke bezeichnet werden. Um die Schädlichkeit der Garnkörbe zu demonstrieren, wurde 1795 der Akte die Abbildung eines solchen Netzes beigelegt. Damit wird die Raffiniertheit der Vorrichtung offensichtlich, die die Fische gezielt in das Netz leitet. Dort verhindern mehrere Trichtervorrichtungen, dass die Fische sich aus ihrer misslichen Lage wieder befreien können (Abb. 84).[33] Eine zweite Visualisierung zeigt den Darsower See, in dem mit den verbotenen Netzen gefischt worden war.

Die Visualisierung einer ganzen technischen Anlage findet sich im Prozess zwischen Reichsstadt und Stift Kempten. Die Regierung des Hochstifts Kempten beschuldigte den Brunnenmeister der Reichsstadt, das Wasser des Stifts verschmutzt zu haben. Er habe in einen Brunnenkasten, aus dem

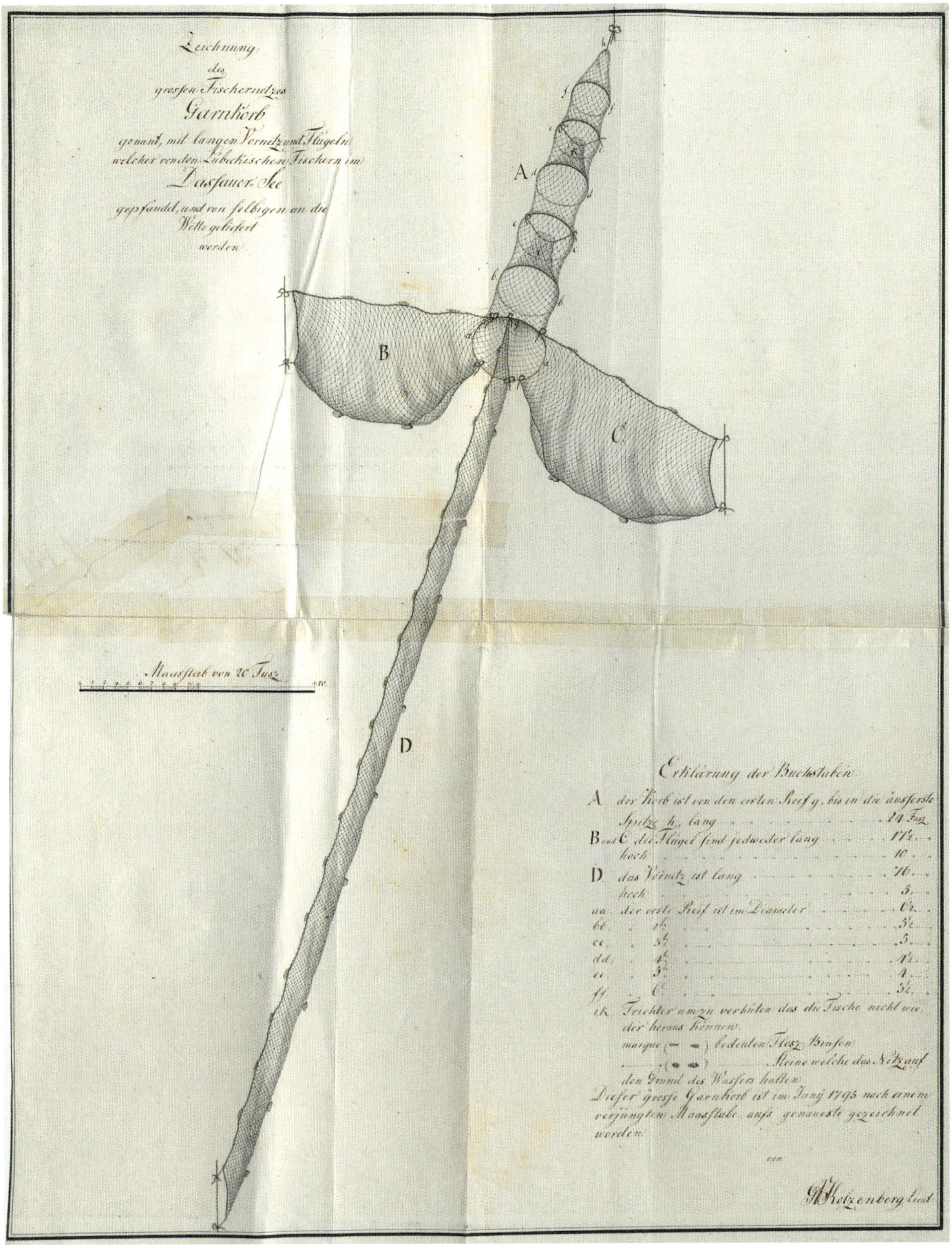

Abb. 84: Fischernetz, unbekannter Maler, ca. 1795, Federzeichnung, ca. 44 × 56 cm, Archiv der Hansestadt Lübeck, RKG M 22, Q 34

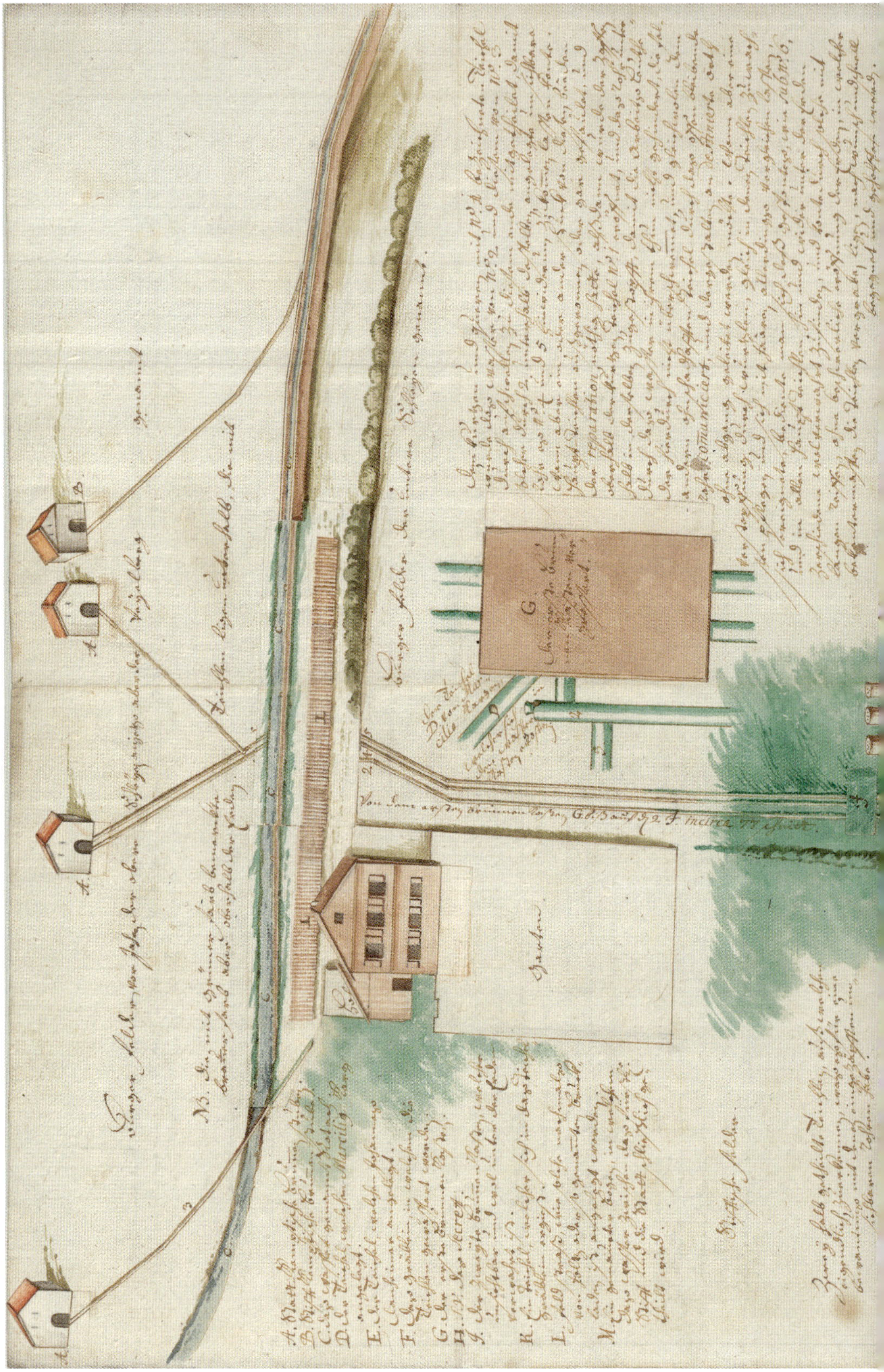

Abb. 85: Die Wasserleitung in Kempten, unbekannter Maler, ca. 1717, kolorierte Federzeichnung, 58 × 43,5 cm, BayHStA München, PlSlg 20413

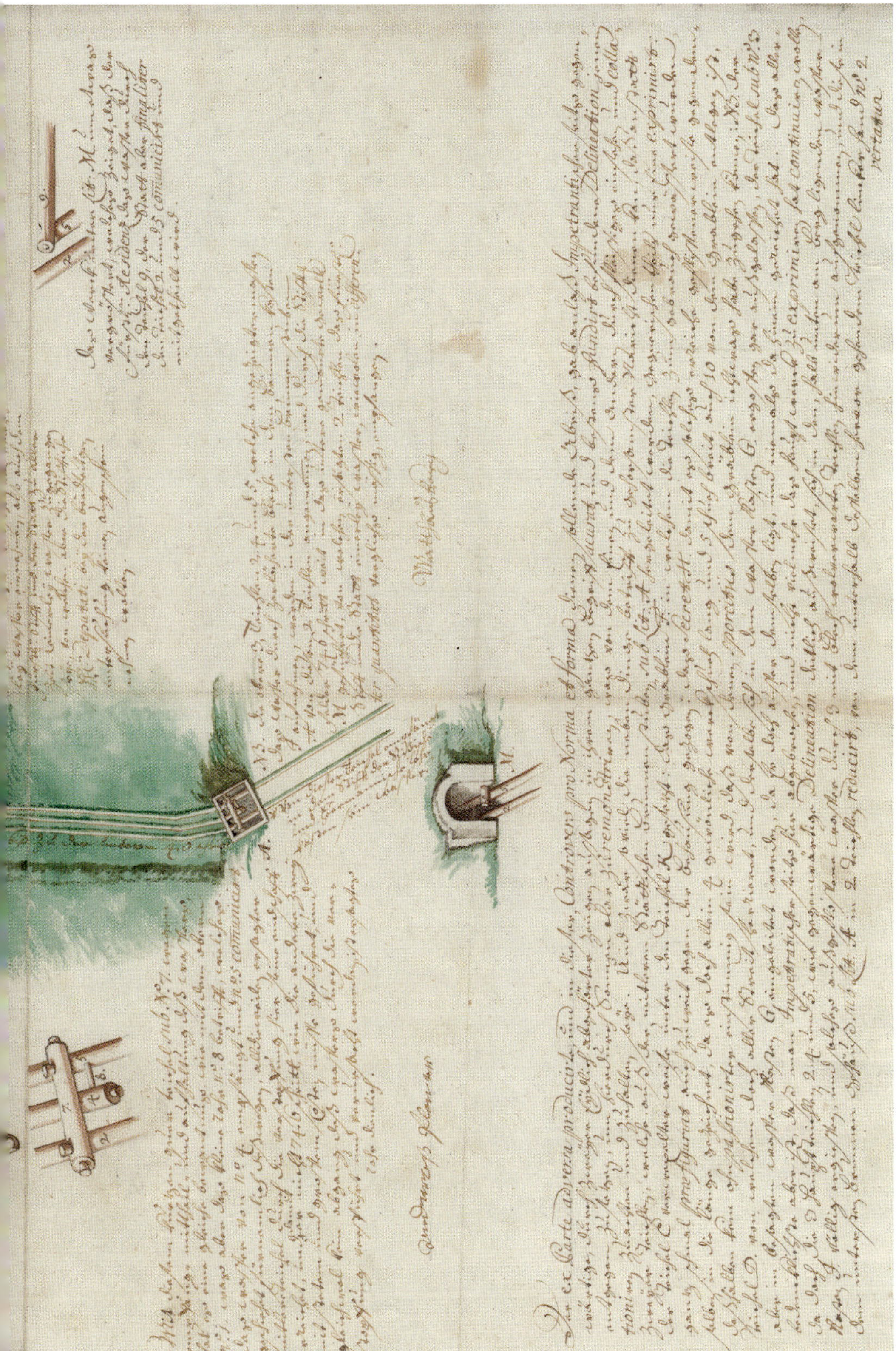

das Stift sein Wasser bezog, mit Latrinenwasser vermischtes Bachwasser eingeleitet.[34] Die Augenscheinkarte schildert die genaue Lage und Konstruktion der Wasserversorgung (Abb. 85).

Der Brunnenkasten, verschiedene Wasserleitungen und ihre Zulaufmöglichkeiten im Gelände sind abgebildet. Im Detail zeigt die kolorierte Zeichnung ganz oben auf dem Blatt vier einfache Häuschen, die als Brunnenstuben bezeichnet werden. Von ihnen gehen hölzerne Rohre ab, die in einen Bach geleitet werden. Unterhalb des Baches befinden sich eine Straße und ein großes zweieinhalbstöckiges Wohnhaus. Daneben verlaufen drei Leitungsrohre, an deren Verlauf zwei Brunnenkästen angebracht sind. Kleinere Zeichnungen greifen die Verbindungen zwischen den drei Wasserrohren, die mit den Ziffern 2, 4 und 5 bezeichnet sind, heraus (Abb. 86).[35]

Diese Vergrößerungen werden durch umfangreiche Texterläuterungen ergänzt. Die Akte enthält zusätzlich eine Spanschachtel mit einem in der Wasserleitung aufgefundenen Büschel verklebter Haare.[36] Die Haare dienten als Beweismittel für den Verschmutzungsgrad des Wassers.

Es zeigt sich, dass die Vielzahl an visuellen Darstellungsmöglichkeiten parallel zur Abnahme der Zeugenaussagen vor Gericht zu explodieren scheint. Funktionalität, Qualität und Augenzeugenschaft werden der exakt gemessenen Karte gegenübergestellt. Die Evidenz der Bilder hat damit eine andere, vielfältigere Aussagekraft erreicht, die den Körper des Zeugen entbehrlich machte. Der körperlose Blick wurde nun zur Norm. Die Entwicklung vom Zeugenbeweis zum Sachbeweis hatte einen entscheidenden Schritt getan. Objektivität im heutigen Sinne war freilich noch nicht zu erwarten. Ihre Entwicklung sollte dem 19. Jahrhundert vorbehalten bleiben[37] und liegt damit außerhalb des zu bearbeitenden Untersuchungszeitraums.

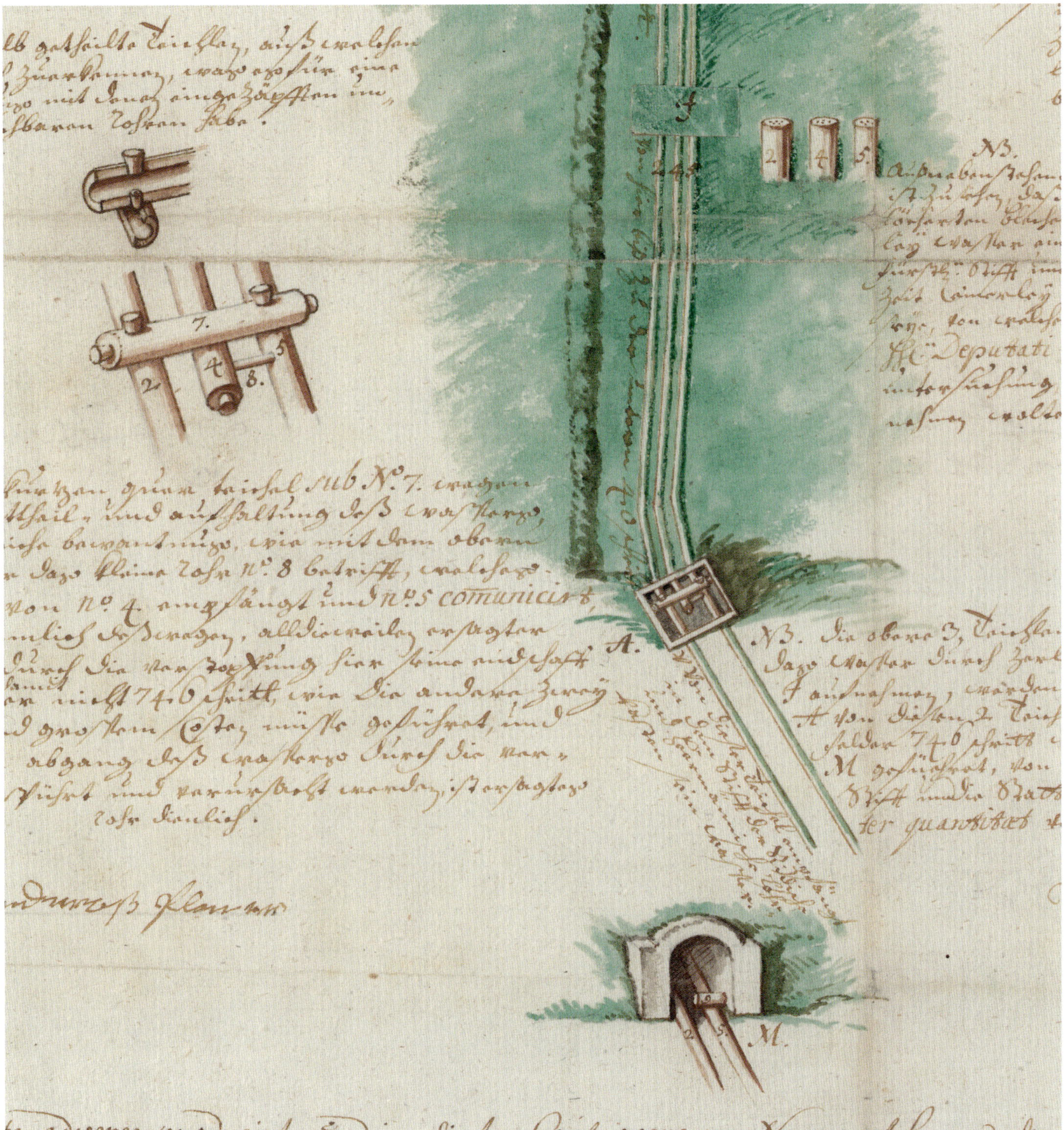

Abb. 86: Detail der Wasserleitung in Kempten, unbekannter Maler, ca. 1717, kolorierte Federzeichnung, 58 × 43,5 cm, BayHStA München, PlSlg 20413

VIII. Zusammenfassung und Fazit

Vorliegendes Buch handelt von Augenscheinkarten, die als Übersetzung der subjektiven Wahrnehmung von Prozessparteien am Reichskammergericht in ein visuelles Medium definiert werden. Sie stellen in ihrer Funktionalität als Beweismittel eine eigene Bild- und Quellengattung dar und wurden bis jetzt in ihrer Gesamtheit nicht erforscht. Da in den Quellen für diese Bildgattung kein einheitliches Wort existiert, wurde zum Analysebegriff „Augenscheinkarten“ gegriffen. Er soll deutlich machen, dass Karte und Augenzeugenschaft immer in enger Verbindung miteinander stehen. Er leitet sich von der in den Quellen benutzten Bezeichnung „Augenschein“ ab und soll die zwei zeitgenössischen Bedeutungen von „Augenschein“ deutlich machen: zum einen die Inaugenscheinnahme selbst, zum anderen die Fixierung der Handlung auf einem Medium. Augenscheinkarten beschreiben sowohl den geographischen als auch – in Form von Wappen und Genealogien – den sozialen Raum.[1]

Als Quelle sind Augenscheinkarten für die Forscher nicht leicht zugänglich. Sie sind tief in den Magazinen der Archive vergraben und sogar nur einem kleinen Teil der Reichskammergerichtsforschung bekannt. Hinzu kommt, dass – wenigstens in der Frühzeit – Text und Prozessakte eine Einheit bilden, sodass gilt: Ohne Text kein Verständnis der Karte und ohne Karte kein Verständnis des Textes. Die Kunstgeschichte hat aus all diesen Gründen diese Bildgattung ebenfalls kaum wahrgenommen und die historische Kartographie besitzt nicht die Analyseinstrumente, um sich mit ihr überhaupt zu beschäftigen. Diesen misslichen Zustand will das vorliegende Buch ändern.

Hierzu wurden von den heute bekannten rund 2000 Augenscheinkarten 200 Beweiskarten aus dem ganzen ehemaligen Gebiet des Heiligen Römischen Reiches ausgewertet. Als wichtigste Textquelle kam das Werk von Rutger Rulant über die Kommissionen am Reichskammergericht hinzu. Rulant berichtet ausführlich über Kommissionen und ihre Durchführung. Auch die Eignung der Kommissare wird diskutiert. Ganze Kapitel widmen sich Malern und Geometern und ihren Aufgaben. Gleichzeitig analysiert Rulant ihr Produkt und erklärt, inwiefern er den Augenscheinkarten Beweiskraft zuspricht.

Während vor der Verkündung des Jüngsten Reichsabschiedes 1654 und der Abschaffung des Artikelprozesses Kommissionen aufwendige Unterfangen mit zahlreichen Zeugen, Prozessparteien, Kommissaren, Malern und weiteren Personen waren, änderte sich dies in der zweiten Hälfte des 17. Jahrhunderts. Die Bestellung von Kommissaren wurden jetzt nicht mehr allein durch die Parteien ausgehandelt. Vielmehr geschah ihre Ernennung nun in den öffentlichen Sitzungen des Gerichts. Auch der Charakter der Kommissionen änderte sich. Große Zeugenbefragungen kamen immer seltener vor, Fachgutachtern wurde der Vorzug gegeben. Das hatte auch Auswirkungen auf die Augenscheinkartenherstellung: Maler wurden immer mehr von Feldmessern abgelöst. Es fand eine technisch-praktische Professionalisierung im Sinne einer Angleichung von Vermessungspraktiken in den Territorien statt und damit auch eine Verengung des Berufsfeldes zum Ingenieur und Feldmesser.

Die Funktion der Augenscheinkarte als Beweismittel erforderte in verschiedenen Jahrhunderten je nach Darstellungsgegenstand unterschiedliche Formen der Visualisierung, die eng an die Auffassung der Evidenz gekoppelt waren. Entscheidend war bei den frühen Augenscheinkarten, dass die Augenscheinlichkeit Wirklichkeits- und Darstellungsprinzip gleichsetzte. Das brachte eine spezielle Bildsprache wie den „wandernden" oder „sich drehenden Blick" mit sich. Der Betrachter musste sich dazu gedanklich in die Landschaft begeben und sich darin bewegen. Er wurde ein Teil der Inszenierung.

Daneben gab es für die Maler/Geographen die Möglichkeit, mithilfe des kartographischen Zeichensystems – also mit Messung und Mathematik – den wandernden Blick durch einen starren körperlosen Blick zu ersetzen. Der Beobachter oder Betrachter befand sich nun außerhalb des Bildes. Entfernungen wurden jederzeit und überall nachprüfbar und somit allgemein gültig. Dabei gab es viele Mischformen, denn auch Augenscheinkarten mit dem wandernden Blick versuchten Messungen zu integrieren. Es bestand eine Differenz zwischen der Darstellung von Augenscheinlichkeit und Messung, die es aufzulösen galt.

Im Laufe des 18. Jahrhunderts löste sich dieses Spannungsverhältnis, indem man Augenzeugenschaft in verschiedene Visualisierungsformen aufspaltete. Ereignisse, Räume und Eigenschaften von Dingen mussten jetzt getrennt dargestellt werden. Die Grundlagen für die Dokumentation von Ereignissen und für die Fotografie waren gelegt. Technische Konstruktionszeichnungen, Architekturzeichnungen und andere Arten der visuellen Beschreibung von Dingen und Qualitäten kamen nun in den Akten vor. Neue Argumentationstechniken entstanden: So konnten etwa visualisierte historische Ereignisse – wie der Bauernkrieg – zum Argument für Adeligkeit werden.

Augenscheinkarten bildeten in Form von Genealogien und Wappen, oft auch in Kombination, den sozialen Raum ab. Beide besaßen bereits im 16. Jahrhundert formelhaften Charakter, sodass es sich um standardisierte Darstellungen handelte, die schnell zu einer empirievermittelnden Disziplin ähnlich der Geographie wurden. Wappen und Genealogien boten mithin eine sichere Basis für hermeneutisches Arbeiten. Bei Wappen war die genaue topographische Verortung der Wappenschilde für die Beweisführung häufig entscheidend. Für den frühneuzeitlichen Menschen konnten über das Wappenbild und die Anbringung des Schildes Aussagen über hoheitliche Rechte getroffen werden. Besonders einschlägig wurde dies im Fall Oettingen gegen den Deutschen Orden gezeigt. Durch die Wappen und ihre Anbringung in der Schlosskirche sollte bewiesen werden, dass der Deutsche Orden den Grafen von Oettingen untertan und damit steuerpflichtig war. Die mehrfache Funktionalität von Genealogien mit ihren Wappen wird hierdurch sichtbar. Sie dokumentierten nicht nur männliche und weibliche Ahnenfolge, sondern bewiesen auch Herkunft und Rang in der ständischen Gesellschaft.

Augenscheinkarten waren ursprünglich ein teures, exklusives und vor allem auch geheimes Nischenprodukt, was eng mit der Produktionsweise, den Produzenten und den Auftraggebern zusammenhing, die vorwiegend zur geistlichen und weltlichen Elite des Reiches zählten. Denn nur hochadelige Auftraggeber und das Reichksammergerichtspersonal als juristische Funktionselite konnten sich diese Form der Visualisierung leisten bzw. hatten überhaupt Zugang zu ihr.

Da Richter im Reichskammergerichtsverfahren größtmögliche Urteilsfreiheit besaßen, mussten die Prokuratoren oder Anwälte ein vielfältiges Angebot an Rechtsanwendungen beibringen. Das schlug sich auch auf die Gestaltung der Augenscheinkarten nieder. Dies wird besonders für die Phase des Experimentierens mit Optik in den 1530er-Jahren in vielfältiger Weise deutlich. Richter, meist adeliger Herkunft, setzten sich mit optischen Phänomenen auseinander und erkannten klar die Möglichkeiten und Gefahren des optischen Experiments. Denn gerade die Augenscheinkarten des 16. Jahrhunderts nötigten den Betrachter dazu, verschieden Standorte und Standpunkte einzunehmen – ein Prinzip, das die Juristen durch ihre Rechtsanwendungsmethoden nur zu gut kannten.

Schließlich zeigte es sich im Laufe des 16. Jahrhunderts, dass die Juristen sich selbst intensiv mit Mathematik und Kartographie beschäftigten und durch Verwandte und Bekannte an vorderster Front der Diskussion über optische Phänomene und ihre Vermessung standen. Hier sei nochmals beispielhaft auf die enge Verwandtschaft des Kartographen Philipp Apian mit Richtern des Reichskammergerichts hingewiesen.

Ein Blick auf die Geschichte des Sehens, der Mathematik und der Optik bestätigt zudem, dass Sehen ein kultureller Prozess und eine erlernbare Technik ist, die laufenden Veränderungen unterworfen ist.[2] Das damit verbundene optische und mathematische Wissen ist von den Medien geprägt, die den Menschen zur Verfügung stehen. Sehen wird damit zu einer Eigenschaft, die auch soziale und rechtliche Praktiken beeinflusst.

Eng mit den Augenscheinkarten verbunden ist die Diskussion über Evidenz, Tatsache und Beweis. Das zeigt sich besonders deutlich in den Schriften von Rutger Rulant. So leitet sich der Begriff Evidenz von „evidere", herausscheinen, ab. In Bezug auf die Augenscheinkarte ist das entscheidende Element die Augenscheinlichkeit in Form einer performativen Augenzeugenschaft. Augenscheinkarten sind visualisierte Evidenz, die als Beweis diente. Sie sind deshalb über ihre Funktion als Beweismittel in einem rechtlichen Verfahren eine wichtige Quelle, um Rationalitäten beschreiben zu können. Die Handhabung des Blicks in den Augenscheinkarten ist hierzu der Schlüssel. Er weist den Weg zu unserer heutigen Auffassung von Objektivität, die unbeeinflusst von äußeren Bedingungen sein soll. Juristen als Akteure auf den unterschiedlichsten Ebenen waren in diesem Prozess nicht nur Profiteure eines naturwissenschaftlichen Verständnisses der Welt, sondern auch Mitgestalter, indem sie sich über den optischen Diskurs daran beteiligten. Evidenz, Tatsache und Beweis wurden so auch im rechtlichen Kontext definiert. Hier konnten sich Codes von Unparteilichkeit entwickeln. Es zeigte sich auch, dass über die Diskussion der verschiedenen Handhabungen des Blicks in den Augenscheinkarten eine direkte Linie vom Zeugenbeweis zum Sachbeweis gezogen werden kann.

Die unterschiedlichen Formen der performativen Augenzeugenschaft gewinnen heute wieder an Aktualität. Neue Technologien wie Google Street View, Augmented Reality oder Metaverse begünstigen diesen alten, nun wieder aktuellen Blick. Wir werden in das Bild geführt und so zum Bestandteil des Bildes. Die Kartographie wird dagegen immer mehr zu einer Geheimwissenschaft, da das analoge Kartenlesen nicht mehr gefragt und praktiziert wird. Der körperlose Blick hat ausgedient. Es ist deshalb zu fragen, ob dieses aktuelle Phänomen auch Einfluss auf unsere heutigen Anschauungen über Objektivität, Tatsache und Beweis besitzt. Sind der Blick und das Auge vielleicht der Schlüssel zum allgemeinen Wissenschaftsverständnis?

Das Buch kann und will diese Frage nicht beantworten, denn es ist historisch und hat nicht die Aufgabe, Gegenwartsanalysen zu betreiben und Zukunftsprognosen zu stellen. Es soll aber dazu auffordern, darüber nachzudenken, wie sehr vermeintlich sicher geglaubte Errungenschaften der Wissenschaft Ergebnisse rechtlicher und kultureller Praktiken sind.

IX. Anmerkungen

I. Einleitung

[1] Kranz 2004, 116 ff.
[2] BayHStA, RKG 228/I–II.
[3] Ausst.-Kat. München 1998, 138.
[4] Ebd.
[5] BayHStA RKG 228/I–II.
[6] Es handelt sich um eine Art Anwalt.
[7] BayHStA PlSlg 2602, Krausen 1973, Nr. 22.
[8] Ebd.
[9] Siehe BayHStA PlSlg 2603a, 2603b, Krausen 1973, Nr. 21.
[10] BayHStA PlSlg 2601, Prozessakte BayHStA, Reichskammergericht 228/I–II.
[11] BayHStA PlSlg 2602.
[12] BayHStA PlSlg 2603a und 2603b; Krausen erwähnt nur eine Karte, Krausen 1973, Nr. 21.
[13] Leidel 1998, 140.
[14] Ebd.
[15] Ebd. Siehe auch BayHStA RKG 228, I, Q 34 f. 18v.
[16] BayHStA RKG 228, I, Spezialprotokoll 23. November 1565.
[17] Ebd.
[18] Daston/Galison 2007.

II. Grundlagen

[1] WürttStA Stuttgart C 3, Bü 5405.
[2] WürttStA Stuttgart C 3, Bü 5403 (Karte).
[3] „Augenschein". https://drw-www.adw.uni-heidelberg.de/drw-cgi/zeige?index=lemmata&term=augenschein zuletzt eingesehen am 23. Januar 2022.
[4] Ebd.
[5] Grimmsches Wörterbuch Bd. 1, Spalte 810.
[6] Ebd., Spalte 811.
[7] Zitiert nach Dolz 2014, 73.
[8] Marx 2014, 49.
[9] Wolf 1997, 52 f.
[10] Neumann will diesen Begriff nur für handgezeichnete topographische Karten anwenden. Das geht aber nicht weit genug, weil dadurch die Funktionalität von Visualisierungen im rechtlichen Zusammenhang nicht genügend gewürdigt wird. Neumann 2002, 166.
[11] HessStA Marburg PII 16189.
[12] Dick 1981, 171.
[13] Ebd., allgemein zum Beweisverfahren 164 ff. und zum Augenschein 172 f.
[14] Für eine Auswahl an Literatur siehe Baumann 2020, 88 Fußnote 11. Siehe auch Timpener 2022, 1, Fußnoten 3 und 4 sowie Bohl 1989, Bolland 1974, Breyvogel 1999, Bull-Reichenmiller 1994, Hadry 2020, Hermel/Meister/Recker 2004, Hillmann 1999, Hörner 2018, Horst 2014, Horst 2012, Horst 2009, Karg 2000, Kiefer 2009, Kirmse 1962, Leidel 2006a, Leidel 2006b, Miedel 1978, Prange 1963, Recker 2004a, Recker 2004b, Recker 2003, Recker 2001, Rutz 2020.
[15] Ausst.-Kat. München 2006, 15.
[16] Siehe z. B. Evelien Timpener, In Augenschein genommen. Hessische Lokal- und Regionalkartographie in Text und Bild (1500–1575), Berlin/Boston 2022.
[17] Ausst.-Kat. München 2006, 15.
[18] Baumann 2001, 1.
[19] Ebd., 1 f.
[20] Hausmann 1995, 37–44, Friedrich 2013, 220 f.
[21] Baumann 2001, 3.
[22] Auswertung u. a. in Baumann 2018.
[23] Baumann 2001, 5.
[24] Erste Ergebnisse und Bericht: Puccio 2019.
[25] Schildt 2010.
[26] Auskunft von Dr. Andreas Kucera, Mainzer Akademie der Wissenschaften. Gespräch Januar 2021. Die Datenbank kann über den Würzburger Lehrstuhl Prof. Anja Amend-Traut heruntergeladen werden.
[27] Evelien Timpener hat sich dieses Problems angenommen, Timpener 2022.
[28] Aktuelle Forschungen dazu Timpener 2022.
[29] Z. B. im HessStA Darmstadt.
[30] LASA Wernigerode A 53 Lit. R Nr. 67 I–X.
[31] Heck 2002a, 85 ff.

III. Praktiken der Beweismittelherstellung und -verwaltung

[1] BA Berlin-Lichterfelde, AR 1/I Voten und Relationen Juni 1714.
[2] LASA Wernigerode A 53 Lit R Nr. 67 I–X.
[3] BA Berlin-Lichterfelde, AR 1/I Voten und Relationen Juni 1714; Rulant 1597, Teil II, Buch 3, Kapitel 15 Lit C.
[4] Auch „Tractatus de commissariis et commissionibus Camerae imperialis", zweiteilige Ausgabe Frankfurt 1597. 1599 wurde zudem ein „Formularium" gedruckt, eine vierteilige Ausgabe Frankfurt 1604, und eine Ausgabe Frankfurt 1617 enthält Tractatus und Formularteil. Weber weist bereits 2001 auf die Bedeutung Rutger Rulants und seines Werkes hin. Er schreibt: „Er ist auch heute noch für den Reichsgerichtsforscher zum Verständnis der Rotuli, Augenscheinskarten u. ä. wie für das ganze praktische kamerale Beweisrecht nützlich". Weber 2001, 88, Fußnote 11.
[5] Fahnenberg 1792, 64.
[6] Beneke, 1970, 634. Eine neue Biographie fehlt.
[7] Rulant 1597.
[8] Rulant 1597, Teil I, Buch 1, Kapitel 4.
[9] Ebd., Kapitel 14, 20, 22, 27, 26.
[10] Ebd., Kapitel 2, 6, 7.
[11] Ebd., Kapitel 5.
[12] BayHStA PlSlg 10778.
[13] Baumann 2019a, 11.
[14] Landwehr 2006, 53.
[15] Rulant 1597 Teil II, Buch 6.
[16] Oestmann 2002, 163.
[17] Oestmann 2005, 313–314 und Oestmann 2002, 154, 163 f., 205–214. Siehe auch Baumann 2020, 90.
[18] Oestmann 2002, 154.
[19] Timpener 2019, 209 ff.
[20] Baumann 2020, 89 f.
[21] Weber 2002, 205.
[22] Rulant 1597, Teil I, Buch 1, Kapitel 6, Randziffer 5 „Commissarius pro qualitate causarum doctior aut doctissimus ordinandus". Siehe Weber 2001, 88 Fußnote 14.
[23] Weber 2002, 219.
[24] Ebd., 206.
[25] Ebd., 217.
[26] Ebd., 219.
[27] Ebd., 222.
[28] Weber 2001, 87.
[29] BayHStA RKG Nr. 90/I–XIV, siehe auch PlSlg 10699.
[30] Die Unterschrift ist stark verblasst und nur noch auf dem Original erkennbar.
[31] BayHStA RKG Nr. 5728.
[32] BayHStA RKG Nr. 1330/I–II, Nr. 319.
[33] Baumann/Oestmann/Wendehorst/Westphal 2003.
[34] Fuchs 2001, 144.
[35] Rulant 1597, Teil I, Buch 5, Kapitel 3. Weber 2002, 233.
[36] BayStA Amberg, Regierung Amberg Beziehung zu Bayreuth 781 Tomus II, Nr. 76, 102).
[37] Weber 2002, 236.
[38] Fuchs 2001, 144.
[39] Z. B. Fuchs 2001, Bähr 2012.
[40] „Ocularis inspectio et evidentia facti idem est", Rulant 1597, Teil I, Buch 3, Kapitel 1.
[41] Rulant 1597, Teil I, Buch 3, Kapitel 17.
[42] Ebd., Kapitel 10.
[43] Rulant 1597, Teil II, Buch 3, Kapitel 4.
[44] Z. B. HessStA Marburg 255, B 151.
[45] GLA KA 71, Nr. 3430, SprPr 2. Oktober 1589.
[46] Archiwum Państwowe w Szczecinie, Sąd Kameralny Rzeszy sygn. 912.
[47] Archiwum Państwowe w Szczecinie, Sąd Kameralny Rzeszy sygn. 912, SpPr 5. April 1576.
[48] Archiwum Państwowe w Szczecinie, Sąd Kameralny Rzeszy sygn. 912, Q 21 f. 107.
[49] Ebd., f. 119.
[50] Suttor 2019, 85. Dort befinden sich auch die entsprechenden Abbildungen.
[51] Zur Audienz ausführlich Baumann 2018, 73.
[52] HessStA Marburg 255, F 24.
[53] HessStA Marburg 255, F 24, 29. August 1732.
[54] HessStA Marburg 255, F 24.
[55] ISG Frankfurt/Main RKG ProzessNr. 159, AktenNr. 303, SpPr 20. Dezember 1702.
[56] LA NRW – Abtlg. Rheinland – AA 0627 Reichskammergericht Nr. 4124.
[57] In der Fachsprache „Archen".
[58] LA NRW – Abtlg. Rheinland – AA 0627 Reichskammergericht Nr. 4124, SpPr 15. Mai 1772.
[59] Rulant 1597, Teil II, Buch 3, Kapitel 10.
[60] Ebd., Teil I, Buch 4, Kapitel 21.
[61] Ebd., Teil I, Buch 4, Kapitel 21.
[62] BayHStA RKG Nr. 5083, PlSlg. 21479.
[63] Miedel 1978, 358.

[64] BayHStA RKG, Nr. 5083, Kommissionsrotulus, 05. November 1610 unpaginiert.
[65] Ebd.
[66] LHA Schwerin 2.12 – 4/2 Lehnswesen, Specialia Glasow, Nr. 26 f. 37v ff.
[67] Oehme/Zögner 1989, 15.
[68] LHA Schwerin 2.12 – 4/2 Lehnswesen, Specialia Glasow, Nr. 26. f. 277v–278r. Die Augenscheinkarte ist nicht mehr vorhanden.
[69] BayHStA RKG Nr. 622/1, Kiefer 2009, 38, siehe auch Baumann 2020, 98 f.
[70] Kiefer 2009, 38 f.
[71] BayHStA RKG Nr. 622/1, Prod. vom 07. Oktober 1584, f. 269v und f. 273r ff.
[72] Ebd., f. 275r.
[73] Rulant 1597, Teil I, Buch 4, Kapitel 2.
[74] „Daß Ihr in dieser Sachen, darumb ihr erfordert, so viel ihr aus Erfahrung eurer Kunst erlernet, und mit eueren Leiblichen Sinnen erkünden möget, niemand zu Leib noch zu Leid, weder umb Neid, Haß, Mied, gunst oder Gaab, sondern allein der Gerechtigkeit zu Förderung, gegenwärtige Contrafactur, wie ihr sie erfindet, oder diejenige Orth, so in berührter Sachen streitig und specificirt, wie dieselbe eigentlich beschaffen, euch vorgetragen und befunden werden, abmahlen wollet, ohn alle Gefährde." Johann Jacob Schmauß, Corpus Juris Publici, 3. Aufl. Frankfurt/Leipzig 1735, 613.
[75] Siehe auch Recker 2001, 165.
[76] Zu Eiden siehe auch Hermel/Meister/Recker 2004, 183 f.
[77] BayHStA PlSlg 10705, 1612 Collenbergischer Jagdbezirk, Baumann 2019a, 14.
[78] AHL RKG S 8, Q 26, 590 f. „Ich Jacob Seigerla schwöre hiemit einen lieblichen eidt zu Gott im Himmel, daß in dieser zwischen dem fürstl. Hause NiederSachßen und der Kayserl. und des Heyl Reichs Stadt Lübeck streitigen undt im hochpreißlichen kayserlichen Kammergerichte zu Speyer rechthangiger Sachen, dem eingrieff bey klein Grönow betreffendt, den abrieß der dazu gehörigen örther, Felder, Heide und Acker, mit den gräntzen und scheiden dergestalt wie Sie mihr angewiesen, und ich Sie dem augenschein nach befunden, auch dafür das sich alles im Grunde oder wahrheit, wie es vor augenlieget, und ichs darnach abgerißen, auch nach dem maßstab abgemeßen, also verhalte, geachtet und verstanden, auffrichtig, getrewlich und gantz ohnparteilich, sondern einigen Special respect und ansehen, der einen oder anderen litigirenden Parteyen verfertiget und aufgesetzet und das ich auch die bey der besichtigung erinnerende mängel besten fleißes endern, und also richtig dem Herren Kayserl. Commissariis den abrieß einliefern wolle, daß er keinem Theile der Wahrheit zu wiederen, praejudiciren und nachtheilig sein solle, so wahr mihr Gott helffe durch Jesum Christum."
[79] AHL RKG, Nr. S 10, HessStA Marburg 255, Nr. F 24.
[80] HessStA Marburg 255, Nr. F 24, f. 134v f.
[81] Baumann 2006, 89.
[82] Hadry 2020, 70.
[83] Rutz 2020, 15 f.
[84] Grieb 2007, 1083.
[85] BayHStA PlSlg 10720 und RKG 1239/I–XV, Krausen 1973, Nr. 51.
[86] „an einem yeden Ort zu dem anderen … dimensionaliter secundum longitudine et latitudinem in ain Tabl oder Mappa bringt". BayHStA RKG 1239/I–XV. Q 108, f. 102r.
[87] Ausst.-Kat. Nürnberg 2000, 306.
[88] Grieb 2007, 1083.
[89] BayHSta PlSlg 10313, RKG Nr. 510 und Krausen 1973, Nr. 386.
[90] Gebhardt 2007, 168.
[91] Zu Braun siehe auch Rutz 2020, 34 f.
[92] BayHStA PlSlg 10401 und 10402, RKG 12934/I–II, Krausen 1973, Nr. 111 und Nr. 112 sowie Baumann 2022b.
[93] Siehe Baumann 2022b.
[94] Grieb 2007, 1213. Doosry 2014, 119.
[95] BayHStA RKG Nr. 4376/I–II.
[96] BayHStA RKG Nr. 9257 und PlSlg 10329, Krausen 1973, Nr. 138.
[97] Grieb 2007, 925. Siehe BayHStA Nr. 956, Nr. 14.
[98] Siehe Kapitel „Beweiskommissionen: Berufung, Zusammensetzung", hier unter „Ortstermine".
[99] Ausst.-Kat. Wetzlar 2014, 58 f. BayHStA PlSlg 1450.
[100] Brod 1968, 49 f.
[101] Siehe BayHStA PlSlg 2645 und RKG 605/I–XIII, Krausen 1973, Nr. 62 sowie PlSlg 2643 und RKG 565/I–II, Krausen 1973, Nr. 116. Mannsbart 2020, 44–47, dort auch die Abbildung des strittigen Ortes Gersfeld.
[102] BayHStA PlSlg 9172 und RKG 2437/I–II, Krausen 1973, Nr. 114.

[103] BayHStA PlSlg 10336 und RKG Nr. 10941, Krausen 1973, Nr. 130, siehe auch Brod 1968, 50.
[104] Brod 1968, 50.
[105] Hadry 2020, 84 ff.
[106] Ebd., 54.
[107] Ebd., 74.
[108] 1574 Stain gegen Schertlin von Burtenbach BayHStA RKG 2695/I–III, Karte fehlt. Ohne Datum: Fugger gegen Augsburg BayHStA RKG 316, Karte fehlt. 1579: Pfalz-Neuburg gegen Württemberg BayHStA RKG Nr. 10187/I–II, PlSlg 10331, Krausen 1973, Nr. 91. 1594: Thalheim gegen Pappenheim BayHStA RKG Nr. 2382/I–II, PlSlg 9764, Krausen 1973, Nr. 199. Ohne Datum: Pfalz-Neuburg gegen Württemberg WStA Stuttgart C 3 Bü 3286, Karte fehlt. Ohne Datum: Eichstätt gegen Pappenheim BayHStA RKG Nr. 536, PlSlg 10711 Krausen 1973, Nr. 10711. 1579: Boineburg gegen Oettingen-Wallerstein BayHStA Nr. 1486/I–X, Karte fehlt.
[109] Zitiert nach Ausst.-Kat. München 2006, 134.
[110] Hadry 2020, 79 f.
[111] WürttStA Stuttgart C 3 Bü 2048 und StA Sigmaringen Fürstliches Archiv Dep. 39 K 1. Es handelt sich hier um ein Fragment der Karte im Staatsarchiv Württemberg. Siehe auch Weber 2001, Hadry 2020, 81.
[112] Hadry 2020, 80. Es handelt sich um die Karte des oberen Donaugebiets bei Riedlingen von 1589.
[113] Ebd., 79.
[114] Insgesamt ist er in drei Prozessen nachweisbar. Die Karte von 1606 fehlt. Siehe hierzu die Akte Pfalz-Neuburg gegen Pfalz 1606, BayHStA RKG 14837. Weitere Karten: 1612 Wolfstein gegen Pfalz-Sulzbach Bay HStA RKG Nr. 14079. Die Karte befindet sich noch in der Akte, siehe Q 31 zwischen f. 74v und 75r. 1613: Pfalz-Neuburg gegen Bischof von Eichstätt BayHStA 14842/I–II, PlSlg 21227.
[115] Hadry 2020, 92.
[116] Ebd.
[117] Bull-Reichenmiller 1996, 18 f., Siehe auch Bull-Reichenmiller 1994.
[118] Bull-Reichenmiller 1996, 10 f.
[119] WürttHStA Stuttgart C 3 Bü 1048.
[120] Bull-Reichenmiller 1996, 80.
[121] Weber 2020, 40 f. WürttHStA Stuttgart C 3 Bü 5403 und BayHStA München PlSlg 21479 im Streit Hohenlohe gegen Würzburg RKG 14734. Eine Zweitausfertigung der Karte befindet sich in Bad Homburg.
[122] Ausst.-Kat. München 1998, 14. BayHStA PlSlg 10718. Der dazugehörige Kommissionsrotulus ist nicht vollständig Siehe BayHStA RKG 274/I–II. Krausen 1973, Nr. 93.
[123] www.khm.at/de/object/3430095c57/ zuletzt eingesehen am 08. Dezember 2021.
[124] Einschlägig hierzu Büttner 2000, Alpers 1998, Ausst.-Kat. München 2014.
[125] Karg 2000, 161. Zur Familie Rieder auch: Ausst.-Kat. Karlsruhe 1986, 192, 943 f., 969.
[126] Meurer 2010, Band 24, 638 f.
[127] Fischer 1996, 22.
[128] Ebd.
[129] Ebd., 34.
[130] LA Speyer E6 Nr. 3142.
[131] Xenakis 2020, 137.
[132] Baumann/Kemper 2016, Baumann 2018.
[133] Warmbrunn informiert umfangreich über das Gesamtschaffen von Besserer. Warmbrunn 2014 und Warmbrunn 2007.
[134] BayHStA RKG 2142/I–II, PlSlg 9204.
[135] Ebd.
[136] BayHStA RKG Nr. 14896.
[137] GLA KA 71, Nr. 49, PlSlg H-e-9.
[138] Bessererkarten siehe Warmbrunn 2007.
[139] LA Speyer Best. W 2 vorl. Nr. 1/BayHStA PlSlg 1759.
[140] StA Würzburg Mainzer Risse und Pläne 104. Siehe auch Ausst.-Kat. Wetzlar 2014. Karte der Rieder Mark, 76 f., Rothmann 2020, 54 f.
[141] HessHStA Marburg P II 15867.
[142] Es handelt sich um eine sogenannte Haingeraide, Baumann 2022b.
[143] Weber 2005a, 44.
[144] Brod 1968, 52.
[145] BayStA Würzburg PlSlg I/277.
[146] Speyer E6 Nr. 3256, 2241, 2799, 2252.
[147] Siehe GLA KA 71 Nr. 2799.
[148] StA Speyer E6 Nr. 2252, Beweisrodel mit Malereid Bl. 51 ff. und 143 ff.
[149] StAHH RKG H 193/1–2.
[150] Ausst.-Kat. München 1989, 73.
[151] Recker 2004a, 34 und 36, Timpener 2019, 209 ff.
[152] Wolf 1989, 73, Timpener 2019, 202 f., Timpener 2022, 172, 176.
[153] Rothmann 2020, 31–40.
[154] Reitemeier 2020, 62.

[155] Ebd., 63.
[156] Härter 2020, 128 f.
[157] Engel 1982, 165. Rutz 2018, 298 nennt ein Bestallungsdatum von 1581.
[158] Timpener 2022, 62 f.
[159] Horst 2012a, 94.
[160] LA NRW – Abtlg. Westfalen W 51, Kartenslg. A Nr. 566, 1572.
[161] LA NRW – Abtlg. Westfalen W 52, Kartenslg. A Nr. 19916, 1996, 1581.
[162] Rutz 2018, 298.
[163] Horst 2012, 95. Kirmse erwähnt eine Episode, in der auch der Vater von Arnold Mercator, Gerhard Mercator, als Kartograph für den Herzog von Jülich im Streit mit dem Kurfürstentum Köln tätig war. Köln wurde dabei mit der Unzulänglichkeit seines eigenen Malers konfrontiert. Spuren dieser Episode haben sich nicht in Reichskammergerichtsakten erhalten. Kirmse 1962. Die Augenscheinkarte hat sich ebenfalls nicht erhalten.
[164] Ausst.-Kat. Münster 1996, Band I, 374.
[165] Oehme/Zögner 1989, 7.
[166] Ebd., 9.
[167] Ebd., 13.
[168] Ebd., 15.
[169] LA Speyer E6 Nr. 2425 Q 30, PlSlg 10369.
[170] Fischer/Bencard/Rasmussen 2009, Bd. 1, 76.
[171] Ebd., 72 und 75.
[172] Ebd., 91.
[173] Ebd., 65.
[174] https://www.hamburg.de/geschichte/4740/die-elbkarte-des-melchior-lorichs-von-1567/. Eine vollständige Abbildung siehe auch: https://de.wikipedia.org/wiki/Elbkarte zuletzt eingesehen am 15. Juli 2019.
[175] Abbildung Bolland 1974, 36.
[176] Hillmann 1999, 450 und Prange 1963, 20.
[177] Rutz 2018, 308.
[178] Wenz-Haubfleisch 2020, 158.
[179] Ebd.
[180] Ebd., 164.
[181] Ebd., 146.
[182] Ebd.
[183] HessStA Marburg 255 F 27 als Anhang zu Q 9.
[184] BayHStA RKG Nr. 1560 und PlSlg 10052.
[185] Wenz-Haubfleisch 2020, 160.
[186] Hauck 1953, 300.
[187] Teilabbildung Rutz 2019, 58.
[188] Rutz 2019, 55.
[189] Ebd., 58.
[190] Ebd.
[191] Hauck 1953, 317.
[192] BayHStA Plslg 3778.
[193] BayHStA PlSlg 979.
[194] Siehe BayHStA RKG 686.
[195] GLA KA 71 Nr. 3793 Gemeinde Jöhlingen gegen Bruchsal und Domkapitel zu Speyer gegen Markgraf von Baden 2822.
[196] Hausmann 1995, 33 f.
[197] Siehe LA Speyer gegen Dudenhofen und Stadt Speyer gegen Bischof von Speyer. LA Speyer E 6, Nr. 20, 3123.
[198] Rasche 2016, 123 und Fußnote 14.
[199] HessStA Marburg Reichskammergericht 255 T 63 Plan f. 106 = Q 25. Siehe auch HessStA Marburg 255 H 130a, Q 75 oder BayHStA PlSlg 10051.
[200] Baumann 2013, 281–310.
[201] StAHH Plankammer 281–9.
[202] Heinz 2002, 37.
[203] Siehe BayHStA Reichskammergericht Nr. 2556/I–II, HessStA Marburg 255 P II 16189, Stuttgart C 3 Nr. 5267 und Nr. 5270 sowie IStG Frankfurt RKG Prozessnr 1100, AktenNr. 1668–1669.
[204] BayHStA KSlg 354.
[205] Ausst.-Kat. Nürnberg 2000, 318.
[206] Jordan 2009, 35.
[207] Greve 2009, 73.
[208] Ebd., 74.
[209] Ebd., 83.
[210] Baumann 2021.
[211] AHL RKG M 22 Q 53 f. 181r.
[212] Rutz 2019, 55.
[213] WürttHStA Stuttgart C 3 Bü 822 Nr. 20.
[214] GLA KA Plansammlung J-B Wertheim 2.
[215] Heinrich Brückner, BayHSTA PlSlg 10295, RKG 4567/I–IX und Krausen 1973, Nr. 181.
[216] Schneider 2012, 69.
[217] Ebd., 70.
[218] Abbildung Messzirkel siehe Einband des Aufsatzbandes von Marx-Jaskulsky/Wenz-Haubfleisch 2020.
[219] Schneider 2012, 70.
[220] Abbildung Messkette siehe Marx-Jaskulsky/Haub-Wenzfleich 2020, 315.
[221] LASA Wernigerode A 53 R 67 I–X, Q 270.

[222] Ebd.
[223] Ebd.
[224] Schneider 2012, 68.
[225] BayHStA PlSlg 21412 und RKG Nr. 14694.
[226] Ausst.-Kat. München 2006, 262 f.
[227] BayHStA RKG Nr. 10164, Nr. 39, f. 46v und 47r.
[228] GLA KA 71, Nr. 827, Q 22 f. 108r f. Baumann 2020, 92 f.
[229] BayStA Amberg, Regierung Amberg – Beziehungen zu Bayreuth 781 Tomus II 206r f. Siehe auch BayHStA RKG Nr. 14839/I–II Kommissionsrotulus vom 05. Oktober 1603 f. 110v.
[230] Oehme 1982, 3 f.
[231] Erstmals erschienen 1670.
[232] Oettinger 1670, Widmung.
[233] Ebd.
[234] Ebd.
[235] Oettinger 1670, Buch I, Kapitel 15.
[236] Ebd.
[237] Ebd.
[238] Ebd.
[239] BayHStA PlSlg 10718 und RKG Nr. 274/I–II und Krausen 1973, Nr. 93.
[240] Rasche 2016, 122 ff.
[241] LA Speyer E 6 Nr. 1826 und Baumann 2018, 175 f.
[242] So Peter Dorisy: BayHStA PlSlg 10718 und RKG Nr. 274/I–II und Krausen 1973, Nr. 93.
[243] Unbekannter Maler BayHStA PlSlg 10719 sowie RKG 17377 und 8353, Krausen 1973, Nr. 565.
[244] Z. B. BayHStA PlSlg 10319 und RKG 5515.
[245] Rutz 2018, 131.
[246] Siehe Karte Hospinus WürttStA Stuttgart C 3 Bü Nr. 5403, die Akte hat die gleiche Signatur.
[247] Timpener 2022, 33–39.
[248] Rutz 2018, 135 f.
[249] Härter 2020, 128.
[250] Ebd., 112.
[251] WürttStA Stuttgart C 3 Bü Nr. 359. Die Signatur von Karte und Akte sind identisch.
[252] LA NRW Rheinland AA 627 Nr. 991, Bd. I, fol. 121, Buchstabe A und B und f. 124v.
[253] Z. B. Mecklenburgisches Staatsarchiv Kartenslg 12.11–1/2 Sign 335/1, 335/2 und 336/1, 336/2. Ausst.-Kat. Wetzlar 1994, 264.
[254] Zeugenrotuli sind umfangreiche Bände, die Zeugenaussagen enthalten.
[255] HessStA Marburg 255, Nr. A 16a Aremberg gegen Fulda, 25. Januar 1678, Q 67a.
[256] „extrajudicialiter" bedeutet außerhalb eines Verfahrens.
[257] Die Autorin selbst kam in diesen Genuss.
[258] HessStA Marburg,255, Nr. A 16a Aremberg gegen Fulda, 27. Februar 1678.
[259] HessStA Marburg 255, Nr. A 16a Aremberg gegen Fulda, 21. Juni 1678.
[260] GLA KA 71, Nr. 3560, 08. März 1605.
[261] BayHSTA RKG, Nr. 228 I–II, 18. Dezember 1551.
[262] BayHSTA RKG, Nr. 228 I–II, 18. Januar 1552.
[263] BayHSTA RKG, Nr. 228 I–II, 02. September 1554.
[264] Signaturen der beiden Karten BAyHSTA PlSlg 2601 und 2602.
[265] BA Berlin Lichterfelde A1, Misc. 452.
[266] BA Berlin Lichterfelde A1, Misc. 452.
[267] BayHStA PlSlg 9623.
[268] Baumann 2016b.
[269] LA NRW – Abtlg. Westfalen F 001 B 687, SprPr 20. August 1720. Der Rotulus war am 13. Juni 1616 eingereicht worden.
[270] Friedrich 2013, 186.
[271] Hausmann 1995, 41.
[272] Ebd.
[273] Ebd., 38.
[274] Recker 2004a, 18.
[275] Timpener 2022, 126 ff.
[276] Morsel 1998, 317.
[277] Spieß 2021, 16.
[278] Teuscher 2011, 98.
[279] Harding 2008, 97.
[280] Teuscher 2011, 87.
[281] Ebd., 94.
[282] Ebd., 97.
[283] Ebd., 92.
[284] Bauer 2011, 128.
[285] Ebd., 136.
[286] Heck 2002a, 56.
[287] Zitiert nach Spieß 2021, 18.
[288] Bauer 2011, 149.
[289] Heck 2002a, 40.
[290] Ebd., 68.
[291] Spieß 2018, 5.
[292] Heck 2002a, 58.
[293] Ebd., 63.

[294] Ebd., 66.
[295] Ebd., 79.
[296] Jäger-Sunstenau 1985, 531.
[297] Ebd.
[298] Ebd., 532.
[299] ÖStA HHStA Wien, Reichskanzlei-Reichstaxbücher 1.
[300] ÖStA HHStA Wien, MEA Reichskanzlei und Taxamt 1.
[301] Jäger-Sunstenau 1985, 533.
[302] ÖStA HHStA Wien Verfassungsakten. Reichshofkanzlei 55.
[303] Siehe LASA Magdeburg/Wernigerode, A 53 Lit S Nr. 199, Q 9 und BayStA RKG 905, Q 69.
[304] Harding 2011, 144.
[305] Heck 2002a, 51.
[306] BayHStA RKG Nr. 799/I–II, Q 19.
[307] Ebd., Q 165 § 16.
[308] Ebd., Q 165 § 16.
[309] Ebd., Q 165 § 17.
[310] HessStA Marburg 255 A 16a, Q 194.
[311] HessStA Marburg 255 L 43.
[312] Ebd., SpPr v. 26. August 1785.
[313] Ebd., Q 8.
[314] Ebd., Q 2, f. 179r–v.
[315] Ebd., Q 2, f. 180r, im Original unterstrichen.
[316] Ebd. Siehe auch Hess StA Marburg 255 L 43, Q 9 Lit. G.
[317] HessStA Marburg 255 L 43, Q 2 § 9, f. 180v. Siehe hierzu auch den Auftrag von Landgraf Constantin von Hessen-Rheinfels-Rotenburg, der 180 Jahre später befahl, diese Wappen in Nachzeichnungen festzuhalten. Der Prokurator bezieht sich nicht auf dieses Wappenbuch, das gerade im Entstehen war und nie vollendet wurde. Arndt/Hedwig 2009, 134 f.
[318] Ebd., im Original unterstrichen.
[319] Arndt 1991, 99.
[320] Archives de l'État à Liège, Chambre impériale 2135, Q 1.
[321] Ebd.
[322] Ebd., Q 13.
[323] Ebd., Q 14.
[324] Arndt 1991, 100.
[325] Ebd.
[326] Archives de l'État à Liège, Chambre impériale 2135, Q 14, 46 f. und 57 f.
[327] Ebd., 76 ff.
[328] Ebd., 94 und 99 ff.
[329] AHL RKG Q 14, 102.
[330] Ebd., 117.
[331] Meys 2009, 21.
[332] LA NRW – Abtlg. Rheinland AA 0627 Nr. 3858.
[333] Allod bedeutet rechter Besitz des ganzen Erbgutes. Stievermann 2021, 110.
[334] LA NRW – Abtlg. Rheinland AA 0627 Nr. 3858, Q 147, in Q 269, Q 339.
[335] Allgemein Ausst.-Kat. Nürnberg 2019.
[336] LA NRW – Abtlg. Rheinland AA0627 Nr. 3858, Q 269, Lit EE.
[337] LA NRW – Abtlg. Rheinland AA0627 Nr. 3858 Augenscheinkarte in Q 269.
[338] LA NRW – Abtlg. Rheinland AA0627 Nr. 3858 Q 269, 23. Juni 1700.
[339] BayHStA RKG 12755.
[340] Meys 2009, 21.
[341] BayHStA RKG 12755, Q 18 f. 114v.
[342] Ebd., f. 113r ff.
[343] Ebd., f. 115r.
[344] Ebd., f. 116r.
[345] Ebd., f. 117v. Die Wappen selbst sind auf f. 117r. abgebildet.
[346] Ebd.
[347] Ebd., f. 118v.
[348] Ebd., f. 119v.
[349] BayHStA RKG 12755 ursprünglich Q 18 f. 122r, jetzt herausgenommen und in PlSlg 20402.
[350] BayHStA PlSlg 20402.
[351] Seitter 1985, 14.
[352] GLA KA 71, Nr. 3430, Q 25 und Q 26, 20. Oktober 1589.
[353] Ebd., Q 15, 20. Oktober 1589, unfoliert.
[354] Ebd.
[355] Ebd.
[356] Ebd.
[357] Ebd.
[358] Literatur siehe z. B. Johann Georg Estor, Practische Anleitung zur Ahnenprobe. Marburg 1750.
[359] Rack 1988, 29 ff.
[360] Siehe Lotman 1990.

IV. Darstellungsformen von Augenscheinkarten

[1] Michalsky 2007, 324.
[2] Leidel 2005, 267.
[3] Köhnen 2009, 14.
[4] Ebd., 29 und Schürmann 2006, 89.
[5] Füssel 2015.
[6] Hattendorff 2016, 67.
[7] Ebd., 68.
[8] Im Sinne von Abschätzen, aber auch von konkretem Vermessen mit optischen Geräten.
[9] Leidel 2005, 267. In anderem Zusammenhang auch Hattendorff 2016, 2020.
[10] Friedrich 2008, 318. Für die Sattelzeit Hattendorff 2016, 2020.
[11] Prinz 2014, 36.
[12] Da Costa Kaufmann 1998, 187. Siehe auch den Buchtitel von Horst Bredekamp: Galileis denkende Hand. Form und Forschung um 1600. Berlin/München/Boston 2015.
[13] Büttner 2000, 73.
[14] Ebd., 9; siehe auch Alpers 1998, 219.
[15] Büttner 2000, 54.
[16] Ebd.
[17] Büttner 2000, 74 ff.
[18] Michalsky 2002, 437 f.
[19] Ebd., 439 f.
[20] Ebd., 324.
[21] Schäffner 1997, 67.
[22] Belting 2012, 97.
[23] Michalsky 2007, 324.
[24] Schoch 2014, 35.
[25] Landwehr 2006, 50.
[26] Rulant 1597, Teil I, Buch 3, Kapitel 21.
[27] BayHSta PlSlg 10295 und RKG 4567/I–II. Siehe auch Krausen 1973, Nr. 181.
[28] Ausst.-Kat. München 2006, 104.
[29] Ebd., 106.
[30] Ebd.
[31] HStA PlSlg 9623 und RKG Nr. 1581 und Krausen 1973, Nr. 143.
[32] Baumann 2022b.
[33] Ebd.
[34] Es handelt sich dabei um einen Routenplaner für die Freizeitgestaltung, etwa für Wanderungen oder Fahrradtouren.
[35] Doosry 2014, 114 f.
[36] Ebd., 116.
[37] Ebd., 119.
[38] Rutz 2018, 141.
[39] Doosry 2014, 123.
[40] Ebd.
[41] Ausst.-Kat. Sigmaringen/Rottweil 2012, 258.
[42] Ausst.-Kat. München 2006, 84 und BayHStA PlSlg 10406 und RKG 12921 sowie Krausen 1973, Nr. 66.
[43] Ausst.-Kat. München 2006, 84.
[44] BayHStA PlSlg 9972a und RKG 1313/I–II, Krausen 1973, Nr. 15. Die zweite Karte PlSlg 9972 zeigt die gleiche Situation. Hier wird die Fahrrinne den Flößern zum Verhängnis.
[45] Karg 1992, 165 und 159 f.
[46] Allgemeine Darstellung von Wassernutzung im Streit, siehe Weber 2020.
[47] WürttHStA Stuttgart C 3 Bü 4736.
[48] BayHStA PlSlg 9983 und PlSlg 21407 sowie GLA KA PlSlg H Buch am Ahorn 1/3.
[49] Siehe auch das Kapitel „Die Herstellung von Augenscheinkarten".
[50] Ausst.-Kat. München 2006, 101.
[51] Ausst.-Kat. Wetzlar 2014, 60 ff.
[52] Ebd., 66 f. HessStA Marburg Karten P II Nr. 14867. Jüngst Berger/Hynek/Maresch/Rothmann/Schmieder u. a. 2020, 42 mit weiteren Details.
[53] WürttHStA Stuttgart C 3 Bü 822 Nr. 23. Die Akte hat die gleiche Signatur.
[54] Trümper 2017, 338.
[55] GLA KA 71, Nr. 3388. Der Plan befindet sich in der Akte.
[56] Ebd., Q 3 f. 2r.
[57] Ebd., Q 3.
[58] LA NRW – Abtlg. Rheinland AA0627, Nr. 5183 Plan.
[59] LA NRW – Abtlg. Rheinland AA0627 Nr. 5183 Q 23 f. 77r.
[60] Belting 2012, 97.
[61] Rulant 1597, Teil I, Buch 3, Kapitel 21.
[62] Ebd., Kapitel 20.
[63] Ebd.
[64] Ausst.-Kat. Heidelberg 1986, Textband, 130 f.
[65] Schlottmann/Wintzer 2019, 55.
[66] Hadry 2020.
[67] Ausst.-Kat. München 2006, 130.
[68] Ebd., 137.
[69] WürttHStA Stuttgart C 3 Bü 1048, Nr. 1.

[70] Bull-Reichenmiller 1996, 80 f.
[71] WürttHStA Stuttgart C 3 Bü 1048, Nr. 1.
[72] Graessner 2007, 298.
[73] Ebd., 303.
[74] LA NRW – Abtlg. Westfalen F 001 M 1137, Q 5.
[75] Die Mercatorprojektion ist eine Zylinderprojektion, die dazu dient, eine winkeltreue Abbildung der Erdoberfläche zu erreichen. Dabei wird die Zylinderachse mit der Erdachse gleichgesetzt.
[76] LA NRW – Abtlg. Westfalen F 001 W 148.
[77] Ebd., Bd. 3, f. 358v.
[78] Ebd.
[79] Ebd.
[80] BayHStA RKG Nr. 228 I/II, Q 32, f. 23r ff., siehe auch Einleitung.
[81] Leonhard 2006, 21.
[82] Ebd., 26.
[83] Ausst.-Kat. München 2006, 133.
[84] Prinz 2014, 208.
[85] Belting 2012, 25.
[86] Ebd., 35.
[87] Köhnen 2009, 117.
[88] Behrisch 2006 a, 15.
[89] Schlottmann/Wintzer 2019, 350.
[90] Carl 2014, 483–505, Roth 2014, 505–509.
[91] Baumann 2018, 245 f.
[92] BayHStA PlSlg 10703 und RKG 14876 sowie Krausen 1973, Nr. 458.
[93] Stollberg-Rilinger 2015, 31.
[94] Baumann 2001, 99 f., Ranieri 1985, 242.
[95] Baumann 2001, 100.
[96] LA NRW – Abtlg. Rheinland AA0627 RKG Nr. 4278.
[97] Ebd., Zeugenrotulus vom 15. November 1574, f. 134r.
[98] Ebd., Karte liegt der Akte bei und besitzt keine Quadrangel.
[99] Siehe hierzu den Sammelband von Siekmann 2019b.
[100] Dierkes 2019a, 115.
[101] Detailierte Beschreibung sämtlicher Straßenzüge und Häuser Siekmann 2019a, 33–74.
[102] Gräf 2019, 141.
[103] Siekmann 2019a, 81.
[104] Ebd., 82–84.
[105] Ebd., 84.
[106] Ebd., 93.
[107] Ebd.
[108] Siekmann 2019.
[109] Gräf 2019, 143.
[110] WürttHStA Stuttgart C 3, Bü 1476.
[111] urn:nbn:de:bvb:22-dtl-0000001838 zuletzt eingesehen am 24. Januar 2022.
[112] BayHStA RKG Nr. 14538, Q 51.
[113] BayHStA RKG Nr. 14538 und PlSlg 10449.
[114] BayHStA RKG Nr. 14538, SpPr. 04. Dezember 1615.
[115] Bauer 2011, 148.
[116] Ebd., 124.
[117] Ebd., 126.
[118] Ebd., 128.
[119] Archives de l'État à Liège, Chambre impériale 2274.
[120] Baumann 2006.
[121] Siehe hierzu allgemein Baumann 2006.
[122] Rutz 2018, 127.
[123] Ebd., 128.
[124] Lotman 1990, 290–296.
[125] Oettinger 1670, 388 f.
[126] Ausst.-Kat. Karlsruhe 1986, 52 f. bzw. GLA KA 71 Nr. 3694.
[127] GLA KA 71 Nr. 3694.
[128] Ebd., Q 281 unfoliert.
[129] GLAKA PlSlg H-Ettlingen 4. Die Augenscheinkarte wurde der Prozessakte GLAKA 71 Nr. 3694 entnommen.
[130] GLA KA 71 Nr. 3694, Q 281 unfoliert.
[131] GLA KA 71 Nr. 1270, Plan: H Schwarzach 15.
[132] Ebd.
[133] Siehe Bolland 1974 und Heck 2002a, 265 f. https://www.hamburg.de/geschichte/4740/die-elbkarte-des-melchior-lorichs-von-1567/. Eine vollständige Abbildung siehe auch: https://de.wikipedia.org/wiki/Elbkarte zuletzt eingesehen am 15. Juli 2019.
[134] Abbildung Bolland 1974, 22–23 und Rutz 2018 Tafel 1.
[135] https://www.hamburg.de/geschichte/4740/die-elbkarte-des-melchior-lorichs-von-1567/. Eine vollständige Abbildung siehe auch: https://de.wikipedia.org/wiki/Elbkarte zuletzt eingesehen am 15. Juli 2019.
[136] Heck 2002a, 266.
[137] Fischer/Bencard/Rasmussen 2009.
[138] Bolland 1974, 27.
[139] Ebd.
[140] Ebd., 12.
[141] Heck 2002a, 266.

[142] GLA KA PlSlg H/Zell am Harmersbach 4. Signatur der dazugehörigen Akte: GLA KA 71 Nr. 3560 1–3.
[143] Ebenda. Die dazugehörige Akte: GLA KA 71 Nr. 3560.
[144] GLA KA PLSlg H Steinmauern 4.
[145] GLA KA 71 Nr. 2289, 1–2 und PlSlg H Steinmauern 4.
[146] Bei dem strittigen Fall gab es bereits zwei schlechte Karten, Besserer wurde deshalb beauftragt, eine dritte zu malen.
[147] Baumann 2022b.

V. Augenscheinkarten und ihre Funktion

[1] Bei Hospin geschieht ebendies durch Nennung der Namen und Malen des Wappens. Siehe unter „Grundlagen“ das Kapitel „Augenscheinkarten: Visualisierung von Raum als neue Bild- und Quellengattung“.
[2] Füssl 1991, 118f.
[3] Ebd., 112.
[4] Hausmann 1994, 222.
[5] Siehe z. B. Weber 2008, 89–122.
[6] Siehe Kapitel „Der sich drehende Blick“.
[7] Siehe „Einleitung“.
[8] Siehe Kapitel „Der statische oder körperlose Blick“.
[9] Meurer 1570.
[10] Baumann 2016a, Kern 1994, Mantel 1984.
[11] Weber 2020, 184.
[12] Horst 2009, 80f.
[13] LA NRW Rheinland AA 627, Nr. 3692.
[14] Ebd., Q 11 und Q 12.
[15] LA NRW Rheinland AA 627, Nr. 3749.
[16] Siehe Kapitel „Praktiken der Wissensgenerierung von Wappen und Genealogien“.
[17] Baumann 2013.
[18] StAHH RKG W 32, Q 26 und Q 63.
[19] Kaltwasser 2000, 455.
[20] Ebenda, 458.
[21] ISG Frankfurt/Main RKG Prozessakte 570 AktenNr. 968, Q 71.
[22] Baumann 2000, 550.
[23] Ebd., 552ff.
[24] Ausnahme: Georg Ludwig Meckel von Hembsbach (1721–1789). Jahns 2011/2003, 2. Teil, 331ff.
[25] Ausführlich Jahns im Kapitel „Die Besetzung der Assessorate“. Jahns 2011/2003, 1. Teil, 168ff.
[26] Oestmann 2002, 172.
[27] Ebd., 177.
[28] Ebd.
[29] Ebd.
[30] Ebd., 409.
[31] Ebd., 452.
[32] Oestmann 2002, 48f.
[33] Aust.-Kat. München 1998, 140.
[34] BayHSTA RKG 228, I, Q 34, f. 18v.
[35] Recker 2004a, 24.
[36] Ebd., 25.
[37] Zitiert nach Recker 2004a, 25.
[38] Recker 2004a, 28.
[39] Ebd., 24.
[40] Schürmann 2006, 124.
[41] AHL RKG W 40.
[42] AHL W 40, Q 29, 1.
[43] Ebd.
[44] Ebd.
[45] Ebd.
[46] Baumann 2015, 2018.
[47] BA Berlin-Lichterfelde AR Voten und Relationen AR 1/17, 1714 erster Senat f. 83r ff. 28. Juni 1714.
[48] Ebd.
[49] Ebd., f. 140r. 22. November 1714.
[50] Ebd., f. 83r ff. 28. Juni 1714.
[51] BA Berlin-Lichterfelde AR Voten und Relationen AR 1/I 390, f. 59r ff. 21. April 1804.
[52] Ebd.
[53] Ausst.-Kat. Nürnberg1998, 8.
[54] Baumann 2018, 19–21, 66f., 89, 104, 109–111, 132, 155, 161. Eine Biographie von Wilhelm Werner von Zimmern wäre wünschenswert.
[55] Baumann 2011, 387.
[56] Ausst.-Kat. Nürnberg 1998, 10.
[57] Ausst.-Kat. Meßkirch/Rottweil 2012, 269.
[58] Ausst.-Kat. Nürnberg 1998, 7.
[59] Ausst.-Kat. Meßkirch/Rottweil 2012, 268.
[60] Ausst.-Kat. Nürnberg1998, 22.
[61] Ausst.-Kat. Meßkirch/Rottweil 2012, 269.
[62] Ausst.-Kat. Nürnberg 1998, 39.
[63] Schürmann 2006, 129f.
[64] Ausst.-Kat. Nürnberg 1998, 39.
[65] Ebd.

[66] Ebd., 8.
[67] Ebd.
[68] Ebd.
[69] Siehe hierzu den Aufsatz von Hans Belting: Wappen und Porträt: Zwei Medien des Körpers. In: Hans Belting, Bildanthropologie, 4. Aufl. München 2011, 115–142.
[70] Abbildung Ausst.-Kat. Meßkirch/Rottweil 2012, Bihrer 2012, 113.
[71] Baumann 2018, 66 f.
[72] Zitiert nach Lechtermann 2016, 203.
[73] Lechtermann 2016, 212.
[74] Roll 1996, 396.
[75] Wegele 1889, 299–301.
[76] Füssl 1991, 106.
[77] Ebd.
[78] Ebd., 109.
[79] Ebd., 110.
[80] Hoppe 2014, 256.
[81] Baumann 2016b, 270 f.
[82] Ebd.
[83] Horst 2012, 76.
[84] Baumann 2011, 381 f.
[85] Bérard 2014, 314.
[86] Ebd.
[87] Büttner 2000, 92 f.
[88] Baumann 2018, 176 und LA Speyer E 6 Nr. 1826.
[89] Schürmann 2006, 20.

VI. Von der Erfindung der Landschaft zur Vermessung der Welt?

[1] Belting 2012, 230.
[2] Ebd., 229.
[3] Ebd., 230.
[4] Ebd., 232.
[5] Ebd., 229 f.
[6] Reinhard 2018, 215 f. Dort auch eine Abbildung.
[7] Büttner 2007, 264.
[8] Siehe den aktuellen populärwissenschaftlichen Titel: De Padova, Thomas, Alles wird Zahl. Wie sich die Mathematik in der Renaissance neu erfand. München 2021.
[9] Jütte 2000, 73.
[10] Ebd., 76.
[11] Ebd., 77.
[12] Büttner 2007, 270.
[13] Marx 2014, 32.
[14] Ebd., 35.
[15] Ebd., 47 ff.
[16] Ebd., 49.
[17] Büttner 2007, 280.
[18] Belting 2012, 24.
[19] Büttner 2007, 279.
[20] Ebd.
[21] Leonhard 2006, 21.
[22] Bredekamp 2015, 7.
[23] Ebd., 56.
[24] Ebd., 83.
[25] Torge 2009, 53 und 51.
[26] Baxandall 1990, 127.
[27] Könen 2009, 30 f.
[28] Schürmann 2008, 15.
[29] Köhnen 2009, 31 f.
[30] Bredekamp/Schneider 2006, 7.
[31] Ebd., 8.
[32] Ebd., 9.
[33] Michalsky 2007, 324.
[34] Velminski 2009, 97, 105 und 107.
[35] Stolleis 2008, 51.
[36] Daston 1998, 39.
[37] Daston 2001c, 132.
[38] Rulant 1597, Teil III, Buch II, Kapitel 1.
[39] Ebd.
[40] Ebd.
[41] Ebd.
[42] Ebd.
[43] Ebd.
[44] Ebd.
[45] Wimböck/Leonhard/Friedrich 2007, 12.
[46] Ebd.
[47] Daston 2001a, 15.
[48] Daston 2001d, 29.
[49] Daston 2001a, 14.
[50] Rulant 1597, Teil I, Buch 1, Kapitel 16.
[51] Ebd., Kapitel 17.
[52] Daston/Galison 2007, 17.
[53] Daston/Galison 2007, 39.

VII. Vom Zeugenbeweis zum Sachbeweis oder die Erweiterung des Bildspektrums

[1] Lepsius 2003, 18.
[2] Ebd., 32.
[3] Ebd., 63.
[4] Ebd., 18.
[5] Ebd., 97.
[6] Ebd., 124.
[7] Dick 1981, 171.
[8] Ebd.
[9] Warmbrunn 2014, 13.
[10] Schürmann 2006, 124.
[11] Weber konstatiert, dass nach dem Dreißigjährigen Krieg die Rotuli von Beweiskommissionen aus dem Reichskammergericht verschwinden. Das ist korrekt. Allerdings hat er damit nicht behauptet, dass es keine Beweiskommissionen mehr gegeben habe. Weber 2002, 204 Fußnote 5. Siehe hierzu aber Recker, die das Vorhandensein von Beweisrotuli mit der Einberufung von Kommissionen gleichsetzt. Recker 2004a, 42, Fußnote 9.
[12] Landwehr 2006, 61 und 63.
[13] Oestmann 2005. 314.
[14] Baumann 2001, 136.
[15] Recker 2004a, 10 sieht in der Verpflichtung zur Vorlage der Augenscheinkarte eine Einschränkung der Produktion von Augenscheinkarten.
[16] Rutz interpretiert den Jüngsten Reichsabschied 1654 in Bezug auf Augenscheinkarten anders. Er stellt fest, dass in der Reichskammergerichtsordnung 1555 Augenscheinkarten nicht erwähnt wurden und deshalb auch keine Beweismittel waren. Erst in der Prozessordnung von 1613 habe es einen eigenen Malereid gegeben und erst ab 1654 seien sie Beweismittel geworden. Rutz 2018, 317 ff.
[17] Hattendorff 2020, 146.
[18] Hattendorff 2016, 67.
[19] Ebd., 90.
[20] Burke 2019, 158.
[21] http://www.landesarchiv-bw.de/plink/?f=4-4789169-1 zuletzt eingesehen am 24. Januar 2022.
[22] BayHStA RKG, Nr. 1446/I–III.
[23] BayHStA PlSlg 10036.
[24] BayHStA PlSlg 10038.
[25] AHL RKG H 73.
[26] Siehe Oestmann 2004.
[27] IStG Frankfurt RKG ProzessNr. Nr. 1219, AktenNr. 1836–1837, Q 23.
[28] Abbildung ebd.
[29] IStG Frankfurt RKG ProzessNr. Nr. 1220, AktenNr. 1838.
[30] Oestmann 2004.
[31] Baumann 2022a.
[32] Rulant 1597, Teil I, Buch 1, Kapitel 27.
[33] AHL RKG M 22. Siehe auch Baumann 2020.
[34] Bay HStA RKG Nr. 7583 Kempten gegen Kempten.
[35] Bay HStA PlSlg 20413.
[36] Bay HStA RKG Nr. 7583, Q 32.
[37] Daston/Galison 2007.

VIII. Zusammenfassung und Fazit

[1] Rau 2013, 192 f.
[2] Köhnen 2009, 29.

X. English Summary and Concluding Reflections

The present volume deals with inspection maps, which are defined as the translation of subjective perception into a visual medium by litigants before the Imperial Chamber Court. In their functionality as evidence, they represent a special genre of image and source material and to date have not been investigated in their entirety. Since in the sources there is no single uniform designation for this visual genre, the analytical concept of ‚inspection maps' has been utilized. It is meant to make clear that such a map and an eyewitness account are always closely intertwined. The concept derives from the term ‚appearance' (*Augenschein*) used in the sources and is intended to clearly express the two contemporaneous meanings of ‚*Augenschein*': on one hand the visual act of inspection, on the other the fixating transference of the act qua visualization onto a medium. Inspection maps describe both the geographical space and, in the form of coats of arms and geneaologies, the social space as well.

Inspection maps as source material are not readily accessible for the researcher. They are buried deep within the holdings of the archives and even only scarcely familiar except to a small segment of research on the Imperial Chamber Court. In addition as a compounding factor is that, at least in the early period, text and trial file intertwine to form a unit, so that without text, no understanding of the map, and vice versa, without map, no understanding of the text. For all these reasons, art history has likewise paid precious little attention to this visual genre, and historical cartography does not possess the analytical instruments in order to properly deal with such inspection maps at all. This book seeks to change that.

To that end, evidence maps were evaluated from the roughly 2,000 inspection maps known today from the entire former area of the Holy Roman Empire. The most important text source utilized in addition was the work of Rutger Rulant on the commissions at the Imperial Chamber Court. Rulant reports in detail on the commissions and their implementation. The qualification of the commissioners is also thoroughly examined. Entire chapters are focused on painters and surveyors and their tasks. Rulant at the same time analyzes their products, explaining in what way he accords the inspection maps evidentiary value.

While before the proclamation of the Last Imperial Recess 1654 and the abolition of the „Artikelprozess", commissions were complicated undertakings involving numerous witnesses, litigants, commissioners, painters and additional persons, this changed in the second half of the 17th century. Commissioners then were no longer negotiated and appointed solely by the litigant parties. Rather their appointment was now done in public sessions of the Court. The character of the commissions also changed. Large-scale questioning of witnesses became far less frequent, and expert evaluators were now given preference. This also had an impact on the preparation of the inspection maps: painters were increasingly replaced by land surveyors. A technical-practical professionalization occurred in the sense of a convergence and alignment of survey practices in the territories, and concurrent with that a narrowing of the professional field involved to that of the engineer and land surveyor.

The function of the inspection map as a piece of evidence necessitated in the respective century differing forms of visualization that were closely linked with the conception of evidence depending on the object to be represented. In the case of the early inspection maps, decisive was that the evidence presented was based on equating the principle of reality and the principle of representation. That required the use of a special pictorial language, such as the ‚wandering eye‘ or ‚turning gaze.‘ To that end, the observer had to enter into the landscape in his thoughts and then move around there. He became a part of the staging of the scene.

Alongside that, there was also the possibility for the painter or geographer to supplant the wandering mobile gaze by a rigidly fixed, incorporeal perspective on the scene with the aid of the cartographic system of signs, i. e., with measurement and mathematics. The observer or viewer now was situated outside of the picture and its imaging. In this way, distances, at all times and everywhere, were verifiable and thus generally valid. In this there were numerous hybrid forms, because inspection maps based on a ‚wandering eye‘ perspective also attempted to integrate measurements as well. There was a difference between the representation of visualization qua appearance and measurement, and this had to be resolved.

In the course of the 19th century, this relation of tension was resolved by dividing up evidentiary witness testimony in different forms of visualization. Now events, spaces and qualities of objects had to be represented separately. The foundational basics for documentation and photography had been laid in place. Technical construction drawings, architectural drawings and other kinds of visual description and representation of objects and qualities now emerged. New techniques of argumentation came into being: in this way then visualized historical events, such as the Peasants' Wars, were able to become an argument for nobility.

Inspection maps represented and imaged social space in the form of geneaologies and coats of arms, often likewise in combination. Already in the 16th century, both had possessed a formulaic character, so that these comprised standardized representations, which quickly became a discipline displaying empirical actuality, similar to geography. Coats of arms and geneaologies thus provided a secure basis for hermeneutical work. In the case of coats of arms, the precise topographical location of the coats of arms were often of decisive importance in the presentation of evidence. Via the image in the coat of arms and the manner of mounting of the escutcheon, it proved possible to make some determinant assertions about sovereign rights. This proved especially appropriate in the Oettingen case against the German Order. It was to be proved by the coats of arms and their mounting in the Castle Church that the German Order of Knights was subservient to the Count von Oettingen and thus had a tax obligation. The multiple functionality of the geneaologies with their coats of arms became visible through this lens. They not only documented male and female ancestral lineage but also proved in this way the origin and status rank they had in urban society.

Inspection maps originally were a costly, exclusive and above all also secret niche product; that was closely associated with the manner of production of such maps, their makers and the clients, who belonged principally to the spiritual and secular elite of the Empire. That is because only clients from the high nobility and the personnel of the Imperial Chamber Court as a juridical functional elite were able to afford this form of visualization or had any actual access to it whatsoever.

Since judges enjoyed the greatest possible freedom of judgment in Imperial Chamber Court trials, the public prosecutors or lawyers for the defense had to provide a diverse assemblage of applications of law. That also impacted on the design of the inspection maps. This becomes clear in multiple ways in particular in regard to the phase of experimentation with optics in the 1530s. Judges, in the main stemming from the nobility, confronted the optical phenomena and clearly recognized the possibilities and dangers of the optic experiment. That is because it was precisely the inspection maps of the 16th century that necessitated the observer to assume various positionings and standpoints. That was only all too familiar to the lawyers as a result of their methods in applying the law.

Ultimately in the course of the 16th century it became evident that the lawyers themselves were dealing intensively with mathematics and cartography and were in the forefront of discussion, as a result of connections with relatives and acquaintances, about optic phenomena and their measurement. That is illustrated, for example, in the close bonds of the cartographer Philipp Apian with judges at the Imperial Chamber Court.

A look at the history of sight, math and optics confirms in addition that sight is a cultural process and a technique that is learnable and is subject to ongoing changes. The optical and mathematical knowledge associated with this is shaped by the media at the disposal of human beings. Seeing thus becomes a capacity that also has an influence on social and legal practices.

Closely linked with the inspection maps is discussion about evidence, facts and proofs. This is especially evident in the writings of Rutger Rulant. Thus, the concept ‚evidence‘ is derived from Latin ‚*evidere*‘ (to become apparent, obvious). In relation to the inspection map, the decisive element is obviousness in the form of a performative eyewitness account. Inspection maps are visualized evidence that can serve as proof. For that reason, they are by dint of their function as a means of proof an important source in a legal case in order to be able to describe rationalities. The key here is how the perspective is handled in the inspection maps. It points the way to our contemporary notions of objectivity, which is supposedly free from influence by external conditions. Lawyers as actors on the most diverse levels are in this process not only those who profit from a scientific understanding of the world; they are also co-designers in that they were participators in this via optical discourse. Evidence, facts and proof are also defined in this manner in the legal-juridical context. It was possible here for codes of impartiality to develop. It also became clear that via discussion of the various ways of handling of the perspective in the inspection maps, a direct line can be drawn from proof by eyewitness evidence to physical evidence.

The differing forms of eyewitness testimony and account are today regaining topicality. New technologies such as the Google Street View, Augmented Reality or Metaverse serve to favor and promote this old, now once again topical and current perspective. We are led into the picture and thus become a component of the imaging. By contrast, cartography becomes ever more a kind of occult science, since the analogous reading of the map is no longer in demand and implemented. The incorporeal perspective has had its day. For that reason, we have to ask whether this current phenomenon also exercises an influence on our present-day views of objectivity, fact and proof. Are the perspective and eye perhaps the key to the general understanding of science?

The book cannot and does not wish to answer this question, because it is oriented historically and does not have the task of engaging in analyses of the present and advancing prognoses and predictions about the future. However, it is intended to call for reflection about how achievements of science supposedly thought to be certain are only the repeatedly ever changeable results of legal and cultural practices.

XI. Abkürzungsverzeichnis

AHL	Archiv der Hansestadt Lübeck
AR	Altes Reich
BA	Bundesarchiv
BayHStA	Bayerisches Hauptstaatsarchiv
Bü	Büschel
GLA	Generallandesarchiv
GLA KA	Generallandesarchiv Karlsruhe
HessStA	Hessisches Staatsarchiv
ISG	Institut für Stadtgeschichte
LA	Landesarchiv
LA NRW	Landesarchiv Nordrhein-Westfalen
LASA	Landesarchiv Sachsen-Anhalt
LHA	Landeshauptarchiv
ÖStA HHStA	Österreichische Staatsarchive Haus-, Hof- und Staatsarchiv
PlSlg	Plansammlung
RKG	Reichskammergericht
SpPr	Spezialprotokoll
StA	Staatsarchiv
StAHH	Staatsarchiv der Freien und Hansestadt Hamburg
WürttHStA	Württembergisches Hauptstaatsarchiv

XII. Literaturverzeichnis

Quellen

(Die Archive werden nach Bundesländern und Staaten aufgeführt: es wurden vorwiegend die Bestände zum Reichskammergericht oder die entsprechenden Plan- und Kartensammlungen benutzt. Der Bestand Reichskammergericht wird in den Archiven unterschiedlich bezeichnet.)

Baden-Württemberg
Generallandesarchiv Karlsruhe
Plansammlung
Nr. 71
Württembergisches Hauptstaatsarchiv Stuttgart
C 3

Bayern
Bayerisches Staatsarchiv Amberg
Regierung Amberg – Beziehungen zu Bayreuth

Bayerisches Hauptstaatsarchiv München
Kartensammlung
Plansammlung
Reichskammergericht

Hamburg
Archiv der Freien und Hansestadt Hamburg
Plansammlung
Reichskammergericht

Hessen
Institut für Stadtgeschichte Frankfurt/Main
Reichskammergericht

Hessisches Staatsarchiv Marburg
Kartensammlung
255
140 (RKG-Akten für Waldeck)

Nordrhein-Westfalen
Duisburg Landesarchiv Nordrhein-Westfalen Abteilung Rheinland
AA 0627

Münster Landesarchiv Nordrhein-Westfalen Abteilung Westfalen
F 001
W 051

Rheinland-Pfalz
Landesarchiv Speyer
E 6
Kartensammlung

Sachsen-Anhalt
Landesarchiv Wernigerode
A 53

Schleswig-Holstein
Archiv der Hansestadt Lübeck
Reichskammergericht

Landesarchiv Schleswig-Holstein, Schleswig
Abt. 420

Belgien
Archives de l'État à Liège
Archives de la Chambre impériale

Bundesrepublik Deutschland
Bundesarchiv Berlin-Lichterfelde
Altes Reich 1 Prozessakten
Altes Reich 1 Miscellanea
Altes Reich 1 Voten und Relationen

Österreich
Österreichische Staatsarchive Allgemeines Verwaltungsarchiv
Adel RAA

Österreichische Staatsarchive Haus-, Hof- und Staatsarchiv Wien
Mainzer Erzkanzlerarchiv – Taxamt
Reichstaxamt

Reichslehensakten
Verfassungsakten Reichshofkanzlei

Wetzlarer Akten (Reichskammergericht)

Polen

Archiwum Państwowe w Szczecinie (Polnisches Staatsarchiv Stettin)

Sąd Kameralny Rzeszy (Reichskammergericht)

Literatur

Literatur bis 1806

Estor 1750 = Estor, Johann Georg, Practische Anleitung zur Ahnenprobe. Marburg 1750.

Fahnenberg 1792 = Fahnenberg, Egidius Joseph Carl von, Litteratur des kayserlichen Reichskammergerichts. Wetzlar 1792. Nachdruck Glashütten 1972.

Hoffmann 1617 = Hoffmann, Nicolaus, Formvlarivm, Ad TractatvmDe Commissariis, Et Commisionibvs Cameræ Imperialis pertinens = Das ist, Ein außführlich Formularbuch, zum Tractat von Commissarien vnd Commissionen Cameræ Imperialis gehörig, in zwei Theil abgetheilet. [...]. Durch Den Ehrnvesten und Hochgelehrten Herrn Rutgern Ruland der Rechten Doctorn. Editio secvnda. Frankfurt 1617.

Meurer 1570 = Meurer, Noë, Wasser Recht Unnd Gerechtigkait fürnemlich des weitberühmbten und goltreichen Reinstrams [...]. Frankfurt/Main 1570.

Oberländer (Hrsg.) 1723 = Oberländer, Samuel, Lexikon juridicum Romano-Teutonicum: Das ist vollständiges Lateinisch-Teutsches Juristisches Hand-Lexicon. Nürnberg 1723. Neudruck Köln/Weimar/Wien 2000.

Oettinger 1670 = Johann Oettinger, Tractatus de jure et controversiis limitum; ac finibus regundis. Oder Gruendlicher Bericht/Von den Graentzen und Marcksteinen/wie durch dieselbe [...]. Ulm 1670.

Pfalz-Simmern 1531 = Pfalz-Simmern, Johann von, Hieronymus Rodler (Drucker), Eyn schön nützlich Büchlein und Underweisung der Kunst des Messens [...]. Simmern 1531.

Rulant 1597 = Rulant, Rutger, De Commissariis et commissionibus camerae imperialis. [...]. Frankfurt/Main 1597.

Schmauß 1735 = Schmauß, Johann Jacob, Corpus Juris Publici. 3. Aufl. Frankfurt/Leipzig 1735.

Schmauss/Senckenberg 1747 = Schmauss, JJ., Senckenberg, H.-C., Neue und vollständigere Sammlung der Reichs=Abschiede, welche von den Zeiten Kayser Conrads des II. bis jetzo, auf den Teutschen Reichs=Tagen abgefasst worden [...]. Frankfurt am Mayn 1747. Neudruck Osnabrück 1967.

Literatur ab 1807

Alpers 1998 = Alpers, Svetlana, Kunst als Beschreibung. Holländische Malerei des 17. Jahrhunderts. 2. durchges. Aufl. Köln 1998.

Andermann/Schenk (Hrsg.) 2020 = Wasser. Resource – Gefahr – Leben, hrsg. von Kurt Andermann und Gerrit Jasper Schenk (Kraichtaler Kolloquien 12). Tübingen 2020.

Arndt 1991 = Arndt, Johannes, Das niederrheinisch-westfälische Reichsgrafenkollegium und seine Mitglieder (1653–1806) (Veröffentlichungen des Instituts für europäische Geschichte Mainz, Abteilung Universalgeschichte). Mainz 1991.

Arndt/Hedwig 2009 = Aus den Schätzen des Hessischen Staatsarchivs Marburg, hrsg. von Steffen Arndt und Andreas Hedwig (Schriften des Hessischen Staatsarchivs 20). Marburg 2009.

Asch/Schlögl (Hrsg.) 2007 = Einführung: Adel in der Neuzeit. In: Adel in der Neuzeit, hrsg. von Ronald G. Asch und Rudolf Schlögl, Geschichte und Gesellschaft 33/3 (2007), S. 317–325.

Asch/Freist (Hrsg.) 2005 = Staatsbildung als kultureller Prozess. Strukturwandel und Legitimation von Herrschaft in der Frühen Neuzeit, hrsg. von Ronald G. Asch und Dagmar Freist. Köln/Weimar/Wien 2005.

Ausst.-Kat. Heidelberg 1986 = Bibliotheca Palatina. Eine Ausstellung der Universität Heidelberg in Zusammenarbeit mit der Bibliotheca Apostolica Vaticana, Heiliggeistkirche Heidelberg, hrsg. von Elmar Mittler. Textband und Bildband: 2 Bände. Heidelberg 1986.

Ausst.-Kat. Karlsruhe 1986 = Die Renaissance im deutschen Südwesten zwischen Reformation und Dreißigjährigem Krieg. Eine Ausstellung des Landes Baden-Württemberg, hrsg. vom Badischen Landesmuseum Karlsruhe, 2 Bände. Karlsruhe 1986.

Ausst.-Kat. Meßkirch/Rottweil 2012 = Mäzene, Sammler, Chronisten. Die Grafen von Zimmern und die Kultur des Schwäbischen Adels. Anläßlich der gleichnamigen Ausstellung in der Kreisgalerie Schloss Meßkirch vom 15.07.–16.09.2012 und im Dominikanermuseum Rottweil vom 30.09.–02.12.2012, hrsg. von Casimir Bumiller. Stuttgart 2012.

Ausst.-Kat. München 2020 = Brief und Siegel. Glaubwürdigkeit und Rechtskraft, gestern und heute. Eine Ausstellung der Staatlichen Archive Bayerns, hrsg. von der Generaldirektion der staatlichen Archive Bayerns. München 2020.

Ausst.-Kat. München 2017 = Original! Pracht und Vielfalt aus den Staatlichen Archiven Bayerns, hrsg. von der Generaldirektion der staatlichen Archive Bayerns (Ausstellungskataloge der Staatlichen Archive Bayerns 59). München 2017.

Ausst.-Kat. München 2014 = Mapping Spaces. Networks of Knowledge in 17th Century Landscape Painting, hrsg. von Ulrike Gehring und Peter Weibel. München 2014.

Ausst.-Kat. München 2006 = Von der gemalten Landschaft zum vermessenen Land. Eine Ausstellung des Bayerischen Hauptstaatsarchivs zur Geschichte der handgezeichneten Karte in Bayern (Ausstellungskataloge der Staatlichen Archive Bayerns 48), bearb. von Gerhard Leidel unter Mitarbeit von Monika Franz. München 2006.

Ausst.-Kat. München 1998 = Altbayerische Flußlandschaften an Donau, Lech, Isar und Inn: Handgezeichnete Karten des 16. bis 18. Jahrhunderts aus dem Bayerischen Hauptstaatsarchiv, bearb. von Gerhard Leidel und Monika Ruth Franz (Ausstellungskataloge der Staatlichen Archive Bayerns 37). München 1998.

Ausst.-Kat. München 1989 = Philipp Apian und die Kartographie der Renaissance, hrsg. von der Bayerischen Staatsbibliothek München (BSB Ausstellungskataloge 50). Weißenhorn 1989.

Ausst.-Kat. Münster 1996 = Der Maler tom Ring. Katalog der Ausstellung im Westfälischen Landesmuseum Münster. 2 Bände. Bd. 1: Aufsätze; Bd. 2: Werkverzeichnis, hrsg. von Angelika Lorenz. Münster 1996.

Ausst.-Kat. Nürnberg 2019 = Die Nürnberger Totenschilde des Spätmittelalters im Germanischen Nationalmuseum. Jenseitsvorsorge und ständische Repräsentation städtischer Eliten, hrsg. von Frank Mathias Kammel, Katja Putzer, Anna Pawlik, Elisabeth Taube (Ausstellungskataloge des Germanischen Nationalmuseums) Nürnberg 2019.

Ausst.-Kat. Nürnberg 2014 = Von oben gesehen. Die Vogelperspektive, hrsg. von Yasmin Doosry (Ausstellungskataloge des Germanischen Nationalmuseums). Nürnberg 2014.

Ausst.-Kat. Nürnberg 2002 = „auserlesene und allerneuste Landkarten". Der Verlag Homann in Nürnberg 1702–1848, hrsg. vom Stadtarchiv Nürnberg. Nürnberg 2002.

Ausst.-Kat. Nürnberg 2000 = Norenberc – Nürnberg. 1050 bis 1806. Eine Ausstellung des Staatsarchives Nürnberg zur Geschichte der Reichsstadt, hrsg. von der Generaldirektion der Staatlichen Archive Bayerns. München 2000.

Ausst.-Kat. Nürnberg 1998 = Schiefe Bilder. Die Zimmernsche Anamorphose und andere Augenspiele aus den Sammlungen des Germanischen Nationalmuseums Nürnberg. Katalog: Thomas Eser, Nürnberg 1998.

Ausst.-Kat. Regensburg 1992: Bauern in Bayern. Von der Römerzeit bis zur Gegenwart. Ausstellung des Hauses der Bayerischen Geschichte, hrsg. von Michael Henker u. a., Regensburg 1992.

Ausst.-Kat. Stuttgart 2017 = Der Meister von Meßkirch. Katholische Pracht in der Reformationszeit. Ausstellung in der Staatsgalerie Stuttgart vom 08.12.2017–02.04.2018, hrsg. von Elsbeth Wiemann. Stuttgart 2017.

Ausst.-Kat. Stuttgart 1991 = Dokumente württembergischer Geschichte aus tausend Jahren. Katalog der ständigen Ausstellung des Hauptstaatsarchivs Stuttgart, hrsg.von Margareta Bull-Reichenmiller. Stuttgart 1991.

Ausst.-Kat. Stuttgart 1989 = Frühe Kartographie in Württemberg. Ausstellung des Hauptstaatsarchivs Stuttgart veranstaltet aus Anlaß des 73. Deutschen Geodätentages in Stuttgart vom 30.08.–02.09.1989. Stuttgart 1989.

Ausst.-Kat. Stuttgart 1971 = Schwäbisches Land in alten Karten und Plänen. Ausstellung des Hauptstaatsarchivs veranstaltet aus Anlass des 20. Deutschen Kartographentages in Stuttgart vom 16.–19.06.1971, gezeigt in der Zeit vom 09.–15.10.1971, hrsg. von Margareta Bull-Reichenmiller. Stuttgart 1971.

Ausst.-Kat. Weißenhorn 1989 = Philipp Apian und die Kartographie der Renaissance. Ausstellungskatalog hrsg. von Hans Wollf und der Bayerischen Staatsbibliothek (BSB Ausstellungskataloge 50). Weißenhorn 1989.

Ausst.-Kat. Wetzlar 2014 = Augenscheine – Karten und Pläne vor Gericht, hrsg. von Anette Bauman, Anja Eichler und Stefan Xenakis. Wetzlar 2014.

Ausst.-Kat. Wetzlar 1994 = Frieden durch Recht. Das Reichskammergericht von 1495 bis 1806, hrsg. von Ingrid Scheurmann. Mainz 1994.

Baasch 1905 = Baasch, Ernst, Der Kampf des Hauses Braunschweig-Lüneburg mit Hamburg um die Elbe. Hannover/Leipzig 1905.

Bähr 2012 = Bähr, Matthias, Die Sprache der Zeugen. Argumentationsstrategien bäuerlicher Gemeinden vor dem Reichskammergericht (1693–1806). Konstanz/München 2012.

Bauer 2011 = Bauer, Volker, Die gedruckte Ahnentafel als Ahnenformular. Zur Interferenz von Herrschafts-, Wissens- und Medienordnung in der Universalgenealogie des 17. Jahrhunderts. In: Die Ahnenprobe in der Vormoderne. Selektion – Initiation – Repräsentation, hrsg. von Elisabeth Harding und Michael Hecht (Symbolische Kommunikation und gesellschaftliche Wertesysteme – Schriftenreihe des Sonderforschungsbereichs 496, 37). Münster 2011, S. 125–156.

Baumann 2022a = Baumann, Anette, Das Gesamthaus Löwenstein-Wertheim und die Reichsstadt Frankfurt im Konflikt über Marktmacht und Marktgestaltung auf der Frankfurter Messe. In: Decorum und Mammon im Widerstreit? Adeliges Wirtschaftshandeln zwischen Standesprofilen, Profitstreben und ökonomischer Notwendigkeit (Höfische Kultur interdisziplinär Bd. 4), hrsg. von Annette C. Cremer und Alexander Jendorff. Heidelberg 2022, S. 379–396.

Baumann 2022b = Baumann, Anette, Visualisierung des Waldes als Rechtsraum – Augenscheinkarten des Reichskammergerichts im 16. Jahrhundert. In: Der Wald in der Frühen Neuzeit. Zwischen Erfahrung und Erfindung, hrsg. von Daniela Bode und Astrid Zenkert. Erscheint voraussichtlich Göttingen 2022.

Baumann 2021 = Baumann, Anette, Augenscheinkarten aus Lübeck am Reichskammergericht. In: Zeitschrift für Lübeckische Geschichte 100 (2020/21), S. 415–448.

Baumann 2020 = Baumann, Anette, Beweiskommissionen und Augenscheinkarten. Strategien der Visualisierung von Inaugenscheinnahmen am Reichskammergericht (1496–1806). In: Baumann/Schmolinsky/Timpener (Hrsg.) 2020, S. 83–107.

Baumann/Schmolinky/Timpener (Hrsg.) 2020 = Raum und Recht. Visualisierung von Rechtsansprüchen in der Vormoderne, hrsg. von Anette Baumann, Sabine Schmolinsky und Evelien Timpener (bibliothek altes Reich 29). Berlin/Boston 2020.

Baumann 2019a = Baumann, Anette, Augenscheinkarten am Reichskammergericht 1495–1806 (Schriftenreihe der Gesellschaft für Reichskammergerichtsforschung 47). Wetzlar 2019.

Baumann 2019b = Baumann, Anette, Visuelle Evidenz: Beobachtungen zu Inaugenscheinnahmen und Augenscheinkarten am Reichskammergericht (1495–1806). In: Rechtsgeschichte – Legal History 27 (2019), S. 458–463.

Baumann 2018 = Baumann, Anette, Visitationen am Reichskammergericht. Speyer als politischer und juristischer Aktionsraum des Reiches (1529–1588) (bibliothek altes Reich 24). Berlin/Boston 2018.

Baumann 2016a = Baumann, Anette, Art. „Noë Meurer". In: HRG, Bd. 3, 2. Aufl. Berlin 2016, Sp. 1486.

Baumann 2016 = Baumann, Anette, Der Reichsvizekanzler im 16. Jahrhundert – eine erste Annäherung. In: Jahrbuch des öffentlichen Rechts, N.F. 64 (2016), S. 261–279.

Baumann/Kemper (Hrsg.) 2016 = Speyer als Hauptstadt des Reiches. Politik und Justiz zwischen Reich und Territorium im 16. und 17. Jahrhundert, hrsg. von Anette Baumann und Joachim Kemper (bibliothek altes Reich 20). München 2016.

Baumann 2015 = Baumann, Anette, Die Gutachten der Richter – Ungedruckte Quellen zum Entscheidungsprozess am Reichskammergericht (1524–1627) (Schriftenreihe der Gesellschaft für Reichskammergerichtsforschung Heft 43). Wetzlar 2015.

Baumann 2013 = Baumann, Anette, Freies Wohnrecht für Juden? Ein Hamburger Fall vor dem Reichskammergericht im Zeitalter der Französischen Revolution. In: Kaiser und Reich in der jüdischen Lokalgeschichte, hrsg. von Stefan Ehrenpreis, Andreas Gotzmann und Stephan Wendehorst (bibliothek altes Reich 7). München 2013, S. 281–309.

Baumann 2011 = Baumann, Anette, Reichskammergericht und Universitäten in der ersten Hälfte des 16. Jahrhunderts. In: HZ 292 (2011), S. 365–396.

Baumann 2006 = Baumann, Anette, Advokaten und Prokuratoren. Anwälte am Reichskammergericht in Wetzlar (1690–1806) (Quellen und Forschungen zur Höchsten Gerichtsbarkeit im Alten Reich 50). Köln/Weimar/Wien 2006.

Baumann/Oestmann/Wendehorst/Westphal (Hrsg.) 2003 = Reichspersonal. Funktionsträger für Kaiser und Reich, hrsg. von Anette Baumann, Peter Oestmann, Stephan Wendehorst und Siegrid Westphal (Quellen und Forschungen zur Höchsten Gerichtsbarkeit 46). Köln/Weimar/Wien 2003.

Baumann 2001 = Baumann, Anette, Die Gesellschaft der Frühen Neuzeit im Spiegel der Reichskammergerichtsprozesse (Quellen und Forschungen zur Höchsten Gerichtsbarkeit 36). Köln/Weimar/Wien 2001.

Baumann/Westphal/Wendehorst/Ehrenpreis (Hrsg.) 2001 = Prozeßakten als Quelle. Neue Ansätze zur Erforschung der Höchsten Gerichtsbarkeit im Alten Reich, hrsg. von Anette Baumann, Siegrid Westphal, Stephan Wenehorst und Stefan Ehrenpreis (Quellen und Forschungen zur Höchsten Gerichtsbarkeit 37). Köln/Weimar/Wien 2001.

Baumann 2000 = Baumann, Anette, Advokaten und Prokuratoren am Reichskammergericht in Speyer (1495–1690): Berufswege in der Frühen Neuzeit. In: ZSRG, GA (2000), S. 550–563.

Baumgärtner 2014a = Baumgärtner, Ingrid, Kartographie als Politik. Die Landesaufnahme in Hessen um 1600. In: Fürstliche Koordinaten. Landvermessung und Herrschaftsvisualisierung um 1600, hrsg. von Ingrid Baumgärtner (Schriften zur sächsischen Geschichte und Volkskunde 46). Leipzig 2014, S. 189–217.

Baumgärtner (Hrsg.) 2014b = Baumgärtner, Ingrid, Fürstliche Koordinaten. Landvermessung und Herrschaftsvisualisierung um 1600, hrsg. von Ingrid Baumgärtner (Schriften zur sächsischen Geschichte und Volkskunde 46). Leipzig 2014.

Baur/Müller-Graff/Zuleeg (Hrsg.) 1992 = Europarecht – Energierecht – Wirtschaftsrecht. Festschrift für Bodo Börner zum 70. Geburtstag, hrsg. von Jürgen F. Baur, Peter-Christian Müller-Graff und Manfred Zuleeg. Köln/Berlin/Bonn 1992.

Baxandall 1990 = Baxandall, Michael, Ursachen der Bilder. Über das historische Erklären der Kunst. Berlin 1990.

Beck/Scholz/Walter (Hrsg.) 2008 = Die Macht der Wenigen. Aristokratische Herrschaftspraxis, Kommunikation und ‚edler' Lebensstil in Antike und Früher Neuzeit, hrsg. von Hans Beck, Peter Scholz und Uwe Walter (Historische Reihe, Beiheft 47). München 2008.

Behrisch 2006a = Behrisch, Lars, Vermessen, Zählen, Berechnen des Raums im 18. Jahrhundert. In: Behrisch (Hrsg.) 2006, S. 7–25.

Behrisch (Hrsg.) 2006 = Vermessen, Zählen, Berechnen. Die politische Ordnung des Raums im 18. Jahrhundert, hrsg. von Lars Behrisch (Historische Politikforschung 6). Frankfurt/New York 2006.

Belting 2011 = Belting, Hans, Wappen und Porträt: Zwei Medien des Körpers. In: Hans Belting, Bildanthropologie. 4. Aufl. München 2011, S. 115–142.

Belting 2012 = Belting, Hans, Florenz und Bagdad. Eine westöstliche Geschichte des Blicks. München 2012.

Beneke 1970 = Beneke, N.N., Art. „Rutger Rulant". In: Neudruck ADB 29 (1970), S. 633–635.

Bérard 2014 = Bérard, Julien, Die Habsburger und die Kartographie der Niederlande im 16. Jahrhundert. Repräsentation, Außenpolitik und kommerzielle Interessen. In: Baumgärtner (Hrsg.) 2014b, S. 299–320.

Berger/Hynek/Maresch/Rothmann/Schmieder (Hrsg.) 2020 = Frankfurt und Umgebung auf historischen Karten, hrsg. von Frank Berger, Sabine Hynek, Peter Maresch, Michael Rothmann, Felicitas Schmieder, Frankfurt 2020.

Bihrer 2012 = Bihrer, Andreas, Habitus und Praktiken eines gelehrten Adeligen – Leben und Werk Graf Wilhelm Werners von Zimmern. In: Ausst.-Kat. Meßkirch/Rottweil 2012, S. 107–118.

Bohl (Hrsg.) 1989 = Frühe Kartographie in Württemberg, hrsg. von Peter Bohl. Stuttgart 1989.

Bolland 1974 = Bolland, Jürgen, Die Hamburger Elbkarte aus dem Jahre 1568 gezeichnet von Melchior Lorichs (Veröffentlichungen aus dem Staatsarchiv der Freien und Hansestadt Hamburg 8). 3. Aufl. Hamburg 1974.

Brakensiek/Wunder (Hrsg.) 2005 = Ergebene Diener ihrer Herren? Herrschaftsvermittlung im alten Europa, hrsg. von Stefan Brakensiek und Heide Wunder. Köln/Weimar/Wien 2005.

Bredekamp 2015 = Bredekamp, Horst, Galileis denkende Hand. Form und Forschung um 1600 (Galileo's IV). Berlin/München/Boston 2015.

Bredekamp/Schneider (Hrsg.) 2006 = Visuelle Argumentationen. Die Mysterien der Repräsentation und die Berechenbarkeit der Welt, hrsg. von Horst Bredekamp und Pablo Schneider. München 2006.

Brendecke/Friedrich/Friedrich (Hrsg.) 2008 = Information in der Frühen Neuzeit. Status, Bestände, Strategien, hrsg. von Arndt Brendecke, Markus Friedrich und Susanne Friedrich (Pluralisierung & Autorität 16). Münster 2008.

Breyvogel 1999 = Breyvogel, Bernd, „Ein alter wurmbstichiger walb". Ein Beitrag zur Reutlinger Hausgeschichte nach Prozeßakten des Reichskammergerichts. In: Unter Putz und Pflasterstein. Ausstellungskatalog Reutlingen, Reutlingen 1999, S. 139–148.

Brichsen 1993 = Brichsen, Hans, Der Kartograph Tilemann Stella (1525–1589). Seine Beziehungen zu Sachsen und zu Kurfürst August anhand neuer Quellenfunde. In: Archivmitteilungen 42 (1993), S. 211–228.

Brinkmann 2011 = Brinkmann, Inga, Ahnenproben an Grabdenkmälern des lutherischen Adels im späten 16. und beginnenden 17. Jahrhundert. In: Harding/Hecht (Hrsg.) 2011, S. 107–124.

Brod 1968 = Brod, Walter M., Fränkische Hof- und Stadtmaler als Kartographen. In: Kartengeschichte und Kartenbearbeitung. Festschrift zum 80. Geburtstag von Wilhelm Bonacker, Geograph und Wissenschaftlicher Kartograph in Berlin am 17. März 1968, dargebracht von Fachkollegen und Freunden beider Wissenschaften, hrsg. von Karl-Heinz Meine. Bad Godesberg 1968, S. 49–57.

Brod 1965 = Brod, Walter M., Altfränkische Bilder und Wappenkalender. In: Altfränkische Bilder und Wappenkalender 64. Jahrgang 1965, hrsg. von der Universitätsdruckerei H. Stürtz AG Würzburg in Verbindung mit der Gesellschaft „Freunde Mainfränkischer Kunst und Geschichte" und der „Gesellschaft für Fränkische Geschichte". Würzburg 1965, S. 2–5.

Brunotte 1991 = Brunotte, Alexander, Ein „Abriß" der Gegend um Ebertsbronn, Wermutshausen und Rinderfeld. In: 650 Jahre Stadt Niederstetten, hrsg. von Walter Krüger (Veröffentlichungen zur Ortsgeschichte und Heimatkunde in Württembergisch Franken 4). Schwäbisch Hall 1991, S. 139–141.

Bull-Reichenmiller 1996 = Bull-Reichenmiller, Margareta, „Beritten, beschriben und gerissen". Georg Gadner und sein kartographisches Werk 1559–1602. Inventar und Begleitbuch zu einer Ausstellung im Hauptstaatsarchiv Stuttgart. Stuttgart 1996.

Bull-Reichenmiller 1994 = Bull-Reichenmiller, Margareta, Nach Einnahme des Augenscheins. Kartographische Einzelarbeiten Georg Gadners aus den Jahren 1559–1602. In: Aus südwestdeutscher Geschichte. Festschrift für Hans-Martin Maurer; dem Archivar und Historiker zum 65. Geburtstag. Stuttgart/Berlin/Köln 1994, S. 392–408.

Burke 2019 = Burke, Peter, Augenzeugenschaft. Bilder als historische Quelle. 2. Aufl. Göttingen 2019.

Burmeister 1969 = Burmeister, Karl Heinz, Sebastian Münster: Versuch eines geographischen Gesamtbildes. 2. Aufl. Basel 1969.

Burmeister 1963 = Burmeister, Karl Heinz, Sebastian Münster (Basler Beiträge zur Geschichtswissenschaft 91). Basel 1963.

Büttner 2007 = Büttner, Frank, Das messende Auge. Messkunst und visuelle Evidenz im 16. Jahrhundert. In: Wimböck/Leonhard/Friedrich 2007, S. 265–292.

Büttner 2000 = Büttner, Nils, Die Erfindung der Landschaft. Kosmographie und Landschaftskunst im Zeitalter Bruegels (Rekonstruktion der Künste 1). Göttingen 2000.

Carl 2014 = Carl, Horst, Art. „Landfrieden". In: HRG 2. Auflage, Bd. 3, Berlin 2014, Sp. 483–505.

Cordshagen 1989 = Cordshagen, Christa, Tilemann Stellas Wirken in Mecklenburg. Theoretische Schriften und deren Umsetzung in seinen Karten. In: Siegerland 66 (1989), S. 83–88.

Czech 2003 = Czech, Vinzenz, Legitimation und Repräsentation. Zum dynastischen Selbstverständnis thüringisch-sächsischer Reichsgrafen in der frühen Neuzeit (Schriften zur Residenzkultur 2). Berlin 2003.

Da Costa Kaufmann 1998 = Da Costa Kaufmann, Thomas, Höfe, Klöster und Städte. Kunst und Kultur in Mitteleuropa 1450–1800. Darmstadt 1998.

Da Costa Kaufmann 1993 = Da Costa Kaufmann, Thomas, The Mastery of Nature. Aspects of Art, Science and Humanism in the Renaissance (Princeton Essays on the Arts). Princeton 1993.

Daston/Stolleis (Hrsg.) 2008 = Natural Law and Laws of Nature in Early Modern Europe. Jurisprudence, Theology, Moral and Natural Philosophy, hrsg. von Lorraine Daston und Michael Stolleis. Burlington 2008.

Daston/Galison (Hrsg.) 2007 = Objektivität. Erkenntnistheorien des Auges, hrsg. von Lorraine Daston und Peter Galison. Berlin 2007.

Daston 2001a = Daston, Lorraine, Die Biographie der Athene oder Eine Geschichte der Rationalität. In: Daston (Hrsg.) 2001e, S. 7–27.

Daston 2001b = Daston, Lorraine, Die kognitiven Leidenschaften: Staunen und Neugier im Europa der Frühen Neuzeit. In: Daston (Hrsg.) 2001e, S. 77–79.

Daston 2001c = Daston, Lorraine, Objektivität und die Flucht aus der Perspektive. In: Daston (Hrsg.) 2001e, S. 127–156.

Daston 2001d = Daston, Lorraine, Wunder und Beweis im frühneuzeitlichen Europa. In: Daston (Hrsg.) 2001e, S. 29–76.

Daston (Hrsg.) 2001e = Daston Lorraine, Wunder, Beweise und Tatsachen. Zur Geschichte der Rationalität, hrsg. von Lorraine Daston. Frankfurt/Main 2001.

Daston 1998 = Daston, Lorraine, Die Kultur der wissenschaftlichen Objektivität. In: Naturwissenschaft, Geisteswissenschaft, Kulturwissenschaft. Einheit – Gegensatz – Komplementarität?, hrsg. von Otto Gerhard Oexle. Göttingen 1998.

Deutsch 2012 = Deutsch, Andreas, Das Bild der höchsten Reichsgerichtsbarkeit in Chroniken der Frühneuzeit. In: Die höchsten Reichsgerichte als mediales Ereignis, hrsg. von Anja Amend-Traut, Anette Baumann, Stephan Wendehorst und Steffen Wunderlich (bibliothek altes Reich 11). München 2012, S. 19–44.

Deutsch 2005 = Deutsch, Andreas, Art. „Beweis“. In: HRG I (2005), Sp. 559–566.

Deutsches Rechtswörterbuch = https://drw-www.adw.uni-heidelberg.de/drw/info/ zuletzt eingesehen am 26. Januar 2022.

Dick 1981 = Dick, Bettina, Die Entwicklung des Kameralprozesses nach den Ordnungen von 1495 bis 1555 (Quellen und Forschungen zur Höchsten Gerichtsbarkeit im Alten Reich 10). Köln/Wien 1981.

Dierkes 2019a = Dierkes, Frank, Galen contra Morrien. Drama eines Adelskonflikts im Münsterland um 1600. In: Siekmann (Hrsg.) 2019b, S. 105–125.

Doll 1991 = Doll, Ludwig Anton, Es ist Speier eine alte Stat. Ansichten aus vier Jahrhunderten 1492–1880 (Der Stadt Speyer zu ihrem 2000-Jahr-Jubliläum). Speyer 1991.

Dolz 2014 = Dolz, Wolfram, Kurfürst August als Geodät und Kartograph. In: Baumgärtner (Hrsg.) 2014b, S. 69–88.

Doosry 2014 = Doosry, Yasmin: „Also muss es von oben herab verstanden werden“: Topographische Vogelschauansichten. In: Ausst.-Kat. Nürnberg 2014, S. 96–125.

Dzeja 2000 = Dzeja, Stephanie, „Zu Nutz der Stadt und Regiment“. Zum Selbstverständnis der Frankfurter Geschlechtergesellschaft Alt-Limpurg nach dem Fettmilchaufstand. In: Adelige und bürgerliche Erinnerungskulturen des Spätmittelalters und der Frühen Neuzeit, hrsg. von Werner Rösener. Göttingen 2000, S. 177–190.

Engel/Wunder (Hrsg.) 2002 = Das Geheimnis am Beginn der europäischen Modernen, hrsg. von Gisela Engel und Heide Wunder. Frankfurt/Main 2002.

Engel 1982 = Engel, Werner, Joist Moers im Dienste des Landgrafen Moritz von Hessen. Ein Beitrag zu seiner späten Landmessertätigkeit und zugleich zur Schifffahrtsgeschichte der Fulda. In: Hessisches Jahrbuch für Landesgeschichte 32 (1982), S. 165–174.

Eser 1998 = Eser, Thomas, Schiefe Bilder. Die Zimmernsche Anamorphose und andere Augenspiele aus der Sammlung des Germanischen Nationalmuseums Nürnberg. Nürnberg 1998.

Fiorani 2012 = Fiorani, Francesca, Places of Renaissance mapping. In: Herrschaft verorten. Politische Kartografie im Mittelalter und in der Frühen Neuzeit, hrsg. von Ingrid Baumgärtner und Martina Stercken. Zürich 2012, S. 125–142.

Fischer/Bencard/Rasmussen (Hrsg.) 2009 = Melchior Lorck, hrsg. von Erik Fischer, Ernst Jonas Bencard, Mikael Bogh Rasmussen, Marco Iulioano und Melchior Lorck Fischer. 5 Bde., Kopenhagen 2009–2010.

Fischer 1996 = Fischer, Albert, Daniel Specklin 1536–1589. Festungsbaumeister, Ingenieur und Kartograph. Sigmaringen 1996.

Flint/Jordan (Hrsg.) 2009 = Friedrich Wilhelm Carl von Schmettau. Pionier der modernen Kartographie, Militärschriftsteller, Gestalter von Parks und Gärten, hrsg. von Oliver Flint und Lothar Jordan. Frankfurt/Oder 2009.

Friedrich 2013 = Friedrich, Markus, Die Geburt des Archivs. Eine Wissenschaftsgeschichte. München 2013.

Friedrich 2008 = Friedrich, Susanne, „Zu nothdürfftiger Information". Herrschaftlich veranlasste Landeserfassungen des 16. und 17. Jahrhunderts im Alten Reich. In: Information in der Frühen Neuzeit. Status, Bestände, Strategien, hrsg. von Arndt Brendecke, Markus Friedrich und Susanne Friedrich (Pluralisierung & Autorität 16). Münster 2008, S. 301–334.

Fuchs 2001 = Fuchs, Ralf-Peter, Protokolle von Zeugenverhören als Quellen zur Wahrnehmung von Zeit und Lebensalter in der Frühen Neuzeit. In: Baumann/Wendehorst/Westphal/Ehrenpreis 2001, S. 141–164.

Fuchs 1998 = Fuchs, Ralf-Peter, „Soziales Wissen" in der ländlichen Lebenswelt des 16. Jahrhunderts: Ein kaiserlich-kommissarisches Zeugenverhör. In: Westfälische Forschungen 42 (1998), S. 419–447.

Fuchs 1996 = Fuchs, Ralf-Peter, Um der Ehre. Westfälische Beleidigungsprozesse vor dem Reichskammergericht 1525–1805 (Forschungen zur Regionalgeschichte 28). Paderborn 1999.

Füssel 2015 = Füssel, Marian, Praxeologische Perspektiven in der Frühneuzeitforschung. In: Praktiken der Frühen Neuzeit. Akteure, Handlungen, Artefakte, hrsg. von Arndt Brendecke (Frühneuzeit-Impulse 3). Köln/Weimar/Wien, S. 21–33.

Füssl 1991 = Füssl, Wilhelm, Der Nachlaß Peter Apians. Eine Erbstreitigkeit vor dem Reichskammergericht. In: Wissenschaftliches Jahrbuch, hrsg. vom Deutschen Museum München. München 1991, S. 99–130.

Gebhardt 2007 = Gebhardt, Walter, Art. „Hieronymus Braun". In: Grieb (Hrsg.) 2007, S. 168.

Gehring 2014 = Gehring, Ulrike, Painted Topographies. A Transdisciplinary Approach to Sciene and Technology in Seventheenth-century Landscape Painting. In: Ausst.-Kat. München 2014, S. 23–93.

Giesen 2012 = Giesen, Bernd, Verortung der Eidgenossenschaft im 15. und 16. Jahrhundert. In: Herrschaft verorten. Politische Kartografie im Mittelalter und in der Frühen Neuzeit, hrsg. von Ingrid Baumgärtner und Martina Stercken. Zürich 2012, S. 165–179.

Glauser/Kiening (Hrsg.) 2007 = Text – Bild – Karte. Kartographien der Vormoderne, hrsg. von Jürg Glauser und Christian Kiening. Freiburg im Breisgau 2007.

Göbl 2014 = Göbl, Michael, Die Entwicklung heraldischer Normen im Heiligen Römischen Reich und in der Habsburgermonarchie. In: Sonderdruck aus Herold-Jahrbuch, Neue Folge 19 (2014). Berlin, S. 53–85.

Graessner 2007 = Graessner, Holm, Punkt für Punkt. Zur Kartographie des staatlichen Territoriums vor und mit der Geometrisierung. In: Glauser/Kiening (Hrsg.) 2007, S. 293–316.

Gräf 2019 = Gräf, Holger Th., Der Münster-Plan. Überlegungen zu seiner gattungsspezifischen und gattungsgeschichtlichen Verortung. In: Siekmann (Hrsg.) 2019b, S. 139–145.

Graf 2005 = Graf, Klaus, Adel als Leitbild. In: Gelungene Anpassung? Adelige Antworten auf gesellschaftliche Wandlungsvorgänge vom 14. bis zum 16. Jahrhundert, hrsg. von Horst Carl und Sönke Lorenz. Stuttgart 2006, S. 67–81.

Greub 2007 = Greub, Thierry, Vermeers komponierte Kartographie oder: das ungewohnte Sehen. In: Glauser/Kiening (Hrsg.) 2007, S. 351–375.

Greve 2009 = Greve, Dieter, Friedrich Wilhelm Carl von Schmettau ein bedeutender Topograph und Kartograph des 18. Jahrhunderts. In: Flint/Jordan (Hrsg.) 2009, S. 73–88.

Grieb (Hrsg.) 2007 = Grieb, Manfred H., Nürnberger Künstlerlexikon. Bildende Künstler, Kunsthandwerker, Gelehrte, Sammler, Kulturschaffende und Mäzene vom 12. bis zur Mitte des 20. Jahrhunderts. München 2007.

Grimmsches Wörterbuch = http://dwb.uni-trier.de/de/ zuletzt eingesehen am 26. Januar 2022.

Hadry 2020 = Hadry, Sarah, Kartographie, Chorographie und Territiorialverwaltung um 1600. Die Pfalz-Neuburgische Landesaufnahme (1579/84–1604) (Studien zur bayerischen Verfassungs- und Sozialgeschichte 32). München 2020.

Hahn 2006 = Hahn, Peter-Michael, Fürstliche Wahrnehmung höfischer Zeichensysteme und zeremonieller Handlungen im Ancien Régime. In: Zeichen und Raum. Ausstattung und höfisches Zeremoniell in den deutschen Schlössern der Frühen Neuzeit, hrsg. von Peter-Michael Hahn und Ulrich Schütte. Berlin 2006, S. 9–38.

Harding 2011 = Harding, Elisabeth, Landtag und Adeligkeit. Ständische Repräsentationspraxis der Ritterschaften von Osnabrück, Münster und Ravensberg 1650–1800 (Westfalen in der Vormoderne; Studien zur mittelalterlichen und frühneuzeitlichen Landesgeschichte 10). Münster 2011.

Harding/Hecht 2011 = Harding, Elisabeth und Hecht, Michael, Ahnenproben als soziale Phänomene des Spätmittelalters und der Frühen Neuzeit. Eine Einführung. In: Die Ahnenprobe in der Vormoderne. Selektion – Initiation – Repräsentation, hrsg. von Elisabeth Harding und Michael Hecht (Symbolische Kommunikation und gesellschaftliche Wertesysteme – Schriftenreihe des Sonderforschungsbereichs 496, 37). Münster 2011, S. 9–83.

Harding 2008 = Harding, Elisabeth, Von Vorgängern, Einzelgängern und Gliedern eines Körpers. Frühneuzeitliche Ritterschaften als Orte genealogischer Präsenz. In: Familie – Generation – Institution. Generationenkonzepte in der Vormoderne, hrsg. von Hartwin Brandt, Maximilian Schuh und Ulrike Siewert (Bamberger historische Studien 2). Bamberg 2008, S. 95–120.

Harley 2004 = Harley, John Brian, Das Dekonstruieren der Karte. In: An Architektur. Produktion und Gebrauch gebauter Umwelt 11 (2004), S. 4–19.

Härter 2020 = Härter, Karl, Galgenlandschaften. Die Visualisierung und Repräsentation von Stätten und Räumen der Strafjustiz in bildhaften Medien der Frühen Neuzeit. In: Baumann/Schmolinsky/Timpener (Hrsg.) 2020, S. 109–137.

Hattendorff 2020 = Hattendorff, Claudia; Bild und Augenzeugenschaft. Überlegungen zu einer Nahbeziehung. In: Baumann/Schmolinsky/Timpener (Hrsg.) 2020, S. 139–154.

Hattendorff 2016 = Hattendorff, Claudia, Bild und Augenzeugenschaft bei Jean-Louis Prieur und Luis François Lejeune. Visuelle Wahrheitsbezeugungen in Frankreich um 1800. In: Marburger Jahrbuch für Kunstwissenschaft 43 (2016), S. 67–94.

Hauck 1953 = Hauck, Johann Georg, Johannn Georg Vetter (1681–1745). In: Jahrbuch für fränkische Landesforschung 11/12 (1953), S. 297–322.

Hausmann (Hrsg.) 1995 = Hausmann, Jost, Fern vom Kaiser. Städte und Stätten des Reichskammergerichts, hrsg. von Jost Hausmann in Verbindung mit der Gesellschaft für Reichskammergerichtsforschung e. V. Köln/Weimar/Wien 1995.

Hausmann (1994) = Hausmann, Jost, „Mandati de tollendo limites“. Zum Problem der Grenzen in der Praxis der Höchstgerichtsbarkeit. In: Ausst.-Kat. Wetzlar 1994, S. 221–230.

Heck 2002a = Heck, Kilian, Genealogie als Argument. Der Beitrag dynastischer Wappen zur politischen Raumbildung der Neuzeit. München/Berlin 2002.

Heck 2002b = Heck, Kilian, Grabmonumente als soziale Raumbildung. Dietrich von Fürstenberg und die Grabdenkmale des Domkapitels im Paderborner Dom. In: Bildnis, Fürst und Territorium, hrsg. vom Thüringer Landesmuseum Heidecksburg-Rudolstadt, bearb. von Andreas Beyer, Ulrich Schütte und Lutz Unbehaun (Rudolstädter Forschungen zur Residenzkultur II). München/Berlin 2000, S. 141–153.

Heck/Jahn 2000 = Heck, Kilian und Jahn, Bernhard, Genealogie als Denkform im Mittelalter und Früher Neuzeit. Einleitung. In: Genealogie als Denkform im Mittelalter und Früher Neuzeit. Leistungen und Aporien einer Denkform, hrsg. von Kilian Heck und Bernhard Jahn. Tübingen 2000, S. 1–9.

Heinz 2002 = Heinz, Markus, Die Geschichte des Homännischen Verlags. Johann Baptist Homann und Johann Christoph Homann 1702–1730. In: Aust.-Kat. Nürnberg 2002, S. 34–47.

Hermel/Meister/Recker 2004 = Hermel, Jochen, Meister, Stefan und Recker, Gabriele, Ein Streit um Hoheitsrechte in der Gemarkung Kröftel. In: Nassauische Annalen 115 (2004), S. 119–184.

Hillmann 1999 = Hillmann, Jörg, Territorialrechtliche Auseinandersetzungen der Herzöge von Sachsen-Lauenburg vor dem Reichskammergericht im 16. Jahrhundert (Rechtshistorische Reihe 202). Frankfurt/Main 1999.

Hoppe 2014 = Hoppe, Stefan, Die vermessene Stadt. Kleinräumige Vermessungskampagnen im Mitteleuropa des 16. Jahrhunderts und ihr funktionaler Kontext. In: Baumgärtner (Hrsg.) 2014b, S. 251–276.

Hörner 2018 = Hörner, Manfred, Ein Reichsritter will sich das Jagen nicht verbieten lassen, in: Aust.-Kat. München 2017, S. 244–249.

Hörner/Ksoll-Marcon (Bearb.) 2012 = Bayerisches Hauptstaatsarchiv Reichskammergericht, Bd. 9, Nr. 3228–3883 (Buchstabe F), Bayerische Archivinventare 50/9, bearb. von Manfred Hörner und Margit Ksoll-Marcon, hrsg. von der Generaldirektion der Staatlichen Archive Bayerns. München 2012, Nr. 3569, S. 304.

Horst 2014 = Horst, Thomas, Gericht und Herrschaft in Bayern. In: Baumgärtner. 2014b, S. 233–250.

Horst 2012 = Horst, Thomas, Die Welt als Buch. Gerhard Mercator und der erste Weltatlas. München 2012.

Horst 2009 = Horst, Thomas, Die älteren Manuskriptkarten Altbayerns. Eine kartographiehistorische Studie zum Augenscheinplan unter besonderer Berücksichtigung der Kultur- und Klimageschichte (Schriftenreihe zur bayerischen Landesgeschichte 161). 2 Bde., München 2009.

Jäger-Sunstenau 1985 = Jäger-Sunstenau, Hans, Über die Wappenverleihungen der Deutschen Kaiser 1328 bis 1806. In: Genealogie 17/5, 34. Jahrgang (1985), S. 529–535.

Jahn/Kirmeier/Petz/Brockhoff (Hrsg.) 1998 = Bürgerfleiß und Fürstenglanz. Reichsstadt und Fürstabtei Kempten, hrsg. von Wolfgang Jahn, Josef Kirmeier, Wolfgang Petz und Evamaria Brockhoff. Ausstellungskatalog Kempten 1998, S. 147–148.

Jahns 2011/2003 = Jahns, Sigrid, Das Reichskammergericht und seine Richter. Verfassung und Sozialstruktur eines höchsten Gerichts im Alten Reich. Teil I: Darstellung und Teil II: Biographien. Bd. 1–2, Köln/Weimar/Wien 2011.

Jordan 2009 = Jordan, Lothar, Friedrich Wilhelm Carl von Schmettau. Ein Bildungsprofil des 18. Jahrhunderts: Spezialisierung und Vielseitigkeit. In: Flint/Jordan (Hrsg.) 2009, S. 23–35.

Jütte 2000 = Jütte, Robert, Geschichte der Sinne: Von der Antike bis zum Cyberspace. München 2000.

Kaltwasser (Bearb.) 2000 = Inventar der Akten des Reichskammergerichts 1495–1806. Veröffentlichungen der Frankfurter Historischen Kommission XXI, Frankfurt/Main 2000.

Karg 1992 = Karg, Franz A., „Gepew an der Iler“: Brücken und Bauten an der Iller im Bereich ehemaliger Fuggerscher Herrschaften in der frühen Neuzeit. In: Die Iller. Geschichten am Wasser von Noth und Kraft, hrsg. von Otto Kettemann und Ursula Winkler (Druckerzeugnisse des Schwäbischen Bauernhofmuseums Illerbeuren 5). Kronburg-Illerbeuren 1992, S. 155–169.

Kern 2010 = Kern, Ralf, Wissenschaftliche Instrumente in ihrer Zeit. Bd. 1: Vom Astrolab zum mathematischen Besteck. 15. und 16. Jahrhundert. Köln 2010.

Kern 1994 = Kern, Bernd-Rüdiger, Art. „Noë Meurer“. In: NDB 17 (1994), S. 269–270.

Kiefer 2009 = Kiefer, Willy, Eine malerische Landschaftsdarstellung der Gegend um Wüstensachsen in der Rhön. In: Fuldaer Geschichtsblätter, Zeitschrift des Fuldaer Geschichtsvereins Jahrgang 85/2009, S. 34–48.

Kirmse 1962 = Kirmse, Rolf, Zu Mercators Tätigkeit als Landmesser in seiner Duisburger Zeit. In: Festschrift zum 450. Geburtstag Gerhard Mercators (Duisburger Forschungen 6). Duisburg 1962, S. 91–114.

Köhnen 2009 = Köhnen, Ralph, Das optische Wissen. Mediologische Studien zu einer Geschichte des Sehens. München 2009.

Köster 1950 = Köster, Kurt, Geographenfamilie Mercator. In: Hessisches Jahrbuch für Landesgeschichte 1 (1950), S. 171–192.

Krämer 2008 = Krämer, Sybille, Medium, Bote, Übertragung. Kleine Metaphysik der Medialität. Frankfurt/Main 2008.

Kranz 2004 = Kranz, Anette, Christoph Amberger – Bildnismaler zu Augsburg. Städtische Eliten im Spiegel ihrer Porträts. Regensburg 2004.

Krausen (Bearb.) 1973 = Die handgezeichneten Karten im Bayerischen Hauptstaatsarchiv sowie in den Staatsarchiven Amberg ung Neuburg an der Donau bis 1650 (Bayerische Archivinventare 37), Neustadt a.d. Aisch 1973.

Landkarten 1986 = Landkarten aus vier Jahrhunderten, bearb. von Heinz Musall u.a. 2. verb. Aufl. Karlsruhe 1987.

Landwehr 2006 = Landwehr, Achim, Der Raum als „genähte“ Einheit: Venezianische Grenzen im 18. Jahrhundert. In: Vermessen, Zählen, Berechnen. Die politsche Ordnung des Raums im 18. Jahrhundert. In: Behrisch (Hrsg.) 2006, S. 45–64.

Lechtermann 2016 = Lechtermann, Christina, Herrschaft und Messkunst. Das geometrische Erbe der Kurfürsten von Pfalz(-Simmern). In: Natur und Herrschaft. Analysen zur Phsyik der Macht, hrsg. von Kay Peter Jankrift, Alexander Kagerer, Christian Kaiser, María Angeles und Martín Romera. Berlin/Boston 2016, S. 187–218.

Lehmann 2014 = Lehmann, Johanna, Karten als Informationsträger frühneuzeitlicher Herrschaft. Zwei Regionalkarten des Spessarts. In: Baumgärtner (Hrsg.) 2014b, S. 219–231.

Leidel 2017 = Leidel, Gerhard, Untersuchungen zur Archivwissenschaft. In: Archivalische Zeitschrift 95 (2017), S. 27–44.

Leidel 2006a = Leidel, Gerhard, Die amtliche Kartographie in Bayern bis zum Flurkartenwerk. In: Ausst.-Kat. München 2006, S. 11–24.

Leidel 2006b = Leidel, Gerhard, Die Gegend um Geilsheim östlich von Wassertrüdingen. In: Ausst.-Kat. München 2006, S. 262–265.

Leidel 2005 = Leidel, Gerhard, „Der bürokratische Blick auf die Welt". Vom Augenschein zur Flurkarte. In: Geschichte „in die Hand genommen". Die geschichtlichen Hilfswissenschaften zwischen historischer Grundlagenforschung und methodischer Herausforderungen, hrsg. von Georg Vogeler. Münchner Universitätsschriften 2005, S. 259–288.

Leidel 1998 = Leidel, Gerhard, Der Lech bei Füssen 1553. In: Ausst.-Kat. München 1998, S. 138–145.

Leidel 1989 = Leidel, Gerhard, Die bayerische Landschaft als Darstellungsproblem der archivischen Kartographie des 16. Jahrhunderts. In: Ausst.-Kat. München 1989, S. 166–179.

Leonhard 2006 = Leonhard, Karin, Was ist Raum im 17. Jahrhundert? Die Raumfrage des Barocks: Von Decartes zu Newton und Leibniz. In: Visuelle Argumentationen. Die Mysterien der Repräsentation und die Berechenbarkeit der Welt, hrsg. von Horst Bredekamp und Pablo Schneider. München 2006, S. 11–34.

Lepsius 2003 = Lepsius, Susanne, Von Zweifeln zur Überzeugung. Der Zeugenbeweis im gelehrten Recht ausgehend von der Abhandlung des Bartolus von Sassoferrato. Frankfurt/Main 2003.

Lindgren 1989 = Lindgren, Uta, Astronomische und geodätische Instrumente zur Zeit Peter und Philipp Apians. In: Ausstellungskatalog Philipp Apian und die Kartographie der Renaissance. München 1989, S. 43–65.

Lohrbächer 2007 = Lohrbächer, Klaus und Bernd, Ortsgeschichte im Brennpunkt: Die Gemeinde Heiligenstein und Berghausen im Zeitalter der katholischen Reform, hrsg. vom Heimat- und Brauchtumsverein Römerberg e. V., Darmstadt 2007.

Lönnecker 1992 = Lönnecker, Harald, Die Ahnenprobe und ihre heraldisch-genealogischen Voraussetzungen. In: Mabellons Speer. Zeitschrift zum 80. Geburtstag von Walter Heinemeyer, hrsg. von Peter Rück. Marburg 1992, S. 367–387.

Lotman 1990 = Lotman, Jurij M., Über die Semiosphäre. In: Zeitschrift für Semiotik 12/4 (1990), S. 287–305.

Mannsbart 2020 = Claus Mannsbart, Das beschlagnahmte Beil und der „Augenscheinbeweis". In: Ausst.-Kat. München 2020, S. 44–47.

Mantel 1984 = Mantel, Kurt, Art. „Noë Meurer". In: HRG 3 (1984), Sp. 529–531.

Mauer 2000 = Mauer, Benedikt, Patriarchisches Bewußtsein in Augsburger Chroniken. Wappen und Ehrenbücher. In: Adelige und bürgerliche Erinnerungskulturen des Spätmittelalters und der Frühen Neuzeit, hrsg. von Werner Rösener (Formen der Erinnerung 8). Göttingen 2000, S. 163–176.

Marx 2014 = Marx, Barbara, Ergreifen, Begreifen. Das „Reißgemach" des Kurfürsten August in der Kurfürstlichen Kunstkammer im Residenzschloss Dresden. In: Baumgärtner (Hrsg.) 2014b, S. 31–68.

Marx-Jaskulski/Wenz-Haubfleisch (Hrsg.) 2020 = Pragmatische Visualisierung. Herrschaft, Recht und Alltag in Verwaltungskarten, hrsg. von Katrin Marx-Jaskulski und Annegret Wenz-Haubfleisch (Schriften des Hessischen Staatsarchivs Marburg 38). Marburg 2020.

Melville 1987 = Melville, Gert, Vorfahren und Vorgänger. Spätmittelalterliche Genealogien als dynastische Legitimation von Herrschaft. In: Die Familie als sozialer und historischer Verband. Untersuchungen zum Spätmittelalter und zur frühen Neuzeit, hrsg. von Peter-Johannes Schuler. Sigmaringen 1987, S. 203–309.

Meurer 2010 = Meurer, Peter H., Art. „Daniel Specklin". In: NDB 24 (2010), S. 638–639.

Meurer 1991 = Meurer, Peter H., Fontes Cartographici Orteliana. Das „Theatrum Orbis Terrarum" von Abraham Ortelius und seine Kartenquellen. Weinheim 1991.

Meys 2009 = Meys, Oliver, Memoria und Bekenntnis. Die Grabdenkmäler evangelischer Landesherren im Heiligen Römischen Reich deutscher Nation im Zeitalter der Konfessionalisierung. Regensburg 2009.

Michalsky 2014 = Michalsky, Tanja, Das Wissen der Kunst. Ein Plädoyer für den visuellen Diskurs in Landschaftsmalerei und Kartographie. In: Die Entdeckung der Ferne. Natur und Wissenschaft in der niederländischen Malerei des 17. Jahrhunderts, hrsg. von Ulrike Gehring. Paderborn 2014, S. 17–39.

Michalsky 2011 = Michalsky, Tanja, Projektion und Imagination. Die niederländische Landschaftsmalerei im Diskurs von Geographie und Malerei. München 2011.

Michalsky 2007 = Michalsky, Tanja, Medien der Beschreibung zum Verhältnis von Kartographie, Topographie und Landschaftsmalerei in der Frühen Neuzeit. In: Glauser/Kiening (Hrsg.) 2007, S. 319–349.

Michalsky 2002 = Michalsky, Tanja, Hic est mundi punctus et materia gloriae nostrae. Der Blick auf die Landschaft als Komplement ihrer kartographischen Eroberung. In: Das Geheimnis am Beginn der europäischen Moderne, hrsg. von Klaus Reichert, Gisela Engel und Brita Rang (Zeitsprünge; Forschungen zur Frühen Neuzeit 6). Frankfurt/Main 2002, S. 436–453.

Miedel 1978 = Miedel, Hilke, Zwei unbekannte Landkarten von Michael Hospinus. In: Zeitschrift für Württembergische Landesgeschichte, Jahrgang 1975/76. Stuttgart 1978, S. 358–362.

Morsel 1998 = Morsel, Joseph, Geschlecht und Repräsentation. Beobachtungen zur Verwandschaftskonstruktion im fränkischen Adel und späten Mittelalter. In: Die Repräsentation der Gruppen. Texte – Bilder – Objekte, hrsg. von Otto Gerhard Oexle und Andrea von Hülsen-Esch (Veröffentlichungen des Max-Planck-Instituts für Geschichte 141), Göttingen 1998, S. 259–325.

Neumann 2002 = Neumann, Joachim, Reichskammergericht und Kartographie. Über Entstehung und Benennung der Augenschein-Karten. In: Geschichte der Kartographie. 9. Kartographiehistorisches Colloquium Rostock 1998, hrsg. von Wolfgang Scharfe in Verbindung mit der Kommission Geschichte der Kartographie. Bonn 2002, S. 163–169.

Oehme/Zögner (Hrsg.) 1989 = Tilemann Stella (1525–1589): Der Kartograph der Ämter Zweibrücken und Kirkel des Herzogtums Pfalz-Zweibrücken. Leben und Werk zwischen Wittenberg, Mecklenburg und Zweibrücken, hrsg. von Ruthardt Oehme und Lothar Zögner. Koblenz 1989.

Oehme 1982 = Oehme, Ruthardt, Johannes Oettinger 1577–1633. Geograph, Kartograph und Geodät. Stuttgart 1982.

Oehme 1961 = Oehme, Ruthardt, Geschichte der Kartographie des deutschen Südwestens. Konstanz 1961.

Oestmann 2005 = Oestmann, Peter, Art. „Artikelprozess“. In: HRG I (2005), Sp. 313–314.

Oestmann 2004 = Oestmann, Peter, Zunftzwang und Handelsfreiheit im frühen 19. Jahrhundert. In: ZNR 26 (2004), S. 246–261.

Oestmann 2002 = Oestmann, Rechtsvielfalt vor Gericht. Rechtsanwendung und Partikularrecht im Alten Reich (Rechtsprechung 18). Frankfurt/Main 2002.

Ortlieb 2009 = Ortlieb, Eva, Art. „Reichshofrat“, Sp. 914–921 und Art. „Reichskammergericht“, Sp. 923–929. In: Enzyklopädie der Neuzeit 10 (2009).

Ortlieb 2001 = Ortlieb, Eva, Im Auftrag des Kaisers. Die kaiserlichen Kommissionen des Reichshofrats und die Regelung von Konflikten im Alten Reich (1637–1657) (Quellen und Forschungen zur Höchsten Gerichtsbarkeit 38). Köln/Weimar/Wien 2001.

Österreichisches Staatsarchiv 1907 = Österreichisches Staatsarchiv, Abt. Haus-, Hof- und Staatsarchiv. Mainzer Erzkanzlerarchiv, Reichskanzlei und Taxamt I: gedruckt bei Thomas Fellner und Heinrich Kretschmayr (Bearb.). Die österreiche Zentralverwaltung I. Von Maximilian I. bis zur Vereinigung der österreichischen und böhmischen Hofkanzlei 1749. Wien 1907

Pápay 1985 = Pápay, Gyula, Ein berühmter Kartograph des 16. Jahrhunderts in Mecklenburg: Leben und Werk Tilemann Stellas (1525–1589). In: Beiträge zur Kunstgeschichte Mecklenburgs aus Wissenschaft und Technik. Rostock 1985, S. 17–24.

Paravicini 1998 = Paravicini, Werner, Gruppe und Person. Repräsentation durch Wappen im späten Mittelalter. In: Die Repräsentation der Gruppen. Texte – Bilder – Objekte, hrsg. von Otto Gerhard Oexle und Andrea von Hülsen-Esch (Veröffentlichungen des Max-Planck-Instituts für Geschichte 141). Göttingen 1998, S. 327–389.

Pastoureau 1985 = Pastoureau, Michel, L'État et son image emblématique. In: Culture et idéologie dans la genèse de l'État moderne. Actes de la table ronde de Rome (15–17 octobre 1984), hrsg. von École Française de Rome (Publications de l'École française de Rome 82). Rom 1985, S. 145–153.

Plaßmeyer 2010 = Plaßmeyer, Peter, Herrschaft verteidigen. Artilleristische Richtinstrumente als Resultat und Mittel strategischen Denkens im 16. Jahrhundert. In: Genau messen = Herrschaft verorten. Das Reißgemach von Kurfürst August, ein Zentrum der Geodäsie und Kartographie, hrsg. von Wolfram Dolz und Yvonne Fritz. Dresden 2010, S. 64–72.

Poten 1890 = von Poten, Bernhard, Art. „Friedrich Wilhelm Karl Graf von Schmettau 1742–1806". In: ADB 1890, S. 640–641.

Prange 1963 = Prange, Wolfgang, Lauenburgische Prozesskarten des 16. und 17. Jahrhunderts. In: Lauenburgische Heimat, Neue Folge 43 (1963), S. 15–32.

Prinz 2014 = Prinz, Sophia, Die Praxis des Sehens. Über das Zusammenspiel von Körpern, Artefakten und visueller Ordnung. Bielefeld 2014.

Puccio 2019 = Laetitia Puccio (Hrsg.), Trésors de procedure. Les dossiers du tribunal de la chambre impériale conserves aux archives de l'état en Belgique (1495–1806). Bruxelles 2019.

Rack 1988 = Rack, Klaus-Dieter, Die Burg Friedberg im Alten Reich. Studien zu ihrer Verfassungs- und Sozialgeschichte zwischen dem 15. und 19. Jahrhundert (Quellen und Forschungen zur hessischen Geschichte 72), Darmstadt/Marburg 1988.

Ranft 2000 = Ranft, Andreas, Adlige Wappen-, Turnier-, Haus- und Familienbücher. Zur Notationspraxis von Wappen- und Namenslisten. In: Adelige Welt und familiäre Beziehung. Aspekte der „privaten Welt" des Adels in böhmischen, polnischen und deutschen Beispielen vom 14. bis zum 16. Jahrhundert, hrsg. von Heinz-Dieter Heimann. Potsdam 2000, S. 115–139.

Ranieri 1985 = Ranieri, Filippo, Recht und Gesellschaft im Zeitalter der Rezeption (Quellen und Forschungen zur Höchsten Gerichtsbarkeit 17/I–II). Köln/Weimar/Wien 1985.

Rasche 2016 = Rasche, Anja, Das Reichskammergericht in Speyer (1527–1689): ein kunsthistorischer Blick auf die bauliche Überlieferung des höchsten Gerichts. In: Baumann/Kemper (Hrsg.) 2016, S. 114–135.

Rau 2013 = Rau, Susanne, Räume: Konzepte, Wahrnehmung, Nutzungen. Frankfurt/Main 2013.

Recker 2004a = Recker, Gabriele, Gemalt, gezeichnet und kopiert. Karten in den Akten des Reichskammergerichts (Schriftenreihe der Gesellschaft für Reichskammergerichtsforschung 30). Wetzlar 2004.

Recker 2004b = Recker, Gabriele, Karten vor Gericht. In: zeitenblicke. Online-Journal für die Geschichtswissenschaften 3 (2004), Nr. 3 [13.12.2004] URL http://www.zeitenblicke.de/2004/03/editorial-deu.htm zuletzt eingesehen am 10. Oktober 2021.

Recker 2003 = Recker, Gabriele, Von Trier nach Köln 1550–1850. Kartographiehistorische Beiträge zur historisch-geographischen Verkehrswegeforschung. Betrachtungen zum Problem der Altkarten als Quellen anhand eines Fallbeispiels aus den Rheinlanden. Rahden 2003.

Recker 2001 = Recker, Gabriele, Prozeßkarten in den Reichskammergerichtskarten. Ein methodischer Beitrag zur Erschließung und Auswertung einer Quellengattung. In: Baumann/Westphal/Wendehorst/Ehrenpreis (Hrsg.) 2001, S. 165–182.

Recker 1997 = Recker, Gabriele, Augenschein in Sachen Köln contra Köln. Zwei Exemplare einer Prozesskarte. In: Jahrbuch des Kölner Geschichtsvereins 68 (1997), S. 143–152.

Reinhardt 2018 = Reinhardt, Volker, Leonardo da Vinci. Das Auge der Welt. München 2018.

Reitemeyer 2020 = Reitemeyer, Arnd, Die Landesaufnahme des Fürstentums Braunschweig-Wolfenbüttel im Jahr 1574 durch Gottfried Mascop. In: Marx-Jaskulski/Wenz-Haubfleisch (Hrsg.) 2020, S. 61–70.

Repertorium Stuttgart A–C 1993 = Akten des Reichskammergerichts im Hauptstaatsarchiv Stuttgart. Inventar des Bestands C 3, bearb von Alexander Brunotte und Raimund J. Weber (Veröffentlichungen der staatlichen Archivverwaltung Baden-Württemberg 46/1). Stuttgart 1993.

Rheinberger/Hagner/Wahrig-Schmidt (Hrsg.) 1997 = Räume des Wissens. Repräsentation, Codierung, Spur, hrsg. von Hans-Jörg Rheinberger, Michael Hagner und Bettina Wahrig-Schmidt. Berlin 1997.

Robe 2014 = Robe, Martin, Einen „wahrhafften, onfeeligen Augenschein, welches die hochst beweysung ist". Die Augenscheinkarte von Christoph Amberger. In: Ausstell.-Kat. Wetzlar 2014, S. 47–53.

Roll 1996 = Roll, Christine, Das zweite Reichsregiment 1521–1530 (Forschungen zur deutschen Rechtsgeschichte). Köln/Weimar/Wien 1996.

Roth 2014 = Roth, Andreas, Art. „Landfriedensbruch". In: HRG 2. Auflage 19. Lieferung, 2014, Sp. 505–509.

Rothmann 2020 = Michael Rothmann, Ein Frankfurter Kartenmaler: Elias Hofmann. In: Berger/Hynek/Maresch/Rothmann/Schmieder (Hrsg.) 2020, S. 31–40.

Rutz 2020 = Rutz, Andreas, Territoriale Verwaltung und kartographische Produktion in der Reichsstadt Nürnberg im 16. Jahrhundert. In: Marx-Jaskulski/Wenz-Haubfleisch (Hrsg.) 2020, S. 15–38.

Rutz 2019 = Rutz, Andreas, Landesherrschaft und kartographische Revolution. Zur Bedeutung von Karten bei der Konstruktion territorialer Grenzen im Alten Reich. In: Grenzraum und Repräsentation. Perspektiven auf Raumvorstellungen und Grenzkonzepte in der Vormoderne, hrsg. von Stephan Laux und Maike Schmidt (Trierer Historische Forschungen 74). Trier 2019, S. 39–59.

Rutz 2018 = Rutz, Thomas, Die Beschreibung des Raums. Territoriale Grenzziehungen im Heiligen Römischen Reich (Norm und Struktur; Studien zum sozialen Wandel in Mittelalter und Früher Neuzeit 47). Köln/Weimar/Wien 2018.

Schäffner 1997 = Schäffner, Wolfgang, Operation Topographie. Repräsentationsräume in den Niederlanden um 1600. In: Rheinberger/Hagner/Wahrig-Schmidt (Hrsg.) 1997, S. 63–90.

Schildt 2010 = Schildt, Bernd, Wandel in der Erschließung der Reichskammergerichtsakten. Vom gedruckten Inventar zur Online-Recherche in der Datenbank. In: Das Reichskammergericht im Spiegel seiner Prozessakten. Bilanz und Perspektiven der Forschung, hrsg. von Friedrich Battenberg, Bernd Schildt (QFHG 57). Köln/Weimar/Wien 2010, S. 35–63.

Schlögl 2014 = Schlögl, Rudolf, Anwesende und Abwesende. Grundriss für eine Gesellschaftsgeschichte der Frühen Neuzeit. Konstanz 2014.

Schlögl 2007 = Schlögl, Daniel, Der planvolle Staat: Raumerfassung und Reformen in Bayern 1750 bis 1800. Schriftenreihe zur bayerischen Landesgeschichte. München 2002.

Schlottmann/Wintzer 2019 = Weltbildwechsel. Ideengeschichten geographischen Denkens und Handelns, hrsg. von Antje Schlottmann und Jeanine Wintzer, Bern 2019.

Schmidt 2002 = Schmidt, Burghart, Mappae Germaniae. Das Alte Reich in der karthographischen Überlieferung der Frühen Neuzeit. In: Imperium Romanum – irregulare corpus – Teutscher Reichs-Staat. Das Alte Reich im Verständnis der Zeitgenossen und der Historiographie, hrsg. von Matthias Schnettger. Mainz 2002, S. 3–25.

Schneider/Brakensiek (Hrsg.) 2015 = Gerhard Mercator. Wissenschaft und Wissenschaftstransfer, hrsg. von Ute Schneider und Stefan Brakensiek. Darmstadt 2015.

Schneider 2012 = Schneider, Ute, Die Macht der Karten. Eine Geschichte der Kartographie vom Mittelalter bis heute. 3. erw. und akt. Aufl. Darmstadt 2012.

Schneider 2011 = Schneider, Joachim, Die Ahnenprobe der Reichsburg und Ganerbschaft Friedberg in der Vormoderne. Überlieferung, Praxis, Fakten. In: Harding/Hecht 2011, S. 209–232.

Schnurrer 1968 = Schnurrer, Ludwig, Johann Georg Vetter (1681–1745) und sein Werk. Zur Veröffentlichung der Beschreibung des Oberamts Wassertrüdingen. In: Jahrbuch des Historischen Vereins „Alt-Dinkelsbühl" für 1968, S. 30–31.

Schoch 2014 = Schoch, Rainer, „Spiegel und Bildnis des ganzen Erdbodens": Überschau- und Weltlandschaften der Frühen Neuzeit. In: Ausst.-Kat. Nürnberg 2014, S. 18–37.

Schoch 2014a = Schoch, Rainer, Der strategische Blick: Die Militärperspektive. In: Ausst.-Kat. Nürnberg 2014, S. 234–245.

Schoch 2014b = Schoch, Rainer, Architektonische Szenographien. In: Ausst.-Kat. Nürnberg 2014, S. 126–131

Schramm 2008 = Schramm, Manuel, Die Entstehung der modernen Landschaftswahrnehmung (1580–1730). In: HZ 287 (2008), S. 37–59.

Schunka 2000 = Schunka, Alexander, Soziales Wissen und dörfliche Welt. Herrschaft, Jagd und Naturwahrnehmung in Zeugenaussagen des Reichskammergerichts aus Nordschwaben (16.–17. Jahrhundert) (Münchner Studien zur neueren und neuesten Geschichte 21). Frankfurt/Main 2000.

Schürmann 2006 = Schürmann, Eva, Sehen als Praxis. Ethisch-ästhetische Studien zum Verhältnis von Sicht und Einsicht. Frankfurt/Main 2006.

Schütte 2000 = Schütte, Ulrich, Sakraler Raum und die Körper der Fürsten. Schloßkapellen und genealogisches Denken in den thüringischen Territorien um 1700. In: Genealogie als Denkform im Mittelalter und Früher Neuzeit, hrsg. von Kilian Heck und Bernhard Jahn (Studien und Texte zur Sozialgeschichte der Literatur 80). Tübingen 2000, S. 123–136

Schwarz 2004 = Schwarz, Albert, Rund um Neuscharfeneck – Land- und Herrschaft um 1550. Eschbach 2004.

Schwarzmaier 1986a = Schwarzmaier, Hansmartin, Kartographie und Gerichtsverfahren. Karten des 16. Jahrhunderts als Aktenbeilagen. Zugleich ein Katalog der ältesten und handgezeichneten Karten des Generallandesarchivs Karlsruhe. In: Aus der Arbeit des Archivars. Festschrift für Eberhard Gönner (Veröffentlichungen der staatlichen Archivverwaltung Baden-Württemberg 44). Stuttgart 1986, S. 163–186.

Schwarzmaier 1986b = Schwarzmaier, Hansmartin. Landkarten – Kunstwerke im Dienste der Justiz. In: Landkarten 1986, S. 21–28.

Seitter 1985 = Seitter, Walter, Menschenfassungen. Studien zur Erkenntnispolitikwissenschaft. München 1985.

Siegel 2011 = Siegel, Steffen, Die ganze Karte. Für eine Praxeologie des Kartographischen. In: Die Werkstatt des Kartographen. Materialien und Praktiken visueller Welterzeugung, hrsg. von Steffen Siegel und Petra Weigel. München 2011, S. 7–28.

Siekmann 2019a = Siekmann, Mechthild, Topographie und Identität. Der Münster-Plan erzählt. In: Siekmann (Hrsg.) 2019b, S. 33–103.

Siekmann (Hrsg.) 2019b = Tatort Domplatz. Der Münster-Plan von 1609 und seine Geschichte(n). Dokumentation und Faksimile. Hrsg. i. A. des Instituts für vergleichende Städtegeschichte von Mechthild Siekmann. 2. korr. Aufl. Bielefeld 2019.

Snyder 2007 = Snyder, Maria, Mathematische und militärische Perspektiven im Süddeutschland des 16. Jahrhunderts. Schedel, Münster, Dürer und Specklin. In: Text – Bild – Karte. Kartographie der Vormoderne. Freiburg/Berlin/Wien 2007, S. 275–293.

Spieß 2021 = Spieß, Karl-Heinz, Herrschaftsrepräsentation und Sozialprestige im spätmittelalterlichen Hochadel. In: Herrschaft und Repräsentation. Dynastien, Prestige und Macht in Liechtenstein 1400–1900, hrsg. von Arthur Brunhart. Zürich 2021, S. 15–42.

Spieß 2018 = Spieß, Karl-Heinz, Dynastische Identitäten durch Genealogie. In: Geschichtsentwürfe und Identitätsbildung am Übergang zur Neuzeit. Bd. 2: Soziale Gruppen und Identitätspraktiken, hrsg. von Udo Friedrich, Ludger Grenzmann und Frank Rexroth. Berlin/Boston 2018, S. 3–26.

Stievermann 2021 = Stievermann, Dieter, Herrschaftswechsel, Herrschaftsstruktur und Herrschaftspräsentation zur Zeit der Freiherren von Brandis. In: Herrschaft und Repräsentation. Dynastien, Prestige und Macht in Liechtenstein 1400–1900, hrsg. von Arthur Brunhart. Zürich 2021, S. 97–114.

Stoichita 1998 = Stoichita, Victor I., Das selbstbewußte Bild. Vom Ursprung der Metamalerei. München 1998.

Stollberg-Rilinger 2015 = Stollberg-Rilinger, Barbara, Gut vor Ehre oder Ehre vor Gut? Zur sozialen Distinktion zwischen Adels- und Kaufmannsstand in der Ständeliteratur der Frühen Neuzeit. In: Augsburger Handelshäuser im Wandel des historischen Urteils, hrsg. von Johannes Burkhardt in Zusammenarbeit mit Thomas Nieding und Christine Werkstetter (Colloquia Augustana 3). Berlin/Boston 2015, S. 31–45.

Stolleis 2008 = Stolleis, Michael, The legitimation of Law through God, Tradition, Will, Nature and Constitution. In: Daston/Stolleis (Hrsg.) 2008, S. 45–56.

Suttor 2019 = Vues de la Meuse à Liège et à Leuth au xvie siècle. In: Trésors de procédure. Les dossiers du tribunal de la chambre impériale conservés aux archives de l'état en Belgique (1495–1806), hrsg. von Laetizia Puccio. Bruxelles 2019, S. 79–89.

Taddey 1980 = Taddey, Gerhard, Über den Augenschein. In: Der Archivar 33 (1980), Sp. 397–402.

Teuscher 2011 = Teuscher, Simon, Verwandtschaft in der Vormoderne. Zur politischen Karriere eines Beziehungskonzepts. In: Die Ahnenprobe in der Vormoderne. Selektion – Initiation – Repräsentation, hrsg. von Elisabeth Harding und Michael Hecht (Symbolische Kommunikation und gesellschaftliche Wertesysteme – Schriftenreihe des Sonderforschungsbereichs 496, 37). Münster 2011, S. 85–106.

Timpener 2022 = Timpener, Evelien, In Augenschein genommen. Hessische Lokal- und Regionalkartographie in Text und Bild (1500–1575) (bibliothek altes Reich) München 2022.

Timpener 2019 = Timpener, Evelien, Die Karte als Argument? Bildliche Darstellungen von territorialen Verhältnissen in Reichskammergerichtsprozessen zwischen Frankfurt und Hanau-Münzenberg im 16. Jahrhundert. In: Reichsstadt als Argument. 6. Tagung des Mühlhäuser Arbeitskreises für Reichsstadtgeschichte Mühlhausen 12. bis 14.02.2018, hrsg. von Mathias Kälble und Helge Wittmann. Petersberg 2019, S. 195–219.

Topgaya 2012 = Topgaya, Ygit, Kulturelle Praktiken der Herrschaftsrepräsentation und ihrer Zirkulationsräume. Panorama einer historischen Belagerung. In: Baumgärtner/Stercken. Zürich 2012, S. 293–310.

Torge 2009 = Torge, Wolfgang, Geschichte der Geodäsie in Deutschland. 2. Aufl. Berlin 2009.

Trümper 2017 = Trümper, Timo: Heinrich Füllmaurer und Umkreis. In: Ausst.-Kat. Stuttgart 2017, S. 338.

Velminski 2009 = Velminski, Wladimir, Leonhard Eulers Strategien der Anschaulichkeit. Berlin 2009.

Vogeler (Hrsg.) 2005 = Geschichte „in die Hand genommen". Die geschichtlichen Hilfswissenschaften zwischen historischer Grundlagenforschung und methodischen Herausforderungen, hrsg. von Georg Vogeler (Münchner Kontaktstudium Geschichte 8). München 2005.

Vollmer 2003 = Vollmer, Rainer, Die Vielsichtigkeit von Karten als kulturhistorische Produkte. In: Geschichtsdeutung auf alten Karten. Archäologie und Geschichte, hrsg. von Dagmar Unverhau. Wiesbaden 2003, S. 381–396.

Vollrath 2013 = Vollrath, Hans-Joachim, Verborgene Ideen. Historische mathematische Instrumente. Wiesbaden 2013.

Wackerfuß (Hrsg.) 1977 = Wackerfuß, Winfried, Beiträge zur Erforschung des Odenwaldes und seiner Randlandschaften. Bd. II: Festschrift für Hans H. Weber. Breuberg-Neustadt 1977.

Walther 2006 = Walther, Gerrit, Art. „Genealogie". In: Enzyklopädie der Neuzeit 4 (2006), Sp. 426–432.

Warmbrunn 2014 = Warmbrunn, Paul, Augenscheine und Pläne als Beweismittel in Reichskammergerichtsprozessen. Aufgezeigt an Beispielen aus Speyer und Umgebung. In: Ausst.-Kat. Wetzlar 2014, S. 9–22.

Warmbrunn 2007 = Warmbrunn, Paul, Die Arbeiten des Malers und Kartographen Wilhelm Besserer für das Reichskammergericht in Speyer im 16. Jahrhundert. In: Mitteilungen des Historischen Vereins der Pfalz 105 (2007), S. 151–179.

Warnecke 1996 = Warnecke, Hans-Jürgen, Die tom Ring als Kartenzeichner. In: Ausst.-Kat. Münster 1996, S. 205–211.

Weber 2020 = Raimund Weber: Wassernutzung im Streit. Prozesse vor dem Reichskammergericht um Mühlen, Fischerei, Transport und Bewässerung an Donau, Neckar und Rhein. In: Andermann/Schenk (Hrsg.) 2020, S. 181–222.

Weber 2018 = Weber, Raimund J., Identifizierung und Auswertung historischer Karten und Kartenfragmente am Beispiel von Prozessakten des Reichskammergerichts im Hauptstaatsarchiv Stuttgart und im Staatsarchiv Sigmaringen (Landtafeln Philipp Renlins d. Ä. vom oberen Donaugebiet). In: 10. kartographiehistorisches Colloquium Bonn 14.–16. September 2000, hrsg. von Kurt Brunner und Markus Heinz. Bonn 2018, S. 183–192.

Weber 2008 = Weber, Raimund J., „Ein gar nutzer Weidgang". Der Prozess um Weide und Markung zwischen Speyer und Dudenhofen vor dem Reichskammergericht. In: 850 Jahre Ersterwähnung Dudenhofen. Streiflichter aus seiner Geschichte, hrsg. von Karl Heinz Debus (Schriften des Vereins für Heimatgeschichte und -kultur Dudenhofen 7). Dudenhofen 2008, S. 89–122.

Weber 2006 = Weber, Raimund J., Der Weide- und Markungsstreit zwischen Dudenhofen und Speyer. In: 850 Jahre Hanhofen 1156–2006. Streifzüge durch die Ortsgeschichte, hrsg. von der Ortsgemeinde Hanhofen. Dannstadt 2006, S. 499–505.

Weber 2005a = Weber, Raimund J., Der Augenschein beim Speyrer St. Guido-Stift im Jahr 1555. Ein Beitrag zum Thema „Recht und Bild" aus pfälzischen Reichskammergerichtsakten. In: Festgabe zum 75. Geburtstag von Prof. Dr. Louis Carlen, hrsg. von Hermann Bischhofberger, Gabriel Imboden und Josef Wiget (Veröffentlichungen des Forschungsinstituts zur Geschichte des Alpenraums Stockalperschloss Brig 10). Brig 2005, S. 29–56.

Weber 2005b = Weber, Raimund J., Reichskammergerichtsakten als genealogische Quelle. In: Genealogische Quellen jenseits der Kirchenbücher. 56. Deutscher Genealogentag in Leonberg 17.–20.09.2004, hrsg. von Volker Trugenberger. Stuttgart 2005, S. 155–187.

Weber 2002 = Webert, Raimund J., Kaiserliche „Beweiskommissare" vor dem Dreißigjährigen Krieg: Johann Christoph und Johann Friedrich Tafinger aus Ravensberg. In: Schriften des Vereines für Geschichte des Bodensees uns seiner Umgebung 120 (2002), S. 203–250.

Weber 2001 = Weber, Raimund J., Probleme und Perspektiven der Kommissionsforschung am Beispiel der Reichskammergerichtsakten im Staatsarchiv Sigmaringen. In: Baumann/Westphal/Wendehorst/Ehrenpreis (Hrsg.) 2001, S. 83–100.

Wegele 1889 = Wegele, Franz Xavier von, Art. „Sebastian von Rotenhahn". In: ADB 29 (1889), S. 299–301.

Wenz-Haubfleisch 2020 = Wenz-Haubfleisch, Annegret, „... daß alles umb mehrern Sicher- und Gewißheit willen sollte gemeßen werden". Katastervermessung, Kartographie und Steuerreform in Hessen-Kassel im ausgehenden 17. und 18. Jahrhundert. In: Marx-Jaskulski/Wenz-Haubfleisch (Hrsg.) 2020, S. 139–164.

Wex 1984 = Wex, Reinhold, Ordnung und Unfrieden. Raumprobleme. Marburg 1984.

Wieland 2014 = Wieland, Christian, Nach der Fehde. Studien zur Interaktion von Adel und Rechtssystem am Beginn der Neuzeit: Bayern 1500 bis 1600 (Frühneuzeit-Forschungen 20). Epfendorf/Neckar 2014.

Wieland 2007 = Wieland, Christian, Selbstdisziplinierung zur Staatsbehauptung. In: Adel in der Neuzeit, hrsg. von Ronald G. Asch und Rudolf Schlögl, Geschichte und Gesellschaft 33/3 (2007), S. 326–349.

Willoweit 1975 = Willoweit, Dietmar, Rechtsgrundlagen der Territorialgewalt. Landesobrigkeit, Herrschaftsrechte und Territorium in der Rechtswissenschaft der Neuzeit. Köln/Wien 1975.

Wimböck/Leonhard/Friedrich 2007 = Wimböck, Gabriele, Leonhard, Karin und Friedrich, Markus, Evidentia – Reichweiten visueller Wahrnehmung in der Frühen Neuzeit. Einleitung. In: Evidentia – Reichweiten visueller Wahrnehmung in der Frühen Neuzeit, hrsg. von Gabriele Wimböck, Karin Leonhard und Markus Friedrich. Berlin 2007, S. 11–40.

Wolf 1997 = Wolf, Gerhard, Gestörte Kreise. Zum Wahrheitsanspruch des Bildes im Zeitalter des Designs. In: Räume des Wissens. Repräsentation, Codierung, Spur, hrsg. von Hans-Jörg Rheinberger, Michael Hagner und Bettina Wahrig-Schmidt. Berlin 1997, S. 39–62.

Wolfert 1977 = Wolfert, Alfred F., Wappengruppen des Adels im Odenwald-Spessart-Raum. In: Beiträge zur Erforschung des Odenwaldes und seiner Randlandschaften 2 (1977), S. 325–406.

Wolff 1989a = Wolff, Fritz, Elias Hoffmann – ein Frankfurter Kartenzeichner und Maler des 16. Jahrhunderts. In: Zeitschrift des Vereins für hessische Geschichte und Landeskunde 94 (1989), S. 71–100.

Wolff 1989b = Wolff, Hans, Philipp Apian und die Kartographie der Renaissance. Ausstellungskatalog hrsg. von der Bayerischen Staatsbibliothek (BSB Ausstellungskataloge 50). Weißenhorn 1989.

Wrede 2005 = Wrede, Martin, Zwischen Mythen, Genealogen und der Krone. Rivalisierende Familiengedächtnisse im französischen Hochadel des 17. Jahrhunderts: Die Häuser Bouillon, Noailles und Bourbon. In: Zeitschrift für Historische Forschung 32 (2005), S. 17–43.

Xenakis 2020 = Stefan Xenakis, Wahrhaftigkeit und Anschaulichkeit von Augenscheinkarten. Die Entdeckung eines produktiven Konflikts. In: Marx-Jaskulski/Wenz-Haubfleisch (Hrsg.) 2020, S. 131–138.

XIII. Abbildungsnachweise

Abbildung Nr. 1, 2, 3, 4, 9, 10, 11, 12, 13, 14, 15, 17, 18, 22, 27, 28, 29, 39, 40, 42, 43, 44, 52, 53, 54, 62, 66, 71, 82, 83, 85: Bayerisches Hauptstaatsarchiv München

Abbildung Nr. 5, 6, 16, 25, 30, 58, 59, 69, 70, 81: Landesarchiv Baden-Württemberg Stuttgart (Vorlage und Aufnahme: Hauptstaatsarchiv Stuttgart)

Abbildung Nr. 7, 21, 23, 34: Hessisches Staatsarchiv Marburg

Abbildung Nr. 8: Archiwum Państwowe w Szczecinie (Stettin)

Abbildung Nr. 19, 76: Staatsarchiv der Freien und Hansestadt Hamburg

Abbildung Nr. 20: Landesarchiv Schleswig-Holstein Schleswig

Abbildung Nr. 24, 84: Archiv der Hansestadt Lübeck

Abbildung Nr. 26, 41, 50, 51, 55, 56, 60, 72, 73, 74, 75: Generallandesarchiv Karlsruhe

Abbildung Nr. 31, 38, 61, 67, 68: Landesarchiv Nordrhein-Westfalen, Abteilung Rheinland, Duisburg

Abbildung Nr. 32, 33: Reichskammergerichtsmuseum/Städtische Sammlungen Wetzlar

Abbildung Nr. 35, 36, 37: Archives de l'Ètat à Liège (Lüttich)

Abbildung Nr. 45, 46, 47, 48, 49: Bayerisches Hauptstaatsarchiv München – Leihgabe im Landesarchiv Speyer

Abbildung Nr. 57: Julia C. Hinze

Abbildung Nr. 63, 64: Landesarchiv Nordrhein-Westfalen, Abteilung Westfalen, Münster

Abbildung Nr. 65: Bundesarchiv Berlin-Lichterfelde

Abbildung Nr. 77: Institut für Stadtgeschichte Frankfurt/Main

Abbildung Nr. 78: Germanisches Nationalmuseum Nürnberg

Abbildung Nr. 80: bpk | Scala – courtesy of the Ministero Beni e Att. Culturali

XIV. Namens- und Ortsregister